Stanley Coren

Wie Hunde denken und fühlen

STANLEY COREN

Wie Hunde denken und fühlen

Die Welt aus Hundesicht:
So lernen und
kommunizieren Hunde

KOSMOS

Aus dem Amerikanischen übersetzt von Dr. Wolfgang Hensel, Bornheim-Rösberg.

Titel der Originalausgabe: "How Dogs Think. Understanding the Canine Mind.", erschienen bei Free Press, New York 2004, ISBN 0-7432-2232-6.

Umschlaggestaltung von eStudio Calamar unter Verwendung eines Farbfotos von Juniors Bildarchiv/Ulrike Schanz.

Bibliografische Information der Deutschen Bibliothek
Die Deutsche Bibliothek verzeichnet diese Publikation in der Deutschen Nationalbibliografie; detaillierte bibliografische Daten sind im Internet über http://dnb.ddb.de abrufbar.

Alle Angaben in diesem Buch erfolgen nach bestem Wissen und Gewissen. Sorgfalt bei der Umsetzung ist indes dennoch geboten. Der Verlag und der Autor übernehmen keinerlei Haftung für Personen-, Sach- oder Vermögensschäden, die aus der Anwendung der vorgestellten Materialien und Methoden entstehen könnten.

Gedruckt auf chlorfrei gebleichtem Papier.

Für die deutsche Ausgabe:

ISBN-10: 3-440-10331-5
ISBN-13: 978-3-440-10331-9
Redaktion: Angela Beck
Gestaltung: TypoDesign, Kist
Produktion: Markus Schärtlein / Kirsten Raue
Printed in the Czech Republic / Imprimé en République Tchèque

Inhalt

*Dieses Buch ist Odin und Wizard gewidmet.
Ich vermisse eure Gesellschaft, eure Berührungen
und Eskapaden sehr.*

Denkende Hunde?

Denken Hunde? Haben sie ein geistiges Bild von ihrer Umgebung wie wir Menschen? Dürfen wir behaupten, dass auch Hunde ein Selbstbewusstsein und Selbsterkenntnis haben? Haben Hunde echte Gefühle? Wie intelligent sind sie im Vergleich mit uns? Wirft man derartige Fragen in der Gegenwart von Philosophen und Verhaltensforschern auf, entspinnt sich rasch eine leidenschaftliche Diskussion.

Obwohl Archäologen nachgewiesen haben, dass Menschen und Hunde seit mindestens 14.000 Jahren zusammenleben, gibt es immer noch sehr verschiedene Standpunkte in Bezug auf das Bewusstsein von Hunden – es ist nicht einmal geklärt, ob sie eines haben. Für manche Menschen sind Hunde bloß nicht denkende, mit Fell bedeckte, biologische Maschinen, während andere sie für kleine Menschen in Pelzmänteln halten.

Die meisten Besitzer von Schoßhunden spüren intuitiv, dass ihre Hunde Intelligenz und Bewusstsein besitzen, glauben allerdings oft, die Hunde zeigten dies nicht. In einer Sage aus Simbabwe heißt es, Hunde seien nicht nur sehr klug, sondern könnten sogar reden. Sie hätten sich allerdings entschlossen, dies nicht zu tun. Laut dieser Geschichte macht der Held Nkhango einen Handel mit dem Hund Rukuba. Wenn es Rukuba gelänge, dem Feuergott Nyamurairi das Feuer zu stehlen, wären ihm die Menschen zu ewiger Freundschaft verpflichtet. Der Hund willigte ein und brachte den Menschen das Feuer. Später bat ihn Nkhango um Hilfe bei der Jagd auf gefährliche Tiere, Wache zu stehen, Tiere zu treiben und um andere schwierige Aufgaben. Schließlich entschied Nkhango, dass der Hund als Bote dienen solle. Das war zu viel für den Hund. Immerhin hatte er den Menschen das Feuer gebracht und hoffte nun, sich vor dessen Wärme ausruhen zu können. Also dachte Rukuba: „Die Menschen werden mich immer wieder mit Aufgaben betrauen, weil ich klug bin und sprechen kann. Wenn ich allerdings nicht mehr sprechen könnte, müsste ich auch kein Bote sein." Seit jenem Tag sprechen die Hunde nicht mehr.

Selbst gebildete und logisch denkende Menschen entwickeln manchmal merkwürdige Ideen in Bezug auf die geistigen Fähigkeiten von Hunden. Als Beispiel möchte ich den Fall eines Rechtsanwaltes anführen: Er war an einem der spektakulärsten Fälle in der Geschichte der US-Justiz beteiligt. Es ging um den Mord an Nicole Brown Simpson und ihrem Freund Ron Goldman sowie um die Verhaftung und das Gerichtsverfahren gegen den bekannten Sportler O. J. Simpson. Dabei spielte auch der Hund Kato – ein Akita Inu – von Nicole Simpson eine Rolle. Einer der Nachbarn hatte gehört, wie Kato intensiv zu jaulen begann. Dann bemerkte er das Blut an Katos Beinen und dachte, der Hund sei verletzt. Als er Kato zu Nicole bringen wollte, zog ihn der Hund in Richtung Garage. So wurden die Leichen entdeckt. Viele Menschen glaubten, dass Kato den Mord gesehen hatte und Hilfe holen wollte.

Während des Prozesses gegen O. J. Simpson rief mich ein Rechtsanwalt an, der mit dem Fall betraut war. Er bot mir viel Geld, wenn ich nach Los Angeles käme und dort Kato dazu bewegen könne, den Mörder zu identifizieren. Ich versuchte ihm klar zu machen, dass das Bewusstsein eines Hundes etwa auf der Stufe eines zweijährigen Kindes sei. Dann fragte ich ihn, ob er sich vorstellen könne, wie ein zweijähriges Kind ohne Vorstellungen von Tod und mit sehr begrenzter Sprachfähigkeit über einen Vorfall berichten könne, der neun Monate zurückläge. „Sehen Sie", meinte er, „kommen Sie einfach her und interviewen Sie den Hund." Ohne daran zu denken, wie humorlos manche Rechtsanwälte sind, antwortete ich, „Sie meinen, ich solle ihn dazu bringen, einmal für ‚Ja' und zweimal für ‚Nein' zu bellen?" Die aufgeregte Stimme am Telefon meinte: „Wäre das möglich?"

In diesem Buch möchte ich versuchen, der Welt (und diesem Rechtsanwalt) zu erklären, wie Hunde denken. Um dieses Ziel zu erreichen, müssen wir sehr viel darüber wissen, wie Hunde die Welt wahrnehmen, wie stark ihr Verhalten an die Umwelt angepasst ist und wie sie lernen, sich veränderten Situationen anzupassen. Im Zusammenhang mit diesen Fragen werde ich zahlreiche Dinge ansprechen, die für jeden von Interesse sind, der mit Hunden zusammenlebt. Wir werden etwas über die Persönlichkeit von Hunderassen erfahren und inwiefern frühe Erfahrungen ihr Temperament ändern können. Außerdem werde ich auf die altersbedingten Veränderungen ihres Wesens zu sprechen kommen. Dabei möchte ich auch einige der merkwürdigen Fragen beantworten, die manche Menschen zu Hunden stellen: Haben sie ein künstlerisches Talent? Verstehen sie Mathematik? Haben sie außersinnliche Kräfte und können Erdbeben voraussagen oder sogar menschlichen Krebs erkennen?

Dieses Buch stützt sich auf einige neue und aufregende wissenschaftliche Erkenntnisse. Sie geben uns einen ersten Einblick in die Denkweise eines fellbedeckten Gehirns und in einige Fähigkeiten, die Sie Ihrem Hund nie zugetraut hätten – allerdings auch in andere, die er ganz sicher nicht hat. Andere Informationen erlauben Ihnen ein tieferes Verständnis für Ihren Hund und werden Ihnen dabei helfen, sein Verhalten zu ändern, damit er sich besser in Ihr Leben einfügt. Ich werde interessante Tatsachen und faszinierende Geschichten vorstellen, die uns zeigen, wie Hunde denken und sich verhalten. Sollten Sie jemals in die oben angesprochene Gesellschaft von Philosophen und Verhaltensforschern geraten, werden Sie gut gerüstet sein.

Zum Abschluss möchte ich erwähnen, dass dieses Buch ohne die Hilfe und Unterstützung meiner klugen und geliebten Frau Joan niemals zustande gekommen wäre, die sich ihren Weg durch die ersten Entwürfe bahnen musste.

Das Wesen eines Hundes

Ich persönlich habe einige sehr nachdenkliche Hunde kennen gelernt.

JAMES THURBER

Die Paläontologen erzählen uns, dass vor 14.000 Jahren ein Steinzeitmensch am Feuer saß und einem Tier zusah, das wir ohne Schwierigkeiten als Hund identifiziert hätten. Die Vorfahren unserer Haushunde waren nicht nur Haustiere. Sie waren Wächter, Beschützer und Jagdgefährten. Seine Nachfahren sollten Schafhirten, Kriegskameraden, Such- und Rettungshelden, Gesetzeshüter, Lebensretter, Blinden- und Taubenführer, Helfer von Behinderten, aber auch geschätzte Familienmitglieder und Gefährten werden. Wir können uns vorstellen, dass dieser frühe Mensch, der gerade gelernt hatte, Waffen und Werkzeuge aus Holz, Steinen und Knochen herzustellen, eine kurze Pause machte und seinem Begleiter in die seelenvollen Augen blickte: „An was denkt er gerade? Wie viel weiß er? Hat er echte Gefühle, und wenn, was denkt er über mich?"

Seit das letzte Feuer ausgegangen ist, sind 140 Jahrhunderte vergangen und wir stellen uns immer noch dieselben Fragen über unsere hündischen Gefährten. Noch immer blickt der durchschnittliche Hundebesitzer seinem Tier in die Augen, sieht dort Intelligenz, Emotion und Bewusstsein und fragt sich, was wohl im Kopf seines Hundes vorgeht. Viele große Denker haben sich mit dieser Frage befasst. Einige haben vermutet, dass hinter diesen Augen in der Tat Bewusstsein steckt, während andere zu dem Ergebnis kamen, dass Hunde nur ihren genetisch verankerten Instinkten folgen.

Hunde und die Philosophen

Der griechische Philosoph Plato hatte eine sehr hohe Meinung von der Intelligenz der Hunde. Er beschrieb den „edlen Hund“ als „lernwillig“ und als ein „Tier, über das es sich nachzudenken lohnt“. Einer seiner Dialoge beschreibt eine Diskussion zwischen Sokrates und Glaukon. Dabei kommt Sokrates nach einigem Überlegen zu dem Schluss, dass sein Hund ein wahrer Philosoph sei.
Platos Zeitgenosse Diogenes, ein weiterer berühmter griechischer Philosoph, der als besonders exzentrisch galt, soll mit einer Lampe herumgelaufen sein, um nach einem ehrlichen Menschen zu suchen. Während er bei Menschen seine Zweifel hatte, hielt Diogenes Hunde für äußerst moralisch und intelligent und nahm sogar den Spitznamen *Kyon* (Hund) an. Später gründete er eine der großen antiken Philosophenschulen, die unter seinem Spitznamen als *Kyniker* (Hunde-Denker) bekannt wurden. Diogenes Intelligenz und Witz waren so berühmt, dass Alexander der Große nach einem Besuch bei ihm meinte, „wäre ich nicht Alexander, ich wünschte, ich wäre Diogenes“.
Als Diogenes starb, errichteten die Bewohner von Athen eine große Marmorsäule zu seinem Gedenken. Die Säule wurde vom Bildnis eines Hundes gekrönt. Unter dem Hund war eine lange Inschrift eingemeißelt, die mit folgenden Worten begann: „Sag Hund, was bewachst du in diesem Grab? / Einen Hund. / Sein Name? / Diogenes.“
Es kam schon oft vor, dass mich meine eigenen Hunde daran erinnerten, warum Plato und Diogenes Hunde bewunderten. An einem kalten Regentag fühlte ich mich zu müde und es schien mir zu ungemütlich für meinen üblichen Morgenspaziergang mit den Hunden zu sein. Also ließ ich sie nur kurz in den Garten. Für meinen Flat Coated Retriever Odin war das nicht akzeptabel. Später am Nachmittag störte mich jemand beim Lesen. Ich sah Odin, der seine Leine gefunden hatte und sie auf den Boden legte. Ich nahm sie hoch, legte sie auf das Sofa, gab ihm einen Klaps und sagte: „Später, Odin“.
Einige Minuten später gab es wieder Unruhe zu meinen Füßen; nun hatte Odin einen meiner Schuhe geholt. Als ich nicht reagier-

te, holte er rasch meinen zweiten Schuh und legte ihn neben mir ab. Offenbar stellte ich mich absolut dumm an, denn ich wollte immer noch nicht mit ihm hinaus in das kalte, nasse Wetter. In diesem Augenblick lief Odin zur Tür und begann zu bellen. Ich kannte dieses Bellen, damit kündigt er an, dass meine Frau nach Hause kommt. Da ich mehrere Jahre lang an der Universität von New York gelehrt hatte, hatte ich mir angewöhnt, die Tür stets verschlossen zu halten, sogar wenn ich zu Hause arbeitete. Meine Frau Joan, die in dem sicheren und weniger paranoiden Alberta (Kanada) aufgewachsen war, mochte diese Angewohnheit nicht. Als ich das Bellen „Joan ist hier" hörte, stand ich auf, um die Tür aufzuschließen. Ich wollte nicht, dass Joan im Regen nach ihren Schlüsseln suchen musste. Kaum war ich zwei Schritte gegangen, als Odin zum Sofa lief und seine Leine holte. Ehe ich begriffen hatte, dass Joans Auto nicht an seinem üblichen Platz stand, legte er mir schon die Leine in die Hand.

Während ich über seine List lachte, dachte ich daran, was ihm wohl vor einigen Minuten durch den Kopf gegangen war: „Ich möchte spazieren gehen, also hole ich meine Leine – ok. jetzt habe ich ihm die Schuhe gebracht, also wann geht's los? – Na gut, jetzt stehen wir schon an der Tür und ich gebe ihm die Leine, warum sollen wir jetzt nicht rausgehen?" Natürlich habe ich seinem Verhalten diese Nachdenklichkeit und den inneren Dialog nur zugefügt, auch die Idee, dass dahinter eine bewusste Planung steckt; aber es wäre immerhin möglich. Und übrigens – er bekam seinen Spaziergang.

Wieviel Verstand haben Hunde?

Die Vorstellung eines intelligenten, logisch denkenden und fühlenden Hundes hatte viele Jahrhunderte lang Bestand; erst im 17. Jahrhundert, so könnte man sagen, verloren sie ihren Verstand. Für den Franzosen René Descartes, einen der führenden Denker der Zeit, besaßen Hunde allerdings gar keinen Verstand, den sie hätten verlieren können. Descartes war auch ein einflussreicher Mathematiker und führte wichtige physiologische Experimente durch. Allerdings scheint sein Urteil eher auf seinem streng katholischen Glauben als auf wissenschaftlichen Experimenten zu basieren. Hätte man den Hunden Intelligenz zugestanden, so Descartes, hätte man ihnen auch Bewusstsein zugestehen müssen – und damit auch Selbstbewusstsein und die Fähigkeit zu planen. Nach der damaligen religiösen Lehrmeinung war Bewusstsein gleichbedeutend mit Seele. Allen Lebewesen mit einer Seele stand ein Platz im Himmel zu. Dass Hunde in den Himmel kommen könnten, war jedoch sowohl für Descartes als auch für die Römisch-Katholische Kirche undenkbar.

Nun hatte Descartes allerdings ein Problem: Wie sollte er erklären, dass Hunde ohne Intelligenz, logisches Denken und Selbstbewusstsein derart komplexe Verhaltensweisen entwickelten? Er kam auf die Lösung, als er die Gärten von *Saint Germain en Laye* besuchte, den Geburts- und Wohnort von Ludwig XIV. In diesem Garten standen elegante Statuen des italienischen Ingenieurs Thomas Francini – die Pendants des 17. Jahrhunderts zu modernen Robotern. Jede dieser Statuen war ein durch Wasserkraft angetriebenes mechanisches Kunstwerk und konnte eine bestimmte Abfolge von Bewegungen ausführen. Eine der Statuen spielte Harfe, eine andere tanzte usw. Descartes vermutete, dass Hunde biologische Entsprechungen dieser Statuen waren. Allerdings würden sie nicht durch Wasserkraft und Gelenke, sondern durch physikalische Reflexe und willenlose Reaktionen auf Umweltreize angetrieben. Seine Beobachtungen, dass Hunde auf ihre Umgebung reagierten, konnten Descartes nicht von dieser Hypothese abbringen, denn auch die Maschinen reagierten, wenn man auf einen bestimmten Stein trat und damit einen Schalter betätigte.

Descartes Vorstellung von Hunden als geistlosen und unbewussten biologischen Maschinen sollte zwei Jahrhunderte lang die allgemeine Lehrmeinung bestimmen. Erst Mitte des 19. Jahrhunderts sorgte Charles Darwins Theorie der Evolution für ein Umdenken. Er lehnte die These ab, dass Gott jede Kreatur eigenständig geschaffen hatte, und zog den Schluss, dass der Mensch und seine geistigen Fähigkeiten keineswegs einzigartig und etwas Besonderes sei. In seinem Buch *Die Abstammung des Menschen* stellte er fest, dass zwischen Menschen und den verwandten niederen Säugetieren nur „graduelle, aber keine grundsätzlichen" Unterschiede bestünden. Weiterhin sagte er, „Sinne und Intuition, die vielfältigen Emotionen und Fähigkeiten wie Liebe, Erinnerung, Aufmerksamkeit, Neugier, Nachahmung, logisches Denken usw., die den Menschen auszeichnen, sind in Ansätzen oder sogar voll ausgebildet auch in niederen Tieren zu finden".

Darwin beschrieb Tiere und Menschen als Produkte einer kontinuierlichen Evolution, die Bewusstsein, Fähigkeit zu logischem Denken, Intelligenz und Erinnerung in verschiedenen Arten hervorgebracht hatte. Da, so Darwin, diese Fähigkeiten Bestandteile des Bewusstseins seien, müsse man auch anderen Arten ein bestimmtes Ausmaß an Bewusstsein zugestehen. Ein Hund könne demnach durchaus Selbstbewusstsein besitzen, wenn auch nicht im selben Ausmaß wie ein Mensch.

Darwins Sichtweise wurde durch neuere Forschungen bestätigt, die Ähnlichkeiten im Nervensystem von Menschen und Hunden nachwiesen. So konnten Forscher beweisen, dass die Nervenzellen im Hundegehirn genauso funktionieren wie die eines Menschen. Die Neuronen im menschlichen Gehirn gleichen im Aufbau den Hunde-Neuronen und ihre elektrischen Aktivitäten sind identisch. Das Hundegehirn enthält somit dieselben Bestandteile wie ein Menschengehirn.

Wie das Menschen- besitzt auch ein Hundegehirn spezielle Bereiche, die bestimmte Aktivitäten kontrollieren. Wenn wir eine Karte der Funktionen eines Hundegehirns aufzeichnen, gleicht sie der entsprechenden Karte eines Menschengehirns. So ist beim Menschen und beim Hund die Sehrinde im hinteren Teil des Gehirns lokalisiert, das Hörzentrum sitzt seitlich, in der Nähe der Schläfen. Tastsinn und Bewegungskontrolle besetzen einen schmalen Streifen, der oben über dem Gehirn verläuft – bei Menschen und Hunden.

Noch verblüffender sind die Ergebnisse einer neuen wissenschaftlichen Studie aus dem Genom-Projekt für Hunde. Ewen Kirkness (*Institute for Genomic Research* in Rockville, Maryland, USA) und sein Team verglichen die DNA eines Pudels und eines Menschen.

Sie fanden über 75% Übereinstimmung zwischen dem genetischen Code von Mensch und Hund. Auch solche physiologischen Übereinstimmungen unterstützen die Vorstellung, dass sich die Gehirne von Menschen und Hunden sehr ähnlich verhalten und funktionieren.

Bei der wissenschaftlichen Erforschung tierischen Geistes oder Bewusstseins scheint das Pendel stets von einem Extrem ins andere zu schwingen. Obwohl Darwins Einschätzung niemals völlig in Vergessenheit geriet, setzte sich zu Beginn des 20. Jahrhunderts eine Strömung durch, die Behaviorismus genannt wurde. Sie glich mehr der Sichtweise von Descartes denn der von Darwin. Der Behaviorismus als Zweig der Verhaltensforschung geht auf den Psychologen John B. Watson (John Hopkins Universität) zurück und wurde von dem bekannten Verhaltenspsychologen B. F. Skinner (Universität von Harvard) weiterentwickelt.

Die Behavioristen gingen davon aus, dass sich nur solche Aspekte des Verhaltens untersuchen lassen, die ein Außenstehender beobachten und messen kann. Daher hielten sie Begriffe wie „Geist" oder „Bewusstsein" im Zusammenhang mit Tieren für pure Spekulation, da weder Einfühlungsvermögen, Gefühle noch Gedanken objektiv messbar sind. Sie lehnten „Bewusstsein" oder „Gedanken" als Konzepte sogar ab, weil sie nicht erforderlich seien, um ein Verhalten zu erklären. Zweifellos wäre Dr. Watson mit meiner „gedanklichen" Erklärung von Odins Verhalten, die ich oben vorgestellt habe, überhaupt nicht einverstanden gewesen.

Ich möchte die behavioristische Sichtweise an einem Beispiel erläutern: Stellen Sie sich vor, ich hätte Watson gesagt, mein Hund „mag" Fleisch. Darauf hätte er vermutlich geantwortet, das seien nur Projektionen meiner eigenen Vorstellungen. Für Watson war es zwar legitim, die Verhaltensäußerungen eines Hundes zu beschreiben, dem man ein Stück Fleisch gibt – er bellt, springt herum, wedelt mit dem Schwanz, öffnet sein Maul und frisst das Fleisch. Er hätte aber nicht zugestanden, daraus zu folgern, dass der Hund Fleisch „mag" oder es „gern hätte", oder gar „sich bewusst ist, dass er gleich Fleisch bekommen wird". Diese Schlussfolgerungen zieht allein der menschliche Beobachter, der seine eigenen

Gefühle auf den Hund projiziert. Schließlich hätte Watson argumentiert, dass ich keinerlei Beweis für diese Gedanken oder Gefühle meines Hundes hätte. Wie Descartes kann ein Wissenschaftler allenfalls beobachten, dass Odins Aktivität zunimmt, wenn er Fleisch sieht, und er bestimmte Verhaltensweisen zeigt, um es zu bekommen.

Inzwischen wurden die Forschungen auf dem Gebiet der tierischen Wahrnehmung ausgeweitet und die modernen Tierpsychologen beginnen wieder stärker, den Geist eines Tieres zu bewerten. Biologen und Psychologen diskutieren über zielgerichtetes Verhalten und diskutieren offen die Möglichkeit, dass Hunde in der Tat ihre Welt sehr bewusst wahrnehmen. Dennoch geht die Kontroverse zwischen dem „Hund als Denker“ und „Hund als Maschine“ weiter – man kann ihr in den Fluren vieler Forschungsinstitute überall auf der Welt zuhören. Manchmal gerät die Diskussion sehr emotional, manchmal schweift sie in den Bereich der Religion ab. Dann geht es mehr um Glaube und Emotion als um wissenschaftliche Fakten.

Die geistigen Fähigkeiten von Hunden

Gleichgütig ob wir den Hunden Selbstbewusstsein, logisches Denken und komplexe Denkweise zugestehen oder nicht, ob wir darauf bestehen, dass sie nur biologische Maschinen mit Neuronen statt Computer-Chips sind, einige wissenschaftlich gesicherte Fakten lassen sich nicht bestreiten:

- Hunde nehmen die Welt wahr und beziehen Informationen daraus.
- Hunde lernen ihr Verhalten zu verändern, um sich bestimmten Umständen anzupassen.
- Hunde erinnern sich und können bestimmte Probleme lösen.
- Frühe Erfahrungen als Welpe können das Verhalten von erwachsenen Hunden formen.
- Hunde haben Emotionen.
- Einzelne Hunde scheinen eine klare Persönlichkeit zu besitzen, unterschiedliche Rassen haben unterschiedliches Temperament.

- Für Hunde sind soziale Interaktionen, auch spielerische, sehr wichtig.
- Hunde kommunizieren untereinander und mit Menschen.

Leider wirft jede dieser allgemein akzeptierten Tatsachen eine Reihe neuer Fragen auf, z.B.: Nehmen die Hunde die Welt ähnlich wahr wie wir? Wenn nicht, wie erfahren sie etwas über die Welt? Wie können wir herausfinden, was Hunde können, und was wissen sie darüber, was wir wissen? Unterscheiden sich die Erinnerungen eines Hundes von den unsrigen? Welche Art von Problemen können Hunde lösen und an welchem Punkt kommen sie nicht mehr weiter? Können Hunde Zeit, Schönheit, Musik oder Rechnen verstehen? Verfügen Hunde wirklich über außersinnliche Wahrnehmung, wie manche Menschen behaupten? Wenn wir über das Temperament eines Hundes reden, sprechen wir dann über eine Eigenschaft, die der menschlichen Persönlichkeit ähnelt? Können Hunde durch die Beobachtung anderer lernen? Alle diese Fragen und unzählige mehr können wir beantworten, ohne zu wissen, ob Hunde wirklich echte Gedanken denken oder ob sie bloß mit Fell bedeckte Computer sind.

Sich in die Welt eines Hundes hineinversetzen

Viele Menschen, die dieses Buch lesen, hoffen vermutlich ähnlich wie ich, dass es uns gelingen wird zu erfahren, was unsere Hunde wahrnehmen und wie sie denken. Allerdings sollten wir realistisch sein und akzeptieren, dass dieses Ziel letztlich unerreichbar ist. Vielleicht werden wir das Gehirn eines Hundes niemals so vollständig verstehen, wie das eines anderen Menschen.
Unser Hauptproblem ist, dass wir Menschen sind und nur wie Menschen denken können. Wenn uns die Erfahrungen eines Tieres vollständig fremd sind, fehlt uns eine menschliche Vergleichsbasis, um das „Denken“ hinter dem Verhalten zu verstehen. Versuchen Sie zu verstehen, wie Fledermäuse die Welt wahrnehmen: Sie fliegen durch die Nacht und orientieren sich mit einem biologi-

schen Echoortungssystem. Wie würde es uns als Fadenwurm ergehen, einem winzigen Wurm, der weder hören noch sehen kann, sondern nur einen chemischen und einen primitiven Tastsinn besitzt? In jedem dieser Fälle versagte unsere menschliche Erfahrung. Wir können uns nicht vorstellen, wie eine Fledermaus fühlt, nur indem wir mit geschlossenen Augen versuchen, unsere Umwelt über Töne und Echos zu analysieren – reine Spekulation. Vielleicht empfangen Fledermäuse über ihr Sonar ein vollständiges Bild ihrer Umwelt, ähnlich wie ein technisches Hochleistungssonar in modernen Schiffen, das mit Computerhilfe eine Karte des Meeresbodens erstellt. Es ist schwer vorstellbar, wie so etwas wahrgenommen werden kann. Und wie sieht es mit den Erfahrungen eines Fadenwurms aus? Können Sie sich vorstellen, einen Weg durch Ihre Umwelt zu schmecken? Können Sie eine Karte Ihrer Umgebung erstellen, indem Sie ausschließlich die Konzentration chemischer Substanzen bestimmen, die sie passieren? Uns fehlen ganz einfach die geistigen Fähigkeiten, die Denkweise eines nichtmenschlichen Gehirns zu begreifen.

Lassen sich geistige Prozesse erforschen?

Selbst die sorgfältigsten Wissenschaftler haben die Tendenz, alles aus menschlicher Sicht zu erklären. Leider sind Hintergrund und Auslöser eines bestimmten menschlichen Verhaltens nicht unbedingt dieselben wie bei einem scheinbar ähnlichen Tier. Stellen Sie sich die folgende, einfache Situation vor: Wir sagen einem Kind, es solle eine Fragestellung lösen, geben ihm aber keine weiteren Anweisungen. Dann bekommt es aus einer Gruppe von Karten, die auf dem Tisch liegen, zwei ausgehändigt. Beide Karten zeigen eine Zwei. Jetzt bitten wir es, eine Antwort zu finden. Das Kind könnte die restlichen Karten umdrehen, bis es eine Vier gefunden hat. Nun testen wir einen Hund unter denselben Bedingungen. Zu unserer großen Überraschung sucht auch der Hund eine Karte mit dem Wert Vier heraus. Da wir den Hund nicht fragen können, wenden wir uns an das Kind: „Wie bist du auf Vier als Antwort gekommen?“

Das Kind wird vermutlich antworten, es habe die beiden Kartenwerte zusammengezählt und Vier herausbekommen.
Können wir ableiten, wie ein Hund vorgeht, nur weil wir wissen, wie ein Mensch dieses Problem löst? Dürfen wir annehmen, dass er addieren kann? Trotz der verlockenden Parallele wäre das vom wissenschaftlichen Standpunkt aus ein schwerer Fehler. Für uns sind 2 und 4 Zahlen, für einen Hund nur abstrakte Muster. Außerdem gehen wir von dem sehr vordergründigen Motiv der Zahlenwerte auf den Karten aus. Für einen Hund könnten ganz andere Dinge von Bedeutung sein. Vielleicht ist das Verhalten eines Hundes viel komplexer, als einfach nur die Zahlen auf den Karten zu lesen. Er könnte uns beispielsweise viel intensiver ansehen als die Karten. Da wir erwarten (oder hoffen), der Hund könne rechnen und wir die Kartenwerte im Kopf addieren, blicken wir vielleicht direkt auf die Karte mit dem Wert Vier. Der Hund folgt einfach der Richtung unseres Blicks und wählt die Karte, die wir ansehen.
Da Hunde ihre Umwelt völlig anders wahrnehmen als wir – sie haben andere Sinne und setzen andere Prioritäten – reagiert unser Test-Hund vielleicht gar nicht auf die Rechenaufgabe, die wir ihm gestellt haben. Vielleicht benutzt er seine mentalen Fähigkeiten oder Informationsquellen, die uns verschlossen bleiben. Als meine Kinder noch klein waren, hatten wir einen Cairn Terrier mit Namen Flint. Ich habe sie mit folgendem Trick davon überzeugt, dass Flint lesen konnte: Zuerst bat ich meine Kinder, etwas zu malen. Nehmen wir an, sie zeichneten eine Katze. Dann mussten sie auf drei Zettel die Worte „Katze“, „Hund“ und „Pferd“ schreiben. Ich faltete die Zettel jeweils zu einem Zelt und stellte sie auf, sodass Flint die Schrift lesen konnte. Als nächstes zeigte ich Flint das Bild der Katze und sagte mit ernster Stimme, „Flint, das ist eine Katze. Suche das Wort ‚Katze'“. Daraufhin rannte Flint los und bracht jedes Mal das Papierstück mit dem richtigen Wort zurück. Ich habe das Experiment mit verschiedenen Zeichnungen und Worten mehrfach wiederholt. Wegen dieses „Tests“ waren meine Kinder schließlich überzeugt, dass Flint lesen konnte. In der Tat habe ich sogar einige meiner Psychologen-Kollegen davon überzeugen können, als ich ihnen erklärte, dass mein Hund die Strukturen eines einfachen

Wortes erkennen und mit einem Bild oder meiner Stimme assoziieren konnte.

In Wirklichkeit habe ich geschwindelt, weil ich mein Publikum ähnlich wie ein Zauberer von der eigentlichen Lösung ablenkte. Vor dem Experiment hatte ich im Badezimmer mit den Nägeln meiner linken Hand über ein Stück Seife gekratzt. Nachdem die Kinder das Bild gemalt hatten, strich ich etwas Seife darüber. Das Gleiche machte ich mit dem Zettel, auf dem das richtige Wort stand. Die anderen Zettel trug ich in der rechten Hand. Wenn ich Flint das Bild zeigte, hielt ich das Papier nahe an seine Nase, damit er die Seife riechen konnte. Wenn er dann losrannte, um das richtige „Wort" zu holen, suchte er einfach nach einem Papier, das genauso roch wie die Zeichnung. Weder meine Kinder noch meine begeisterten Kollegen kamen jemals auf die Lösung. Sie bewerteten die Situation aus menschlicher Sicht, also über die visuellen Reize. Es kam ihnen niemals in den Sinn, dass sich die Antwort hinter einem – für uns – unwichtigen Sinn verstecken könnte.

Kehren wir zu dem Experiment mit den beiden Karten zurück. Auch hier könnte der Hund die Aufgabe ganz anders lösen als ein Mensch. Vielleicht löste er die Aufgabe, ganz wie Flint, über den Geruch. Da das Kind alle drei Karten angefasst hatte, trugen sie auch den Duft des Kindes. Möglicherweise hatte der Hund die Aufgabe interpretiert als, „finde ein anderes Ding, das genauso riecht, wie die ersten beiden". Vielleicht ging er auch auf eine Weise vor, die wir uns überhaupt nicht vorstellen können.

Diese Vorsicht müssen wir bei allen Interpretationen walten lassen, da gleiche Verhaltensweisen durch gänzlich unterschiedliche Prozesse ausgelöst werden können.

Wenn wir vorhersagen sollen, wie ein Junge reagiert, wenn das Mädchen, das er nett findet, „Nein" sagt, müssen wir natürlich seine Frage kennen! Wollen wir interpretieren, was Hunde denken oder tun, müssen wir genauso wissen, wie sie die Frage interpretieren, wie sie zu reagieren versuchen und welche Methoden und Prozesse sie benutzen. Es gibt keine Garantie dafür, dass ein Hunde- wie ein menschliches Gehirn funktioniert, das mit derselben Situation konfrontiert wird.

Als ersten Schritt, um die Denkprozesse eines Hundes zu beschreiben, müssen wir verstehen, wie er seine Welt wahrnimmt. Dazu müssen wir wiederum wissen, wie seine Sinne funktionieren. Es gibt Raubfische, die spüren die Wirbel und Strömungen, die ihre Beute im Wasser hervorrufen. Honigbienen finden den Weg zum Blütennektar, weil sie ultraviolettes Licht sehen können, das für Menschen unsichtbar ist. Bei vielen Blüten ist die Nektarquelle durch kräftige, dunkle Striche im Ultravioletten markiert. Viele jagende Schlangen nehmen die Wärme ihrer Beute wahr (wir können Infrarot nicht wahrnehmen). Die Körpertemperatur eines Warmblüters äußert sich auch in dunkelster Nacht als infrarote Strahlung – das Tier leuchtet für die Schlange hell auf. Die Welt all dieser Tiere ist völlig anders als die uns bekannte Welt, denn sie benutzen uns fremde Sinne bzw. setzen bekannte Sinne anders ein.

Da es signifikante Unterschiede zwischen den Sinnen eines Hundes und denen der Menschen gibt, müssen wir zunächst die Sinne eines Hundes kennen lernen. Diese sensorische Information bestimmt die Art und Weise, wie Hunde ihre Realität wahrnehmen; sie bestimmt, wie Hunde über die Welt denken.

Wie kommen die Informationen ins Gehirn?

Seit der deutsche Psychologe Wilhelm Wundt 1873 in Leipzig das erste Institut für Experimentelle Psychologie gründete, haben sich die Psychologen bemüht, das menschliche Bewusstsein zu analysieren – mit Versuchen zum Seh-, Hör- und Tastvermögen. Ohne diese Sinne wäre unser Gehirn nicht zur bewussten Erfahrung befähigt, es wäre auf ewig einsam im Schädel gefangen. Die Daten, die unsere Sinne liefern, sind die Bausteine, aus denen wir Gedanken und Vorstellungen konstruieren. Der griechische Philosoph Protagoras fasste seine Überlegungen etwa 450 v.Chr. folgendermaßen zusammen: „Wir sind nichts als ein Bündel von Empfindungen."

Wenn Ihnen diese Vorstellung zu schaffen macht, dann stellen Sie sich Ihr Gehirn als einen Computer vor. Dieser Computer bearbeitet die Daten in Form von Denkvorgängen. Natürlich müssen die Daten irgendwo herkommen. Bei Tieren gelangen die Informationen über die Sinne in den „geistigen Computer", während sie beim normalen Computer über die Tastatur eingegeben werden. Stellen Sie sich nun einen Computer vor, dessen Keyboard nur Zahlen enthält. Gleichgültig, wie leistungsstark dieser Computer auch sein mag, er kann nur Zahlen verarbeiten. Eine Tastatur mit Zahlen und Buchstaben verändert natürlich die Art der Informationen, die der Computer aufnehmen kann; er kann nun auch Worte und Sprache verarbeiten. Gäbe es allerdings kein „M" auf dem Keyboard, wären Worte wie „Mund" oder „und" nicht unterscheidbar. Der Computer könnte nicht wissen, ob wir einen Körperteil oder ein Bindewort eingetippt haben.

Ähnlich wäre es mit tierischen Sinnesorganen, die nur beschränkte Informationen aufnehmen: Sie werden die Entscheidungen, die ein tierisches Gehirn zu treffen vermag, stark beeinflussen oder einschränken. Unsere Sinne setzen uns die Grenzen in Form der

Daten, die wir verarbeiten können. Statt eines fehlenden „M's" auf der Tastatur kann das entsprechende Tier vielleicht keine Farben sehen. Damit fehlten ihm jegliche nützlichen Informationen, die an Farbunterschiede geknüpft sind. Da einige Sinne ausgeprägter sind als andere, neigen wir dazu, bestimmte Formen von Informationen zu bevorzugen und andere zu vernachlässigen, zu denen wir weniger guten Zugang haben. Daher kommt es zu Redewendungen, wie „das muss ich sehen", wenn wir etwas nicht glauben (unser Sehsinn ist besonders stark), während ein Hund vermutlich sagen würde, „das muss ich riechen".

Laufen im Gehirn Filme ab?

Die meisten Menschen erinnern sich kaum an das, was sie bis zum vierten Lebensjahr erlebt haben. Da wir viele Dinge bereits in den ersten drei bis vier Jahren unseres Lebens lernen, sollte es eigentlich viele Erfahrungen geben, die sich im Gehirn niederschlagen. Sie haben gelernt, eine Toilette zu benutzen, mit Löffel und Gabel zu essen, Sie haben Ihre Eltern und Verwandten kennen gelernt und vermutlich auch einige Kinderspiele; Sie waren an interessanten Orten, wie dem Zoo oder am Meer. Dabei haben Sie Erfahrungen gemacht, die in Form von Bildern im Gehirn gespeichert wurden. Sobald Sie in der Lage waren, sich sprachlich besser auszudrücken, hat sich auch die Form Ihrer Erinnerung gewandelt: Von nun an lagern Sie fast alle Daten in Form von Worten ab. Außerdem denken Sie von da ab eher in Sprache als in Bildern. Die frühen Erinnerungen sind zwar immer noch da, allerdings nicht zugänglich – Sie haben den Schlüssel zu jenem Teil Ihres Gehirns verloren, wo Erinnerungen noch in Bildern, nicht in Worten gespeichert wurden.

Menschen, die mehr als eine Sprache sprechen, kennen das Phänomen: Es ist oftmals einfacher, sich an bestimmte Dinge zu erinnern, wenn dies in der Sprache geschieht, in der man sie erfahren hat. Ich habe eine Freundin, die Französisch und Englisch spricht. Sie hat ihren Mann während eines Studienaufenthaltes in Paris kennen gelernt. Obwohl die beiden jetzt in einem englischsprachigen Land leben, bereden sie Intimes immer noch in Französisch, in der Sprache, in der sie sich verliebten! „Wenn ich Pascal persönliche Dinge in Französisch erzähle, haben sie Gefühl und Bedeutung“, erzählte sie mir, „ wenn ich dasselbe jedoch in Englisch sage, erscheinen sie mir falsch oder sogar komisch. Andererseits unterhalten wir uns in Englisch immer über Dinge, die passiert sind, seit wir in Vancouver leben. Es kommt mir vor, als fehlten mir dazu die französischen Worte.“

Hunde haben keine Sprache, zumindest nicht in Form einer Wortsprache wie wir Menschen. Das heißt, dass sie ihre Gedanken in völlig andere Form fassen. Ohne eine Wortsprache müssen sie ihre geistigen Prozesse ähnlich eng an die Sinneseindrücke knüpfen wie Menschen als Krabbelkinder. Ich will nicht behaupten, dass in Hundegehirnen Videos ablaufen, aber ich vermute, dass sie während ihrer Denkprozesse Bildfolgen sehen, die sie aus ihren Sinneseindrücken gewinnen.

Einige wissenschaftliche Untersuchungen weisen darauf hin, dass bei Hunden während der Denkprozesse ähnliche Gehirnaktivitäten ablaufen wie bei der Sinneswahrnehmung. Der russische Forscher V. S. Rusinow untersuchte die Elektrophysiologie des Gehirns bei Hunden. Dazu schloss er die Hunde an Geräte an, um die Gehirnströme zu messen, und übertrug sie auf Aufzeichnungsgeräte. Jeden Tag wurden die Hunde ins Labor gebracht und mussten dort verschiedene Aufgaben lösen. Dabei ging man nach einem genauen Plan vor, d.h. die Hunde begannen an fünf aufeinander folgenden Tagen um dieselbe Uhrzeit. Rusinow fiel rasch auf, dass die elektrischen Muster der Hirnströme Entspannung zeigten, wenn die Hunde den Testraum betraten. Sobald die Tests begannen, veränderten sich die Ströme, je nachdem, was die Hunde erwarteten. Als Rusinow am Wochenende sein Labor einigen Besuchern zeigte, schaltete er die Geräte ein, um ihnen zu zeigen, wie sie funktionierten – Tests wollte er eigentlich nicht durchführen. Zu seiner Überraschung wies der Hund, der während der Woche gewöhnlich zu dieser Zeit getestet wurde, ähnliche Strommuster wie während seiner Testphase auf. Nachdem die Testzeit vorüber war, kehrten auch die Strommuster wieder zu ihrem normalen Bild zurück. Daraus schloss Rusinow, dass Hunde Zeitspannen wahrnehmen können. Wenn es Zeit für ihre Tests wurde, dachten sie über die üblichen Testsituationen nach und was dabei mit ihnen geschah. Da Hunde Erinnerungen in Form von Bildern speichern, aktivierte ihre Gehirntätigkeit dieselben Gehirnregionen, die normalerweise im Labor für Hören und Sehen verantwortlich waren.

Wenn die Gehirninformationen, über die ein Hund verfügt, aus bestimmten sensorischen „Ideen" bestehen und er statt Worte Sinneseindrücke speichert, dann werden wir seine Denkweise nur verstehen, wenn es uns gelingt, die Sprache seiner Sinne zu analysieren. Nimmt ein Hund seine Umgebung anders als ein Mensch wahr, muss er in bestimmten Situationen zu einem anderen Ergebnis kommen als ein Mensch. Wenn seine Sinne ihm ein anderes oder uns gänzlich verschlossenes Bild der Umwelt zeichnen, müssen sich seine Gedanken und Erinnerungen vollständig von den unseren unterscheiden. Nur wenn wir das Vokabular kennen, das ihm seine Sinne liefern, haben wir eine Chance, die Sprache des Hundegehirns zu verstehen.

Die Augen eines nächtlichen Jägers

Obwohl menschliche und Hundeaugen ähnlich aufgebaut sind, gibt es wesentliche Unterschiede, die sich in der Wahrnehmung der Welt äußern. Bei Menschen nimmt die Verarbeitung von Sehreizen einen größeren Raum im Gehirn ein; der optische Sinn hat mehr Neuronen, um Informationen weiterzuleiten und zu verarbeiten, als jeder andere Sinn. Daher bewerten wir eine Situation vorrangig nach dem optischen Eindruck. Das gilt nicht für Hunde. Da deren Gehirn nicht so stark vom Optischen dominiert wird, wird ihre Bewertung der Umwelt schwächer vom Sehsinn geprägt. Obwohl Hunde in vielerlei Hinsicht schlechter sehen als Menschen, ist ihr Sehsinn im Vergleich mit anderen Tieren durchaus gut. In gewissen Situationen sehen sie sogar besser als Menschen. Wer einmal gesehen hat, wie ein Hund den Flug einer Frisbee-

Scheibe verfolgt und sie aus der Luft fängt, weiß, wie gut Hunde Sehreize verarbeiten können. Viele Hunderassen wurden sogar für spezielle Aufgaben gezüchtet und ausgebildet, bei denen es auf Sehen ankommt. Ein Retriever muss vom Jäger erlegte Vögel im Fall verfolgen und sich merken, wo sie auf dem Boden landen. Schäferhunde bemerken selbst kleinste Bewegungen von Herdentieren; daraus leiten sie ab, ob das Tier zur Herde zurückgetrieben werden muss. Außerdem müssen sie aus der Entfernung an den Handzeichen des Schäfers sehen, wohin sie gehen oder in welche Richtung sie eine Herde treiben sollen. Andere Rassen, wie die Greyhounds, wurden seit Tausenden von Jahren gezüchtet, um Tiere mit Hilfe ihres Sehsinnes zu hetzen. Blindenhunde benutzen optische Informationen und setzen sie für ihre blinden Besitzer um.

Die Evolution hat dafür gesorgt, dass jede Art über genau jene Sinne verfügt, die ihr Überleben gewährleistet. Da wir Menschen von baumbewohnenden Primaten abstammen, brauchten wir Augen, die Farben sehen können (um die reifen Früchte und Nüsse zwischen den grünen Blättern entdecken zu können), gute Sehschärfe (um kleine Früchte und Beeren zu finden) und die Fähigkeit, dreidimensional zu sehen (um die Entfernung zwischen zwei Ästen abschätzen zu können und beim Sprung nicht auf den Boden zu fallen). Die Vorfahren der Hunde waren vor allem Jäger und Fleischfresser, die schnelle Tiere hetzen mussten, die ihnen als Beute dienten. Außerdem sind Hundeverwandte Dämmerungsjäger, die vor allem am Morgen und Abend aktiv sind und besser als Menschen mit Zwielicht zurechtkommen. An Zwielicht und Dämmerung angepasste Augen reagieren gut auf schwaches Licht, brauchen aber kein Farbsehen.

Um den Sehsinn eines Hundes zu verstehen, müssen wir Anatomie und Physiologie seiner Augen kennen, die wie eine Kamera funktionieren. Sowohl beim Auge wie bei der Kamera fällt das Licht durch ein Loch ein (Blende in der Kamera, Pupille im Auge); eine Linse sammelt und fokussiert das Licht auf eine empfindliche Oberfläche (Film in der Kamera, Netzhaut auf der Rückseite des Auges). Sowohl die Kamera als auch das Auge brauchen einen

Mechanismus, um sich an verschiedene Lichtverhältnisse anzupassen – außerdem stellen beide Systeme einen Kompromiss zwischen der Wahrnehmung möglichst schwachen Lichtes und einer optimalen Darstellung kleiner Details dar.
Während der Evolution des Hundeauges galt offenbar eine Gesetzmäßigkeit: Lieber die Auflösung vermindern, wenn damit eine bessere Anpassung an schwaches Licht erreicht wird. Daher sind beispielsweise die Pupillen eines Hundes viel größer als die der meisten Menschen. Tatsächlich sieht man bei vielen Hunden ausschließlich die große Pupille, während die farbige Iris nur einen schmalen Rand bildet. Eine derart große Pupille lässt zwar viel Licht durch, erlaubt aber nur eine geringe Tiefenschärfe (der Bereich, in dem ein nahes oder fernes Objekt noch scharf zu sehen ist). Um wieder den Vergleich mit unserer Kamera zu bemühen: Ein Fotograf kann den Hintergrund in Unschärfe verschwinden lassen und ein bestimmtes Objekt scharf darstellen, wenn er die Blende weiter öffnet. Will er dagegen einen möglichst großen Bereich scharf abbilden, muss er die Blende schließen. Obwohl sich auch die Pupille eines Hundes vergrößern oder verkleinern kann, gelingt es ihm nicht, eine ähnlich gute Tiefenschärfe wie ein Mensch zu erreichen.
Mit ihren größeren Linsen können Hunde mehr Licht sammeln. Je größer eine Linse, desto mehr Licht fängt sie ein. So haben z.B. astronomische Teleskope extreme Linsen – im Observatorium auf dem Mount Palomar in Kalifornien mit 5 m Durchmesser. Bei Menschen und Hunden fungieren sogar zwei Komponenten als Linsen. Die erste ist die Cornea (Hornhaut), der durchsichtige, gewölbte Teil des Auges, der sich nach außen vorwölbt und für die eigentliche Lichtsammlung verantwortlich ist. Die zweite Komponente ist der kristalline Linsenkörper hinter der Cornea. Er kann die Brennweite des Auges verändern. Dämmerungsaktive Tiere haben gewöhnlich eine große Cornea; schauen Sie sich die Cornea eines Hundes im Vergleich mit der eines Menschen an.
Das Licht, das durch Pupille und Linse fällt, zeichnet ein Bild auf die Netzhaut (Retina). Dort wird es eingefangen und von speziellen Sinneszellen, den „Photorezeptoren", registriert. Wir Menschen haben

zwei Typen von Lichtsinneszellen in der Retina: Die langen, schmalen Stäbchen und die gedrungenen, spitz zulaufenden Zäpfchen (für Farbensehen). Die Stäbchen sind für das Hell-Dunkel-Sehen bei schwachem Licht verantwortlich. Es ist nicht überraschend, dass Hunde verhältnismäßig mehr Stäbchen in ihrer Retina besitzen als Menschen. Damit verfügen sie über eine weitere Anpassung an die Jagd in der Dämmerung, die uns Menschen fehlt.
Vielleicht ist Ihnen schon einmal aufgefallen, dass Hundeaugen, die nachts von einem Scheinwerfer beleuchtet werden, gelb oder grünblau zu glühen scheinen. Diese Farbe rührt von einer reflektierenden Schicht (Tapetum) hinter der Netzhaut her, die wie eine Art Spiegel fungiert. Das Licht wird vom Tapetum zurückgeworfen und fällt nochmals durch die Netzhaut. Daher haben die Photorezeptoren eine „zweite Chance", das schwache Licht wahrzunehmen. Eine photoelektrische Eigenschaft des Tapetums wandelt das Licht in Fluoreszenz um. Dabei wird nicht nur die Intensität erhöht sondern auch die Wellenlänge (Farbe) des reflektierten Lichtes leicht zu jener hin verschoben, die optimal von den Stäbchen wahrgenommen wird. Allerdings hat diese Verbesserung der Sehleistung auch einen Nachteil. Das Licht, das auf die Retina fällt, kommt aus verschiedenen Richtungen – wie ein Billardball, der an die Bande des Tisches stößt und unter einem anderen Winkel zurückrollt. Da sich die Richtung des von außen einfallenden von der des reflektierten Lichtes unterscheidet, erscheinen die Konturen eines Bildes in der Retina verwischt. Diesen Preis müssen die Hunde für besseres Sehen in der Dämmerung bezahlen.
Manche Hunde mit blauen Augen, z.B. die Huskys, haben kein reflektierendes Tapetum. Entsprechend beginnen ihre Augen nicht zu leuchten, wenn sie angestrahlt werden. Vermutlich handelt es sich dabei um einen Zufall, der bei der Züchtung entstand. Der Hohe Norden, wo diese Hunde für die Arbeit am Schlitten gezüchtet wurden, ist während der meisten Zeit des Jahres von Schnee bedeckt. Daher wird das Licht auch während der Dämmerung natürlicherweise vom Schnee reflektiert und die Sichtbarkeit von Objekten verbessert. Vielleicht ging diese spezielle Eigenschaft während der Zucht verloren, weil es keinen Evolutionsvorteil brach-

te, das Licht vom Tapetum reflektieren zu lassen. Einige Forscher vermuten allerdings, dass der Verlust des Tapetums einen anderen Vorteil bot. Wenn die auf die Sehzellen fallende Lichtmenge nicht erhöht zu werden brauchte, konnten die Hunde mehr Details und schärfer sehen, ohne dass sich die Lichtempfindlichkeit der Sehzellen anpassen musste.

Wegen der größeren Blende, den größeren, Licht sammelnden Linsen, zahlreicheren Stäbchen in der Retina und dem reflektierenden Tapetum sind Hundeaugen in der Dämmerung viel empfindlicher als Menschenaugen. Man hat geschätzt, dass Hunde nur ein Viertel des Lichts brauchen, das wir Menschen benötigen, um im Dunkeln noch etwas zu sehen. In der Tat sind die Augen von perfekten Nachtjägern, z.B. den Katzen, sogar noch effektiver; sie kommen mit etwa einem Siebtel der Lichtmenge aus – im Vergleich mit Menschen.

Eine scharfe Sicht auf die Welt

Bei einer Kamera werden die Objekte fokussiert, indem man den Abstand zwischen Linse und Filmebene verändert. Beim Menschen verändern Muskeln die Form der Linse: Um ferne Objekte scharf zu sehen, wird die Linse flacher, wenn wir nahe Objekte betrachten, wird sie kugeliger. Hunde können die Form ihrer Linsen nicht so stark verändern wie wir. Vermutlich verfügen sie aber über spezielle Muskeln, die ihren Augapfel kürzer oder länger machen, um ein scharfes Bild zu sehen, ähnlich wie Katzen. Die Fähigkeit, die Linse zu verändern, hat einen direkten Einfluss auf die Sehschärfe eines Hundes.

Wird das Bild eines Objektes direkt auf die Retina fokussiert, ist eine optimal scharfe Wahrnehmung möglich. Wird das Bild dagegen etwas vor oder leicht hinter der Retina erzeugt, erscheint es unscharf. Bei beiden Formen der Fehldarstellung entsteht ein anderes Sehproblem. Werden die Lichtstrahlen vor der Retina fokussiert (Kurzsichtigkeit), sind nahe Objekte gut und scharf, entfernte dagegen nur unscharf zu sehen. Werden die Lichtstrahlen dagegen hinter der Retina fokussiert (Weitsichtigkeit), sind ferne

Objekte scharf und nahe unscharf. Die Fähigkeiten einer Augenlinse zu fokussieren, wird mit einem Gerät (Retinoskop) gemessen. Es bestimmt die Lage des Brennpunktes mit einem Lichtstrahl, der durch Cornea und Linsenkörper fällt. Bei einem Hund funktioniert das allerdings nur, wenn ein geduldiger Forscher mit einem kooperativen Hund zusammenarbeitet.

Christopher Murphy und seine Arbeitsgruppe an der Tiermedizinischen Fakultät der Universität von Wisconsin hat die Sehfähigkeit von Hunden untersucht. Sie maßen die Fähigkeit von 240 Hunden, ein Objekt scharf zu sehen. In die Untersuchung waren Cocker- und Springer-Spaniels, Golden-, Labrador- und Chesapeake Bay Retriever, Deutsche Schäferhunde, Pudel, Rottweiler, Schnauzer, Shar Peis und verschiedene Terrier und Mischlinge einbezogen. Obwohl die meisten Hunde weder kurz- noch weitsichtig waren, gab es einige Ausnahmen: Etwa die Hälfte aller Rottweiler waren kurzsichtig, das Gleiche galt für Schnauzer und Deutsche Schäferhunde.

Dass dieser Effekt bei bestimmten Rassen auftrat, deutet auf einen genetischen Hintergrund hin, insbesondere auf die gezielte Zucht. Dafür sprechen die Daten einer Reihe von Schäferhunden, die von Blindenhunden abstammten. Statt des Durchschnitts aller Schäferhunde – 50% Kurzsichtigkeit – war nur einer von sieben Hunden kurzsichtig. Dieses Ergebnis lässt vermuten, dass wir an bestimmte Aufgaben angepasste Hunde mit speziellen Sehfähigkeiten züchten können. In der Tat neigen einige Greyhounds, die zur Jagd auf weit entfernte Tiere gezüchtet wurden, zur Weitsichtigkeit. Sie sind zwar nicht in der Lage, ihre Augen gezielt zu fokussieren, aber sie sind besonders gut für die Jagd, insbesondere zum Aufspüren und Hetzen weit entfernter Tiere, geeignet.

Das Auflösungsvermögen des Auges

Die Sehfähigkeit eines Hundes ist aber nicht nur davon abhängig, wie gut er fokussieren kann. Die Art und Anordnung seiner Fotorezeptoren im Auge erzeugt einen ähnlichen Effekt wie die Emulsion eines Films. Jeder Film ist mit einer Schicht lichtempfindlicher Silbersalze (Emulsion) beschichtet, die auf Licht mit einer chemischen Reaktion reagieren. Da Filme für schwaches Licht mit größeren Salzkristallen beschichtet sind, erhöht sich die Chance, dass Licht auf ein Salzkorn trifft. Folglich wirken Bilder, die mit solchen Filmen gemacht werden „grobkörnig" (ähnlich wie ein schlechtes digitales Foto mit zu großen Pixeln) – damit werden feine Details unsichtbar. Bei einem weniger empfindlichen Film für helleres Licht sind die Salzkörnchen winzig und enger gepackt, sodass selbst kleinste Details sichtbar werden.

Die Körner einer Filmemulsion lassen sich mit den Fotorezeptoren in der Retina vergleichen. Die Empfindlichkeit der Stäbchen (Rezeptoren für Hell/Dunkel bei Schwachlicht) wird gesteigert, wenn mehrere von ihnen mit derselben „Ganglienzelle" verbunden sind. Diese leitet ihre Informationen an das Gehirn weiter. Die Stäbchengruppe wirkt also ähnlich wie das grobe Körnchen einer Filmemulsion: Bereits Licht, das nur auf ein einziges Stäbchen trifft, löst ein Signal aus. Andererseits sind nur ein bis zwei Zäpfchen (sie werden in hellem Licht wirksam und nehmen Farben wahr) über eine Ganglienzelle mit dem Gehirn verbunden. Daher gleichen die Zäpfchen den Körnern einer feinen Filmemulsion. Sie arbeiten nur schlecht bei schwachem Licht, liefern aber in hellem Licht ein scharfes, detailreiches und farbiges Bild.

Da Tiere nicht einfach den Aufbau ihrer Retina verändern können – wie ein Fotograf, der je nach Lichtverhältnissen seinen Film wechselt – hat die Evolution dafür gesorgt, dass die Wirksamkeit eines Tierauges optimal auf Verhalten und Überlebenschancen abgestimmt ist. Bei Tieren, deren Augen sowohl Stäbchen als auch Zäpfchen enthalten, sind die Fotorezeptoren in unterschiedlichen Bereichen der Retina verteilt. Im menschlichen Auge liegt genau in der Achse des Augapfels eine spezielle Region, die Fovea centralis. Sie enthält ausschließlich so dicht gepackte Zäpfchen, dass wir im hellen Tageslicht ein optimal aufgelöstes, detailreiches Bild sehen. Weiter weg von der Fovea nimmt die Dichte der Zäpfchen ab, daher sehen wir in der Peripherie weniger scharf. Wenn Sie einen Gegenstand fixieren, richten Sie in der Tat Ihre Fovea darauf aus, d.h. Sie lesen diese Seite, indem Sie mit der Fovea jedem Wort folgen. Die seitlich davon stehenden Worte erscheinen verwischt oder unscharf, je weiter sie von diesem Zentrum entfernt stehen. Machen Sie ein kleines Experiment: Schließen Sie ein Auge und blicken Sie mit dem anderen starr auf die Mitte der Seite. Noch erscheint das Bild relativ klar. Jetzt blockieren Sie durch einen Finger vor dem Auge die Mittelachse Ihrer Sicht. Blicken Sie nun genau auf den Finger und achten Sie auf das, was Sie seitlich davon erkennen. Die Schrift erscheint unscharf und vielleicht sogar unleserlich.

Beim Menschen nimmt die Zahl der Stäbchen mit dem Abstand von der Blickachse zu. Daher liegt die höchste Lichtempfindlichkeit außerhalb der Fovea, in der Peripherie des Auges. Aus diesem Grund können Menschen nachts ein schwaches Licht wesentlich besser beobachten, wenn sie neben das Licht blicken – dann fällt mehr Licht auf den Teil der Retina, wo die Stäbchen dichter stehen. Letztlich gibt es in unserer Retina zwei unterschiedliche „Filmemulsionen“: Einen zentralen Bereich mit detailreicher Sicht und eine Region für höhere Empfindlichkeit, aber schwächere Details. Auch das Hundeauge ist in Zonen unterschiedlicher Empfindlichkeit gegliedert, wenn auch mit anderer Anordnung der Sehzellen. Die etwas größere Fovea der Hunde ist wie ein liegendes Oval geformt. Wie bei den Menschen ist diese Region dicht mit Fotorezeptoren besetzt, besteht allerdings nicht fast ausnahmslos aus Zäpfchen wie bei uns. Hier stehen auch viele Stäbchen; sie sind jedoch dünner und jeweils in kleinen Gruppen mit einer Ganglienzelle verbunden. In dieser Region des Auges ist eine scharfe Sicht möglich. An den Seiten des Ovals beginnt eine Zone dicht gepackter Zellen, die einen waagerechten Streifen mit vielen Zellen quer über das gesamte Auge bilden. Daher können Hunde im gesamten Bereich dieses Streifens sehr gut sehen. Auf diese Anpassung waren ihre jagenden Vorfahren angewiesen, die den Horizont nach Beute absuchten. Ähnliche Verteilungen von Sehzellen findet man auch bei vielen Steppentieren wie Pferden und Antilopen; sie gelten bei ihnen als Anpassungen, um nahende Raubtiere so früh wie möglich zu erkennen.

Der schnelle, auf Sicht jagende Greyhound besitzt den am besten ausgeprägten Sehstreifen. Bei Hunden, die eher mit der Nase spüren, wie z.B. die Beagles, ist dieser Streifen weniger scharf ausgeprägt. Offenbar hatten unsere Zuchtversuche auch maßgebliche und unerwartete Nebeneffekte in der Physiologie und Neurologie der Rassen. Hunde sehen die Welt nicht nur anders als Menschen, sondern ein Greyhound sieht sie auch anders als ein Beagle.

Brauchen Hunde eine Brille?

Wie gut kann ein Hund wirklich sehen? Dazu ist es nötig, sich über die Messmethoden klar zu werden: Wenn wir eine typische Buchstabentafel betrachten (wie beim Augenarzt), bestimmen die kleinsten, noch eben wahrnehmbaren Buchstaben Ihre Sehfähigkeit. Wenn die Tafel einen Abstand von 6 m hat und Sie noch dieselbe Zeile lesen können wie ein normalsichtiger Mensch, haben Sie einen Wert von $^6/_6$. Bei eingeschränkter Sehfähigkeit können Sie aus derselben Entfernung nur größere Buchstaben wahrnehmen. Vielleicht sehen Sie aus 6 m Entfernung Buchstaben, die ein normalsichtiger Mensch noch aus 12 m Entfernung sehen würde – dann beträgt Ihre Sehfähigkeit $^6/_{12}$.
Da Hunde nicht lesen können, mussten andere Tests entwickelt werden. Sie werden darauf trainiert, eine Karte mit vertikalen, schwarzweißen Streifen von einer anderen zu unterscheiden, die einheitlich grau gefärbt ist. Wird die Streifenkarte erkannt, gibt es eine Belohnung, wählt der Hund die graue Karte, geht er leer aus. Beim Test wird die Breite der Streifen zunehmend verkleinert. Schließlich werden sie so schmal, dass der Hund nicht mehr zwischen Streifenmuster und Grau-Karte unterscheiden kann. Das Streifenmuster verschmiert dann zu einem einheitlich grauen Eindruck – für ihn sehen die beiden Karten gleich aus. Genau an diesem Punkt liegt die Sehschärfe eines Hundes. Mit Hilfe der Streifenbreite können ähnliche Sehkarten entwickelt werden wie für den Menschen.
Allerdings sind Hunde leichter frustriert, wenn sie in den Grenz-

bereich ihrer Sehfähigkeit vorstoßen. Statt wie ein Mensch, der sich anstrengt, noch etwas zu erkennen, geben sie auf und entscheiden nach dem Zufallsprinzip. Offenbar verlassen sich Hunde nicht so sehr auf ihre Augen wie wir. Immerhin haben sie auch bei einheitlich grauen Karten immer noch eine 50:50 Chance, richtig zu raten. Das beste Ergebnis stammt von einem in Hamburg getesteten Pudel. Dennoch waren auch seine Werte sechsmal schlechter als bei einem Menschen. Würde man dieses Ergebnis auf die Vergleichswerte eines Menschen beziehen, läge das Sehvermögen eines Hundes bei $^{6}/_{23}$. Das bedeutet, dass ein Hund ein Objekt in 6 m Entfernung so scharf sieht, wie Sie in 23 m. Wäre Ihr Sehvermögen derart schlecht, dürften Sie nur mit einer Sehhilfe Auto fahren.

Lassen Sie sich aber nicht von diesen Werten täuschen. Trotz der schlechteren Sehfähigkeit gelangen immer noch genügend Informationen ins Gehirn eines Hundes, selbst wenn sie „weich gezeichnet“ sind und er nicht besonders viele Details erkennt. Seine Sicht auf die Welt gleicht einem Blick durch ein feines Tuch oder ein Stück Zellophan, das mit Öl beschmiert wurde. Er sieht die Umrisse eines Gegenstandes, während die inneren Details verschmiert oder unkenntlich sind.

Sobald wir dies berücksichtigen, lassen sich viele der scheinbar unverständlichen Verhaltensweisen eines Hundes leicht erklären. Wenn ich beispielsweise langsam aus dem Haus trat, während meine Hunde im Hof spielten, hörten sie auf und starrten mich an. Ging ich dann langsam auf sie zu, machten sie zunächst einige Schritte und nahmen eine defensive Stellung ein. In solchen Augenblicken war ich mir sicher, sie wussten nicht, wer ich war. Erst wenn ich zu ihnen sprach, entspannten sie sich und rannten auf mich zu, wobei mein Flat Coated Retriever Odin gewöhnlich einen komischen Begrüßungstanz aufführte. Hatte ich dagegen meinen breitkrempigen Cowboyhut aufgesetzt, den ich gewöhnlich auf Spaziergängen trage, erkennt mich Odin sofort; er tanzt, um mich zu begrüßen, und die anderen Hunde im Hof folgen ihm.

Warum erkennen sie mich einerseits gar nicht, während sie im zweiten Fall dafür nur eine Sekunde brauchen? Im ersten Fall mussten die Hunde nach kleineren Merkmalen suchen, wie der Form meiner Augen, Nase und Mund, die sie nur unscharf wahrnehmen. Im zweiten Fall dagegen erkannten sie mich sofort an dem Hut, der für ihre Sehschärfe markant genug ist. Da niemand in meiner Familie einen ähnlichen Hut trägt, können sie mich daran leicht erkennen.

Bewegungen wahrnehmen

Als ich die Schwierigkeit meiner Hunde beschrieb, mich zu erkennen, habe ich bewusst meine Langsamkeit erwähnt. Die Augen eines Hundes scheinen besonders gut auf bewegte Objekte zu reagieren. Ein Jäger muss sofort erkennen, dass sich etwas bewegt, und aus der Art der Bewegung schließen, um welches Tier es sich handelt. Dass Hunde bewegte Objekte ausgezeichnet erkennen, belegen wissenschaftliche Studien und viele Berichte. Bei einer Untersuchung von 14 Polizeihunden fand man heraus, dass sie bewegte Objekte noch in einer Entfernung von 900 m erkennen konnten. Stand das Objekt dagegen still, konnten sie es selbst aus 585 m nicht identifizieren.
Vor einigen Jahren war ich Zeuge, welch große Vorteile ein Hund hat, weil er bewegte Objekte erkennt. Damals besuchte ich einen Mann in Florida, der an einem Rettungsprojekt für Greyhounds beteiligt war. Als ich auf seiner kleinen Farm ankam, sprachen Charlie und sein Sohn Ted gerade mit Steve und Sue, die einen ehemaligen Rennhund adoptieren wollten. Charlie erklärte, dass man einen Greyhound möglichst ständig an der Leine führen und einige Regeln beachten sollte, um eine gute Kommunikation mit ihm aufzubauen.
„Greyhounds haben extrem gute Augen. Wenn sie etwas bemerken, auch wenn es eine Meile oder mehr entfernt ist, erkennen sie es sofort. Sieht es wie etwas aus, dass sich zu jagen lohnt, rasen sie auf der Stelle hinterher. Sie werden wohl kaum auf Sie hören, daher halte ich es für besser, wenn Sie ihm rechtzeitig beibringen, auf Handsignale zu reagieren."

Charlie legte sanft seine Hand auf einen fahl gefärbten Greyhound mit Namen Jenny. Längs ihres Körpers verliefen schwarze Streifen und sie sah einem der alten Greyhounds ähnlich, die ich von den Stichen in Büchern aus der Mitte des 19. Jhs kannte.
„Ihre Augen sind bestens geeignet, um Dinge zu finden. Jenny hat gelernt, mich aufzuspüren, wenn jemand sagt, ‚Wo ist Charlie?', sogar wenn ich eine Meile weit weg stehe und von Menschen umringt bin."
Diese Aussage machte mich neugierig und ich bat Charlie, mir die Fähigkeit seines Hundes zu demonstrieren; als Wetteinsatz machten wir eine Flasche Bourbon aus. Charlie, Ted, Jenny und ich kletterten in seinen Van, das Paar folgte uns im eigenen Wagen zu einem nahen Sandstrand. Charlie hatte den Ort gewählt, weil hier regelmäßig Sandrennen stattfanden und alle 100 Yards eine Flagge im Sand steckte – insgesamt über eine Strecke von 1,5 Meilen. Charlie, Steve und Sue fuhren bis zu der 1,5 Meilen-Flagge, stiegen aus und stellten sich im Abstand von rund 30 m auf. Dann blieben sie stehen und blickten uns an. Ted fragte: „Wo ist Charlie?". Jenny wusste genau, was sie tun musste und suchte den Horizont ab, wobei sie fast eine volle Drehung machte. Da sich niemand bewegte, schien sie verblüfft, obwohl Ted die Frage mehrfach wiederholte. Dann bat ich die drei mit Handzeichen, ihre Arme zu bewegen. Ich konnte aus dieser Entfernung kaum etwas ausmachen, nicht einmal die Frau von den anderen unterscheiden. Als Jenny diesmal die Frage „Wo ist Charlie?" hörte, sah sie die drei Menschen und raste direkt auf Charly zu. Einige Minuten später kam der Wagen mit den dreien zur Startlinie zurück – Charlie freute sich bereits auf seinen Gewinn.
Obwohl Jennys beeindruckende Vorstellung Charlie zum eindeutigen Sieger gemacht hatte, wollte ich den Test mit Zustimmung der anderen wiederholen. Diesmal bat ich die drei, sich bereits an der 100 Yards-Flagge (91 m) aufzustellen; Charlie sollte ganz links stehen und die drei sollten sich nicht rühren. Wieder fragte Ted: „Wo ist Charlie?". Während ich die drei auf diese Entfernung genau unterscheiden konnte, schien Jenny sie überhaupt nicht zu bemerken. Sie drehte sich um ihre Achse und suchte nach ihrem unbe-

weglichen Herrchen. Erst als wir den dreien zu verstehen gaben, sie sollten die Arme bewegen, fixierte Jenny die Person ganz links und rannte direkt auf Charlie zu. Offenbar konnte Jenny einen Menschen erst dann erkennen, wenn er sich bewegte – und das auf eine Entfernung von 1,5 Meilen. Andererseits war sie unfähig, denselben unbeweglichen Menschen in weniger als 100 m zu identifizieren!

Hunde sehen Bewegungen nicht nur besser, sie können ein bekanntes Objekt auch anhand seiner Bewegungsmuster identifizieren. Auf diese Weise erkannte Jenny Charlie bereits aus großer Entfernung. Das könnte erklären, warum Hunde auf Fernsehbilder oder Filme mit echten Hunden reagieren, während sie einen Zeichentrick-Hund überhaupt nicht zu sehen scheinen. Obwohl sich Hunde auch im Zeichentrickfilm bewegen, ist ihr Bewegungsmuster in den Augen des betrachtenden Hundes offenbar so merkwürdig, dass er sie nicht als Artgenossen identifiziert.

Für die einzelne Sehzelle in der Retina ist eine Bewegung nur ein Flackern. Wenn sich ein Gegenstand bewegt und sein Abbild über Stäbchen oder Zäpfchen wandert, ruft es eine kurzfristige Veränderung der Helligkeit hervor. Daher verwenden Verhaltensforscher als Maß für die Reaktionsgeschwindigkeit auf optische Reize und die Effizienz der Bewegungswahrnehmung häufig die Fähigkeit des jeweiligen Tieres, ein flackerndes Muster aufzulösen.

Dabei betrachtet der Getestete eine beleuchtete Scheibe. Folgen die Lichtblitze zu schnell aufeinander, verschmelzen sie zu einen einheitlichen beleuchteten Bild. Eine Leuchtstoffröhre scheint kontinuierlich zu leuchten, doch in Wirklichkeit blitzt sie pro Sekunde 120-mal auf. Unter Testbedingungen wird das Flackern langsam heruntergesetzt, bis die einzelnen Lichtblitze gerade noch wahrgenommen werden. Menschen können durchschnittlich 55 Blitze pro Sekunde auflösen (technisch gesehen handelt es sich dabei um Hertz, Hz). Man kann einen ähnlichen Test auch mit Hunden durchführen. Dabei stellte sich heraus, dass sie durchschnittlich 75 Hz auflösen, d.h. sie sind um die Hälfte leistungsfähiger als Menschen.

Dieses Testergebnis passt nicht nur zu der Tatsache, dass Hunde Bewegungen besser wahrnehmen als Menschen, sondern liefert auch eine Antwort auf die Frage, warum die meisten Hunde nicht an Fernsehbildern interessiert sind – selbst wenn Hunde gezeigt werden. Das Fernsehbild flackert (Wechsel der Bildinformation) mit einer Frequenz von etwa 60 Hz. Dieses Flackern können wir nicht mehr auflösen und sehen eine kontinuierliche Bewegung. Da Hunde jedoch noch 75 Hz auflösen, nehmen sie das Fernsehbild vermutlich als schnelles Flackern wahr. Damit dürften ihnen die dargestellten Bilder weniger realistisch erscheinen und sie nicht interessieren.

Es gibt allerdings Hunde, die sich für Fernsehbilder interessieren und auch darauf reagieren. Untersuchungen haben ergeben, dass sich Hunde vorwiegend Tiersendungen ansehen, in denen schnelle Bewegungen zu sehen sind. Ich kenne den Betreiber eines Hundehotels, der seine Tiere mit Filmen der Marx-Brothers und alten Western auf dem Fernsehbildschirm bei Laune hält.

Das Gesichtsfeld

Ein weiterer wichtiger Unterschied zwischen der Sehweise von Menschen und Hunden betrifft das Blickfeld – also welchen Ausschnitt der Umwelt man wahrnimmt. Menschenaugen sind nach vorn gerichtet, während die Augen von Hunden seitlich am Kopf sitzen, d.h. sie nehmen ihre Umwelt panoramaartig wahr. In der Tat sehen Hunde Dinge, die seitlich und sogar etwas hinter ihrem Kopf passieren.

Übrigens nehmen auch wir Dinge wahr, die etwas hinter unserer Augenposition liegen. Das lässt sich mit einem einfachen Test überprüfen. Starren Sie auf einen Punkt in gewisser Entfernung vor Ihrem Kopf. Nun heben Sie die Hände mit erhobenem Zeigefinger und bewegen Sie sie nach hinten, bis die Zeigefinger gerade nicht mehr zu sehen sind (weiter auf den Punkt starren). Jetzt bewegen Sie den Zeigefinger hin und her und bewegen die Hände etwas nach vorn, bis Sie wieder eine Bewegung wahrnehmen. Wenn Sie die Zeigefinger aus dieser Position seitlich zum Kopf führen, berühren die Finger etwa Ihre Schläfe, auf jeden Fall hinter den Augen. Sie haben demnach etwas gesehen, was „hinter Ihnen" lag. Könnten menschliche Augen nur nach vorn sehen, hätten wir ein Blickfeld von 180°. Tatsächlich jedoch nehmen wir auf jeder Seite noch 10° mehr wahr, was unser Blickfeld auf 200° erhöht.

Da ein durchschnittliches Hundeauge noch weiter seitlich sieht, haben Hunde ein breiteres Blickfeld von etwa 240°. Hunde können also mehr von dem erkennen, was um sie herum vorgeht. Natürlich ist der Wert von der Kopfform des Hundes abhängig. Bei Hunden mit flachen Köpfen (brachycephale Rassen), wie Möpsen und Pekinesen, sind die Augen nach vorn gerichtet; ihre Welt ist kaum panoramaartiger als unsere. Die Augen von Hunden mit langen Nasen (doliochocephale Rassen) sitzen dagegen eher seitlich, d.h. sie sehen mehr von der Welt neben ihren Köpfen – manche Rassen haben ein Blickfeld von bis zu 270°. An Hunde mit stark seitlichen Blickfeldern kann man sich kaum anschleichen.

Ich habe einmal mit einem Kollegen, einem Professor für Physik, über die unterschiedlichen „optischen Fähigkeiten" von Hunden mit verschieden geformten Köpfen diskutiert. Dabei ging es um die Frage, wie man das Blickfeld eines Hundes auch ohne komplizierte wissenschaftliche Geräte bestimmen kann. Er meinte: „Sobald Sie die Pupille eines Hundes nicht mehr sehen, kann auch der Hund Sie nicht mehr sehen, denn das Licht muss gerade in die Pupille einfallen können." Mit diesem einfachen Test können Sie das Blickfeld Ihrer Hunde zu Hause überprüfen.

Am besten wird dieses Experiment von zwei Personen durchgeführt. Einer hält dem Hund eine Belohnung vor die Nase, damit er starr nach vorn blickt, der andere macht den eigentlichen Test. Bringen Sie Ihren Kopf im Abstand von etwa 30 cm neben den Kopf des Hundes auf Augenhöhe. Nun bewegen Sie Ihren Kopf langsam nach hinten, bis Sie die Hundepupille gerade nicht mehr sehen. Das ist die Außengrenze des Blickfeldes. Vermutlich werden Sie ein ganzes Stück seitlich und hinter den Augen Ihres Hundes sein – das beweist den Panoramablick des Tieres. Dieses kleine Experiment belegt, warum Ihr Hund weiß, wo Sie sind, und wieso er auf Ihre Bewegungen reagiert, selbst wenn er vor Ihnen herläuft. Er kann Sie sehen, obwohl Sie hinter ihm gehen.

Farben sehen

Die vermutlich am häufigsten gestellte Frage lautet, ob Hunde Farben sehen können. Die einfache Antwort auf diese Frage – Hunde sind farbenblind – wird allerdings oft dahingehend falsch interpretiert, dass sie nur Grautöne wahrnehmen. Das ist falsch. Hunde sehen zwar Farben und können sie auch bewerten, aber sie erkennen die Farben weder so kräftig noch so detailliert wie Menschen. Stellen Sie sich die Sehzellen in der Retina eines Hundes vor. Hunde haben weniger Zäpfchen als Menschen. Zäpfchen sind beim Menschen nicht nur für ein scharfes Bild und die Detailwahrnehmung, sondern auch für die Wahrnehmung von Farben verantwortlich. Obwohl Hunde Farben erkennen können, haben sie zu wenig Zäpfchen, um ein ähnlich farbenreiches Bild wie wir zu sehen.

Beim Farbsehen kommt es nicht nur auf die Zahl, sondern auch auf die Art der Zäpfchen an, denn jeder Typ reagiert auf eine andere Wellenlänge. Das Gehirn setzt die Wellenlängen des Lichtes in Farben um. Menschen haben drei Typen von Zäpfchen: einer reagiert optimal auf Blau (kurzwelliges Licht), einer auf Grün (mittlere Wellenlängen) und der dritte auf Orangerot (langwelliges Licht). Sobald Licht ins Auge fällt, reagieren die drei Typen, je nachdem, wie nahe die Farbe der Lichtquelle ihrer speziellen Empfindlichkeit kommt. Im Gehirn wird aus der Summe der Signale eine Farbe kombiniert, sodass ein durchschnittlicher Mensch die Regenbogenfarben sieht – Violett, Blau, Blaugrün, Grün, Gelb, Orange und Rot.

Bei der häufigsten Form der Farbenblindheit fehlt ein Zäpfchentyp. Mit nur zwei Typen von Zäpfchen kann der Patient zwar noch Farben sehen, allerdings weniger als jemand mit normaler Farbsichtigkeit. Das gilt auch für Hunde. Sie besitzen nur zwei Zäpfchentypen: Einer entspricht recht genau unserem blauen Typ, der andere reagiert besonders gut auf Gelb (steht also zwischen unserem grünen bzw. orangeroten Zäpfchentyp). Daher können Hunde Rot nur sehr viel schlechter sehen als Menschen.

Jay Neitz und seine Kollegen von der Universität von Kalifornien in Santa Barbara haben das Farbsehen von Hunden sehr gründlich untersucht. Ihre Ergebnisse liefern uns ein genaues Bild, wie

Hunde Farben wahrnehmen. Als ich diesen Text schrieb, hatten sie Tests bei Beagles, Cocker Spaniels, Italienischen Windspielen, einigen Mischlingen und einem Toypudel mit dem treffenden Namen „Retina“ gemacht (er gehört einem der Forscher). Ähnliche Untersuchungen wurden auch an wilden Hundearten, wie Füchsen und Wölfen, durchgeführt.

Um ihr Farbsehen zu messen, kamen die Hunde in eine Testkammer mit drei nebeneinander angeordneten Leuchtflächen. Unter jeder Fläche hing eine Schale, die sich mit einer Belohnung füllte, wenn die Fläche darüber mit der Pfote berührt wurde. Da der Testablauf sehr kompliziert ist, wurde er von einem Computer gesteuert. Der Computer wählte unterschiedliche Farbkombinationen aus, die jeweils auf den Farbflächen gemischt wurden. Bei allen Tests zeigten zwei der Flächen dieselbe, die jeweils dritte eine andere Farbe. Der Hund sollte diese dritte Fläche erkennen und sie mit der Pfote berühren. Wenn er richtig entschieden hatte, fiel eine Belohnung in die Schale. Bei einer falschen Antwort gab es keine Belohnung. Am schwierigsten war es, den Hunden den Testablauf beizubringen, d.h. ihnen klarzumachen, dass sie auf die Fläche mit der „anderen“ Farbe drücken mussten. In der Tat waren dazu 4000 Testdurchläufe erforderlich. Wie Sie bereits wissen, sind Hunde keine optisch geprägten Tiere, doch noch schwieriger war es, ihnen deutlich zu machen, dass sie bei diesen Tests auf die Farben achten sollten – offenbar legen sie keinen besonderen Wert auf Farben.

Nachdem ein Hund den Ablauf der Aufgaben begriffen hatte, begann man mit dem eigentlichen Test. Während jeder Sitzung musste ein Hund etwa 200–400 Entscheidungen treffen, über eine Gesamttestdauer von mehreren Wochen. Diese große Zahl von Versuchen war erforderlich, weil man ausreichend statistisches Material für eine Auswertung brauchte. Die Forscher waren an den Farbpaaren interessiert, die ein Hund auseinander halten konnte bzw. nicht auseinander halten konnte. Lagen seine Ergebnisse besser als 33 % (das ist der Wert einer zufälligen Entscheidung für eine der drei Flächen), dann gingen die Forscher davon aus, dass er die Farben sah.

Die Wissenschaftler gingen sehr sorgfältig vor, um sicherzustellen, dass die Hunde ausschließlich auf die Farben reagierten. Sie veränderten die Lage der abweichenden Farbfläche nach dem Zufallsprinzip, mal leuchtete sie links, mal in der Mitte oder rechts auf. Außerdem veränderten sie die Helligkeit der Farben, damit sich die Hunde nicht aufgrund der Helligkeit des Lichtes entscheiden konnten.
Neitz und seine Kollegen fanden heraus, dass Hunde zwar Farben sehen, aber viel weniger als Menschen. Statt den Farben des Regenbogens – Violett, Blau, Blaugrün, Grün, Gelb, Orange und Rot – sahen sie Dunkelblau, Hellblau, Grau, Hellgelb, Dunkelgelb (eine Art von Braun) und sehr dunkles Grau. Mit anderen Worten, Hunde nehmen ihre Umwelt in Tönen von Blau und Gelb wahr. Grün, Gelb und Orange erscheint ihnen als gelblich, Violett und Blau als Blau. Blaugrün ähnelt einem Grau. Rot ist für sie nur schwer erkennbar, es dürfte ihnen als sehr dunkles Grau oder sogar Schwarz erscheinen.
Wenn wir diese Tatsachen berücksichtigen, werden manche merkwürdigen Verhaltensweisen verständlicher. Viele der beliebten Wurfspielzeuge sind in „Sicherheits-Orange" getönt, der kräftigen Farbe, mit der auch Markierungskegel bei Straßenarbeiten, die Westen von Straßen- und Streckenarbeitern oder Feuerwehrleuten gefärbt sind. Für uns ist diese Farbe so auffällig, dass wir sie „schreiend orange" nennen. Wenn wir allerdings einen orangefarbenen Ball werfen, den der Hund apportieren soll, rast er los, scheint dann aber seine Nase zu benutzen, um den Ball zu finden. Vielen Menschen ist nicht klar, warum ein Hund beim ersten Mal glatt an dem Ball vorbeiläuft, ohne ihn zu finden.
Der Hund ist weder dumm noch verweigert er den Gehorsam. Der Grund für sein Verhalten ist ganz einfach: Er kann das Orange des Spielzeuges kaum vom Grün des Grases unterscheiden; beides erscheint ihm gelblich. Selbst wenn das Orange mehr zum Rot hin verschoben ist, gleicht es noch der Farbe des Grases, erscheint allerdings etwas dunkler. Damit wird es für ihn schwierig, einen orangefarbenen Ball zu finden. Offenbar achten die Hersteller solcher Spielzeuge vor allem darauf, dass die Menschen sie gut wieder finden, nicht aber darauf, ob die Hunde sie gut sehen können!

Die Ergebnisse helfen uns aber auch dabei, Objekte in den Augen eines Hundes auffälliger zu machen. Zunächst sollten wir die Hintergrundfarbe berücksichtigen. Auf Gras kommen blaue Farben am besten zur Geltung. Wenn Sie nicht vorhersagen können, wie Ihr Hund die Farboberflächen wahrnimmt, dann entscheiden Sie sich für eine Farbkombination, die er gut sehen kann, z.B. gelbe und blaue Farbflächen.
Die Untersuchungen haben zwar ergeben, dass Hunde unter normalen Bedingungen nicht besonders auf Farben achten, sie haben aber auch gezeigt, dass sie recht gut auf Helligkeitsunterschiede reagieren. Daher steigern Kontraste die Sichtbarkeit von Objekten. Damit Hunden ein Objekt auffällt, sollte es viel dunkler oder heller als der jeweilige Hintergrund sein. Sie können auch sehr helle und dunkle Farben in einem Objekt kombinieren, solange die Farbflächen groß und auffällig bleiben. Eine Kombination aus vielen sehr kleinen Farbflächen wirkt eher wie ein Tarnmuster – der Hund kann die Umrisse des Objektes nicht mehr ausmachen.
Gute Farben für Hundespielzeuge auf Gras wären Weiß und Blau in großen Mustern. Andererseits müsste eine geworfene Scheibe gelb oder orange gefärbt sein, damit sie sich vom blauen Himmel abhebt. Ein hellblauer Fleck könnte dem Hund helfen, sie im Gras zu finden, wenn er sie in der Luft verfehlt.
Denken Sie vor allem daran, dass Hunde ihre Sicht nicht so wichtig nehmen wie wir. Außerdem empfangen sie andere visuelle Signale aus ihrer Umwelt als wir – sie sehen eine Szene völlig anders. Was nicht wahrgenommen wird, gelangt auch nicht ins Gehirn. Hunde, die etwas nicht sehen, können auch keine Aufgaben erfüllen, für die sie auf visuelle Information angewiesen wären.

Sehen bestätigt andere Sinneseindrücke

Hunde setzen ihren Sehsinn anders ein als Menschen. Sie bestärken damit nur das, was sie ohnehin bereits wissen. Stellen Sie sich vor, ein Hund hört, wie sein Besitzer die Treppe hochkommt. Da er schon den Klang der Schritte erkennt, kann ihn der Anblick des

Menschen, der durch die Tür tritt, nur in seinem Wissen bestätigen. Das Gleiche gilt, wenn ein Hund einen Duft erkennt. Er weiß, dass er der Fährte eines Kaninchens folgt. Kommt er nahe genug an das Versteck des Kaninchens heran, bestätigt ihn das, was er sieht. Wahrscheinlich wird das Kaninchen bei seinem Anblick schleunigst weglaufen. Jetzt wird das visuelle Erkennen wichtig, denn ein Kaninchen in Bewegung ist ein besseres Ziel für die Augen. Der Hund verfolgt den Lauf des Kaninchens und wird einen Weg wählen, um das Kaninchen zu erwischen. Viele Beutetiere haben Instinkte entwickelt, um diese Beschränkungen in der Sicht ihrer Jäger zu ihren Gunsten zu nutzen – vielfach bleiben sie völlig starr und entgehen damit auf einfache und effektive Weise der Entdeckung. Ein völlig bewegungsloses Objekt wird im wahrsten Wortsinn unsichtbar für den Hund.

Während wir Menschen maßgeblich vom Sehen abhängig sind, setzen Hunde ihre Augen vorrangig bei der Jagd ein. Mit den Augen erkennen sie ein fliehendes Beutetier und können es sicher packen. Alle übrigen visuellen Informationen sind für einen Hund nur Zutaten. Zwar sammelt auch das Gehirn vielfältige Informationen über die Welt, sie werden allerdings in den seltensten Fällen über die Augen vermittelt.

Ohren als Fenster zur Welt

Ich sitze am Schreibtisch und arbeite. Plötzlich springt mein Hund Dancer auf und bellt an der Tür. Es ist nicht sein „Ich-warne-die-Welt-vor-Gefahr-Bellen“, sondern das „Joan-kommt-Bellen“ – damit kündigt er, wie mein anderer Hund Odin, an, dass meine Frau nach Hause kommt. Ich glaube, dass Dancer dieses Bellen von Odin gelernt hat, zwar vielleicht nicht genau den speziellen Ton, aber doch den Anlass. Die meisten meiner Hunde gewöhnen sich eine Art Signal an, um mitzuteilen, wenn Familienmitglieder oder Freunde kommen. Es gibt keine zwei Hunde mit demselben Bellen, sie unterschieden sich aber so sehr im Ton, dass ich gelernt habe, das Bellen mit bestimmten Personen zu assoziieren. Als Reaktion auf Dancers Gebell stehe ich auf, schaue nach, ob die Tür offen ist und begrüße sie. Als ich diesmal nachschaue, ist niemand da. Da ich dieses Erlebnis schon mehrfach hatte, weiß ich Bescheid. Ich gehe zurück an den Schreibtisch und einige Minuten später kündigt Dancers Bellen sie erneut an. Als ich diesmal aus dem Fenster sehe, fährt sie ihren Van gerade auf den üblichen Parkplatz.

Dabei handelt es sich keineswegs um eine außersinnliche Fähigkeit meines Hundes, Joan schon zwei bis drei Minuten vor ihrem Erscheinen zu erahnen. Vielmehr ist das Bellen ein Beweis für das ausgezeichnete Hörvermögen eines Hundes im Vergleich zu Menschen – zumindest für bestimmte Töne. Gegen übersinnliche Fähigkeiten spricht auch, dass Dancer dieses Bellen schon seit mehreren Jahren zeigt. Erst als Joans Wagen seinen Geist aufgab und wir einen anderen kaufen mussten, blieben die Ankündigungen Dancers für etwa einen Monat aus. Offenbar musste er erst lernen, welche Geräusche Joans neuer Van machte. Immer wenn meine Frau ihre Tochter besucht und von unserem Schwiegersohn John abgesetzt wird, bleibt das Bellen ebenfalls aus. Ginge es um

Vorahnungen, machte die Art des Wagens keinen Unterschied. Ginge es einzig um irgendein Motorgeräusch, sollte Dancer noch stärker auf Johns Geländewagen mit Dieselmotor oder den Sportwagen reagieren, die beide lauter sind als Joans Van. Diese Geräusche sind aber weder bedrohlich noch vertraut, deshalb reagiert Dancer nicht.

Obwohl Hunde besser hören können als Menschen, handelt es sich nicht einfach um eine Verstärkung dessen, was wir hören. Ich habe schon oft gelesen, dass Hunde viermal besser hören als Menschen, doch das gilt nicht grundsätzlich. Diese Information geht auf eine Fallstudie von P. W. B. Joslin zurück, der die Aktivität von Timberwölfen im Algonquin Park untersucht hat. Ihm fiel auf, dass gefangene Wölfe seine Heulrufe noch aus einer Entfernung von rund 6 km Entfernung hören konnten, während seine Kollegen ihn selbst in einer ruhigen Nacht erst in einem Abstand von 1,5 km hören konnten. Die Tatsache, dass Wölfe ein Geräusch aus viermal größerer Entfernung hören können, stammt vermutlich aus dieser Quelle. Tatsächlich jedoch können Hunde manche Töne sogar 100-mal besser hören als wir, während die Hörfähigkeit für andere Töne etwa der unsrigen entspricht.

Die Grenzen des Hörens

Töne verursachen Druckänderungen in der Luft, die auf unser Ohr auftreffen. Die Fähigkeit, einen bestimmten Ton zu hören, hängt von zwei Eigenschaften des Tons ab. Einerseits kommt es auf seine Intensität (Lautstärke), andererseits aber auch auf die Frequenz (Tonhöhe) an. Misst man die Veränderung im Luftdruck während eines Dauertons, ergibt sich eine Wellenform: der Druck steigt auf einen Wellenberg an und fällt wieder auf ein Minimum, um erneut anzusteigen – mehrmals pro Sekunde. Bei reinen Tönen ist diese Welle sehr regelmäßig. Die Frequenz beschreibt, wie oft pro Sekunde ein Zyklus (von Wellenberg zu Wellenberg) abläuft. Die Maßeinheit dafür ist das Hertz (Hz), d.h. Zyklen pro Sekunde. Veränderungen der Frequenz nehmen wir als Unterschied in der Tonhöhe wahr. Wellen mit hoher Frequenz empfinden wir als hohen, solche mit niedriger Frequenz als tiefen Ton.

Bis vor kurzem war es schwierig zu analysieren, was ein Hund hört. Werden Menschen getestet, spielt man ihnen Töne vor und fragt, ob sie sie hören oder nicht. Um dasselbe bei Hunden (und anderen Tieren) zu erreichen, werden sie gewöhnlich darauf trainiert, die Richtung des Tones anzugeben. Dazu spannt man die Tiere in eine Apparatur mit zwei Lautsprechern ein, rechts und links befindet sich eine Drucktaste. Aus den Lautsprechern werden Töne abgespielt – rechts und links zufällig. Der Hund muss entscheiden, von welcher Seite der Ton kommt und drückt die entsprechende Taste. War die Antwort richtig, fällt eine Belohnung in die Schale darunter. Lag er falsch, bleibt auch die Belohnung aus. Die Versuchsanordnung gleicht jener, die für das Farbsehen benutzt wird; das Training erstreckt sich über viele Wochen und Hunderte von Durchläufen und ist entsprechend aufwändig und schwierig.

Seit einiger Zeit gibt es jedoch ein neues Testsystem, um die Hörfähigkeit von Hunden zu messen. Es basiert auf den elektrischen Signalen im inneren Ohr (Cochlea), die von dort ins Gehirn geleitet werden. Die Forscher setzen den Hunden winzige Elektroden ein und benutzen Kopfhörer oder kleine Lautsprecher direkt im Ohr des Hundes. Das hört sich zwar schrecklich an, ist aber für einen entspannten Hund kein Problem; nur nervöse oder sehr aktive Hunde werden vorsichtig ruhig gestellt.

Im Test spielt man dem Hund kurze Töne ins Ohr und zeichnet die Gehirnströme mit einem Computer auf. Damit wird ermittelt, ob das Gehirn auf einen Ton reagiert. Misst man keinen Hirnstrom, gehen die Forscher davon aus, dass der Hund nichts hört. Der Vorteil dieses Tests besteht darin, dass die Hunde nicht über einen längeren Zeitraum trainiert werden müssen. Da nur die Signale an sein Gehirn gemessen werden, weiß der Hund in der Tat gar nicht, dass er getestet wird. Nachteilig ist allerdings, dass man nur schwer verschiedene Frequenzen messen kann: Die Apparatur arbeitet am besten mit sehr kurzen Tonsignalen. Bei sehr tiefen Tönen könnte die Dauer des Tons zu kurz sein (zu wenige Wellenberge), um eine Reaktion im Ohr hervorzurufen. Zweitens scheint der Test die Hörfähigkeit eines Hundes zu unterschätzen, vor allem, wenn das Tier betäubt wurde – zumindest im Vergleich mit aktiven Hunden aus den arbeitsintensiven Verhaltenstests. Dennoch bietet diese Methode eine schnelle und in der Regel verlässliche Möglichkeit, die Hörfähigkeit eines Hundes zu bestimmen (vor allem für Hunde, die im Verdacht der Schwerhörigkeit stehen).

Sowohl der Verhaltenstest als auch die direkte Hirnstrom-Methode liefern ähnliche Ergebnisse. Der größte Unterschied zwischen Menschen und Hunden betrifft die Hörfähigkeit im Bereich der hohen Frequenzen. Ein junger Mensch kann Töne bis zu einer Frequenz von 20.000 Hz hören. Wenn Sie diesen Ton auf einem Klavier spielen wollten, müssten Sie die Tastatur auf der rechten Seite um 28 Tasten erweitern (etwa 3 1/3 Oktaven). Es wäre allerdings sinnlos, ein derartiges Instrument zu bauen, denn die meisten Menschen könnten diesen Ton ohnehin nicht hören. Mit zunehmendem Alter schädigen die lauten Töne unser Ohr, daher sind wir nicht mehr in der Lage, hohe Töne zu hören. Wer regelmäßig lauten Tönen ausgesetzt ist (zu viele Rockkonzerte oder zu lautes Hören von Kassetten oder CDs) verliert seine Hörfähigkeit noch schneller, vor allem für die hohen Töne.

Sie können einen einfachen Selbsttest durchführen, um ihre Hörfähigkeit zu messen. Dazu brauchen Sie einen normalen Fernseher, allerdings mit einer Bildröhre; ein Flatscreen mit der Flüssigkristall-Technologie ist ungeeignet. Schalten Sie den Apparat ein und drehen Sie die Lautstärke auf Null. Jetzt nähern Sie Ihr Ohr dem Bildschirm und lauschen auf ein leises, hohes Singen. Der Zeilengeber (der Teil des Gerätes, der die Zeilen auf dem Schirm erzeugt) schwingt mit einer Frequenz von 16.000 Hz. Wenn Sie das Singen hören, nehmen Sie einen hohen Ton mit der Frequenz von 16.000 Hz wahr, d.h. Ihre Ohren sind gut in Form. Führen Sie denselben Test mit einem sehr viel älteren und einem jüngeren Mensch aus. Vermutlich werden Sie herausfinden, dass der alte Mensch den Ton nicht hört, während der junge dies kann.

Hunde hören deutlich höhere Töne als Menschen. Die höchsten Frequenzen liegen zwischen 47.000 und 65.000 Hz, je nach Typ des Hundes. Wenn wir wieder den Vergleich mit dem Klavier bemühen, bedeutete dies 48 zusätzliche Tasten rechts, d.h. selbst das empfindlichste menschliche Ohr könnte die letzten 20 Anschläge nicht mehr hören.
Die Lautstärke (Intensität) eines Tons wird in Dezibel (dB) gemessen. Null dB entspricht der Lautstärke, die ein junger Mensch gerade noch hören kann. Technisch gesehen handelt es sich dabei um die „absolute Hörschwelle". Noch leisere Töne werden mit einem Minuszeichen gekennzeichnet; sie sind zu leise für das menschliche Ohr. Bei Tönen mit einer Frequenz von 2.000 Hz und darunter bis etwa 64 Hz haben Menschen und Hunde dasselbe Hörvermögen. Von 3.000 bis 12.000 Hz hören Hunde noch Töne mit einer Intensität von -5 bis -15 dB, d.h. sie sind viel empfindlicher als Menschen. Über 12.000 Hz nimmt die menschliche Hörfähigkeit gegenüber Hunden derart stark ab, dass es keinen Sinn macht, sie in Zahlen auszudrücken.
Dass Hunde sensibler auf Töne reagieren als Menschen, vor allem bei den höheren Frequenzen, erklärt, warum manche Hunde von gewöhnlichen Geräuschen wie Staubsauger, Rasenmäher und vielen Elektrogeräten, verängstigt werden. Viele dieser Geräte haben rasch rotierende Wellen für Ventilatoren, Klingen oder Bohrer. Bei der Rotation entstehen sehr hochfrequente Quietschtöne, die einem Hund schmerzhaft laut erscheinen, während wir sie gar nicht hören können; diese Frequenzen sind viel höher als das Quietschen, auf das wir gewöhnlich reagieren.

Hohe Töne wahrnehmen

Hunde können sehr hohe Frequenzen hören, weil sich diese Fähigkeit in der Evolution ihrer wilden Verwandten entwickelte. Wölfe, Schakale und Füchse sind häufig auf kleine Beutetiere wie Mäuse, Wühlmäuse oder Ratten angewiesen, die hochfrequente Töne erzeugen. Auch wenn sie zwischen den Grasblättern entlanglaufen, entstehen hohe raschelnde und kratzende Geräusche. Natürlich können einige der großen Wildhunde, insbesondere die Wölfe, auch größere Tiere jagen – Hirsche, Wildschafe oder Antilopen –, doch Feldstudien haben gezeigt, dass auch sie sich in den Sommermonaten mit kleinen Mäusen und Ratten und einem gelegentlichen Kaninchen zufrieden geben müssen. Für diese Tiere ist es demnach eine Frage des Überlebens, die Töne zu hören, die kleine Tiere erzeugen. Vermutlich haben nur jene Nachkommen wilder Hunde überlebt, die hohe Frequenzen gut hören konnten. Katzen, deren Überleben fast ausschließlich von kleinen Beutetieren abhängt, hören sogar noch Frequenzen, die im Vergleich mit Hunden 5.000–10.000 Hz höher liegen.

Die Ohren eines Menschen sind an die Töne angepasst, die für unser Überleben wichtig sind. Dazu gehören Frequenzen zwischen 500 und 4.000 Hz, denn sie dienen dazu, Sprache zu verstehen. Die höchste Empfindlichkeit des menschlichen Gehörs liegt genau im mittleren Bereich der Sprache, bei 2.000 Hz. Die höchste Empfindlichkeit eines Hundes liegt bei etwa 8.000 Hz, wo unser Hörvermögen bereits deutlich abnimmt. Dieser Unterschied zeigt sich recht deutlich, wenn Sie einen „Sch"-Laut machen und ihn dehnen, als wollten Sie jemandem Schweigen gebieten. Bei den meisten Menschen liegt die Frequenz dieser Silbe bei etwa 2.000 Hz. Jetzt machen Sie „ssss", als ob Sie das Zischgeräusch einer Schlange imitieren. Bei den meisten Menschen hat dieser Ton eine Frequenz von etwas unter 8.000 Hz – besonders auffallend für Hundeohren. Aus demselben Grund erscheint uns „Sch" lauter als „ssss", weil wir auf die hohen Frequenzen schlechter reagieren. Für einen Hund erscheint dagegen das „ssss" lauter als ein „Sch".

Der berühmte russische Physiologe Pawlow hat gezeigt, dass bei Hunden im Bereich der optimalen Hörfrequenzen auch die Unterscheidungsfähigkeit für Tonhöhen bemerkenswert ist. Er brachte seinen Hunden bei, auf bestimmte Noten zu reagieren, während sie leicht davon abweichende Noten ignorieren sollten. Die Hunde reagierten so sensibel auf Tonunterschiede, dass sie ein C noch von einem anderen Ton unterscheiden konnten, dessen Frequenzun-

terschied achtmal geringer war als zwischen C und Cis. Vielleicht konnte mein Hund Dancer deshalb so gut das Motorgeräusch unseres Wagens heraushören.
Menschen haben diese Hörfähigkeit der Hunde erkannt und vielfach für sich nutzbar gemacht. Dazu gehört beispielsweise die Erfindung der unhörbaren Hundepfeife, die von Polizisten und Wachgesellschaften verwendet wird, um Hunden Kommandos zu geben. Auf diese Weise kann ein Hund einen Verdächtigen stellen, ohne dass dieser vorher gewarnt ist. Ein gesprochenes Kommando könnte den Gesetzesbrecher aufmerksam machen, er könnte fliehen oder eine Waffe ziehen. Tatsächlich sind diese Pfeifen nicht lautlos, sondern sie senden für den Menschen unhörbare Schallsignale aus (gewöhnlich um 25.000 Hz). Manche Jäger benutzen ebenfalls solche Pfeifen, weil sie irrigerweise glauben, sie würden nur vom Hund und nicht von den anderen Tieren gehört. Das gilt zwar für die meisten Vögel, nicht jedoch für größere jagdbare Tiere. Ein Ton, der nur von einem Hund, nicht jedoch von Hirsch, Antilope oder Waschbär gehört würde, müsste bei 40.000 Hz liegen.
Eine aktuelle Anwendung des Hundegehörs bezieht sich auf Fledermäuse. Vampirfledermäuse, die in einigen Landstrichen von Mittel- und Südamerika vorkommen, steuern ihren Flug über hochfrequente Töne (40.000–100.000 Hz). Diese Töne liegen oberhalb der Hörschwelle von Rindern, d.h. die Fledermäuse können sich ungehört nähern, sicher landen und das Blut der Tiere trinken. Der Blutverlust schwächt die Rinder nicht nur, durch den Biss werden auch Krankheiten von kranken auf gesunde Tiere übertragen und die offenen Wunden können sich infizieren. Die Hunde dieser Regionen werden nur selten von Fledermäusen angegriffen, denn die Hunde hören bestimmte Anteile im Tonspektrum der Fledermäuse und wehren sich. Fledermäuse greifen ungern bewegte Ziele an. Man könnte die Herden von Hunden bewachen lassen, die auf das Fledermaus-Sonar lauschen. Sobald sie die Töne von Fledermäusen hören, könnten sie anschlagen und die Rinderherde in Bewegung setzen, die damit vor den Bissen geschützt wäre.

Wo das Gehör versagt

Wie bei uns nimmt auch bei Hunden das Hörvermögen mit dem Alter ab. Es gibt jedoch zwei wichtige Formen der Taubheit, die bei Hunden unabhängig vom Alter eintreten. Einige Hunde verlieren das Hörvermögen als Folge eines genetischen, angeborenen Defektes bereits sehr früh, andere im Laufe ihres Lebens aufgrund von schweren Infektionen des Gehörgangs oder der Hörorgane. Auch bestimmte Chemikalien können zu einem Hörverlust führen. Hunde reagieren empfindlich auf den Kontakt mit üblichen Lösungsmitteln wie Verdünnern und jenen in Klebstoffen und Haushaltsreinigern. Sie können diese flüchtigen Substanzen einatmen oder über Hautkontakt aufnehmen. Leider haben auch einige Antibiotika, die eigentlich eingesetzt werden, um dem Hund zu helfen (vor allem Aminoglykoside) negative Effekte: Sie reichern sich in der Ohrflüssigkeit an und schädigen den Hörapparat.

Die überwiegende Zahl von Hörschäden bei Menschen und Hunden ist allerdings auf Lärm zurückzuführen. Die Cochlea, ein Teil des inneren Ohres, enthält winzige Härchen, die mit den Schallwellen hin und her schwingen. Laute Geräusche können diese Härchen zerbrechen oder sie aus der Verankerung hebeln. Da sie nicht mehr nachwachsen, entstehen partielle Hörverluste für bestimmte Frequenzen. Ob ein Ton schädigend wirkt, richtet sich sowohl nach der Lautstärke wie nach der Dauer. Beim Menschen beginnt die Schädigung, wenn ein 100 dB lauter Ton 15–30 Minuten lang einwirkt. Das entspricht dem Geräusch einer Kettensäge, einem Motorrad oder einer Bohrmaschine aus der Nähe und ohne Hörschutz. Bei jeder Zunahme um 5 dB halbiert sich diese Zeit. Bei 120 dB – in der Nähe eines Donners oder vor den Lautsprechern eines Rockkonzertes – können bereits nach 1–2 Minuten Schäden auftreten. Erreicht der Lärm 140 dB, beginnt die Schädigung sofort.

Das Ohr verfügt über spezielle Schutzmaßnahmen, den „akustischen Reflex". Die winzigen Muskeln hinter der Ohrmuschel, die die Bewegung der Hörknöchelchen kontrollieren, reagieren auf

Lärm, indem sie die freie Bewegung dieser Knochen einschränken. Damit wird die Intensität der Schwingungen gesenkt, die ins innere Ohr gelangen. Dieser Reflex erfolgt sehr schnell, in $^1/_{20}$ einer Sekunde (50 Millisekunden) und schützt unser Gehör bis zu einem gewissen Maße. Am besten funktioniert er bei Tönen, die kontinuierlich lauter werden. Sehr kurze, scharfe und laute Geräusche „umgehen" diesen Reflex und wirken daher besonders schädlich. Töne dieser Art werden manchmal als „Impulse" bezeichnet.

Man wusste seit langem, dass Retriever im Alter ihr Hörvermögen schneller verlieren als andere Hunderassen. Das Gleiche gilt in geringerem Ausmaß auch für Pointer und Spaniel. Die erste Hypothese ging davon aus, dass es sich um genetische Defekte handele. Andrew Mackin und seine Mitarbeiter an der Tierärztlichen Fakultät der Mississippi State University kamen jedoch zu einem anderen Ergebnis. Sie vermuteten, dass bestimmte Ereignisse im Leben der Hunde dafür verantwortlich sind. Das Geräusch eines Schusses ist ein typischer Impuls: Der Schall erreicht das innere Ohr, bevor der Schutzreflex wirksam werden kann. Außerdem ist das Geräusch sehr intensiv. Der Knall eines großkalibrigen Jagdgewehrs liegt bei 140 dB, ein deutlich kleineres Gewehr erzeugt immerhin noch 125–130 dB. Da der Knall nur kurz ist, nehmen wir ihn kaum als lautes Geräusch wahr, dennoch können Impulse im Bereich von 130 dB oder höher das Ohr unmittelbar schädigen. Vorsichtige Jäger tragen Kopfhörer, um ihre Ohren zu schützen; ihren Hunden gestehen sie einen ähnlichen Schutz nicht zu. Retriever leiden besonders, da sie sich nahe beim Jäger und in der Nähe der Gewehrmündung aufhalten – dort ist der Knall besonders laut. Da sich Pointer und Spaniel bei der Jagd etwas weiter vom Jäger entfernt aufhalten, sind sie von dem Lärm nicht so stark betroffen.

In ihrer Untersuchung griffen die Forscher ausschließlich auf Labrador Retriever zurück, um genetische Unterschiede zwischen Rassen so gering wie möglich zu halten. Sie wählten „mittelalte" Hunde aus, d.h. zwischen vier und zehn Jahren. Ihre Testhunde sollten bereits einige Jahre auf der Jagd gewesen, aber noch nicht so betagt sein, dass altersbedingte Hörschäden zum Tragen kamen.

Sie teilten die Hunde in zwei Gruppen ein, solche die auf der Jagd gewesen waren und andere. Hunde, die nie auf der Jagd gewesen waren, wiesen ein normales Hörvermögen auf. Hunde, die mehrere Jagdsaisons dem Gewehrknall ausgesetzt gewesen waren, zeigten merklichen Verlust ihrer Hörfähigkeit. Der leiseste Ton, den sie noch hörten, hatte eine Lautstärke von etwa 60 dB. Sie konnten eine normale Unterhaltung nicht mehr hören. Ein Kommando hörten sie nur dann, wenn es sehr laut gerufen wurde. Vielleicht glauben viele Jäger deswegen, dass ihre Hunde besser auf Hand- als gesprochene Kommandos reagieren. Nachdem sie viele Jahre lang den lauten Gewehrschüssen ausgesetzt waren, konnten die Hunde einfach nicht mehr hören, was ihre Besitzer sagten.

Offenbar können sich Hunde in seltenen Fällen an den Menschen rächen, die ihre Ohren durch Lärm geschädigt haben. Ein lautes Hundebellen kann bis 100 dB erreichen und gehört wie ein Gewehrschuss zu den Impuls-Tönen. Isuzu Kawabata von der Saitama Klinik in Japan berichtet von zwei Fällen, einer 56jährigen Frau und einem 69jährigen Mann, die einen plötzlichen Hörverlust in den tieferen Frequenzen erlitten. Später stellte sich heraus, dass beide ihren Hörschaden einem Hund verdankten, der laut direkt in ihre Ohren gebellt hatte.

Der frühe Verlust des Hörvermögens hat genetische Ursachen. Eine neuere Untersuchung von George Strain in der Louisiana State University in Baton Rouge bezog fast 17.000 Hunde ein. Er bestätigte frühere Untersuchungen, dass die Hörschäden mit bestimmten Pigmentierungsmustern verknüpft sind. Eng mit den Genen assoziiert, die zur Taubheit führen, sind weißes und dunkles Fell mit zahlreichen weißen Flecken sowie schwarz-weiß gefleckte Fellfarben. Das klassische Beispiel für einen gefleckten Hund ist der Dalmatiner. Bei dieser Rasse leiden 22% der Tiere an Taubheit auf einem und 8% an Taubheit auf beiden Ohren, also ist ein beeindruckender Anteil von 30% aller Dalmatiner von angeborener Taubheit betroffen. Während alle Dalmatiner gefleckt sind, kommen die übrigen Farbvarianten in allen Rassen jeweils bei einzelnen Tieren vor. So gibt es beispielsweise Bullterrier in weiß oder mit auffallenden Farbflecken. Unter den weißen Bullterriern liegt

der Anteil der angeborenen Taubheit bei 20%, bei gefleckten Tieren bei etwa 1%.
Das Gen, das für weißes Fell und Taubheit verantwortlich ist, erhöht meist auch die Chance auf Blauäugigkeit. Wir sollten demnach erwarten, dass ein blauäugiger Dalmatiner besonders anfällig ist. In der Tat steigt bei blauäugigen Dalmatinern der Anteil der Tiere, die zumindest auf einem Ohr taub sind, auf 51% (jeder zweite).

Geräusche orten

Es gehört zu den wichtigsten Aufgaben eines Hundeohres in der Wildnis, die Richtung eines Geräuschs zu orten. Die wilden Vorfahren unserer Hunde waren Jäger. Sie mussten ein Beutetier lokalisieren, das sich häufig bereits durch Geräusche verriet, noch ehe es zu sehen war. Natürlich kann ein nahendes Geräusch auch Gefahr bedeuten – auch hier kommt es darauf an, die Richtung zu erkennen. Hunde mit spitzen Ohren können Geräusche besser erkennen und orten, weil sie ihre Ohrmuscheln drehen und Richtungen präziser erfassen können. Hunde mit Schlappohren haben hier einen Nachteil, da die Ohrmuscheln herabhängen und Teile der eintreffenden Geräusche verschlucken. Da sich Schlappohren nur in geringem Maße drehen lassen, können solche Hunde auch schlechter bestimmen, woher ein Geräusch kommt.
Um die Richtung einer Schallquelle zu orten, profitiert ein Hundegehirn teilweise von der einfachen Tatsache, dass eines der beiden Ohren der Schallquelle näher ist als das andere. Der kleine Unterschied kann im Gehirn verrechnet werden: Erstens ist der Ton im „näheren" Ohr etwas lauter, weil es auf die Schallquelle gerichtet ist und der Kopf das andere Ohr abschirmt. Zweitens erreicht der Schall das nähere Ohr um Bruchteile von Sekunden früher. Offenbar können Hunde mit größeren Köpfen diesen Zeitunterschied besser wahrnehmen, weil die beiden Ohren bei ihnen weiter auseinander liegen.
Raubtiere wie die Hunde können in der Regel Schallquellen sehr gut orten. Man stellt die Präzision dieser Fähigkeit auf einem

gedachten Kreis um den Hundekopf dar. Dabei stellt man die Schallquellen als Punkte auf dem Kreis dar und verbindet sie mit dem Kreismittelpunkt. Der Winkel zwischen den beiden Radien gibt die Genauigkeit an. Hunde und Katzen nehmen noch einen Unterschied von 8° wahr. Menschen sind bei diesem Wert weitaus besser als Hunde und jedes andere gemessene Tier: Wir unterscheiden Schallquellen, die nur 1° auseinander liegen. In Zeiten ausgedrückt bedeutet das, dass Hunde einen Zeitunterschied von 55 Mikrosekunden (der 18.000ste Teil einer Sekunde) zwischen eintreffenden Tönen wahrnehmen.
Als erstes Anzeichen von beginnender Schwerhörigkeit verlieren viele Hunde ihre Fähigkeit, Schallquellen genau zu orten. Das könnte sich darin äußern, dass er sie auf einen Zuruf hin nicht gleich sieht. Dann dreht er sich unsicher herum, bis er sie schließlich bemerkt. Möglich ist auch, dass er seinen Kopf zunächst zur falschen Seite richtet, weg von der Schallquelle. Allerdings könnte ein Fehlverhalten dieser Art auch bedeuten, dass Ihr Hund nur das Hörvermögen in einem seiner Ohren verliert.

Das Hörvermögen testen

Wenn Sie sich Sorgen um das Hörvermögen Ihres Hundes machen, stellen Sie sich hinter ihn und machen Sie ein Geräusch – Quietschspielzeug, Pfeife, Händeklatschen oder schlagen Sie mit einem Löffel gegen einen Topf. Ein normaler Hund spitzt die Ohren oder richtet seinen Kopf auf das Geräusch aus. Stellen Sie sich aber nicht direkt über den Hund, denn er reagiert empfindlich auf Luftzug oder könnte Ihre Bewegung auch über die Vibrationen des Bodens wahrnehmen. Außerdem darf Sie der Hund keinesfalls sehen, bevor Sie das Geräusch machen. Daher ist es manchmal günstiger, diesen Test durchzuführen, wenn der Hund schläft: Dann ist sicher auszuschließen, dass er Sie sieht.
Bei sehr jungen Hunden sollte man diesen Test allerdings nicht durchführen. Nach der Geburt können Hunde nämlich noch nicht besonders gut hören. Untersuchungen ergaben, dass Hunde im

Alter von 11–36 Tagen zwar bereits hören können, wirklich optimal wird ihr Gehör allerdings erst während der ersten beiden Monate. Vor allem ihre Fähigkeit, hohe Frequenzen wahrzunehmen, verbessert sich in dieser Zeit merklich. Daher sollten Sie das Hörvermögen eines jungen Hundes erst dann untersuchen, wenn er mindestens fünf Wochen alt ist.

Als Letztes verliert ein Hund die Fähigkeit, scharfe, laute Töne zu hören. Selbst wenn er eine menschliche Stimme nicht mehr erkennt, reagiert er mit Ohrbewegungen oder einer Drehung des Kopfes auf ein lautes Händeklatschen oder einen kurzen Ton aus einer Pfeife.

Obwohl das Hörvermögen wichtig für Hunde ist, können Sie auch über andere Wege mit ihm kommunizieren. Denken Sie daran: Ein schwerhöriger Hund hört nicht, wenn Sie näherkommen, vor allem wenn er döst oder abgelenkt ist. Oft wacht ein schlafender Hund auf, wenn man ihm die Hand vor die Nase hält; er wacht auf, weil er Ihren Geruch erkennt. Sie können sich auch mit besonders schweren Schritten nähern, damit er bereits an den Vibrationen des Bodens spürt, dass Sie kommen. Geben Sie dem Hund einen Klaps, wenn Sie den Raum verlassen, damit er weiß, dass Sie weggehen.

Die wichtigste Regel für den schwerhörigen Hund lautet: Lassen Sie ihn stets angeleint. Die Leine ist Rettungsleine und Kontakt zugleich. Ein frei laufender Hund hört weder Verkehr, noch Feinde, noch fallende Gegenstände oder andere Menschen – er lebt gefährlich. Manche Hunde geraten in Panik, wenn sie nicht mehr wissen, wo Sie sind. Mit der Leine kontrollieren Sie seine Bewegungen und halten ihn von Schwierigkeiten fern; er weiß, wo Sie sind, und fühlt sich sicher und ruhig.

Es gibt bereits Untersuchungen, Hunde mit Hörgeräten zu versehen, doch Sie helfen ihm wirkungsvoller über einen direkteren Weg. Wenn möglich, geben Sie ihm einen hörenden Spielgefährten. Hunde sind soziale Lebewesen, d.h. er wird sich dem anderen Hund anschließen und dessen Sinne sind stets wachsam. Im Alter teilte Wizard, mein Cavalier King Charles Spaniel, sein Leben mit zwei anderen Hunden. Besucher merkten nicht, dass er bereits taub war. Wenn die anderen Hunde zur Tür rannten oder zu bellen begannen, wenn sie draußen etwas erregte, machte Wiz mit. Wenn jemand den Raum betrat und die anderen Hunde aufsprangen, um ihn zu begrüßen, nahm Wizard an der Begrüßung teil. Besonders wichtig für sein Wohlbefinden war jedoch, dass er am Verhalten der anderen Hunde ablesen konnte, wann es in der Küche Futter gab. Seine Hörhilfen waren die Ohren der anderen Hunde – und die funktionierten sehr effektiv.

Ich schnuppere, also bin ich

Bei jeder Tierart scheint ein bestimmter Sinn besonders gut entwickelt zu sein. Bei den einfachsten Tieren, wie Einzellern, oder ursprünglichen Meerestieren, wie Schwämmen oder Korallen, ist dies der chemische Sinn, der ihnen verrät, welche Stoffe gerade im Wasser gelöst sind. Höher entwickelte Tiere, wie Seesterne, Quallen oder Seeanemonen, reagieren bevorzugt auf Berührungen. Fledermäuse, Kaninchen, Spitzmäuse und viele andere nachtaktive Tiere reagieren optimal auf Töne. Menschen, Affen und Vögel sind dagegen Augentiere, die sich vorwiegend auf den Sehsinn verlassen.

Das Gesicht eines Hundes wird nicht nur von der Nase dominiert, die Nase ist auch im Gehirn stark vertreten und dominiert die „Sicht" auf die Welt. Menschliche Gehirne sind hauptsächlich auf die Verarbeitung optischer Reize eingerichtet, während Hundegehirne vor allem die Geruchsreize verarbeiten und bewerten. Menschen nehmen viele Gerüche weitgehend unbewusst wahr; die wenigen Düfte, die von uns bewusst wahrgenommen werden, sind entweder sehr stark oder haben eine besondere Bedeutung für uns. Hunde reagieren auf viel mehr Duftnuancen als Menschen, damit unterscheidet sich auch ihr geistiges Bild von dem unseren. Gleichzeitig wird uns ihre Denkweise damit vollständig unverständlich. Könnten wir das Bewusstsein eines Hundes für einen Augenblick teilen, käme uns der eigene Blick auf die Welt vermutlich gänzlich fremd und unvergleichbar vor. Wie sollen wir auch eine Umwelt einschätzen, die aus einer Welt unterschiedlichster Düfte statt aus Bildern besteht? Wenn wir die Denkweise und das Verhalten eines Hundes verstehen wollen, müssen wir zuerst sein olfaktorisches (Geruchs-)System verstehen.

Düfte und das Gehirn

Die Strukturen, die für die Verarbeitung von Düften zuständig sind, unterscheiden sich wesentlich im menschlichen und Hundegehirn. Das Riechzentrum mit den Nervenzellen zur Geruchsverarbeitung liegt auf der Unterseite beider Gehirne. Während es beim Menschen kleinen Verdickungen am Ende von Stäbchen gleicht, ist es bei Hunden so groß, dass die Stäbchen vollständig überdeckt werden. Das Gewicht des menschlichen Riechzentrums beträgt etwa 1,5 g, bei einem durchschnittlichen Hund 6 g, obwohl das Gehirn eines Hundes gerade ein Zehntel des Menschenhirns ausmacht. Im Hundegehirn ist demnach der Anteil, der für den Geruch zuständig ist, 40-mal größer als beim Menschen! Nach Schätzungen kann ein Hund Düfte 1.000- bis 10.000-mal besser identifizieren als ein Mensch.

Die Funktionsweise der Nase

Zusätzlich zu der größeren Gehirnkapazität, die der Dufterkennung dient, ist die Nase des Hundes daran angepasst, sehr schwache Düfte wahrzunehmen. Machen wir eine Reise durch dieses bemerkenswerte Organ: Der haarlose Teil am Ende der Hundenase heißt Nasenspiegel. Er hat eine auffallende Farbe, meist Schwarz, kann aber auch je nach Rasse braun, rosa oder gefleckt aussehen. Üblicherweise haben weiße Hunde oder Hunde mit hohem Weißanteil im Fell auch hellere Nasen. Diese Hunde leiden eher unter dem Phänomen der „Schneenase", d.h. die Färbung tendiert dazu, im Winter etwas heller zu werden. Gewöhnlich kehrt der eigentliche Farbton spätestens zum Sommer hin zurück, nur bei älteren Hunden kann er bestehen bleiben.
Wenn Sie die Nase Ihres Hundes genau anschauen, werden Ihnen Erhebungen und Grübchen auffallen. Zusammen mit dem Umriss der Nasenlöcher bilden sie einen charakteristischen Nasenabdruck, der genauso individuell sein soll wie die Fingerabdrücke eines Menschen. Aus diesem Grund wird der Nasenabdruck von

Hunden in manchen Zuchtvereinen als Erkennungsmerkmal akzeptiert. Es gibt sogar Versicherungsgesellschaften, die den Nasenabdruck speichern, um verlorene oder gestohlene Hunde zu identifizieren. Sie können den Nasenabdruck Ihres eigenen Hundes übrigens ohne großen Aufwand selbst erstellen. Trocknen Sie die Nase ab. Dann gießen Sie etwas Lebensmittelfarbe auf ein Papierhandtuch und drücken es auf seine Nase. Verhindern Sie einige Sekunden lang, dass er die Farbe ableckt und drücken Sie dann ein kleines Stück Papier sanft auf seine Nase; rollen Sie das Papier auch seitlich herum, damit ein vollständiger Nasenabdruck entsteht. Vermutlich werden Sie mehrere Anläufe brauchen, bis Sie die richtige Farbmenge und den richtigen Druck heraushaben und der Abdruck alle Merkmale zeigt. Verwenden Sie keinesfalls Tinte oder Malfarbe. Lebensmittelfarbe ist ungiftig und lässt sich leicht wieder entfernen, daher brauchen Sie Ihren Freunden nicht zu erklären, warum Ihr Hund eine blaue oder grüne Nase hat.

Hunde versuchen einen Duft aktiver aufzunehmen als Menschen. Sie warten nicht ab, bis sie zufällig einen Duft wahrnehmen, sondern nehmen ihn aktiv in ihre Nase auf. Dabei werden sie von Strukturen unterstützt, die uns fehlen. Hunde können ihre Nasenlöcher unabhängig voneinander bewegen, um die Herkunft eines bestimmten Geruchs zu orten. Hunde nehmen Gerüche auf eine spezielle Art auf, die sich vom normalen Atmen unterscheidet. Wenn Ihr Hund seine Nase auf die Quelle eines Dufts ausrichtet, unterbricht er seine normale Atmung. Beim Schnuppern streicht die Luft zuerst über eine lamellenartige Knochenstruktur in seiner Nasenhöhle, um die Luft mit den Duftmolekülen festzuhalten und sie auch beim Ausatmen zu fixieren. So gelangen immer mehr Duftmoleküle in die Nase. Während ein Hund normal atmet oder hechelt, strömt die Luft unterhalb dieser Struktur ein und gelangt in die Lungen. Beim Schnuppern reichert sich die Luft kurzfristig in den oberen Kammern der Nase an und wird analysiert.

Der Unterschied zwischen normaler Atmung und Schnüffeln wird wichtig, wenn ein Hund bei Überhitzung oder sehr heißem Wetter

einer Spur folgen muss. Menschen haben Schweißdrüsen; wenn der Schweiß verdunstet, sinkt die Hauttemperatur ab und kühlt uns ab. Die menschlichen Schweißdrüsen sind am ganzen Körper verteilt, bei den Hunden sitzen sie ausschließlich am Fußballen (daher hinterlassen gestresste oder überhitzte Hunde schweißnasse Fußspuren). Hunde müssen hecheln, um sich abzukühlen, denn dabei verdunstet Flüssigkeit aus Maul und Zunge und bringt etwas Erleichterung. Je mehr ein Hund hechelt, desto stärker kühlt er sich ab. Daher ist ein hechelnder Hund im heißen Sommer ein weniger verlässlicher Spurensucher: Er hechelt und verliert dabei seine Fähigkeit, Düfte wahrzunehmen. Daher bietet man ihm seine Hand oder etwas Futter an. Er hört auf zu hecheln und kann die Spur wieder aufnehmen. Wissenschaftliche Untersuchungen haben gezeigt, dass überhitzte Hunde Düfte um 40% schlechter wahrnehmen. Wenn Hunde daher Verletzte aufspüren sollen, kann heißes Wetter zum Problem werden.
Es gibt mehrere Möglichkeiten, diesen Nachteil auszugleichen. Man könnte den Hund zunächst kühl halten. Dazu reicht es, ihn mit Wasser einzusprühen (dieselben Flaschen werden auch für Zimmerpflanzen benutzt). Das verdunstende Wasser kühlt ihn ab, er muss nicht so stark hecheln und riecht wieder besser. Eine andere Möglichkeit wäre es, den Hund in mehreren kurzen Phasen an die Hitze zu gewöhnen. Die meisten Hunde entwickeln eine Strategie, um trotz Hitze eine Spur aufzunehmen. Sie lernen, ein paar Mal zu schnüffeln, dann hecheln sie wieder usw. Mit dieser Technik sind sie in der Lage, einer Spur zu folgen, auch wenn es langsamer geht.

Warum haben Hunde eine kalte Nase?

Jeder weiß, dass Hunde gewöhnlich eine feuchte, kalte Nase haben. Ich werde häufig daran erinnert, wenn mich eine kühle Hundenase am Ohr aufweckt und mich daran erinnert, dass es schön wäre, ein gemeinsames Frühstück einzunehmen. Die Feuchtigkeit auf dem Nasenspiegel wird von zahlreichen Schweißdrüsen in der

Hundenase erzeugt. Eine Funktion der Feuchtigkeit besteht darin, die Nase kühl zu halten, vor allem jedoch soll sie Duftmoleküle sammeln. Alle Duftmoleküle sind Chemikalien, die sich in Wasser lösen. Die Nasenfeuchtigkeit ähnelt einem Schwamm, der ein auftreffendes Duftmolekül festhält und im Schleim löst. Sollte die Nase einmal nicht genügend Feuchtigkeit produzieren, helfen Hunde mit ihrer leckenden Zunge nach. Im Innern der Nase sorgen haarartige Strukturen dafür, dass der Schleim in die Nasenhöhle gelangt. Diese Haare schieben die gelösten Duftmoleküle nach innen und konzentrieren sie in der Nähe der Riechzellen. Damit dieses System reibungslos funktioniert, ist viel Schleim erforderlich. Der Sabber, der manchen Rassen über die inneren Wangen und dann nach außen fließt, geht ebenfalls auf diese Schleimproduktion zurück. Ein mittelgroßer Hund bildet täglich über einen halben Liter Schleim. Das erklärt, warum Hunde große Mengen Wasser trinken müssen.

Stellen wir die wissenschaftlichen Erklärungen für eine Weile zurück, denn ich möchte Ihnen eine reizende Geschichte erzählen. Als ich jung war, nannte man sie mir als Erklärung dafür, warum Hunde eine kalte, feuchte Nase haben: Sie beginnt zur Zeit der Sintflut, als Noah alle Tiere in seiner Arche versammelt hatte, um sie zu retten. Da die beiden Hunde auf der Arche klug und zuverlässig waren, hatte Noah sie gebeten, etwas aufzupassen. Die beiden liefen also durch die Arche und entdeckten dabei ein Leck. Das Loch war zwar kleiner als eine Münze, doch das Wasser drang ein und die Arche drohte zu sinken. Während einer der beiden Hunde Hilfe holte, verstopfte der andere tapfere, kluge Hund das Loch mit seiner Nase. Als Noah und seine Söhne endlich eintrafen, war der Hund bereits in großer Not, weil er nicht mehr atmen konnte. Seine tapfere Tat hatte die Arche gerettet. Die Erzählung sagt weiter, dass Gott den Hunden als Belohnung die kühle, feuchte Nase verlieh, um die Menschen immer an die tapfere Tat zu erinnern. Dieselbe Geschichte erzähle ich meinen Enkeln immer noch, zumindest bis sie alt genug sind, sich für Schleim und Chemikalien zu interessieren, die sich in Wasser lösen.

Düfte einfangen

Die Luft, die ein Hund aufnimmt, erreicht eine Gruppe schneckenförmiger Knochenplatten, die mit einer dicken, schwammigen Schicht bedeckt sind, in der die meisten Riechzellen und Nervenverbindungen zum Gehirn lokalisiert sind. Bei Menschen ist diese Fläche etwa 7 cm^2 groß, hat also etwa die Größe einer Briefmarke. Bei Hunden nehmen die Riechzellen dagegen eine Fläche von 390 cm^2 ein, sie ist also etwas größer als ein DIN A5-Schreibblatt. Natürlich gibt es individuelle Unterschiede in der Größe dieser sensiblen Schicht. Hunde mit langen und breiten Nasen haben eine größere Riechoberfläche als Hunde mit flachen Gesichtern oder kurzen Nasen, wie Möpse oder Pekingesen.

Die Größe dieses Riechepithels ist von besonderer Bedeutung: Rassen mit größeren Nasen verfügen über mehr Riechzellen und sind daher bessere Fährtenleser. So besitzt ein Dackel etwa 125 Millionen Riechzellen, ein Fox Terrier 147 Millionen und ein deutscher Schäferhund etwa 225 Millionen. Manche Hunde, insbesondere die so genannten Spürhunde, haben besonders breite und lange Nasen, um ein Maximum an Riechzellen unterzubringen – selbst wenn der Hund nicht besonders groß ist. Die stark auf den Geruch konzentrierten Beagles, sie wiegen etwa 14 kg und haben eine Schulterhöhe von 33 cm, haben mit 225 Millionen genauso viele Riechzellen wie der doppelt so große Schäferhund. Champion ist jedoch der Bloodhound, der etwa 300 Millionen Riechzellen aufzuweisen hat. Menschen haben gerade einmal 5 Millionen Riechzellen, also etwa 2 % eines kleinen Beagles.

Wenn wir die zugehörige Gehirnkapazität und die rund 50-mal höhere Zahl der Duft-Rezeptoren bedenken, überrascht es kaum, dass Hunde viel besser riechen als Menschen. Dennoch können sich die meisten Menschen nicht vorstellen, wie groß die Unterschiede für eine bestimmte Substanz tatsächlich sind. Hundenasen sind speziell für Düfte ausgelegt, die im Zusammenhang mit anderen Tieren stehen – denn Hunde sind Jäger. Die Fähigkeit eines Menschen, Buttersäure wahrzunehmen, einen Bestandteil von Schweiß, liegt bei einem Schwellenwert von einem Fünfmillionstel

Gramm in einem Kubikmeter Luft. Allerdings ist das kein Grund überheblich zu werden, wie gut wir riechen können. Würde man nämlich dieselbe Menge Buttersäure in 1 Million Liter Wasser auflösen, könnte ein Hund sie immer noch riechen. Löste man ein Gramm Buttersäure in einem zehnstöckigen Gebäude auf und öffnete dann die Tür, könnten wir es gerade noch wahrnehmen. Ein Hund nähme dieselbe Menge noch in einem Körper wahr, der eine Grundfläche von 350 km^2 und eine Höhe von 92 m hätte. Die Fläche entspricht etwa der amerikanischen Stadt Philadelphia. Da in dieser Stadt rund 1,5 Millionen Menschen leben, die alle schwitzen (vor allem an einem heißen, schwülen Sommertag), wäre es interessant sich vorzustellen, was ein Hund dabei empfindet.

Unterschiedliche Riechleistungen

Obwohl alle Hunde dieselben fünf Sinne besitzen, können einzelne davon durch gezielte Züchtung verstärkt werden. Beagle, Basset und Bloodhound sind gute Beispiele dafür, dass der gute Geruchssinn vererbt werden kann. Diese Rassen wurden zu Spezialisten herangezüchtet – nicht nur ihre Fähigkeit, Düfte wahrzunehmen und zu unterscheiden, sondern auch ihre Leidenschaft, eine Spur aufzunehmen, ihr zu folgen und Düfte zu untersuchen.

In den 1960er Jahren leiteten J. Paul Scott und John Fuller ein Institut zur Untersuchung des Hundeverhaltens; dazu gehörte auch ein Testlabor in Bar Harbor in Maine (USA). Da sie an den genetischen Grundlagen des Hundeverhaltens interessiert waren, untersuchten sie reinrassige Hunde. In einem der Tests ließen sie eine Maus auf einer Fläche von etwa einem Morgen frei. Natürlich rannte die Maus sofort los und versuchte, sich zu verstecken. Kurze Zeit darauf ließen sie Beagles in dieses Gehege. Sie brauchten etwa eine Minute, um die Spur aufzunehmen und die Maus zu finden. Als sie den Test mit Fox Terriern wiederholten, fanden die zwar auch die Maus, brauchten dafür aber 15 Minuten. Dann wiederholten sie das Experiment mit Scottish Terriern – ein kompletter Fehlschlag. Die Scottish Terrier waren nicht nur unfähig, die Maus zu finden, einer trat sogar darauf, ohne sie zu bemerken. Das erklärt vielleicht, warum diese Rasse niemals dazu eingesetzt wird, Dinge zu finden oder entflohene Sträflinge zu verfolgen.

Dass die Scottish Terrier scheiterten, hatte vermutlich mehrere Ursachen. Erstens haben sie kleinere und kürzere Nasen als die anderen beiden Rassen, d.h. ihr Geruchssinn arbeitet unter schlechteren Voraussetzungen. Der zweite mögliche Faktor betrifft ihr Verhalten und könnte bedeuten, dass sie weniger auf den Geruchssinn fixiert und nicht motiviert sind, einer Spur zu folgen.

Ein Züchter von Black and Tan Coonhounds, den ich in South Carolina getroffen habe, versuchte eine andere Erklärung für das Versagen der Scottish Terrier, allerdings auch mit genetischem Hintergrund. Über einem Glas Limonade, das er großzügig mit Gin vermischt hatte, erklärte mir Tom seine Theorie: „Sehen Sie, wenn Sie einen Hund zum Fährtenleser ausbilden wollen, dann sehen Sie sich zuerst seine Ohren an. Es ist egal, ob Sie einen Coonhound, Bloodhound, Beagle oder Basset nehmen, Gott gab ihnen ihre großen, langen Ohren für einen bestimmten Zweck. Ich denke es ist so: Wenn sie laufen, dann schlappen ihre langen Ohren auf und ab und fächeln Luft auf den Boden. Damit wedeln sie die Luft auf und können besser riechen. Das macht es ihnen leichter, einer Spur zu folgen. Es gibt keinen Hund mit spitzen Ohren, der einen Hund mit Schlappohren bei der Fährtensuche schlägt – je länger die Ohren, desto besser der Spürhund."

Das ist ein wunderschönes Bild – die langen Ohren schlagen auf und nieder und fächeln dem Hund die Düfte direkt in die Nase. Der arme Scottish Terrier muss versagen, da seine spitzen Ohren nur zum Hören taugen. Wer jedoch schon einmal gesehen hat, wie ein spitzohriger Deutscher Schäferhund eine vermisste Person sucht, wird diese Theorie rasch in den Bereich der Legenden verbannen.

Dem Erbgut ist auch zu verdanken, dass sich der Geruchssinn von Menschen und Hunden in einem weiteren Punkt unterscheidet. Hunde haben, wie viele andere Tiere, ein „Jacobsonsches Organ". Es besteht aus einer scheibenförmigen Tasche mit speziellen Sinneszellen oberhalb des Gaumendaches; sowohl zur Nase wie zum Maul öffnen sich Kanäle. Dieses Organ ist wichtig für den Hund, es

wird von zahlreichen Nerven und Blutgefäßen versorgt. Außerdem dient eine eigene Region im Riechzentrum des Gehirns ausschließlich der Verarbeitung von Reizen aus dem Jacobsonschen Organ.
Bis vor kurzem galt es als sicher, dass Menschen, Menschenaffen und anderen Primaten der Alten Welt dieses Organ gänzlich fehlt. Inzwischen wurden zwar Reste des Jacobsonschen Organs bei Primaten nachgewiesen, es dürfte aber nur noch eine rudimentäre Funktion aufweisen. Das Human-Genome-Project hat ergeben, dass die Gene, die für die Funktion des Organs verantwortlich sind, nicht korrekt funktionieren; außerdem enthalten menschliche Jacobsonsche Organe nur relativ wenige Sinneszellen. Schließlich gibt es keine ableitenden Nervenzellen und im Riechzentrum fehlt die entsprechende, verarbeitende Region.

Kommunikation über Düfte

Welche Art von Gerüchen können Hunde wahrnehmen, die uns geruchlich behinderten Menschen verborgen bleiben? Die Hundenase ist an Duftnoten von besonderer biologischer Bedeutung angepasst, insbesondere an Pheromone, d.h. duftende Signalmoleküle, die von Tieren ausgesandt werden, um Mitgliedern der eigenen Art etwas zu signalisieren. Das Wort ist von dem griechischen *pherein* (transportieren) und *horman* (erregen) abgeleitet. Wissenschaftler glaubten zunächst, dass Pheromone von weiblichen Tieren produziert wurden, die damit ihre Paarungsbereitschaft signalisieren. Man vermutete, die Männchen folgten dem Geruch, um ein Weibchen zu finden. Heute wissen wir jedoch, dass Pheromone viel mehr Informationen als nur sexuelle Bereitschaft transportieren.
Insektenforscher, die Ameisen, Bienen und Termiten untersuchten, fanden heraus, dass diese biologischen Duftstoffe das soziale Zusammenleben regeln. Pheromone können komplexe Verhaltensweisen im Gehirn der Insekten auslösen, wie Paarungspartner anlocken, Nahrung sammeln oder kämpfen. Die Wirkung ist so stark, dass man synthetische Pheromone benutzt, um Insekten in

Fallen zu fangen oder sie von bestimmten Regionen fernzuhalten. Bei den Primaten, auch den Menschen, ist die Wirkung der Pheromone weniger ausgeprägt und wir nehmen sie gewöhnlich nur unbewusst wahr. Offenbar leitet das Riechzentrum nur jene Anteile der Information an die Hirnrinde weiter, die für die bewusste Wahrnehmung verantwortlich sind. Die meisten Duftinformationen fließen in das Limbische System, einen stammesgeschichtlich sehr alten Teil unseres Gehirns, den alle Wirbeltiere besitzen. Die einzelnen Abschnitte des Limbischen Systems sind für drei wichtige Bereiche unseres Verhaltens verantwortlich: Emotionen und Stimmungen, Erinnerungen an Fakten und Orte und die Kontrolle der Triebe, wie Sexualtrieb, Revierverhalten und soziale Dominanz. Die so genannte Aromatherapie versucht, durch gereinigte Öle bzw. Düfte die Menschen zu beruhigen oder zu stimulieren. Viele dieser Substanzen regen das Limbische System an und verändern Stimmungen, ohne dass der Geruch bewusst als solcher erkannt wird – ähnlich wie Pheromone im Tierreich arbeiten.
Besondere Duftdrüsen, die apokrinen Drüsen, scheiden die Pheromone aus, die über Alter, Geschlecht, Gesundheit und emotionalen Zustand des Tieres informieren. Die apokrinen Drüsen des Menschen befinden sich nur in bestimmten Zonen des Körpers, vor allem in den Achselhöhlen und der Leiste. Bei Hunden und den meisten anderen Säugetieren sind die apokrinen Drüsen über den gesamten Körper verteilt, d.h. sie produzieren deutlich mehr Duftstoffe als wir Menschen. Einige der apokrinen Drüsen sitzen sogar in den Haarfollikeln, so dass sich das Fell eines Hundes mit Duftstoffen auflädt. Andere Hunde können sie leicht identifizieren. Fast augenblicklich setzt die Zersetzung der Duftstoffe durch Bakterien ein, die den Duft verändern und intensivieren. Wenn Hunde ihr Fell an Gegenständen reiben, übertragen sie einige Pheromone darauf und hinterlassen so ein dauerhaftes Zeichen ihrer Präsenz. Andere Hunde identifizieren Geschlecht, Alter, Gesundheitszustand und die Stimmung ihres Artgenossen, dazu sexuelle Informationen, wie z.B. die Paarungsbereitschaft einer Hündin, ob sie trächtig ist, eine Scheinschwangerschaft hat oder ob sie vor kurzem Junge geworfen hat.

Für Hunde sind die Informationen im Duft der Pheromone wie eine geschriebene Botschaft über den Status und die Gefühle eines Artgenossen. Um die Analogie noch ein wenig weiter zu treiben: Urin ist die Tinte der Hunde. Viele der Pheromone befinden sich in gelöster Form im Urin (einige sogar im Kot), daher können Hunde aus dem Duft des Urins etwas über andere Hunde erfahren. Wenn sie an einem Laternenpfahl oder einem Baum schnuppern, an dem auch andere Hunde vorbeikommen, halten sie sich über das tägliche Geschehen auf dem Laufenden. Der Baum ist wie eine große Anzeigetafel mit den neuesten Nachrichten – zumindest was den letzten Klatsch und Tratsch angeht. Wenn ich meine Hunde dabei beobachte, wie sie sorgfältig an einem beliebten Pfosten schnuppern, stelle ich mir manchmal vor, sie würden ihre Gedanken laut äußern. Letzten Morgen könnte sich das so angehört haben: „Mimi, ein junger, weiblicher Golden Retriever ist hier eingezogen und sucht nach Gesellschaft – kastrierte Rüden brauchen es gar nicht erst zu versuchen", oder „Brutus, ein starker, junger Rottweiler kündigt hiermit an, dass er den Anführer der Nachbarschafts-Bande herausfordert und keinem Kampf ausweichen wird. Ordnet euch unter oder nehmt euch in Acht!"
Hunde markieren vorwiegend senkrechte Flächen, damit der Wind ihre Botschaften möglichst weit verbreitet. Die Höhe der Marke verrät den anderen Hunden etwas über die Größe des markierenden Hundes. Die Dominanz von Hunden wird maßgeblich durch die Größe bestimmt. Da Rüden stärker auf Dominanz achten, heben sie gewöhnlich ein Bein und platzieren den Urin so hoch wie möglich. Hinzu kommt, dass hohe Marken sich nur schwer „überschreiben" lassen.
Aus den Urin-Marken erfahren andere Hunde etwas über den emotionalen Zustand. Veränderungen im emotionalen Zustand gehen gewöhnlich mit der Ausschüttung von Stress-Hormonen einher, die sich in den meisten Körperflüssigkeiten verbreiten, u.a. dem Blut, Schweiß, Urin und Tränen. Daher duftet ein wütendes Tier anders als ein fröhliches. Einige Menschen glauben, dass Hunde „Angst riechen" können. Von Polizisten weiß ich, dass Polizeihunde einen Straftäter relativ leicht aufspüren können, weil sie sich auf

den Angstgeruch des Täters konzentrieren. Natürlich ist Angst eine Emotion und hat keinen Geruch, aber sie verursacht eine Veränderung der Körperflüssigkeiten – und diese Chemikalien kann ein Hund offenbar riechen, genau wie den Duft manch anderer Emotionen.

Die Funktion sozialer Düfte

Warum hat die Evolution dafür gesorgt, dass sich emotionale Signale in Form von Duftmolekülen in den Körperflüssigkeiten niederschlagen? Auf den ersten Blick scheint es kein Vorteil zu sein, wenn die Angst zu riechen ist – es könnte sogar kontraproduktiv sein. Ein bedrohtes Tier, dessen Angst sich einem Gegner mitteilt, gibt damit seine Schwäche preis; es könnte damit sogar einen Angriff provozieren. Für soziale Tiere wie die Hunde erhöhen sich jedoch die Überlebenschancen der Gruppe, wenn jeder über den emotionalen Zustand seiner Rudelmitglieder Bescheid weiß. Was ich also eben „Duft nach Angst“ genannt habe, bedeutet für die anderen „Duft nach Gefahr“ und kann als Warnsignal dienen. Ein Fremder, der keinen Angstgeruch wahrnimmt, darf sich andererseits sicher fühlen, sich zu nähern und vielleicht sogar sozialen Kontakt aufzunehmen.

Die Rezeptoren im Jacobsonschen Organ der Hundenase können bestimmte Pheromone wahrnehmen und erleichtern den Hunden die Kontaktaufnahme. In der Tat ist das bewusste Schnüffeln Teil des Begrüßungsrituals, wenn sich zwei Hunde begegnen. Der Austausch der Duftinformationen beginnt gewöhnlich mit dem Beschnüffeln des Gesichtes; dann wenden sie sich rasch dem Hinterende zu, wo zahlreiche Informationen aus den apokrinen Schweißdrüsen auf sie warten. Sicherlich sind dort auch noch Reste von Urin oder Kot, vielleicht auch von sexueller Aktivität zu beschnüffeln. So viele Pheromone an einer Stelle müssen einfach die Aufmerksamkeit eines Hundes erregen. Hunde verarbeiten diese Informationen sehr schnell und benutzen sie als Maßstab für weitere soziale Interaktionen.

Hunde verbringen zwar mehr Zeit damit, einen fremden Hund zu untersuchen, schnüffeln aber auch regelmäßig ihre Artgenossen ab, mit denen sie zusammen in einem Haus leben. Damit verschaffen sie sich einen Überblick, wie sich ihr Gefährte fühlt oder ob es negative oder gar aggressive Tendenzen gibt.

Manche Menschen sind peinlich berührt, wenn ein Hund sie im Schritt beschnüffelt. Für einen Hund ist die menschliche Leiste aber, ähnlich wie bei einem anderen Hund, nur die Quelle von intensiven Duftinformationen, weil dort zahlreiche apokrine Drüsen sitzen und Pheromone ausscheiden. Besonders ausgiebig werden fremde Besucher beschnüffelt, vor allem wenn die Hunde einen Hauch von Sexualität wahrnehmen. Vor allem Menschen, die noch vor kurzer Zeit Geschlechtsverkehr hatten, erregen die Neugier von Hunden. Bei Frauen, die ihre Regel oder vor kurzer Zeit geboren haben (insbesondere, wenn sie noch stillen), ziehen Hunde magisch an, ziemlich unhöflich an der Genitalregion zu schnuppern.

Offenbar werden Hunde auch neugierig, wenn sie die Hormone im Zusammenhang mit dem Eisprung riechen. Einige Untersuchungen ergaben, dass die Zahl der Geruchsuntersuchungen um den Zeitpunkt des Eisprungs dramatisch anstieg. Daraus kann man durchaus Nutzen ziehen. So wurden australische Schäferhunde ausgebildet, nach Kühen mit Eisprung zu suchen. Diese Information erleichtert den Farmern die Zucht, denn Kühe haben nur eine sehr kurze, fruchtbare Periode. Der „Schnüffeltest" der Hunde ist merklich einfacher und verlässlicher als die meisten anderen Methoden zur Vorhersage des Eisprungs. Möglicherweise tut sich hier eine neue Möglichkeit für Gebrauchshunde auf: Millionen von Frauen, die sich aus religiösen oder kulturellen Gründen bei der Verhütung ausschließlich auf den Zyklus verlassen dürfen, könnten trainierte Hunde benutzen, um die fruchtbaren Tage vorherzusagen. Vermutlich würde dies das Familienleben beeinflussen, denn viele Männer dürften sich beklagen, dass ihr Sexleben „auf den Hund gekommen" ist.

Viele Menschen reagieren abwehrend, wenn sie ein Hund beschnüffelt. Die vermutlich heftigste öffentliche Reaktion bewies

Barbara Monsky, eine politische Aktivistin aus Waterbury (Connecticut, USA) im Jahre 1996. Als sie von einem Hund beschnüffelt wurde, zog sie mit einer Klage gegen den Richter Howard Moraghan und seinen Golden Retriever Kodak vor Gericht. Als Grund für die Klage gab sie an, dass Moraghan häufig seinen Hund mit ins Gericht von Danbury nahm. Monsky gab an, von dem Hund sexuell genötigt worden zu sein, weil er sie mindestens dreimal unter ihrem Kleid „berührt, beschnuppert oder berochen" habe. Da der Richter nichts dagegen unternommen habe, bezog sie ihre Klage auch auf ihn. Zum Glück für alle Hundebesitzer kam dieser Fall vor das US-Distrikt-Gericht von Richter Gerard Goettel, der die Klage abwies. In einem späteren Interview meinte er, dass ein „unhöflicher Hund nicht gleichbedeutend mit sexueller Nötigung durch den Halter sei".

Düfte unterscheiden

Ursprünglich dürfte die Evolution die Hundenase für die Jagd optimiert haben. Jagende Hunde brauchen ihre Nase für zwei Aufgaben: Sie muss in der Lage sein, Düfte aufzuspüren. Außerdem muss der Hund nicht nur die Art des Tieres kennen, das diesen Duft hinterließ, sondern sogar den individuellen Duft des verfolgten Tieres unterscheiden. Letzteres ist auf der Jagd besonders wichtig. Viele wilde Hunde jagen ihre Beutetiere so lange, bis diese erschöpft aufgeben und sich kaum noch wehren können. Das geht allerdings nur, wenn sich die Hunde auf ein einziges Tier konzentrieren.

Stellen Sie sich ein Wolfsrudel vor, das ein Karibu isoliert hat und es hetzt. Würde das Tier einfach über die Ebene rennen und sich von der Herde fern halten, müssten es die Wölfe nur so lange vor sich her treiben, bis es müde würde und die Wölfe angreifen können. Allerdings sind Karibus Herdentiere, wie viele andere Beutetiere der wilden Hunde auch. Werden sie bedroht, suchen sie den Schutz und die Anonymität der Herde. Also wird ein isoliertes Tier immer wieder versuchen, in die Herde zurückzukehren. Vielleicht haben die Wölfe das Karibu bereits 20 Minuten lang verfolgt. Nach dieser Zeitspanne dürfte das Karibu erste Ermüdungserscheinungen zeigen und langsamer werden. Wenn es im Schutz der Herde Zeit fände, sich zu erholen, wäre die Mühe der Wölfe vergeblich gewesen – für einen Jagderfolg dürfen sie das individuelle Tier daher nicht verlieren. Da Hunde alles andere als gut sehen und sich die einzelnen Karibus sehr ähnlich sind, verlassen sie sich auf ihre Nase, um das bereits geschwächte Individuum zu identifizieren und es von den anderen zu unterscheiden.

Die Evolution hat alle Hunde mit einer hervorragenden Riechfähigkeit ausgestattet: Sie können die Spur eines einzelnen Tieres verfolgen, selbst wenn andere Tiere kreuz und quer darüber gelaufen sind, sogar, wenn eine ganze Herde derselben Art sie gekreuzt haben sollte – unvorstellbar für Menschen. Wir können zwar einen bestimmten Duft wahrnehmen, verlieren aber sofort den Kontakt, wenn er von einem anderen, stärkeren Duft überdeckt wird. Wir erkennen zwar eine Lilie am Duft, aber nicht mehr, wenn sie von einem Stinktier bespritzt wurde. Hunde sind uns nicht nur in der Aufnahme der Duftmoleküle überlegen, sondern auch in der Art, wie das Gehirn diese Informationen weiter verarbeitet; sie identifizieren individuelle Düfte aus einem Gemisch verschiedener Gerüche. Man könnte es so ausdrücken: Das Hundegehirn enthält einen besseren Riechcomputer mit einem weitaus leistungsfähigeren Duft-Identifizierungsprogramm. Die Fähigkeit von Hunden, Düfte zu unterscheiden, gleicht in etwa dem Auflösungsvermögen unserer Augen.

Stellen Sie sich eine bunt gemusterte Patchworkdecke vor, auf der eine Birne, ein Hammer, ein Stift und ein Buch liegen. Für Menschen wäre es ausgesprochen einfach, die einzelnen Gegenstände zu sehen und zu identifizieren. Für uns ist diese Decke kein Mischmasch diffuser Farbflecken, die sich alle bis zur Bedeutungslosigkeit vermischen, sondern wir könnten Decke und Objekte leicht voneinander trennen. Das geht sogar noch, wenn wir den Stift offen auf das Buch legen würden. Ähnlich effektiv arbeitet das Geruchssystem eines Hundes. Untersuchungen haben gezeigt, dass Hunde eine Mischung von Gerüchen in einzelne, identifizierbare Düfte separieren. Sie vermischen sie nicht oder reagieren nur auf den jeweils stärksten Duft – man spricht auch von „Duftschichten“. Stellen Sie sich vor, Sie gehen in eine Küche, in der ein Chili-Eintopf gekocht wird. Sie riechen nur das Chili, während ein Hund Fleisch, Tomaten, Bohnen, Zwiebeln und die einzelnen Gewürze herausriecht. Der Hund hat diese „Duft-Szene“ in einzelne Duftschichten zergliedert, die wir durchaus mit den Objekten auf der bunten Decke vergleichen können.

Den Geruchssinn nutzen

Hätten Hunde nicht die Fähigkeit, einen Duft von allen anderen zu trennen, unwichtige zu ignorieren und sich auf die wichtigsten zu konzentrieren, könnten sie viele ihrer nützlichen Aufgaben nicht erfüllen. Hunde, die Sprengstoffe aufspüren, haben ihre Fähigkeiten mehr als einmal unter Beweis gestellt. So haben einige terroristische Gruppen versucht, den Sprengstoff mit Parfüm oder Duftölen zu überdecken, um ihn an den Spürhunden vorbeizulotsen. In einem Fall lag der Sprengstoff in einem Kaffeesack. Ein anderer Täter wurde erwischt, als er versuchte, Sprengstoff zu schmuggeln, den er zwischen alte Socken gesteckt und mit Plastik umhüllt hatte. Einer hatte den Sprengstoff in einen Eimer mit gebrauchten Babywindeln gesteckt. Jüngst wurde sogar ein Paket Dynamit entdeckt, das 60 cm tief in der Erde vergraben lag.
Drogenschmugglern, die versuchen, den Geruch ihrer Ware durch starke Düfte zu übertönen, geht es nicht viel besser. Creston Hutton, ein Staatspolizist aus Arkansas, arbeitet mit einem Labrador Retriever namens Meg zusammen. Als sie ein Auto untersuchten, zeigte Meg an, dass es Drogen transportierte. Obwohl es die Polizisten an den üblichen Stellen untersuchten, fanden sie nichts. Meg ließ sich aber nicht beirren und führte die Polizisten an eine Stelle an der Seite des Wagens, wo nichts zu sehen war. Hutton vertraute seinem Hund und bestand darauf, die Suche fortzuführen. Meg schnupperte an einer Stelle neben dem Tankstutzen, also prüften die Polizisten den Tank. Dort fanden sie im Benzin schwimmend einen Plastiksack mit 16 kg Marihuana.

Man kann Drogen nicht verstecken, indem man versucht, ihren Duft zu verschleiern. Allein der Labrador Retriever Snag hat in 118 Fällen Drogen im Wert von über 810 Millionen Dollar gefunden. Obwohl die Drogenbarone immer wieder versuchen, den Geruch der Drogen zu verbergen, ist es den beiden Drogenteams um „Rocky" und „Barco" allein im Jahre 1988 gelungen, insgesamt 969 Schmuggelversuche zu vereiteln – sie arbeiten an der Grenze zwischen Mexiko und Texas in einem Bezirk, der auch „Kokain-Gasse" genannt wird. Da viele ihrer Versuche scheiterten, die Drogen an den Hunden vorbeizuschmuggeln, versuchten es die Drogenschmuggler mit einer neuen Strategie: Sie boten jedem 30.000 $ Belohnung, der einen dieser Spürhunde tötet. Zum Glück erwies sich dieser Plan als Fehlschlag und die beiden Hunde verbringen nun einen friedlichen Lebensabend.

Es gibt einige Gerüche, die Hunde nicht besonders mögen. Dazu gehört der Duft von Zitrusfrüchten, wie Zitronen, Limonen und Apfelsinen, sowie Gewürze wie Roter Pfeffer. Vor allem hassen sie den Duft von Zitronellagras, den man sogar benutzt, um Hunde von bestimmten Flächen fern zu halten. Derselbe Duft wird auch auf Halsbänder aufgetragen, um Hunde am Bellen zu hindern. Immer wenn der Hund zu bellen beginnt, reagiert ein kleiner Sensor und etwas Zitronella wird versprüht. Die Methode funktioniert tatsächlich eine Weile lang, doch dann gewöhnt sich der Hund an den Duft und reagiert nicht mehr darauf. Offenbar wären Drogenschmuggler auch nicht besser beraten, ihr Schmuggelgut in einem Lastwagen voller Limonen statt in Benzintanks zu verbergen.

Manche Hunde sind so gut beim Aufspüren von Drogen, dass sie sich selbst arbeitslos machen. Der Border Collie Rebel im Erlestoke Gefängnis in Wiltshire (Großbritannien) hat den Drogenkonsum der Gefangenen so gut wie beendet, weil er stets alles fand, ehe die Drogen konsumiert wurden. Weil er so effektiv war, wurden weniger Drogen ins Gefängnis geschmuggelt und Rebel hatte viel Freizeit. Also trainierte man ihn darauf, auch Alkohol aufzuspüren. Die Gefangenen waren sehr findig, wenn es darum ging, Alkohol herzustellen und zu verstecken. Alkohol kann auf Gefangene ähnlich zerstörerisch wirken wie Drogen und ist oft Anlass für gewalttätige Auseinandersetzungen. Neil Pollard, Rebels Hundeführer, beschreibt den ersten Einsatz seines Hundes so: „Wir erwarteten schwarz gebrannten Schnaps, konnten ihn aber mit normalen Suchmethoden nicht finden. Also lief Rebel durch das Gefängnis, bis er bei den Duschen innehielt. Er hatte einen Duft wahrgenommen, der von menschlichen Nasen nicht zu spüren war. Ich sah mich gründlich um, holte eine Leiter und fand eine Nische in der Decke. Darin fanden wir 22 Liter Schnaps – sehr zur Enttäuschung der Gefangenen."

Der Duft der Menschen

Hunde können einen Menschen an seinem Geruch sehr gut identifizieren. Menschen erzeugen diesen Duft, wenn sie schwitzen. Der Schweißgeruch wird von Bakterien verändert, die auf dem Schweiß und der Haut sitzen. Es handelt sich meist um fünf Arten von Bakterien, deren Anteile von Mensch zu Mensch schwanken. Auch die acht Hauptkomponenten des menschlichen Schweißes liegen in unterschiedlichen Konzentrationen vor – je nach Konstitution und Stimmung des Menschen. Schließlich ändert sich auch die Zusammensetzung der Haut in Abhängigkeit von Rasse, Alter, Sonnenlicht, Drüsensekreten und Ernährung. Kombiniert man alle diese Parameter miteinander, entstehen Millionen individueller Duftkompositionen, die einen ganz bestimmten Menschen charakterisieren, zumindest für eine bestimmte Zeit. Der persönliche Duft wird weiter durch Parfüm, Deodorants, Zigarettenrauch und andere Düfte beeinflusst, die sich auf Haut und Kleidung niederschlagen. Wenn man bestimmte Lebensmittel, wie Knoblauch oder Zwiebeln, zu sich nimmt, kann sich die Zusammensetzung des Duftes, der „duftende Fingerabdruck", verändern. Sobald sich der Individualgeruch eines Menschen verändert – ein neues Parfüm oder Deo – wird der Hund zunächst verwirrt. Schon bald jedoch lernt er, die konstant gebliebenen Parameter des Individualduftes von jenen zu trennen, die sich verändert haben.
Um Ihnen eine Vorstellung davon zu geben, wie Hunde Menschen

über den Duft identifizieren, möchte ich zum Vergleich anführen, wie wir andere Menschen am Aussehen erkennen. Die wichtigsten Erkenntnisse zu diesem Thema stammen von Kriminalpsychologen. Sie haben untersucht, auf welche Weise Zeugen einen Verdächtigen identifizieren. In den USA müssen sich der Verdächtige und mehrere andere Personen – gleichen Geschlechts und von etwa derselben Größe – in einer Reihe aufstellen. Da wir sehr stark über unseren Sehsinn identifizieren, erfolgt die Identifizierung ausschließlich durch Augenschein. In der Tat hat sich aber gezeigt, dass solche Aussagen nicht sehr verlässlich sind. So fassten die beiden Psychologen Ralph Haber und Lyn Haber die Ergebnisse von 73 Studien zusammen, die sich mit diesem Thema befassten. Selbst unter optimalen Bedingungen wurden die Probanden nur in 55% der Fälle richtig erkannt, d.h. nur knapp mehr als die Hälfte.
Hunde wurden mit einer entsprechenden Aufgabe konfrontiert: Sie mussten einen Verdächtigen am Duft aus einer Reihe von Menschen herausfinden, nachdem sie an einem Gegenstand geschnuppert hatten, der im Zusammenhang mit dem Verbrechen stand. Allerdings berochen sie nicht die Verdächtigen direkt, sondern 6–12 Stahlzylinder oder Stoffservietten, von denen der Verdächtige eine berührt hatte. Die anderen wurden jeweils von anderen Personen angefasst. Der Hund musste nun herausfinden, ob einer der Gegenstände denselben Duft aufwies wie das Beweisstück. In einigen amerikanischen Bundesländern wird dieser Test als beweiskräftig anerkannt. Unter verschiedenen Bedingungen und mit verschiedenen Methoden ergab sich eine Trefferquote von etwa 80%, d.h. eine deutlich bessere Ausbeute als bei menschlichen Zeugen. Während also Menschen nur in einem von zwei Fällen die richtige Wahl treffen, sind es bei Hunden vier Richtige bei fünf Versuchen. Hunde, die sich bei solchen Tests irren, reagieren zu sensibel auf Duftunterschiede. Man fand heraus, dass Hunde nicht nur eine bestimmte Person am Duft erkennen, sondern auch, von welchem Körperteil der Duft stammte. Sie wussten zu unterscheiden, ob der Stoff mit den Händen, dem Ellbogen oder der Achselhöhle berührt worden war. Eine Hundenase identifiziert bei einem einzelnen Menschen mehrere Düfte. Daher könnten Hunde versagen, weil

der Verdächtige das Testobjekt mit einem anderen Körperteil berührt hat, als das Beweisstück. Je näher ein Hund einen Menschen kennt, desto mehr Duftmarken von unterschiedlichen Körperteilen und Zeiten hat er wahrgenommen. Auf diese Weise wird er immer sicherer den Grundgeruch unterscheiden lernen.
Von solchen falschen Entscheidungen können wir ableiten, worauf Hunde vorrangig achten. Am ehesten irren sie sich bei Familienmitgliedern, die gemeinsam in einem Haus leben. Manchmal verwechseln sie auch die Gerüche eineiiger Zwillinge. Dies passiert ihnen allerdings nicht, wenn sich die Zwillinge unterschiedlich ernähren. Außerdem irren sie sich seltener, wenn sie vorher an beiden schnuppern durften. Unter diesen Bedingungen scheint sich der exzellente Geruchssinn eines Hundes nochmals zu schärfen und er sucht nach den minimalen Unterschieden zwischen den beiden Düften. Im direkten Vergleich ist er in der Lage, sie zu unterscheiden und kann auch die Spuren beider verfolgen, selbst wenn diese sich mehrfach kreuzen oder wenn die beiden eine Zeitlang auf derselben Strecke gelaufen sind.

Spuren lesen

Während ein Bild und Geräusche sofort wieder verschwinden, bleibt der Duft erhalten. Eine Fährte ist wie ein Schnappschuss aus der Vergangenheit: Hunde erkennen, welches Tier vor einiger Zeit vorbeilief, in welche Richtung es lief und wie viel Zeit seither vergangen ist. Auf diese Weise kann ein Hund eine potentielle Beute aufspüren bzw. eine Gefahr meiden. Deswegen setzen wir Hunde beim Verfolgen von Fährten oder als Such- und Rettungshunde ein. Früher dachten die Menschen, dass sich winzige Bluttröpfchen durch die Haut drückten und von den Hunden gerochen wurden. Dieser Legende verdanken „Bluthunde“ ihren Namen. Heute gehen die Wissenschaftler davon aus, dass der Duft auf winzigen Hautpartikeln sitzt. Sie tragen den Eigengeruch eines Menschen, weil sie mit Schweiß und den Zersetzungsprodukten von Bakterien besetzt sind. Da Menschen pro Minute etwa 50 Millionen Zellen abgeben, verstreuen sie diese Spuren wie eine Miniatur-Schneewolke. Hunde, deren Nasen auf den Duft biologischer Objekte optimiert sind, folgen diesen Hautschuppen bis zu der Person, die sie verliert.

Zunächst muss ein Hund die Spur überhaupt erst finden, dann muss er ihr in der korrekten Richtung folgen, denn nur eine Richtung führt ihn zum Ziel. Forscher an der Universität von Oslo haben die Fähigkeit von Hunden untersucht, eine Richtung zu verfolgen. Sie ließen einen Menschen über einen gepflasterten Platz gehen und führten 20 Minuten später einen Hund zur Mitte der Fährte. Das Ergebnis war verblüffend. Die Hunde schnüffelten 3–4 Sekunden an den Spuren längs der Fährte, dann entschieden sie sich, ihr in der korrekten Richtung zu folgen. Da der Mensch in einigen Fällen rückwärts gelaufen war, konnten sie nicht den Abdrücken gefolgt sein, sondern erkannten die Richtung ausschließlich am Duft der Fährte.

Ältere Fußspuren riechen einen Bruchteil schwächer als frischere, so erkannten die Hunde, in welche Richtung sie gehen mussten – in die Richtung des stärkeren Duftes. Allerdings brauchten sie eine konkrete Spur, denn als die Forscher denselben Versuch mit einem Radfahrer machten, waren die Ergebnisse deutlich schlechter. Bei den minimalen Duftmengen, die ein Radfahrer hinterlässt, wurde es nahezu unmöglich für den Hund, die Richtung zu bestimmen. Als sie jedoch Lederflecken auf das Hinterrad montierten, sodass diskrete Abdrücke entstanden, reichten selbst diese spärlichen Informationen aus und die Hunde nahmen die minimalen Intensitätsunterschiede zwischen den Duft-Abdrücken wahr.

Ich habe einmal einen ähnlichen Test mit meinem besten Spürhund gemacht, dem Flat Coated Retriever Odin. Mein Versuchsaufbau war so konzipiert, dass er die Spur eigentlich in die falsche Richtung hätte verfolgen müssen. Ich rieb die Schuhsohlen eines Freundes mit Peperoni-Wurst ein. Damit ging er etwa 90 m weit. Nun führte ich Odin zur Mitte der Fährte und ließ ihn an einem Stück Stoff schnuppern, dass ich mit derselben Wurst eingerieben hatte, um ihn auf die Spur zu bringen. Meine Idee dabei war, dass sich die Wurst nach und nach von den Sohlen lösen musste und daher der Duft zum Ende hin immer schwächer wurde. Wenn Odin die Spur wirklich in Richtung des stärksten Duftes verfolgte, sollte er die „falsche" Entscheidung treffen und die Fährte in Richtung auf ihren Anfang verfolgen. Genau das geschah auch. Jedes Mal, wenn wir es versuchten, orientierte sich Odin kurz und dann folgte er der Fährte zu ihrem Beginn und nicht zum Ende, wo mein Freund wartete. Das ist ein guter Beweis dafür, dass Hunde die Stärke von Duftmarken erkennen und bewerten.

Je älter die Spur wird, desto stärker nimmt die Intensität des Duftes ab, und es wird schwieriger, die Richtung zu bestimmen. Besonders schnell geht dies an warmen Tagen, wenn die Sonne scheint. Deren UV-Strahlung zerstört einige der Duftmoleküle und lässt den Duft verschwinden. Aus diesem Grund riechen verschwitzte T-Shirts, die in der Sonne aufgehängt werden, nach einigen Stunden viel frischer. Natürlich können Hunde auch alte Spuren verfolgen, es fällt ihnen nur schwerer, nur die Richtung zu bestimmen. Unter solchen Bedingungen sehen sich Hunde oft nach ihren Haltern um, weil sie von ihnen Hinweise erhoffen. Irrt sich der Mensch oder hat er keine Idee, verfehlen Hunde häufig ihr Ziel. Ist die Suchrichtung jedoch bekannt, kann ein Hund selbst unter schlechten Bedingungen sogar noch einer ziemlich alten Fährte folgen.

Polizeihunde

Polizeihunde sind wichtige Helfer der Polizeibehörden, wenn es darum geht, Straftäter oder entflohene Gefangene aufzuspüren. So gelang es beispielsweise James Earl Ray (er wurde einige Jahre später wegen des Mordes an dem Bürgerrechtler Martin Luther King Jr. verurteilt) aus dem Hochsicherheitsgefängnis des Staates Missouri bei Jefferson City zu fliehen, wo er wegen einer anderen Straftat einsaß. Mehrere Stunden nach seiner Flucht ging man routinemäßig vor, um ihn zu suchen – ohne Erfolg. Erst 48 Stunden später setzte man die Bloodhound-Hündin Buttercup auf ihn an. Immerhin wussten die Polizisten, wo die Flucht begonnen hatte. Es gab deutliche Fußspuren von einem Paar Stiefel, die Ray gestohlen hatte, weil er hoffte, sie würden Hunde von seiner Spur abhalten. Allerdings lag er dabei falsch, denn die abschilfernden Hautpartikel stammen vom gesamten Körper eines Menschen; davon gibt es immer genug für einen Hund. Es herrschte feuchtes Wetter, der Boden war durchweicht, doch Buttercup brauchte keine frische Spur. Sie rannte los und wich niemals von der Duftspur ab. Einige Stunden später stand sie heulend vor dem Versteck von Ray, etwa 11 km vom Gefängnis entfernt!

Diese Geschichte klingt erstaunlich, doch wir kennen Berichte von Hunden, die sogar noch ältere Spuren über längere Strecken verfolgt haben. Die längste, belegte Fährte hat der Suchhund Randy aufgenommen. Man hatte seinen Besitzer Stephen Johnson gebeten, zwei Kinder in einem Nationalpark zu finden. Sie hatten am Rand des Campingplatzes bei einem Weg gespielt. Dort begann die Suche. Randy schnupperte an den Kleidern der Kinder und rannte sofort den Weg entlang. Etwa 5 Stunden später und 56 km weiter fand Randy die beiden verängstigten und hungrigen Kinder. Sie liefen immer noch so schnell, wie sie ihre kleinen Beine trugen, in die Richtung, wo sie den Campingplatz vermuteten, als sie von dem großen, braunen Hund gefunden wurden.

In Abenteuergeschichten und Krimis hört man immer wieder davon, wie Verfolgte in einen Fluss springen und ihm folgen, damit das Wasser ihre Spur verwischt. Das ist allerdings nur die halbe Wahrheit. In großen, tiefen Flüssen mit starker Strömung wird ein Suchhund die Spur in der Tat verlieren. Handelt es sich allerdings um einen Bach mit geringer Tiefe und Strömung, werden Hautteilchen vom Wind ans Ufer geweht und bleiben an feuchten Oberflächen haften – genug Informationen für einen guten Spürhund. Allerdings werden solche Hinweise zerstört, wenn sie 5–6 Stunden dem direkten Sonnenlicht ausgesetzt sind. Auch starker Wind verdünnt die Duftspur ähnlich wirkungsvoll wie starke Strömung. Ideale Bedingungen für einen Gefängnisausbruch – zumindest was die Chance angeht, den Hunden zu entkommen – wären demnach ein schwerer Regensturm, starker Wind oder alternativ ein sehr heißer Tag mit kräftigen Böen und ein Vorsprung von mindestens 5–6 Stunden.

Ein guter Spürhund verlässt sich aber nicht allein auf den Duft einer Fährte. Fußtritte dringen in den Boden ein und erzeugen andere Düfte als ungestörte Erde. Zertretenes Gras oder Pflanzen scheiden bestimmte Substanzen aus, die ein Hund wahrnimmt. Sie vermischen sich mit dem Geruch des Flüchtenden. Viele dieser Düfte halten sich zum Glück für den Spürhund länger als Schweiß und Pheromone, sogar im direkten Sonnenlicht. Sollte also die eigentliche Spur verblassen, bleiben immer noch die übrigen Düfte übrig und helfen dem Hund, einer Fährte zu folgen, solange nicht zu viele Menschen über dieselbe Stelle gegangen sind.

So folgen Hunde einer Fährte

Bei der Verfolgung einer Fährte setzen Hunde ihre Nasen auf drei verschiedene Arten ein. Je nach Rasse oder den herrschenden Bedingungen folgen sie der Fährte direkt auf dem Boden (der Spur folgen), richten sich nach den Hautpartikeln in der näheren Umgebung (dem Duft folgen) oder nehmen den Duft direkt aus der Luft auf.

Die beiden ersten Methoden sind nur scheinbar gleich. Das direkte Fährtenlesen ist besonders effektiv, wenn es darum geht, eine bestimmte Person aufzuspüren. Dabei folgt der Hund dem Geruch jedes einzelnen Trittes. Daher sind Spürhunde besonders erfolgreich, wenn sie eine frische Fährte aufnehmen können und dabei auch an den zertretenen Pflanzen und dem Boden schnüffeln. Da sie der Fährte direkt folgen, finden sie auch versteckte oder fallen gelassene Gegenstände.

Die meisten Hunde folgen eher einer allgemeinen Duftspur; sie riechen die Hautpartikel, die der Körper abgibt, und nicht so sehr die eigentlichen Fußspuren. Je nach Alter der Spur und dem Wind laufen sie daher direkt auf der Fährte oder etwas parallel davon.

Mit beiden Techniken kann ein Hund Menschen bei Nacht finden, wenn unsere Sehfähigkeit wenig nutzt. Spürhunde, die einer Fährte folgen, werden gewöhnlich an langer Leine geführt, damit sie in ihrer Begeisterung nicht fortlaufen.

Hunde, die den Duft direkt aus der Luft aufnehmen, laufen mit erhobenen Köpfen umher und schnuppern solange in der Gegend herum, bis sie den betreffenden Menschen aufgespürt haben. Haben sie die Witterung aufgenommen, rennen sie in direkter Linie darauf zu, ohne sich um eine eventuelle Fährte zu kümmern. Selbstverständlich wird die Fähigkeit, jemanden zu finden, von Wind und Wetter beeinflusst. An einem heißen, sonnigen Tag ohne Wind breitet sich der Duft eines Menschen nicht sehr weit aus, sodass der Hund ihm mehrmals sehr nahe kommen muss, bis er ihn aufgespürt hat. Unter den besten Bedingungen – bei Dämmerung, kühlem Boden, Luftfeuchtigkeit und stetiger, leichter Brise – breitet sich der Duft über weite Strecken aus und ein Hund stößt mit größerer Wahrscheinlichkeit auf den Gesuchten.

Bloodhounds sind die Superstars unter den Duftspuren-Suchern. Sie erinnern sich sehr gut an die Zusammensetzung von Gerüchen. Während die meisten Hunderassen alle paar Stunden an einem Gegenstand mit dem Duft des Gesuchten schnuppern müssen, erinnern sich Bloodhounds einen ganzen Tag lang. Allerdings erkennen sie einen Duft nicht so gut direkt aus der Luft, denn sie halten ihre Nase tief: Damit nehmen sie Duftpartikel auf, die von der Fährte aufsteigen, nicht jedoch jene, die durch den Wind herbeigeweht werden. Die besten Hunde zum Aufspüren vermisster Personen sind daher Deutsche Schäferhunde und Labrador Retriever, die einen Duft direkt aus der Luft wahrnehmen.

Letztere werden dazu eingesetzt, um in Katastrophengebieten, z.B. zwischen eingestürzten Gebäuden, nach Vermissten zu suchen. Dann geht es weniger darum, einer Fährte zu folgen, sondern Verschüttete zu finden. Suchhunde sind auf einen allgemeinen Menschenduft trainiert und finden jeden Mensch in einem bestimmten Gebiet. Wenn sie systematisch eine bestimmte Fläche absuchen, nehmen sie jeden Duft auf und führen die Helfer zu der betreffenden Person. Die meisten dieser Hunde finden vor allem lebende Menschen, manche regen sich auf, wenn sie einen Toten finden. Daher gibt es für die Suche nach Toten speziell ausgebildete Hunde (Leichenspürhunde). Sie haben gelernt, dem Geruch verwesenden Fleisches zu folgen, und kommen auch dann zum Einsatz, wenn ein geständiger Mörder nicht mehr genau weiß, wo er die Leiche versteckt hat. Ihre Nasen sind so gut, dass sie den Duft von Ertrunkenen aufspüren, die noch unter Wasser liegen.

Im Jahr 2001 war die 36jährige Kimberley Szumski drei Monate lang verschwunden. Schon bald stand ihr Mann in dem Verdacht, etwas mit ihrem Verschwinden zu tun zu haben; er arbeitete in der Baubranche. Auf Verdacht und auf einige vage Hinweise hin ließ man zwei Leichenspürhunde eine Baustelle absuchen, an der ihr Mann gearbeitet hatte. Die beiden fanden schon bald eine bestimmte Stelle in dem Gebäude und gaben Laut. Obwohl den Anwesenden nichts Verdächtiges auffiel, vertrauten die Polizisten ihren Hunden und ließen die Wand einreißen. Dahinter fanden sie Kimberleys Körper, eingewickelt in einen Plastiksack, mit Paketband verschnürt, begraben unter Schlacke und in eine Mauer einzementiert, die mit Eisenträgern verstärkt war. Dennoch hatten die Hunde die schwache Spur gewittert und sie entdeckt.

Einige Leichenspürhunde sind sogar darauf spezialisiert, Körperteile von Menschen zu finden. Ein bekanntes Beispiel ist der Dobermann Eagle, der 1999 seine Fähigkeit in Michigan unter Beweis stellte. Der Arzt Azizul Islam und seine Frau Tracy hatten Eheprobleme, bis der Mann seinen Kindern am 20. Dezember eröffnete, ihre Mutter wäre zu ihren Verwandten nach England zurückgekehrt. Zwei Tage später wurden Teile ihres Körpers in einer Abfalltonne bei einem Restaurant gefunden und eine Woche später weitere Körperteile in einem Müllsack auf einem Feld. Die Polizisten hielten die Funde für Körperteile der verschwundenen Tracy Islam und besorgten sich in ihrem Haus eine Zahnbürste, um eine DNA-Probe zu gewinnen. Dann fragten sie den Arzt, ob Eagle sein Haus durchsuchen dürfe. Er stimmte zu. Als sie eintrafen, fiel den Polizisten der starke Geruch nach Putzmitteln auf und sie befürchteten bereits, Eagle könne seine Aufgabe nicht erfüllen. Sie begannen die Suche im Erdgeschoss und schon bald schlug Eagle an einer Farbrolle an und kurz darauf fand er eine Stelle am Boden, die gestrichen worden war. Später fand man heraus, dass auf Rolle und Boden Blutspuren waren. Sie stimmten mit der DNA-Probe von Tracy überein – Islam wurde später wegen Mordes verurteilt.

Super-Nasen im Einsatz

Der vielleicht beste Beweis für die enorme Fähigkeit von Hunden, Duftspuren zu finden, zeigt sich an den zahlreichen Aufgaben, mit denen wir sie betrauen. Vielfach stützen wir uns auf Hunde, weil elektronische Messmethoden nicht mit ihrer Sensibilität und Unterscheidungsfähigkeit mithalten können. In anderen Fällen sind zwar entsprechende Geräte vorhanden und empfindlich genug, sie sind aber zu groß und nur in speziell eingerichteten Labors zu betreiben.

In einem typischen Jahr fallen in den USA rund 75.000 Gebäude Brandstiftungen zum Opfer. Täter sind Menschen, die ihre Versicherung betrügen, jemanden verletzen, töten oder terrorisieren wollen oder versuchen, Eigentum oder Spuren eines Verbrechens zu vernichten. Bei den Brandstiftungen kommen jährlich 500 Menschen ums Leben. Allein im Jahr 2000 hat Brandstiftung einen Schaden von 1,34 Mrd. $ angerichtet. Die meisten Brandstifter benutzen Brandbeschleuniger wie Benzin, Verdünner oder Lösungsmittel.

Manchmal erregt bereits die Ausbreitungsart des Brandes den Verdacht auf Brandstiftung, doch die Art des Brandbeschleunigers lässt sich mit einfacher Ausrüstung vor Ort nicht bestimmen. Also setzt man Hunde ein, die auf Brandstiftungen spezialisiert sind. Sie wurden darauf trainiert, die unterschiedlichen Substanzen zu finden, mit denen man ein Feuer erzeugen kann. Man hat herausgefunden, dass Hunde noch 18 Tage nach dem Feuer diese Substanzen wahrnehmen. Ein Brandermittler mit elektronischer Ausrüstung müsste unmittelbar nach dem Brand vor Ort sein, um verlässliche Daten zu ermitteln, doch viele der gelöschten Gebäude schwelen noch für längere Zeit weiter, sodass jederzeit das Feuer wieder aufflackern könnte. Mit einem Brandhund können die Ermittler abwarten, bis die Brandstelle sicher genug ist, um sie zu betreten. Am häufigsten werden schwarze Labrador Retriever für diese Aufgabe eingesetzt (das würde mit gelben auch funktionieren, aber sie sähen nach dem Durchsuchen eines Brandherdes so schwarz aus, dass sie ständig baden müssten). Viele Versicherungsgesellschaften vertrauen inzwischen auf eigene Brandhunde, und das U.S.-amerikanische *Federal Bureau of Alcohol, Tobacco, Firearms and Explosives* setzt etwa 50 dieser Hunde ein.

Ein anderer Fall, in dem Hunde eine wichtige Rolle spielten, ereignete sich 1974, als eine eben verlegte Gasleitung in Ontario (Kanada) eingeweiht werden sollte. Bei ersten Tests fand man heraus, dass auf dem Transport Gas (Kohlenwasserstoffe) verloren ging, d.h. die Leitung war undicht. Auch unter Einsatz der besten Messmethoden konnten die Ingenieure und Wissenschaftler das Leck nicht finden. Da die Gasleitung bereits in 9 Tagen geöffnet werden sollte, war die Gefahr eines Unfalls zu hoch. Schließlich kam jemand auf die Idee, Glen Johnson zu informieren. Er bildete Spürhunde dazu aus, bestimmte Chemikalien zu finden. Unter Zeitdruck brachte Johnson in nur 2 ½ Tagen dreien seiner bereits ausgebildeten Spürhunde bei, Objekte zu suchen, die nach Butylthiol rochen – diese Substanz wird natürlichem Gas beigemischt, damit man es riechen kann. Die Hunde liefen die ersten 32 km der Gasleitung ab, wo die Arbeiter drei kleine Lecks vermuteten, und fanden bereits am ersten Tag 20 Lecks. Das hielten die Ingenieure für unmöglich und glaubten den Hunden nicht. Als man jedoch die Leitung an den entsprechenden Stellen freilegte, stellte sich in jedem Fall heraus, dass die Hunde Recht hatten. Sie hatten den Geruch von Gas in einer Tiefe von 12 m unter der Erde wahrgenommen. Als sie mit ihrer Untersuchung fertig waren, hatten sie insgesamt über 150 potentiell gefährliche Lecks aufgespürt.

Natürlich hat die Evolution die Hunde nicht mit dieser Nase ausgestattet, damit sie High-Tech-Geräte ausstechen. Der Geruchssinn der Hunde hat immer dem Aufspüren von Beute gedient, zunächst für sich selbst, dann für den Menschen. Es gibt nicht mehr viele Orte auf der Welt, wo die Jagd zum täglichen Überleben gehört. Für die Einwohner des hohen Nordens ist die Jagd auf Robben aber immer noch eine wichtige Ergänzung des Speisezettels. Robben halten sich im Packeis Löcher offen, durch die sie atmen können. Sobald sie an die Luft stoßen, hinterlassen sie Duftspuren am Rand der Löcher, die sich in der feuchten Kälte sehr lange halten. Menschen haben kaum eine Chance, solche Atemlöcher zu finden. Sie sind von Schnee und dünnem Eis bedeckt und so gut wie unsichtbar. Robbenjäger sind daher völlig auf ihre Hunde angewiesen. Eine Husky-Rasse, die von den Inuit Kimmiq genannt wird, muss vor der Robbenjagd hungern. Diese Hunde nehmen Duftspuren in der Luft wahr; sie rennen auf dem Eis hin und her, bis sie den Geruch einer Robbe aufspüren und ihm zu dem nächsten Loch folgen. Der Hund kreist um das Loch oder legt sich nieder, bis die Jäger eintreffen.

Da mehrere Jäger und Hunde zusammenarbeiten, ist die Jagd ein gemeinschaftliches Werk. Wenn der Hund erfolgreich war, informiert der Jäger seine Partner. Die Hunde müssen alle Löcher in der näheren Umgebung finden, denn die Jäger verstopfen sie bis auf eines oder zwei mit feuchtem Schnee, der rasch gefriert und die Löcher verschließt. Dann versammeln sie sich um die offenen Löcher, warten ab, bis sich eine Robbe zeigt, und harpunieren sie. Nach erfolgreicher Jagd findet bereits auf dem Eis eine kleine Feier statt. Die Jäger und die hungrigen Hunde essen von dem erlegten Tier – das ist wichtig, um die Hunde motiviert zu halten, damit sie auch in Zukunft mitarbeiten. Am Ende der Jagd ziehen die Hunde Schlitten mit Robbenfleisch ins Lager.

Hunde können auch den Duft von Insekten riechen, obwohl sie nie Insekten gejagt haben. Termiten richten in den USA jährlich Schäden in Milliardenhöhe an. Dennoch wird der Befall eines Hauses in fast zwei Dritteln aller Fälle nicht entdeckt, denn die Inspektoren müssen sich auf äußerlich sichtbare Schäden verlassen. Leider ist es meist zu spät, wenn sich Schäden dieser Art zeigen. Als das Haus von William Whitstine in Florida auf Termitenbefall untersucht wurde, konnte man ihn beruhigen. Schon drei Monate später jedoch stellte man einen massiven Befall und zahlreiche Schäden fest. Whitstine trainiert Spürhunde auf Drogen, Sprengstoffe und Brandbeschleuniger, also entschied er sich dafür, Hunde auf den Duft von Termiten abzurichten. Wissenschaftliche Untersuchungen haben ihm Recht gegeben: In einer Untersuchung der Universität von Kalifornien fanden Termitenhunde 49 von 50 präparierten Holzblöcken (sie enthielten Löcher mit Termiten) heraus. Diese Trefferquote von 95% war bemerkenswert, denn mit einem ent-

sprechenden chemischen Sensor wurden nur 50% der Blöcke aufgespürt.
Andere Hunde wurden darauf trainiert, die Eier der Schwammspinner zu finden. Dieser Schädling wurde versehentlich Mitte des 19. Jhs. nach Nordamerika eingeschleppt, wo er ganze Wälder vernichtet und Hunderte von Baumarten schädigt.
Andererseits können Hunde Insekten auch helfen. Bienenstöcke werden von der Varroatose heimgesucht, die ganze Stöcke vernichtet und sich rasch ausbreitet. Bienen sind wichtige Helfer in der Landwirtschaft, weil sie die Bestäubung übernehmen. Für einen Imker ist die Suche nach Anzeichen der Krankheit sehr kompliziert und langwierig, während ein ausgebildeter Hund pro Tag 200 Bienestöcke mit schlafwandlerischer Genauigkeit untersuchen kann. Die befallenen Bienenstöcke werden sofort desinfiziert, ehe sich die Seuche ausbreitet.
Hunde wurden auch darauf trainiert, giftige Schimmelpilze zu finden. Sie breiten sich in Gebäuden aus, die durch Überschwemmungen oder undichte Stellen durchnässt sind und finden in Spanplatten, Holz oder Teppichböden ideale Bedingungen. In Nordamerika verbringen die Menschen 75–90% ihrer Zeit innerhalb von Gebäuden. Die Pilzsporen sind giftig und verursachen z.B. Asthma, Nasennebenhöhlenentzündungen, Hautausschlag und ernste Probleme im Atemsystem (u.a. auch eine Form von Lungenentzündung). Da sich die Pilze unter Teppichen, Möbeln, in Wänden, hinter Verkleidungen, in Nischen und Fehlböden verbergen, sind sie nur schwer zu finden. Nachdem Hunde sie erst einmal lokalisiert haben, lassen sie sich jedoch relativ einfach beseitigen.

Hunde als Helfer von Ärzten

Manche Hunde scheinen in der Lage zu sein, Krebs bei Menschen zu riechen. Diese Nachricht wurde erstmals im April 1989 von den beiden Ärzten Hywel Williams und Andres Pembroke in der medizinischen Fachzeitschrift *Lancet* veröffentlicht. Eine Frau ließ ihr Muttermal auf dem Oberschenkel untersuchen, das ihren Hund besonders zu interessieren schien. Diese Kreuzung zwischen einem Dobermann und einem Collie schnupperte oft minutenlang an einem ganz bestimmten Muttermal, sogar durch die Hose (für andere Muttermale auf ihrem Körper interessierte sich der Hund nicht). Nachdem der Hund sogar versucht hatte, das Muttermal abzubeißen, als sie kurze Hosen trug, ging sie zum Arzt. Dort fand man heraus, dass es sich bei dem Muttermal um ein malignes Melanom handelte. Williams und Pembroke schrieben: „Der Hund könnte ihr Leben gerettet haben, weil er den Krebs bereits entdeckte, als er noch keine Metastasen gebildet hatte." Sie vermuten, dass der Geruchssinn des Hundes sie gerettet habe, weil maligne Tumore „mit ihrer veränderten Proteinsynthese und dem einzigartigen Geruch zwar den Menschen nicht auffielen, für Hunde jedoch leicht zu entdecken seien".

Handelte es sich dabei um einen Einzelfall, könnte man ihn als Kuriosität abtun, doch inzwischen sind mehrere Fälle bekannt, in denen Hunde Muttermale oder Hautveränderungen erkannten und ihren Halter darauf aufmerksam machten – diese Veränderungen erwiesen sich als Krebs. Den Dermatologen Dr. Armand Cognetta, der am *Tallahassee Memorial Regional Medical Center* in Florida arbeitet, machten diese Berichte neugierig. Er versuchte daraufhin, einen Hund auf krebsartige Veränderungen trainieren zu lassen. Diese Aufgabe übernahm Duane Pickel, ein pensionierter Hundeführer der Polizei. Er bildete den siebenjährigen Schnauzer George aus, der bereits als Bombenhund gearbeitet hatte. George lernte, Gewebeproben von Krebskranken zu erkennen, die chirurgisch entfernt und in Glasröhren aufbewahrt wurden. Im Jahre 1996 konnte Cognetta das *US National Cancer Institute* darüber informieren, dass George in 99 % aller Fälle in der Lage war, winzige Proben mit Krebsgewebe zu identifizieren, die in Gaze gewickelt in 10 Löchern einer Plastikröhre verborgen waren, bzw. Proben, die mit Pflastern an Menschen befestigt worden waren. Cognetta ließ George sieben freiwillige Krebspatienten untersuchen und einige, die als geheilt galten. George identifizierte vier der sieben Patienten und wies präzise auf die Stellen ihrer Erkrankung hin. Bei einem der geheilten Patienten schien George sich zu irren, denn er schnupperte beständig an einem ganz bestimmten Muttermal herum und gab Laut. Nur zur Sicherheit wurde das Muttermal entfernt und untersucht. Es stellte sich heraus, dass sich der Arzt geirrt und George Recht hatte – das Muttermal war ein Hautkrebs! Nach diesen ermutigenden Ergebnissen werden Hunde in verschiedenen Kliniken getestet. Ärzte in Kalifornien berichten, dass sie einen Pudel mit Namen Shing Ling darauf abgerichtet hatten, Lungenkrebs zu finden. Dazu werden Atemproben von gesunden und kranken Menschen genommen und analysiert. Nach ersten Berichten erreicht der Hund eine Trefferquote von 85%. Andere Untersuchungen an der Universität von Cambridge befassen sich mit der Früherkennung von Prostatakrebs, an dem mehr Männer sterben als an jeder anderen Krebsart. Der Hund darf dazu am Urin von gesunden und krebskranken Männern schnuppern. Für viele Männer sind die regelmäßigen Untersuchungen lästig und sie gehen nicht zur Vorsorge. Könnte man Hunde darauf trainieren, bereits die Vorstadien am Urin zu erkennen, ließen sich viele Leben retten. Andere Hunde erschnuppern Tuberkulose, indem sie am Schleim der Patienten schnuppern. Diese Krankheit tritt häufig in ärmeren Ländern oder in Flüchtlingslagern auf, die nach Kriegen oder Naturkatastrophen errichtet werden. Dort kann es zu Engpässen in der medizinischen Versorgung kommen, sodass die Nase eines Hundes Tausenden das Leben retten könnte.

Nicht nur das Riechvermögen eines Hundes ist außerordentlich sensibel, sondern die Verarbeitung der Reize im Gehirn ermöglicht es ihm, Düfte zu unterscheiden und neue, wichtige Gerüche zu identifizieren. Der Einsatz von Hunden in der medizinischen Voruntersuchung wirft eine interessante Frage auf: Wenn der große, gelbe Labrador des Arztes einen Krebs auf Ihrem Bein entdeckt, wird seine Arbeit dann als Laboruntersuchung in Rechnung gestellt?

Eine Frage des Geschmacks

Wenn man liest, was die Aufschriften auf dem Hundefutter versprechen „Käsearoma, das Hunde so lieben", „kräftiger Fleischgeschmack, dem kein Hund widersteht", „ein Geschmack nach Speck, für den ein Hund alles tun würde" und so weiter, könnte man glauben, der Geschmack sei der wichtigste Sinn eines Hundes. Obwohl Hunde wirklich gerne fressen und Futter lieben, ist ihr Geschmackssinn nicht so wichtig wie bei Menschen.
Von der Evolution her betrachtet, ist Geschmack ein sehr alter Sinn. Er entstand, als sich die ersten Lebewesen mit den in der Ursuppe herumschwimmenden Substanzen auseinander setzen mussten. Alle für das Überleben der primitiven Organismen wichtigen Stoffe waren im Wasser gelöst. Manche dieser Stoffe dienten als Nahrung, andere als Warnung und manche wirkten schädlich oder sogar tödlich. Als die Tiere entstanden, spezialisierte und verbesserte sich ihr Geschmackssystem. Gut und schlecht schmeckende Dinge wurden wichtig für das Überleben. Zumindest für natürliche Substanzen gilt die Regel, dass schlechter Geschmack gefährlich, ungenießbar oder giftig ist, während guter Geschmack auf nützliche, essbare Substanzen hindeutet.
Da er für das Überleben wichtig ist, wird der Geschmackssinn sehr früh aktiv. Kleine Welpen können schon bei Geburt schmecken, tasten und riechen, allerdings braucht der Geschmackssinn einige Zeit, bis er ausgereift und geschärft ist.

So funktioniert Schmecken

Wie beim Menschen ist der Geschmackssinn auch beim Hund an spezielle Rezeptoren oder Geschmacksknospen gebunden, die auf den Papillen der Zunge sitzen. Einige Geschmacksknospen befin-

den sich auch auf dem weichen Gaumendach, andere weiter hinten, wo der Schlund beginnt (Epiglottis und Pharynx).
Um Geschmack wahrzunehmen, müssen sich einige Moleküle aus den chemischen Substanzen in der Nahrung im Speichel des Mundes auflösen. Hunde haben vier Paar Speicheldrüsen unter der Zunge, im hinteren Bereich des Mauls, hinter den Ohren und unter den Augen. Sie bilden verschiedene Formen von Speichel, einige sind eher wässrig andere eher schleimig – vermutlich dienen sie unterschiedlichen Formen von Nahrung. Wenn Hunde Fleisch fressen, produzieren sie vorwiegend schleimigen Speichel, wenn sie Gemüse fressen, eher den wässrigen Typ.
Der Geschmackssinn eines Tieres richtet sich nach Art und Zahl seiner Geschmacksknospen, ähnlich wie die Zahl seiner Riechzellen den Geruchssinn bestimmt. Mit etwa 9.000 Geschmacksknospen sind Menschen merklich empfindlicher als Hunde mit ihren 1.700. Allerdings haben Hunde mehr Geschmacksknospen als Katzen, die es nur auf 470 bringen.
Jede dieser Knospen hat nur eine Lebensdauer von wenigen Tagen und muss wie Hautzellen regelmäßig erneuert werden. Wenn die physischen Fähigkeiten eines Tieres mit dem Alter nachlassen, können sie auch die abgestorbenen Geschmackszellen weniger gut ergänzen. Das gilt sowohl für Menschen wie für Hunde. Mit abnehmender Knospenzahl können ältere Tiere Geschmäcker nicht mehr so gut unterscheiden. Manche Krankheiten, vor allem Alterskrankheiten (z.B. Diabetes oder Schilddrüsenüberfunktion), sogar einige Medikamente, können die Bildung von Geschmacksknospen hemmen und die Empfindlichkeit verändern.

Wie viele Geschmacksrichtungen gibt es?

Die einzelnen Geschmacksknospen sind auf unterschiedliche Substanzen spezialisiert. Wir Menschen unterschieden üblicherweise süß, salzig, bitter und sauer. Aus frühen Untersuchungen wissen wir, dass Hunde auf ähnliche Stoffe reagieren wie Menschen. Es gibt allerdings einen wichtigen Unterschied: Hunde sind weniger empfindlich gegenüber Salz und verlangen auch nicht so stark danach. Menschen und andere Säugetiere brauchen dagegen Salz. Wir suchen danach und mischen es unseren Speisen bei. Brezeln, Kartoffelchips, Popcorn und andere Snacks werden oft freigiebig gesalzen. Wir brauchen Salz, weil es in Gemüse und Getreide kaum vorhanden ist. Hunde sind jedoch vorwiegend Fleischfresser und ernähren sich in der Wildnis von anderen Tieren. In deren Fleisch ist reichlich Natrium enthalten, sodass die Ahnen unserer Hunde stets gut mit Salz versorgt waren und keine hochspezialisierten Salz-Rezeptoren brauchten.

Die Evolution hat das Geschmackssystem der Hunde mit anderen Vorlieben ausgestattet. Man erkennt dies, wenn wir sie mit unseren anderen wichtigen Haustieren vergleichen, den Katzen. Katzen gelten als mäkelige Fresser und scheinen empfindlicher auf den Geschmack einer Speise zu reagieren. Das scheint keinen Sinn zu machen, denn Katzen haben nur etwa ein Viertel so viele Geschmacksknospen wie Hunde. Diese sind allerdings speziell an Fleisch angepasst: Katzen sind ausschließlich Fleischfresser. Sie können kaum etwas anderes verdauen als das Fleisch von Tieren, wie Säuger, Vögel oder Fische. Daher haben sich ihre Geschmacksknospen darauf spezialisiert, spezielle Stoffe im Fleisch zu schmecken (Nukleotide) und Katzen reagieren fast ausschließlich auf das, was ihre „Fleisch-Detektoren" melden. Hunde sind nicht ausschließlich Fleischfresser, sondern ernähren sich auch von pflanzlichem Material. Dennoch macht in der Wildnis Fleisch über 80 % ihrer Ernährung aus. Zusätzlich zu den auf süß, salzig, sauer und bitter abgestimmten Rezeptoren verfügen Hunde noch über spezielle Rezeptoren, die an Fleisch, Fett und mit Fleisch verbundene Substanzen angepasst sind.

Die Glutamate, spezielle Bausteine der Fleischproteine, gehören zu den Chemikalien, auf die die Fleisch-Rezeptoren der Hunde ansprechen. Besonders bekannt ist das Natriumglutamat, das auch als Geschmacksverstärker eingesetzt wird, insbesondere in der chinesischen Küche. Inzwischen vermuten einige Wissenschaftler, dass auch Menschen – als Allesesser ernähren wir uns auch von Fleisch – über ähnliche Fleischgeschmack-Rezeptoren verfügen.

Japanische Forscher konnten einen solchen Rezeptor beim Menschen nachweisen und nannten ihn *umami*-Rezeptor. Er reagiert auf dieselben Substanzen wie die Hunderezeptoren. Wird dieser Rezeptor gereizt, beschreiben Menschen den Geschmack als „fleischig“ oder „pikant“.

Die süße Geschmacksknospe der Hunde reagiert auf die Substanz Furaneol. Sie kommt in vielen Früchten vor, auch in der Tomate. Katzen sind dieser Substanz gegenüber völlig „geschmacksblind“, während Hunde ihren Geschmack mögen. Vielleicht hat sich diese Vorliebe für süß entwickelt, weil Hunde in ihrem natürlichen Lebensraum ihre Diät mit allen möglichen Früchten aufbessern. Mein Hund Odin mochte beispielsweise Birnen. Er konnte nicht an dem Birnbaum auf unserer Farm vorbeigehen, ohne nach herabgefallenen Früchten zu suchen, die er dann mit großem Genuss verspeiste. Leider verschmierte er sich stets sein Gesicht mit Birnenmus und durfte erst wieder ins Haus, nachdem ich ihn sauber gewaschen oder gewischt hatte. Die Leidenschaft von Hunden für Furaneol und andere Süßstoffe hat zur Folge, dass sie Futter bevorzugen, denen diese Substanzen beigemischt wurden. Viele Hunde sind daher ausgesprochene „Naschkatzen“, während echte Katzen überhaupt nicht an Süßigkeiten interessiert sind.

Diese Vorliebe kann schlimm ausgehen. Viele Hunde vergiften sich an Ethylenglykol, einem Frostschutzmittel, das auch in Autos eingesetzt wird und die Geschmacksknospen reizt. Schon knapp 30 g dieses süß schmeckenden Stoffes können einen mittelgroßen Hund töten. Nach Untersuchungen sterben in den USA jährlich 10.000 bis 30.000 Hunde an Ethylenglykol-Vergiftung. Die Fälle häufen sich zweimal jährlich, im Herbst, wenn die Frostschutzmittel eingefüllt und im Frühling, wenn sie entsorgt werden. Frostschutzmittel können jedoch das ganze Jahr über verfügbar sein: Es tropft aus undichten Heizungen oder Klimaanlagen und wird als grünliche Flüssigkeit in Einfahrten oder auf der Straße sichtbar. Vor allem Hunde, die während dieser Zeiten in einer Garage eingesperrt werden, sind gefährdet. Während manche direkt davon trinken, lecken andere ihre damit verschmutzten Pfoten und das Fell ab.

Eine Vergiftung mit Frostschutzmittel ist nicht leicht zu diagnostizieren. Erste Anzeichen zeigen sich, wenn der Hund taumelt und torkelt, sich wie betrunken benimmt, depressiv wird oder sich übergibt und Durchfall bekommt. Da die Todesrate sehr hoch ist, müssen Sie sofort reagieren, wenn Sie den Verdacht haben, Ihr Hund könnte sich vergiftet haben. Bringen Sie ihn dazu, sich zu übergeben: Geben Sie drei Teelöffel Salz in ein halbes Glas warmes Wasser und träufeln Sie dem Hund diese Lösung mit Hilfe einer Pipette hinten auf die Zunge (bis zu ein Teelöffel pro 5 kg Hundegewicht). Das sollte ihn binnen 5 Minuten dazu bringen, sich zu übergeben. Wenn nicht, wird die Prozedur zwei- oder dreimal wiederholt, etwa alle 10 Minuten.

Bringen Sie Ihren Hund sofort zum Tierarzt, denn die Behandlung muss binnen 9–12 Stunden nach der Vergiftung einsetzen. Danach beginnt die Leber, die Substanz in Bruchstücke zu zerlegen, die ein Nierenversagen und schließlich den Tod hervorrufen. Es gibt ein einfaches Mittel, solchen Vergiftungen vorzubeugen – benutzen Sie ein Frostschutzmittel auf der Basis von Propylenglykol. Diese Chemikalie ist zwar nicht ungiftig, aber deutlich weniger toxisch. Außerdem schmeckt sie nicht süß und wird damit für den Hund nicht so attraktiv. Diese beiden Chemikalien wirken im Auto auf gleiche Weise. Wenn Sie Ihren Hund lieben, ist es ein Leichtes, ihn zu schützen; verhindern Sie, dass ihm seine Vorliebe für Süßes schadet.

Die Geschmacksknospen für die Hauptgeschmacksrichtungen sind nicht gleichmäßig auf der Zunge verteilt. Sie sind beim Mensch in bestimmten Bereichen konzentriert, mit leichten Abweichungen auch beim Hund. Während alle Teile der Zunge auf starken Geschmack reagieren, sind einige empfindlicher für bestimmte Geschmacksnoten. Der vordere Abschnitt der menschlichen Zunge reagiert stark auf süß, bei dem Hund sind es eher die seitlichen Partien. Beim Hund liegen die Geschmacksknospen für sauer und salzig ebenfalls seitlich, aber weiter zurück, wobei die salzempfindlichen Partien kleiner ausfallen als beim Mensch. Der hintere Zungenabschnitt reagiert auf bitter. Die Empfindlichkeit für Fleischgeschmack ist auf der Zunge verteilt, liegt aber vorwiegend in den ersten beiden Dritteln.

Hunde haben sogar Geschmacksknospen, die auf Wasser reagieren; diese Fähigkeit teilen sie mit Katzen und anderen Fleischfressern, nicht aber mit Menschen. Dieser Geschmackssinn sitzt auf der Zungenspitze, auf dem Teil, mit dem Hunde Wasser aufschlecken. Er reagiert immer auf Wasser, aber seine Empfindlichkeit nimmt zu, wenn der Hund etwa Süßes oder Salziges gefressen hat. Vielleicht entstand diese Fähigkeit, um den Wasserhaushalt zu regulieren: Wenn Hunde Nahrung aufgenommen haben, die stärkeren Harndrang hervorruft, oder mehr Wasser zum Aufschließen ihrer Nahrung brauchen, suchten sie nach Wasser. Dies gilt etwa für Fleisch, das viel Natrium enthält – ein sehr nützlicher Sinn für Fleischfresser. Wenn diese Wasser schmeckenden Knospen aktiv sind, scheint es dem Hund besonderes Vergnügen zu bereiten, Wasser zu trinken.

Herrlicher und scheußlicher Geschmack

Wie Menschen haben auch Hunde Lieblingsgeschmäcker, die allerdings nicht immer einfach zu erkennen sind. Bei Menschen geht das leicht, man fragt sie einfach, was ihnen schmeckt. Hunde sind sehr viel schwieriger zu testen. Vielleicht glauben Sie, man müsse ihnen nur eine Alternative bieten und dann aufzeichnen, was sie zuerst und in größeren Mengen fressen. Hunde haben aber die Tendenz, zuerst das zu fressen, was ihnen am nächsten steht. Andere Hunde fressen alles, was sie finden, und hören erst damit auf, wenn der Napf leer ist – gleichgültig, womit er gefüllt war und wie viel er enthielt. Die meisten Hunde werden schlicht beide Proben fressen.

Allerdings kann man sie darauf trainieren, sich für einen der beiden Testnäpfe zu entscheiden – der andere verschwindet nach der Wahl. Nur unter diesen Bedingungen zeigt sich, was ein Hund gerne mag. Sie scheinen alles abzulehnen, was einen leicht sauren Geschmack hat, etwa Zitrusfrüchte, und meiden rigoros bittere Nahrung. Diese Abneigung ist so stark, dass sie sogar ihre Vorliebe für Süß vergessen. Chemische Süßstoffe schmecken zwar süß, haben aber in hohen Konzentrationen einen leicht bitteren Nachgeschmack. Für Hunde ist dieser Nachgeschmack Grund genug, süßstoffhaltige Nahrung abzulehnen.

Da Hunde den bitteren Geschmack ablehnen, gibt es Sprays und Gele, um sie von Möbeln und anderen Gegenständen fern zu halten. In diesen Mitteln sind häufig Stoffe wie Alaun oder das Capsaicin aus Pfefferschoten enthalten, das nicht nur stechend schmeckt, sondern auch einen brennenden Geschmack im Mund hinterlässt. Obwohl solche abschreckenden Stoffe die meisten Hunde davon abhalten, an Möbeln zu kauen, muss dies nicht zwangsläufig funktionieren, da die Geschmacksknospen im hinteren Zungendrittel sitzen. Wenn ein Hund einen Gegenstand kurz ableckt oder ihn rasch verschlingt, nimmt er dessen bitteren Geschmack nicht wahr. Nur wenn er längere Zeit darauf herumkaut, schmeckt er die Bitterkeit in seinem hinteren Maulabschnitt. Schließlich muss der Hund noch lernen, den bitteren Geschmack mit einem bestimmten Gegenstand zu assoziieren, ehe die Abschreckung funktioniert.

Das Beispiel des Cocker Spaniels Blondie zeigt, wie man Hunden mit schlechtem Geschmack ein unerwünschtes Verhalten austreiben kann. Sie hatte sich angewöhnt, Leckerbissen zu stehlen. Dazu sprang sie plötzlich auf einen Stuhl, schnappte sich Toast oder Kekse, die die Kinder gerade essen wollten, und rannte mit ihrer Beute davon. Üblicherweise stellt man solchen Hunden eine Falle: Einige Stücke Toast werden mit einer bitteren Substanz behandelt und auf den Tisch gestellt – scheinbar unbeaufsichtigt. Der Hund soll lernen, dass Futter vom Tisch schlecht schmeckt und das Verhalten einstellen.

Für Blondie strich man Alaun auf einige der Toastscheiben, dann verließen die Kinder den Tisch. Das Ergebnis war enttäuschend. Unmittelbar nachdem sich die Kinder abgewandt hatten, sprang Blondie auf den Tisch, schnappte sich den Toast und verschlang ihn binnen Sekunden. Obwohl sie kurz stutzte, war der bittere Geschmack wohl erst aufgetreten, nachdem sie das süße Brot geschmeckt hatte. Selbst nach mehreren „Köder-Toasts“, stellte Blondie ihr Verhalten nicht ein. Gelegentlich war sie vor den Kindern am Tisch und schnappte sich Essen, das für die Kinder gedacht und natürlich unbehandelt war. Ein schnelles Lecken mit der Zungespitze informierte sie nicht darüber, ob die Beute bitter war. Da sie durch die erfolgreichen Versuche motiviert war, ergriff sie die Chance immer wieder.

Da Alaun offenbar nicht half, ging man zu einem stärkeren Mittel über. Der Toast wurde so lange mit einer kräftigen Mischung aus Tabasco und Zitronensaft präpariert, bis er etwas feucht wurde. Da Geschmacksmoleküle sich im Speichel lösen müssen, schien damit eine Möglichkeit gefunden, den Geschmack sicher bis zum hinteren Teil der Zunge zu tragen. Schließlich rieb man noch den Teller mit Zitronenschale ein. Als Blondie nach dem neuen Köder schnappte, nahm sie den bitteren Geschmack sofort wahr und roch auch den Zitronenduft. Das Experiment mit dem bitteren, feuchten Toast und dem nach Zitronenschale riechenden Teller wurde mehrfach wiederholt. Nach einigen Tagen hatte Blondie begriffen, dass auf einem Teller mit Zitronenduft etwas Bitteres lag. Um ihr das Verhalten gänzlich auszutreiben, wurde schließlich ein Haushaltsreiniger mit Zitronenduft auf dem ganzen Tisch verrieben. Jedes Mal, wenn sich Blondie dem Tisch näherte, roch sie den Duft und empfand ihn als Warnung: „Alles was so riecht, wird früher oder später bitter schmecken.“ Sie bekam natürlich sichere und leckere Belohnungen, wenn sie auf dem Boden blieb, der nicht nach Zitronen roch. Obwohl Hunde Nahrung mit bitterem Geschmack meiden, brauchen sie offensichtlich manchmal einen zweiten Sinnesreiz (Nase, Auge), um zu lernen.

Nun aber zu angenehmen Geschmacksrichtungen. Hunde ziehen Fleisch dem Gemüse vor. Am liebsten mögen sie Rind- und Schweinefleisch, dann Lamm, Hühnchen und Pferdefleisch, obwohl diese Vorlieben schwächer ausgeprägt sind, wenn sie nicht riechen können. Sie ziehen feuchtes Futter trockenem vor, vielleicht weil sich in feuchtem Futter die Geschmacksmoleküle besser auflösen.

Hunde mögen warmes Futter lieber als kaltes, weil Nahrung bei Körpertemperatur oder etwas darüber besser schmeckt und stärker duftet. Wie beim Menschen stehen Geruchssinn und Geschmack in enger Verbindung. Versuchen Sie folgendes kleines Experiment:

Schneiden Sie frische Äpfel, harte Birnen und rohe Kartoffeln in etwa gleich große Stücke. Schließen Sie die Augen und halten Sie sich die Nase zu. Nun bitten Sie einen Helfer, Ihnen eines der Stücke zu geben. Sie werden feststellen, dass es beinahe unmöglich ist, die drei nur am Geschmack auseinander zu halten, denn wir erkennen Nahrung eher am Geruch als am Geschmack. Das erklärt auch, warum man bei einer Erkältung mit verstopfter Nase die meiste Nahrung als geschmacklos empfindet und selbst der beste Wein wie „billiges Gesöff" schmeckt.
Wenn wir diese Informationen zusammenfassen, ist es nicht mehr schwer, ein kommerzielles, trockenes Hundefutter geschmacklich aufzuwerten: Gießen Sie etwas warmes Wasser darüber, bevor Sie es Ihrem Hund servieren. Wärme und Feuchtigkeit verstärken sowohl den Geschmack als auch den Geruch der Nahrung. Das Gleiche gilt umso mehr für ältere Hunde, die weniger Geschmacksknospen besitzen und ihr Futter daher als nicht besonders schmackhaft empfinden.
Es gibt aber noch andere Möglichkeiten, Hundefutter aufzuwerten. Zugesetztes Fett macht es schmackhafter; ranziges Fett hat allerdings einen säuerlichen Geschmack und wird gemieden. Die Veränderung des eigentlichen Futters ist allerdings nicht der einzige Faktor, der die Vorlieben des Hundes beeinflusst. Das *Waltham Centre for Pet Nutrition* in Leeds (Großbritannien) fand heraus, dass Hunde vor allem jene Nahrung bevorzugen, die nach den Händen ihres Besitzers riecht. Auch für Hunde schmeckt alles besser, was mit Liebe und einem Lächeln präsentiert wird.

Nahrung für die Seele

Einige Futtervorlieben scheinen Hunde bereits in früher Jugend anzunehmen. In der Tat nehmen bereits ungeborene Hunde bestimmte Geschmäcker wahr. Die Ernährung der Mutter beeinflusst die Zusammensetzung der Flüssigkeit in der Fruchtblase. Der ungeborene Welpe nimmt die Substanzen über seine Geschmacksknospen und die Riechzellen auf. Schon in dieser

Phase bilden sich die ersten Vorlieben heraus. Manche der Substanzen gelangen auch über die Muttermilch zum Welpen, sodass er Gefühle wie Sicherheit und Geborgenheit mit bestimmten Geschmäckern zu assoziieren beginnt – das hündische Äquivalent zu unserer „Seelennahrung“.

In der Regel ist es so, dass Hunde neue Geschmacksrichtungen der Routine vorziehen, die so genannte Neophilie (der Begriff setzt sich aus dem griechischen *neo* für „neu“ und *philos* für „etwas lieben“ zusammen). Diese Vorliebe macht durchaus Sinn in der Evolution, denn so probieren die Tiere verschiedene Futterquellen aus und reduzieren damit die Gefahr, zu verhungern, falls eine bestimmte Nahrung knapp wird. Allerdings gilt die Neophilie nur mit einer Einschränkung: Das neue Futter muss gewisse Ähnlichkeiten mit den bereits bekannten Nahrungsquellen haben. Diese Ähnlichkeiten erstrecken sich auf Geschmack, Konsistenz und Geruch – Hunde müssen die neue Nahrung mit Bekanntem assoziieren, erst dann probieren sie etwas aus.

Das Gegenteil der Neophilie ist die Neophobie (vom griechischen *phobos*, fürchten). Dieses Phänomen tritt bei Hunden nur selten auf, und wenn, dann gewöhnlich in Stresssituationen. Plötzliche Veränderungen der Umgebung in Verbindung mit völliger Umstellung der Nahrung sind die gängigen Auslöser, auch eine Krankheit oder Verletzung, auf die eine Veränderung des Futters folgt, kann eine Ablehnung hervorrufen. Meist beschränken sich die Hunde dann auf bekanntes Futter und akzeptieren nichts anderes.

Fühlt sich ein Hund körperlich bedroht, sucht er in der Beschränkung auf altbekanntes Futter nach Sicherheit. Auch manche Menschen, die unter Stress zu Makkaroni mit Käse oder Eiscreme greifen, suchen nach der Sicherheit und dem Glück ihrer Jugend, wenn sie davon essen. Aus der Sicht der Evolution handelt es sich dabei um ein sinnvolles Verhalten, denn ein Hund in fremder Umgebung, der sich an Bewährtes hält, reduziert die Gefahr, sich an unbekannter Nahrung zu vergiften.

Ein Malamute-Welpe mit dem Namen Kody (Koseform für Kodiak) hatte deutliche Nahrungspräferenzen. Er stammte von einem Züchter, der bei Juneau (Alaska) lebte. Der Hund wurde im Alter von kaum sieben Wochen von seinem Wurf getrennt, in ein Flugzeug gesteckt und nach Seattle geflogen. Seinem neuen Besitzer Ed war sofort klar, dass man das Hündchen zu früh von der Mutter getrennt hatte. Die Kombination von einem lauten Flugzeug (ein rauer Flug im Winter), den fehlenden Geschwistern und einer neuen Umgebung hatten den Welpen in einen traumatisierten, ängstlichen, unsicheren Hund verwandelt. Ed versuchte, ihn mit Trockenfutter für Welpen zu füttern, doch Kody wollte nicht fressen; auch Dosenfutter, selbst gekochtes Fleisch rührte er nicht an. Der Welpe schlürfte unwillig an Milch, nahm aber so wenig, dass Ed beunruhigt war. Am nächsten Tag brachte er Kody zum Tierarzt, der keinen körperlichen Fehler entdecken konnte. „Er wird schon fressen, wenn er hungrig ist", meinte er zu Ed.

Ed war aber immer noch besorgt und rief die Züchterin an, um herauszufinden, womit Kodys Mutter gefüttert worden war. Es stellte sich heraus, dass sie vorwiegend Fisch gefressen hatte (oft sogar noch gefroren), den der Ehemann der Züchterin gefangen hatte. Also bereitete Ed kleine Lachsstückchen zu und fütterte den kleinen Hund. Zu seiner Erleichterung schien der viel ruhiger zu werden und schluckte die ihm bekannte Nahrung herunter. Ed entwöhnte den kleinen Kody nach und nach, indem er etwas Trockenfutter unter den Fisch mischte. Heute frisst Kody wie alle Mitglieder seiner Rasse alles, was man ihm anbietet und auch nur entfernt an Futter erinnert.

Solche Gewohnheiten erklären auch, warum Hunde aus unterschiedlichen Kulturen abweichende Futtervorlieben haben. Die Futtervorlieben des Halters und was er für gut befindet, bestimmen letztlich, was im Fressnapf landet. In Nordamerika und Großbritannien gelten Hunde als Fleisch- und Katzen als Fischfresser, daher hätte Ed Kody niemals Fisch angeboten. Hunde in Nordamerika mögen kein stark gewürztes Futter, während mexikanische und mittelamerikanische Hunde – wie die Landesküche – auch scharfes Futter mögen. Ich habe einmal gesehen, wie ein mexikanischer Hund freudig eine Chilischote verschlang. Andererseits füttert eine vegetarische Freundin von mir ihren Hund mit einer fleischlosen Diät aus Reis, Bohnen und gekochtem Gemüse, dazu etwas Milch, Käse und Eier wegen der Proteine. Als der Hund wegen Krankheit von einem anderen Familienmitglied gefüttert wurde, rührte er kein Rindfleisch oder Hähnchen an, weder roh noch gekocht.

In einer vertrauten Umgebung kümmern sich Hunde oft nicht darum, wie ihr Futter schmeckt, vor allem wenn sie die Konkurrenz anderer Hunde fürchten. Die wenigsten Hunde genießen ihr Futter stückchenweise, sondern schlingen es in einem Rutsch herunter, ohne auf den Geschmack zu achten oder es zu prüfen. Genauso fraßen auch ihre wilden Vorfahren – so schnell, dass ihre Bäuche gefüllt waren, ehe ein größeres Tier oder ein Konkurrent ihnen die Beute stehlen konnte. Manchmal führt diese Art zu fressen allerdings zu Missverständnissen.

Bei der Familie Miller in Chicago lebte ein Boxer. Sie hatten ihn *Chomper* („Mampfer“) genannt, ohne zu ahnen, wie sinnvoll dieser Name war. Meistens verschlang Chomper seine Mahlzeiten und Leckerbissen mit ein paar mächtigen Bissen. Eines Tages bekam er Bauchschmerzen. Als ihn der Tierarzt operierte, fand er in Chompers Magen eine Herrensocke, ein Armband und ein 20 cm langes Buttermesser. Offenbar war Chomper nicht sehr wählerisch, was gut schmeckte und was nicht.

Auf Tuchfühlung mit der Welt

Wir teilen mit unseren Hunden den Sinn, der die Grenze zwischen „Ich" und der Außenwelt darstellt – definiert durch Berührungsreize. Obwohl der Berührungssinn auf den ersten Blick einfach erscheint, setzt er sich aus insgesamt vier Reizgruppen zusammen: direkter Druck oder Kontakt mit dem Körper, Wärme- und Kältesinn, Schmerz, und die so genannten Propriorezeptoren, die uns sagen, wo die einzelnen Körperteile gerade sind und wie sie sich relativ zum Körper bewegen. Hunde verfügen über eine hoch entwickelte Fähigkeit, mit Hunden und mit Menschen über Berührungen zu kommunizieren. Wie mit Hilfe der anderen Sinne erfahren sie damit die Welt, außerdem tragen Berührungen wesentlich dazu bei, emotionale Bindungen zu knüpfen und zu stärken.

Die Welt ertasten

Vielleicht ist der Zusammenhang zwischen Berührungen und Emotion so stark, weil Hundewelpen damit die ersten Informationen über ihre Umwelt erhalten. Der neugeborene Hund ist blind, fast taub und seine Riechfähigkeit ist noch nicht voll entwickelt, d.h. er verlässt sich hauptsächlich auf die Berührung. Wenn ein zwei Tage alter Welpe von seiner Mutter getrennt wird, beginnt er zu winseln und bewegt seinen Kopf wie ein Pendel hin und her, um Kontakt mit der Mutter aufzunehmen. Um dem Welpen in dieser kritischen Zeit beizustehen, hat die Evolution für einen weiteren Sinn gesorgt – spezielle Wärmesensoren in der Nase. Yngve Zotterman von einer schwedischen Forschungsgruppe hat diese ungewöhnlichen Rezeptoren rund um die Nasenlöcher entdeckt. Sie nehmen die infraroten Wärmestrahlen wahr, die von warmen Stellen ausgehen. Wenn ein Hündchen seinen Kopf bewegt, kann er die Wärmequelle, d.h. seine Mutter, in seiner Nähe zu lokalisieren. Ist ihm das gelungen, folgt er der Wärmespur und findet zu ihr zurück. Sobald er ihren Körper berührt, stellt er das Winseln ein, rollt sich zusammen und beginnt, entspannt zu schlafen. Da erwachsene Hunde nicht mehr über diese Rezeptoren verfügen, scheinen sie wohl zu verschwinden oder funktionslos zu werden, wenn die übrigen Sinne ausreifen.

Ein Welpe benutzt den Tastsinn aber auch, um seine Bedürfnisse mitzuteilen; er stupst die Zitzen der Mutter mit der Nase und später mit den Pfoten an. Durch diese Berührung wird der Milchfluss angeregt, er wird satt und bekommt emotionale Unterstützung. Dabei wird auch seine geistige Entwicklung angeregt. Die Rückkopplung über den Tastsinn teilt seinem Gehirn mit, dass es „da draußen" etwas gibt. Er merkt, dass es Reaktionen auf seine Aktionen gibt, und lernt, dass er die Außenwelt bis zu einem gewissen Ausmaß durch sein Verhalten beeinflussen kann.

Für jede der vier Reizgruppen gibt es eigene Rezeptoren. Allein für den Drucksinn stehen zwei Klassen von Rezeptoren zur Verfügung. Die Rezeptoren für den Oberflächenkontakt sitzen direkt unter der Haut, vor allem in der Nähe von Haarfollikeln. Bei jeder leichten Berührung und allem, was die Haut verschiebt, werden Informationen ans Gehirn geleitet. Die Evolution hat dabei das Hebelprinzip genutzt, lange bevor Archimedes ihn als ein mechanisches Hilfsmittel erfand. Da jedes Haar wie ein langer Hebel funktioniert, übertragen sich Bewegungen des Haares auf den Rezeptor an seiner Basis.

Die zweite Klasse von Druckrezeptoren sitzt tiefer unter der Haut und reagiert auf stärkeren Druck. Auch Menschen besitzen beide Formen von Rezeptoren, die denen der Hunde sehr ähnlich sind. Achten Sie einmal auf Ihr Körpergewicht, das sich beim Sitzen in Form von Druck auf Ihr Hinterteil überträgt. Dieses Gefühl weicht deutlich von dem sensiblen Gefühl ab, das Sie beim vorsichtigen Abtasten einer Stoffoberfläche verspüren – Letzteres wird von den Oberflächenrezeptoren wahrgenommen.

Die Körperteile eines Hundes reagieren mit unterschiedlicher Intensität auf Druck. Im Bereich von Nase und Schnauze enden zahlreiche Sinnesnerven, sodass Nase und Lippen sehr empfindlich auf Druck reagieren. Auch über seine Pfoten nimmt ein Hund Informationen über seine Umwelt auf. Einige Nerven sind in der Lage, Vibrationen zu erspüren; damit erfährt der Hund, wie stabil die Oberfläche ist, über die er gerade läuft. Einige Forscher vermuten, dass ein Hund über seine Propriorezeptoren erfährt, wie schnell er gerade läuft. Tief in den Spalten zwischen den Zehen sitzen besonders empfindliche Nerven direkt unter der Haut. Vielleicht erklärt dies, warum Hunde sich nicht gerne an den Pfoten berühren lassen. Andere Hunde respektieren diese Stelle: Obwohl sie sich ansonsten bei Kommunikation und Spiel sehr intensiv berühren, vermeiden sie es, sich an den Zehen zu berühren oder zu beschnuppern.

Die Schnurrhaare

Hunde besitzen eine besondere Form von Tastrezeptoren, die uns fehlen – das sind die Vibrissen (Tasthaare) in ihren Gesichtern. Sie unterscheiden sich entgegen ihres üblichen Namens vollständig von männlichen Schnurrbärten. Vielmehr gleichen sie den Schnurrhaaren der Katze und dienen dazu, den Tieren Informationen über die Umwelt zu liefern. Die Schnurrhaare sind anders gebaut als die übrigen Körperhaare; sie sind starrer und reichen tiefer in die Haut hinein. An der Basis jeder Vibrisse sitzen viel mehr Tastrezeptoren als unter anderen Körperhaaren. Da die Haare besonders lang sind, dienen sie noch besser als verstärkender Hebel.
Offenbar sind diese Tasthaare wichtig, denn man findet sie bei allen Raubtieren und vielen anderen Tieren, unter anderem bei Katzen, Ratten, Bären und Robben. Neurophysiologen gehen davon aus, dass die Größe der sensorischen Hirnrinde als Maß für die Bedeutung eines bestimmten Sinnes gelten kann. Beim Hund sind fast 40% des für den Tastsinn verantwortlichen Gehirnabschnittes für das Gesicht reserviert. Ein überproportional großer Anteil davon wiederum ist mit den Rezeptoren des Oberkiefers und den Vibrissen verbunden. Tatsächlich lässt sich jeder Vibrisse ein

bestimmter Abschnitt zuordnen. Dies deutet darauf hin, dass die Information jedes einzelnen Schnurrhaares verrechnet wird.
Viele Hundezüchter in den USA halten die Schnurrhaare, ähnlich wie beim Menschen, für ein vorwiegend kosmetisches Phänomen. Daher schneiden sie ihren Hunden vor Hundeshows die Schnurrhaare ab, damit sie „sauberer" aussehen. Für den Hund ist diese Prozedur unangenehm und stressig, denn er verliert ein wichtiges Mittel, um Reize aus der Umwelt aufzunehmen.
Die meisten Untersuchungen zur Rolle der Schnurrhaare stammen von Katzen und Ratten, doch die wenigen verfügbaren Studien zu Hunden legen nahe, dass sie auch dort ähnlichen Aufgaben dienen. Vibrissen stellen ein wichtiges Frühwarnsystem dar. Sie bewahren Hunde vor einem Zusammenprall mit Wänden und Objekten oder warnen vor sich nähernden Gegenständen und schützen auf diese Weise Gesicht und Augen. Sie können das leicht selbst testen, wenn Sie ein Schnurrhaar ganz leicht berühren. Jedes Mal, wenn Sie das Schnurrhaar berühren, schließt sich vorsorglich das Auge des Hundes und er dreht seinen Kopf von der berührten Seite weg.
Vielleicht helfen die Schnurrhaare auch dabei, die Lage und möglicherweise auch die Art von Gegenständen zu bestimmen. Die meisten Tiere setzen ihre Schnurrhaare ein wie ein Blinder seinen Stock. Wenn sich der Hund einem Gegenstand nähert, richten kleine Muskeln die Vibrissen nach vorn. Als Nächstes bewegt ein Hund seinen Kopf hin und her und streift dabei mit den Haaren aktiv über die Oberfläche des Objektes. Dabei nimmt er Informationen über Form und Rauheit der Oberflächen wahr. Aus Laboruntersuchungen weiß man, dass Ratten lernen, allein mit Hilfe der Schnurrhaare zwischen rauen und glatten Oberflächen zu unterscheiden. Da Hunde nahe Gegenstände nicht besonders scharf sehen können, helfen ihnen ihre Schnurrhaare dabei, kleine Gegenstände zu lokalisieren, zu identifizieren und schließlich mit dem Maul aufzunehmen.
Hunde, denen die Schnurrhaare entfernt wurden, scheinen sich bei Dämmerlicht unsicher zu fühlen. Unter diesen Bedingungen bewegen sie sich langsamer. Offenbar fehlen ihnen die notwendigen Informationen, um nicht mit einem Gegenstand zu kollidie-

ren. Mit intakten Vibrissen braucht der Hund eine Oberfläche nicht direkt zu berühren, um zu wissen, dass sie da ist. Diese besonderen Haare sind nämlich so empfindlich, dass sie bereits leichte Veränderungen der Luftströme wahrnehmen. Wenn sich ein Hund einer Mauer nähert, wird die von ihm aufgewirbelte Luft von der festen Oberfläche reflektiert und biegt die Vibrissen zur Seite. Der Hund spürt die Mauer bereits, ehe er sie direkt berührt.

Wie wichtig die Vibrissen für einen Hund wirklich sind, zeigte mir das Beispiel von Willie. Willie ist die Kurzform von Wilhelmina, ein Bluemerle Shetland Sheepdog, der dem Programmierer Bruce gehörte. Als Willie vier Jahre alt war, zeigte sie Anzeichen einer Krankheit, die beide Augen trübte. Obwohl sie immer noch zwischen hell und dunkel unterscheiden konnte, glich die optische Information ihrer Umwelt vermutlich einem Blick durch mehrere Lagen Zeichenpapier. Bruce bat mich, Willie zu helfen und ich stellte ihm eine Liste zusammen, um dem Hund das Leben zu Hause auch mit der eingeschränkten Sehfähigkeit leichter zu machen. Darunter waren Vorschläge, wie die Möbel nicht zu verrücken, damit sich der Hund eine „geistige Landkarte“ der Wohnung anlegen und sich über Düfte und unterschiedliche Bodenbeläge wie Teppiche merken konnte. Willie passte sich gut an und konnte im Haus herumtoben wie ein sehender Hund. Nur gelegentliche Zusammenstöße zeigten der Familie, dass sie blind war.

Die Krankheit wurde diagnostiziert, als Susan, die Tochter von Bruce, ihr zweites College-Jahr abschloss. Sie liebte Willie sehr und war tief betroffen. Susan hatte mit dem Gedanken gespielt, Medizin zu studieren, sich aber noch nicht endgültig entschieden. Nun aber informierte sie die Familie, dass sie nicht nur Medizin studieren, sondern Augenärztin werden wollte, um Menschen helfen zu können, die ähnliche Probleme hatten wie Willie.

Als sich ihr Examen näherte, wollte sie ein Foto machen lassen, dass sie in ihrem Talar zusammen mit Willie zeigte – immerhin hatte er ihre Berufswahl maßgeblich beeinflusst. Bruce hielt dies für eine überaus nette Idee, also ging er am Tag, bevor das Foto gemacht wurde, zu einem Hundefriseur und ließ sie professionell baden und das Fell pflegen.

Vermutlich können Sie sich bereits denken, was geschah. Genauso wie bei den Hunden, die sie für Shows vorbereiten, wurden auch Willies Haare und Vibrissen beschnitten. Nun sah sie zwar wunderschön aus, doch als Bruce Willie nach Hause brachte, schien etwas Schreckliches mit ihr geschehen zu sein. Sie rannte die Treppen hoch und stieß sofort an den Türpfosten. Auf dem Weg durch das Haus kollidierte sie mit einem Stuhl und einem Tischbein. Nervös geworden, wurde Willie etwas langsamer und vorsichtiger. Kurz darauf versuchte sie zu trinken, verfehlte den Napf und stieß mit der Nase auf den Boden.

Bruce war entsetzt und rief mich an, ob den Hund eine plötzliche Verwirrung überkommen hätte. Nachdem ich erfahren hatte, was passiert war, konnte ich Bruce beruhigen. Das Problem lag nicht auf geistiger Ebene – sie konnte die Informationen immer noch verarbeiten –, sondern ihr fehlte eine wichtige Informationsquelle. Bei der Fellpflege waren ihr die Schnurrhaare entfernt worden. Zum Glück waren noch kurze Stummel übrig, und da diese Haare rasch wachsen (diese Kompensation ist erforderlich, weil sie sich durch die dauernden Kontakte abnutzen), war nicht alles verloren. Nach etwa einem Monat waren Willies Vibrissen wieder lang genug und sie konnte wieder sicher durch die Wohnung navigieren.

Dieses Wissen über die Vibrissen sollte man auch in Hundeclubs und -shows berücksichtigen. Hunde, denen die Schnurhaare nicht abgeschnitten wurden, sollten keine Punktabzüge bekommen. Offenbar sind die kosmetischen Aspekte aber für viele wichtiger als das Wohlbefinden und die Sicherheit der Hunde – ich erwarte nicht ernstlich eine Besserung.

Temperatur wahrnehmen

Hunde und Menschen nehmen den Druck in der Tiefe und den leichten Oberflächendruck mit denselben Sinnesorganen wahr. Andererseits unterscheiden wir uns grundsätzlich in Bezug auf den Temperatursinn. In der menschlichen Haut sitzen zwei Arten von Temperatursensoren; der eine spürt Kälte, der andere Wärme.

Mit Ausnahme der Wärmesensoren um die Nase junger Welpen haben Hunde ausschließlich Kältesensoren. Das bedeutet natürlich nicht, dass Hunde keine Wärme spüren, aber der Mechanismus funktioniert völlig anders als beim Menschen. Forscher vermuten, dass sich Hunde gerne an warmen Plätzen aufhalten, weil sie dem unangenehmen Kälteeindruck entfliehen wollen. Hunde reagieren kaum, wenn man sie mit warmen oder sogar heißen Gegenständen berührt. Natürlich wird die Haut durch große Hitze verletzt, doch dann reagiert der Hund über seine Schmerz-Rezeptoren und nicht auf die Hitze.

Offenbar entstand während der Evolution der Hunde kein spezieller Wärmesinn – ein fataler Mangel, denn sicher ist es für Hunde kaum sinnvoll, nicht vor heißen Objekten zurückzuschrecken, bevor sie sich verbrennen. Viele Hunde kommen auch in Schwierigkeiten, weil sich ihr Körper nicht rechtzeitig an Hitze anpassen kann. Vielleicht glauben Sie, dass das dichte Fell ihren Körper in der Sommerhitze erhitzt. Dies gilt jedoch nur eingeschränkt, denn eigentlich sind Haare ein guter Isolator, der als Wärmebarriere zwischen Körper und Außenwelt fungiert. Im Winter schützt es den Körper vor der Kälte außen und hält den Hund warm. Im Sommer isoliert es den Körper vor der Hitze. Allerdings wird jeder Körper, der lange in der Hitze bleibt, auch innerlich aufgewärmt und dann ist das Fell eine gefährliche Barriere für die Wärmeabfuhr. Hunde können sich nur kühlen, indem sie hecheln oder an den Fußsohlen schwitzen – bei sehr hohen Temperaturen besteht die Gefahr eines Hitzeschlages mit z.T. tödlicher Folge. Jedes Jahr sterben Hunderte von Hunden an Hitzeschlag, weil sie im Sommer in Autos zurückgelassen werden. In einem heißen Auto kann der Tod bereits nach 20 Minuten eintreten.

Schmerz empfinden

Als mein Hund Odin starb, konnte ich die Hand auf seinen Kopf legen und meine Augen füllten sich mit Tränen. Während seiner ganzen Krankheit hat er niemals gejault oder gar geweint. Mein wunderschöner, schwarzer Hund hatte Krebs in einer Form, die beim Menschen zum schnellen und schmerzhaften Tod führt. Dennoch jammerte und klagte Odin nicht. Fühlte er keinen Schmerz? Manche Menschen gehen davon aus, dass sich in solchen Situationen der Unterschied zwischen Menschen und Hunden zeigt: Die Hunde kennen nicht das bewusste Gefühl von Schmerz wie wir Menschen. Doch selbst wenn sich die Aussagen auf eine lange philosophische Tradition berufen können – sie haben Unrecht.

Schmerz ist fast immer die Reaktion auf einen körperlichen Schaden. Damit wurde Schmerz in der Evolution zu einem wichtigen Hilfsmittel, um am Leben zu bleiben. Häufig kommt es darauf an, sich von gefährlichen Situationen zu entfernen, ehe sie lebensbedrohlich werden. Der Schmerz signalisiert, dass etwas Gefährliches geschieht und es Zeit wird, damit aufzuhören. Da Schmerz unangenehm und verstörend wirkt, lernen die meisten Tiere in Zukunft jene Situationen zu meiden, die ihnen Schmerz (und damit körperlichen Schaden) zufügen.

Eine weitere Funktion des Schmerzes besteht darin, dem Tier zu signalisieren, wie es sich bei einer bereits erfolgten Verletzung verhalten soll. Fast immer hat der Schmerz zur Folge, dass sich ein Tier nicht mehr bewegt, was die Heilung z.B. einer Wunde erleichtert. Auf diese Weise sagt die Natur, es sei Zeit, einen „Schongang“ einzulegen, und ermöglicht dem Körper die Selbstheilung. Menschen und Hunde neigen dazu, sich bei Schmerzen langsam und vorsichtig zu bewegen.

Es gibt viele Berichte über schwer verletzte Menschen, die erst nach einiger Zeit Schmerzen verspürten. Diese Tatsache spricht keineswegs gegen die allgemeine Bedeutung von Schmerz. In einer bestimmten Situation kann Flucht oder Kampf wichtiger sein, um sein Leben zu retten – hier wäre Schmerz kontraproduktiv. Ein wilder Hund oder Wolf wird häufig während der Jagd auf große Tiere, bei der Verteidigung der Jungen, Revierkämpfen oder bei Auseinandersetzungen um die Rangordnung verletzt. Unter solchen Bedingungen kann es lebensrettend sein, den Schmerz zu unterdrücken und den Körper erst dann bei der Heilung zu unterstützen, wenn das eigene Leben nicht mehr gefährdet ist.

Ohne den Schmerzsinn würden wir nur selten lange genug leben, um uns fortzupflanzen. Vielen Menschen mit dem angeborenen Unvermögen, Schmerz zu empfinden, geht es so. Die Psychologen Ronald Melzack und Patrick Wall von der McGill Universität in Montreal berichten von einer Frau, die im Alter von 29 an massiven Infektionen starb. Sie stammten von zahlreichen Verletzungen, darunter auch Schnitten und Kratzern, nicht verheilten Knochenbrüchen und Gelenkschäden sowie inneren Verletzungen nach Stürzen. Bei gesunden Menschen hätte jede dieser Verletzungen eine Schmerzreaktion ausgelöst; sie hätten sich zurückgezogen und einen Arzt aufgesucht. Dieser Frau waren die meisten der Verletzungen gar nicht aufgefallen, sie hatte den Schmerz einer Infektion nicht wahrgenommen. Schmerz ist zwar unangenehm, rettet aber Leben. Tiere, die für ihr Überleben jagen müssen und ständig durch Verletzungen gefährdet sind, wie wilde Hunde, würden zweifellos von der Schmerzwahrnehmung profitieren.

Wieviel Schmerz spüren Hunde?

Neurologisch ist das System der Schmerzwahrnehmung bei Menschen und Hunden sehr ähnlich. Bei beiden Arten beginnt der Schmerz zunächst an freien Nervenendigungen in der Haut. Auch die Schmerzsignale fließen über nahezu identische Bahnen zum Gehirn. Offenbar besitzen Hunde alle Voraussetzungen, Schmerz wahrzunehmen. Außerdem lassen sich viele der vordergründigen Schmerzsymptome bei Hunden mit ähnlichen Medikamenten wie beim Menschen behandeln.

Wenn Hunde über den notwendigen Apparat der Schmerzwahrnehmung verfügen und ihr Verhalten wie beim Menschen von den warnenden Schmerzsignalen profitiert, warum sollten wir anzweifeln, dass sie auch Schmerz empfinden? Die Antwort auf diese Frage hat weniger mit tatsächlichen Verletzungen und ihren Folgen als vielmehr damit zu tun, ob wir den Hunden ein menschenähnliches Denkvermögen und Selbstbewusstsein zugestehen wollen.

Es gibt zwei Wege, uns mit den Tieren zu vergleichen. Der erste geht davon aus, dass Menschen und Hunde über die gleichen mentalen und neurologischen Strukturen verfügen und der Unterschied nur graduell ist: wir sehen besser, denken gründlicher über uns nach und haben ein besseres Gedächtnis als Hunde. Diese wiederum riechen und hören besser. Dass wir Menschen gründlicher nachdenken, bedeutet nicht, dass Hunde gar nicht über sich nachdenken. Dass Hunde besser riechen können als Menschen, heißt auch nicht, dass wir überhaupt keine Düfte wahrnehmen.

Die alternative Denkweise geht auf den französischen Philosophen René Descartes zurück; er ging davon aus, dass sich Menschen und Hunde grundsätzlich unterscheiden. Er argumentierte, dass wir nur deswegen über uns selbst nachdenken, weil wir eine grundsätzlich andere Denkweise haben. Hunden bleibt dieser Weg verschlossen. Weiterhin bestritt Descartes, dass Hunde und andere Tiere über ein Selbstbewusstsein verfügen. Für ihn waren Tiere nur biologische Maschinen aus biologischen Teilen. Solche Maschinen denken nicht, sondern sind auf bestimmte Reaktionen programmiert. Er bestritt, dass Tiere Gefühle, auch dass sie Schmerz empfinden können. Für ihn bedeutete der Schmerzensschrei eines Tieres nicht mehr als eine quietschende Türangel oder das Knarren einer Uhrfeder, die aufgezogen wird. Der französische Philosoph Nicolas Malebranche griff diese Vorstellung auf und behauptete, dass Tiere „ohne Vergnügen fressen, ohne Schmerz schreien und handeln, ohne zu wissen, was sie tun; sie verlangen nach nichts, fürchten nichts und wissen nichts.“ Als ihn ein Besucher kritisierte, weil Malebranche eine trächtige Hündin trat und diese vor Schmerz aufheulte, meinte der Philosoph: „Wissen Sie nicht, dass sie nichts fühlt?“

Die traurige Folge solcher Überlegungen ist die Missachtung der Tiere und eine Entschuldigung für Grausamkeit. In den vergangenen Jahrhunderten wurden Hunde mit ihren vier Pfoten auf eine Tafel genagelt, damit die Chirurgen am lebenden Tier studieren konnten, wie der Blutkreislauf funktioniert. Menschen, denen die geschundene Kreatur leid tat, wurden als töricht verlacht. Man erzählte ihnen, Hunde seien lebende Maschinen, die nicht mehr Schmerz verspürten als eine Uhr, die man auseinander nimmt, um ihren Mechanismus zu verstehen. Nach dieser Überzeugung war es keine Frage der Moral, einem Tier Schmerz zuzufügen, denn es nahm ihn gar nicht wahr.

Heute sollten wir diese Art der Argumentation in einen Abschnitt der Geschichte verbannen, als man es nicht besser wusste. Dennoch ist die philosophische Betrachtungsweise im Sinne von Descartes – Hunde spüren keinen Schmerz und haben kein Selbstbewusstsein – noch nicht verschwunden und wird auch von Menschen des 21. Jhs. vertreten. Der Philosophieprofessor und Dekan der Philosophischen Fakultät der Universität von Maryland, Peter Carruthers, streitet noch immer ab, dass Hunde bewusst Schmerz empfinden. Daher sieht er keine ethischen Bedenken, Tieren Verletzungen zuzufügen, die einem Menschen Schmerzen bereiten würden. In einem Artikel im *Journal of Philosophy* fasst er seinen Standpunkt mit den Worten zusammen: „Da sie ihre Erfahrungen, auch den Schmerz, auf unbewusster Ebene erleben, hat ihr Schmerz keine unmittelbare moralische Bedeutung. Da in der Tat alle geistigen Prozesse eines Tieres unbewusst ablaufen, hat ihr Schmerz noch nicht einmal eine indirekte moralische Bedeutung."

Selbst Tierärzte sind sich nicht einig, wie sie den Schmerz von Hunden behandeln und therapieren sollen. Aus der Forschungsliteratur zu diesem Thema geht jedoch eindeutig hervor, dass sich Hunde schneller erholen, die nach einem Eingriff gegen Schmerz behandelt werden. Vor allem in der Zeit unmittelbar nach der Operation, wenn die Hunde aus der Narkose erwachen, scheint eine Schmerztherapie wichtig zu sein. Hunde, deren Schmerzen medikamentös unter Kontrolle gebracht werden, beginnen früher zu fressen und zu trinken, sie stehen eher auf und können schneller wieder nach Hause zurückkehren.

Chronischer Schmerz, der über längere Zeit ertragen werden muss, kann einem Hund körperlich und geistig schaden. Schmerz ist ein Stressfaktor, auf den der Körper von Menschen und Hunden mit der Freisetzung von Stresshormonen reagiert, die praktisch jedes Organ betreffen. Sie verändern die Stoffwechselrate, rufen neurologische Reaktionen hervor und versetzen Herz, Thymus, Adrenalindrüsen und das Immunsystem in Aufregung. Wenn eine derartige Situation lange genug anhält, nehmen auch die Organe Schaden. Außerdem nimmt der Appetit unter Stress ab, Muskeln und Gewebe werden abgebaut und der Hund kommt nicht zu seinem heilenden Schlaf.

Dennoch scheinen viele Tierärzte diese Forschungsergebnisse zu ignorieren. In einer jüngsten Umfrage gab nur die Hälfte der Tierärzte an, Schmerzmittel einzusetzen. Einige bestanden darauf, dass das Schmerzempfinden von Hunden gering ausgeprägt sei, außer bei empfindlichen Rassen. Allerdings beginnt sich ein Wandel abzuzeichnen. Jüngere Tierärzte verwenden eher Schmerzmittel, den höchsten Anteil stellten Ärzte, die eben von der Hochschule kamen. Es ist psychologisch interessant, dass gerade jene Tierärzte Schmerzmitteln nicht abgeneigt sind, die selbst starke Schmerzen erdulden mussten. Offenbar steigert eine gemeinsam empfundene Erfahrung das Mitfühlen mit leidenden Hunden.

Allerdings ist der Einsatz von Schmerzmitteln ein zweischneidiges Schwert. Die Hundebesitzer müssen sehr sorgfältig mit diesen Medikamenten umgehen und ihr Tier genau beobachten. Gibt man dem Hund zu viele Schmerzmittel, nimmt er seine üblichen Tätigkeiten zu früh wieder auf, die Wunde kann sich öffnen und die langfristige Heilung gefährdet sein.

Hunde ertragen Schmerzen stoisch

Bei Hunden äußern sich die Symptome von Schmerz anders als beim Menschen. Vielleicht hat dieses Verhalten zu dem Missverständnis beigetragen, sie empfänden gar keine Schmerzen. Es gibt jedoch Gründe aus der Evolution der Hunde, die dafür sprechen, dass sie Schmerz eher erdulden, sich daran gewöhnen und ihn nicht offen zeigen. Bei Menschen ist der Schmerz ein angepasstes Verhalten, denn er löst bei den Mitmenschen Mitleid und medizinische Hilfe aus. Hunde sind aber Raubtiere, die ihre ganze Strategie auf den schwächsten in einer Gruppe abstimmen. Sobald ein Tier Anzeichen von Verletzungen und Schmerz zeigt, löst es bei den anderen die Raubtierinstinkte aus. Für einen Jäger ist dieser

Mechanismus sehr sinnvoll, denn die Gefahr, verletzt zu werden, steigt mit der Stärke des angegriffenen Tieres, während andererseits ein verletztes Tier nicht rasch genug fliehen kann.

Wenn Hunde Zeichen von Schmerz oder Verletzungen als Einladung zum Angriff interpretieren, könnte es durchaus sein, dass sie sich vor den übrigen Rudelmitgliedern fürchten, wenn sie selbst verletzt sind und Schmerzen haben. Würden sie ihren Schmerz offen zeigen, könnten sie einen Angriff ihrer Rudelmitglieder provozieren. Ein weiterer Faktor kommt hinzu: Ein verletzter Hund kann sich schlechter gegen Angriffe wehren und wäre daher in der Gefahr, seinen Rang in der sozialen Hierarchie gegen einen sonst schwächeren Gegner zu verlieren.

All dies könnte darauf hindeuten, dass sich Hunde in ihrer Evolution daran angepasst haben, Schmerz stoisch zu erdulden. Um sich selbst und ihre Stellung in der Rangordnung des Rudels nicht zu gefährden, unterdrücken sie jedes Anzeichen von Schmerz. Sie verbergen ihn, um der Situation besser gewachsen zu sein, daher ist es auch für Menschen schwierig zu erkennen, ob sich ein Hund verletzt hat. Es gibt aber sichere Anzeichen dafür, dass Hunde Schmerz empfinden – je besser Sie Ihren Hund kennen, desto eher werden Sie bemerken, wann er sich weh getan hat.

Wenn ein Hund winselt, weint oder kläfft, ist der Schmerz so stark geworden, dass er die schützende Barriere durchbricht und sich äußert. Ein solcher Hund hat derart starke Schmerzen, dass es ihm egal ist, ob es jemand bemerkt. Fast immer sind die Anzeichen jedoch subtiler, etwa starkes Hecheln oder schneller Atem, selbst wenn er ausruht und nicht unter Hitze leidet. Ein Hund mit Schmerzen kann zittern, extrem ruhelos erscheinen und ständig sein Lage ändern, wenn er sitzt oder liegt. Andererseits könnte er auch sorgfältig jede Veränderung seiner Lage vermeiden. Er zieht sich zurück, wenn er berührt wird, scheint einen Körperteil zu bewachen oder zeigt unkontrollierte Ausbrüche von Aggression, wenn er berührt wird oder man sich ihm nähert. Häufig kommt es auch vor, dass er schmerzende Körperpartien beleckt oder benagt. Schneller Puls, erweiterte Pupillen oder eine erhöhte Körpertemperatur sind weitere Anzeichen.

Kupierte Ruten

Wenn Sie Lust auf eine heiße Diskussion verspüren, sollten Sie in einer Gruppe von Hundeliebhabern oder Tierärzten die Sprache auf das Kupieren von Hunden bringen. Gewöhnlich geht es dabei um Argumente wie Grausamkeit, Schmerz und Verstümmelung. Hundezüchter, die auf kupierten Schwänzen bestehen, glauben nicht daran, dass der Schmerz groß genug ist, um ein ethisches Problem daraus zu machen. Von 100 befragten Züchtern in Australien glaubten 87, dass Zeitungen und öffentliche Meinung das Kupieren bei Hundewelpen aufbauschten. 25 glaubten sogar, dass die Hunde viel zu jung seien, um so etwas wie Schmerz zu verspüren. Weitere 57% waren davon überzeugt, dass die Schmerzen gering seien und nur kurzfristig aufträten. Dennoch ist die Angelegenheit zum Politikum geworden; inzwischen ist es in mehreren Ländern, auch in Deutschland, verboten, Hunde zu kupieren.

Viele Gegner dieser Prozedur werfen den Befürwortern vor, dass der Schwanz nur aus kosmetischen Gründen entfernt wird und der zugefügte Schmerz durch nichts gerechtfertigt sei. In der Geschichte der Hundezucht war das Kupieren allerdings ursprünglich nicht dazu gedacht, den Hunden ein besseres Aussehen zu geben. Viele der Spaniel-Rassen, die routinemäßig kupiert wurden, haben sehr elegante, weiche Schwänze, die viel schöner aussehen als die Schwanzstummel. Ursprünglich wurden sie entfernt, weil sie die Hunde bei ihrer Arbeit behinderten.

Nehmen Sie das Beispiel frei laufender Wachhunde. Stellen Sie sich vor, ich sei ein Straftäter und versuchte, vor einem Dobermann zu fliehen. Hätte dieser Dobermann einen langen Schwanz, könnte ich ihn daran ergreifen und den Hund unter Kontrolle bringen, während ich seinen Zähnen ausweiche. Wenn ich den Hund lange genug festhalte, hätte mein Komplize ausreichend Gelegenheit, den Hund zu verletzen. Daher werden vielen Wachhunden die Schwänze kupiert – ohne Schwanz kein leichter Zugriff für die bösen Einbrecher.

Bei mehr als 50 Hunderassen wurden die Schwänze ganz oder teilweise entfernt. Bei vielen stand am Anfang dieser Technik der

Wunsch, sie vor Verletzungen zu bewahren, etwa bei Jagdhunden, die durch dichtes Gebüsch, Brennnesseln oder über felsiges Terrain rennen müssen. Wenn sie mit ihrem Schwanz hin und her wedeln, können sie sich blutende, schmerzhafte Schnitt- und Risswunden zufügen, die oft schwierig zu behandeln sind. Vielfach musste auch bei erwachsenen Hunden der Schwanz amputiert werden – eine schwierige und riskante Operation. Offenbar lässt sich dieses Risiko durch Kupieren des Schwanzes minimieren. Hunde mit dickeren, muskulösen Schwänzen, wie die Labrador Retriever, bekommen den Schwanz nicht kupiert; bei ihnen ist die Verletzungsgefahr geringer. Bei manchen Rassen, wie den Magyar Vizslas, ist der untere Teil des Schwanzes sehr kräftig, während die Schwanzspitze nach oben gerichtet ist (damit erhöht sich die Gefahr, an Hindernissen hängen zu bleiben). Da sie weniger Fett und Muskeln enthält, erhöht sich die Gefahr für den Hund, sich an Büschen oder Felsen zu verletzen. Bei dieser Rasse wird demnach nur das obere Schwanzdrittel kupiert.

Neueste Untersuchungen haben ergeben, dass sich Haushunde praktisch niemals an den Schwänzen verletzen. Eine davon wurde von einem Lehr-Krankenhaus der Universität durchgeführt, das mitten in einer typischen Vorstadt lag. Über 12.000 Hunde mit und ohne kupierten Schwanz wurden untersucht. Die Rate der Schwanzverletzungen war extrem niedrig; insgesamt gab es nur 47 Fälle, d.h. weniger als 0,1% der untersuchten Hunde. Offenbar, so die Forscher, lieferte der Schutz vor Verletzungen kein Argument, die Hunde zu kupieren.

Welche Gründe auch immer angeführt werden, unsere Frage lautete, ob es einem Hund Schmerzen bereitet, wenn sein Schwanz entfernt wird. Eine Untersuchung an 50 Hunden, die an der Universität von Queensland in Australien durchgeführt wurde, ergab, dass jeder dieser Welpen während der Amputation vor Schmerz schrie. In den darauf folgenden Minuten beruhigten sich die meisten Hunden und schienen kaum erregt. Gerade diese schnelle Beruhigung dient den Befürwortern als Argument, dass die Welpen keinen Schmerz empfänden. Etwa 15 Minuten, nachdem die Welpen wieder zurück zu ihrer Mutter durften, begannen die meisten zu trinken oder legten sich in ihrer Nähe zum Schlafen nieder. Allerdings könnte die Nahrungsaufnahme direkt nach einer schmerzhaften Erfahrung durchaus ein Überlebensmechanismus sein, der aus der Evolution der Hunde stammt. Fressen bedeutet Nahrung und gespeicherte Energie, die dabei hilft, mit weiteren schmerzlichen Erfahrungen fertig zu werden. Außerdem gibt es Hinweise darauf, dass beim Saugen Endorphine freigesetzt werden, natürliche, schmerzstillende Hormone. Sie funktionieren wie die Morphine und blockieren die Schmerzsignale, die ans Gehirn gesandt werden. Vielleicht haben also die kupierten Welpen noch Schmerzen und unternehmen alles, um dieses Gefühl loszuwerden.

Sie sollten nicht vergessen, dass der sichtbare Ausdruck von Schmerzen nicht unbedingt den wahren Schmerz eines Hundes widerspiegelt. Hunde versuchen gegenüber anderen Raubtieren, jedes Anzeichen von Schwäche zu vermeiden. Schon die Welpen dürften über diese Anpassung verfügen. Vielleicht sogar in stärkerem Maße, denn sie sind noch klein und jede Form von Schwäche könnte fatale Folgen haben. Mit Jaulen und Winseln würden sie nur auf sich aufmerksam machen. Hunde dieses Alters verhalten sich absolut stoisch, sie würden Schmerzäußerungen unterdrücken, gleichgültig wie stark sie den Schmerz tatsächlich verspüren.

Berührungen fürs Wohlbefinden

Eine der interessantesten Funktionen des Tastsinnes ist die Rolle, die er für das Wohlbefinden eines Hundes spielt. Über die Berührung bauen sie emotionale und soziale Bindungen mit anderen Hunden und mit Menschen auf. Berührungen sind auch ein Kommunikationsmittel.

Die ersten Laboruntersuchungen zur psychologischen Bedeutung von Berührungen wurden an der Universität von Wisconsin durchgeführt. Dort arbeitete Harry Harlow mit jungen Makaken, die der Fürsorge ihrer Mutter entzogen worden waren. Zunächst verhielten sich diese Affenbabys ähnlich wie emotional gestörte Menschen. Sie saßen stundenlang bewegungslos herum, manche umklammerten sich selbst, andere schaukelten ständig hin und her, schlugen den Kopf an die Wand oder kauten und kratzten auf ihrem Körper herum, bis sich Wunden bildeten. Solche Affen wuchsen zu Tieren mit ernsten Verhaltens- und emotionalen Problemen heran. Sie waren unfähig, sich mit anderen Affen abzugeben.

Um der Rolle der Berührungen auf die Spur zu kommen, gab Harlow ihnen „Surrogat-Mütter" als Gefährten. Sie bestanden aus einem Affenkopf, manche auch mit einer Flasche, aus der die Kleinen trinken konnten. Die Tiere erhielten eine Mutter aus Draht mit einer Milchflasche und eine zweite, die mit weichem Stoff verkleidet war. Obwohl sie an der „Draht-Mutter" etwas zu trinken bekamen, zogen es die Äffchen vor, sich bei der weichen Mutter ohne Milch aufzuhalten. Sie hielten sich an ihr fest und schienen Sicherheit und Geborgenheit zu finden. Wurden die Äffchen erschreckt, kehrten sie sofort zu ihrer „Stoff-Mutter" zurück.

Seit dieser klassischen Studie an Affen wurden ähnliche Untersuchungen auch an Hunden durchgeführt – mit nahezu gleichem Ergebnis. Von ihren Müttern getrennte Welpen sind äußerst unruhig. Sie lassen sich weder durch Futter noch harte Spielzeuge, aber merklich durch weiche Gegenstände wie Stoffmütter oder einfache Lappen aus weichem Tuch beruhigen.

Die besänftigende Wirkung einer Berührung kann von einem Hund oder einem Menschen ausgehen. Wenn Hunde unter emotionalem Stress, sozialer Isolation oder unter den Nachwirkungen eines unerfreulichen Ereignisses leiden, lassen sie sich durch Streicheln beruhigen. Man kann die Wirkungen der Berührung sogar messen: Der Puls wird langsamer und die Atmung regelmäßiger.

Über sanfte Berührungen kann man einem Hund sogar beibringen, Angst erzeugende Situationen zu bewältigen. Beruhigt man einen Hund unmittelbar vor und nach einer unangenehmen Situation durch Streicheln und wiederholt man diese Prozedur mehrfach, so empfindet er weniger Angst und beruhigt sich rascher.

Man hat den Eindruck, dass Hunde dieses Streicheln empfinden wie eine Botschaft: „Was nun kommt, wird dich nur kurz ängstigen, danach wird alles wieder gut."
Dennoch eignen sich nicht alle Berührungen gleich gut, um einen Hund zu beruhigen. Michael Hennessy ist der Leiter einer Psychologengruppe der Wright State University und der Ohio State University. Sie untersuchten an Hunden aus dem Tierheim, wie sich Berührungen auswirken. Gestreichelte und getätschelte Hunde erwiesen sich als entspannter und produzierten bei Blutentnahmen weniger Stresshormone als nicht gestreichelte Hunde. Die wirksamste Form der Besänftigung bestand darin, den Hund zu konstantem Körperkontakt zu bewegen. Am besten funktioniert es, wenn sich der Hund an den Menschen anlehnt, sich setzt oder hinlegt. Dabei wird die Berührung mehr wie eine Massage als wie ein einfaches Tätscheln ausgeführt – Schulter, Rücken und Halsmuskeln des Hundes sind besonders empfänglich. Auch lange, feste Bewegungen mit der Hand erwiesen sich als wirkungsvoll, wenn sie vom Kopf zum Schwanz des Hundes gerichtet waren. Es geht darum, nicht nur die Haut, sondern auch die darunter liegenden Muskeln anzuregen. Verändern Sie den Druck von leicht bis fest und reden sie mit sanftem und beruhigendem Ton auf ihn ein.
Die bekannteste Vertreterin von sanften Hundemassagen dürfte Linda Tellington-Jones sein, die eine spezielle Technik entwickelt hat (Tellington Touch oder TTouch). Sie hatte diese Massage, die Spannungen abbaut und das Verhalten von Hunden verändert, zunächst für Pferde entwickelt, fand aber heraus, dass sie auch bei Hunden, Katzen und anderen Tieren funktioniert. Ihre Methode lehnt sich etwas an die Übungen an, die Moshe Feldenkrais für die menschliche Therapie entwickelt hat. Beim TTouch werden mit Hand und Fingern kreisförmige Bewegungen ausgeführt und Muskeln und Haut beruhigend stimuliert. Tellington-Jones geht vom Kopf aus und bewegt ihre Hand langsam nach hinten und unten.
Während die meisten Menschen Umarmungen mögen, lehnen Hunde sie ab. Sie erfahren eine Umarmung als Einschränkung ihrer Bewegungsfreiheit. Für Hunde bedeutet Bewegungsfreiheit die Fähigkeit zum Überleben – entweder, weil sie vor einer Bedro-

hung fliehen oder sich zum Kampf stellen müssen. Durch eine Umarmung fühlt sich ein Hund unbeweglich und seine Angst nimmt zu. Die meisten Hunde versuchen daher, sich freizustrampeln; einige sehen keine andere Möglichkeit als zuzubeißen.

Welpen, die in früher Jugend, noch bevor sie entwöhnt sind, regelmäßig berührt werden, entwickeln sich positiv: Sie sind gesünder, aktiver und haben eine höhere Widerstandsfähigkeit gegenüber Krankheiten. Sie sind außerdem selbstbewusster, sozial aktiver und zeigen weniger negative emotionale Reaktionen. Es gibt Hinweise darauf, dass Welpen, die intensiv mit Menschen umgehen und liebkost werden, später besser in der Lage sind, Probleme zu lösen und leichter lernen, was ihnen von Trainern beigebracht wird. Ich werde auf diesen Aspekt des frühen Körperkontakts in einem späteren Kapitel zurückkommen. Dann behandele ich, wie man einen Welpen in einen „perfekten Hund" verwandelt, indem man seine frühen Erfahrungen beeinflusst.

Offenbar ist der Tastsinn mehr als eine einfache Informationsquelle, um heiße oder kalte, scharfe oder stumpfe, freundliche oder schädliche Objekte zu identifizieren. Die Informationen, die der Tastsinn liefert, beeinflussen das Denken eines Hundes, sein augenblickliches und zukünftiges Verhalten.

Ein sechster Sinn?

Der Mann hieß William Becker und wollte mich nach einem Vortrag in Toronto sprechen. „Sie haben über die Fähigkeiten und Sinne von Hunden referiert“, sagte er, „aber Sie haben einen der wichtigsten Sinne vergessen.“ „Welcher soll das sein?“, fragte ich. „Ihre übersinnliche Wahrnehmung“, war seine Antwort.

Ich habe solche Bemerkungen schon vielfach zu hören bekommen. Angesehene Autoren von populärwissenschaftlichen Büchern behaupten häufig, dass Hunde Zugang zu Informationen haben, die nicht von den fünf Sinnen stammen. Viele Menschen, auch bekannte Hundetrainer, Tierärzte und Hundepsychologen haben Erfahrungen mit solchen Phänomenen gemacht.

Berichte über außersinnliche Wahrnehmung (ESP) rufen fast automatisch die Skepsis der meisten Wissenschaftler hervor. Auch ich habe ernste Bedenken, Hunden Vorahnungen, Hellsehen (eine psychische Fähigkeit, Dinge jenseits der Sinne wahrzunehmen, sie vorherzusagen oder zu wissen, dass sie in einer großen Entfernung gerade passieren) oder Telepathie (in den Gedanken anderer Menschen zu lesen) zuzugestehen.

Solange man jedoch unter außersinnlicher Wahrnehmung eine Fähigkeit versteht, Dinge anders als wir Menschen wahrzunehmen, in einer Weise, die wir weder verstehen noch mit unseren Sinnen nachvollziehen können, dann bin ich eher bereit zuzustimmen. Immerhin wurde erst in den späten 50er Jahren des 20. Jhs. in der Wissenschaft allgemein akzeptiert, dass Fledermäuse mit Hilfe eines Echosinnes Objekte orten und sich zurechtfinden können. Etwa zur gleichen Zeit wurde auch erkannt, dass manche Fische mit einem Elektrosinn elektrische Felder wahrnehmen können. Einige Fischarten können eigene elektrische Felder erzeugen und deren Veränderungen wahrnehmen, andere, wie Welse oder Aale,

erkennen die Veränderungen, die andere Fische in ihren Feldern hervorrufen. Ähnlich wie Fledermäuse den Ultraschall, benutzen sie elektrische Felder, um Beute aufzuspüren. Ehe die Wissenschaft diese Fähigkeiten enträtselte, hätte man wohl von „außersinnlichen" Wahrnehmungen gesprochen.
Die „Beweise" für die übersinnliche Wahrnehmung von Hunden werden gewöhnlich in Form von selbst erlebten Geschichten angeführt. So erzählte mir William Becker von einem Hund, der eine kommende Katastrophe vorausahnte und seinen Herrn davor zu warnen versuchte. Williams Geschichte handelte von seinem Vater Josef Becker, der in der deutschen Stadt Saarlouis lebte. Eines Tages ging er mit seinem Schäferhund Strulli spazieren, als er sich entschied, in einer Kneipe etwas zu trinken. Strulli war gewöhnlich ein ruhiger, gut erzogener Hund, doch diesmal versuchte er alles, um Josefs Aufmerksamkeit zu erregen. Er rannte zwischen Josefs Stuhl und der Kneipentür hin und her. Er umkreiste ihn, versuchte ihn an den Kleidern zu packen und ihn vom Stuhl zu ziehen. Als Josef ungerührt sitzen blieb, begann der Hund laut zu heulen. Um endlich sein Bier in Ruhe austrinken zu können, brachte Josef den Hund vor die Tür. Irgendwie fand Strulli jedoch einen anderen Eingang und das Zerren und Heulen begann aufs Neue. Der Mann akzeptierte, dass er den Zweikampf verlieren würde. Um die anderen nicht länger zu stören, trank er sein Bier aus. Er machte noch einen Scherz, dass seine Frau dem Hund offenbar gesagt habe, er solle seine Zeit nicht zu lange in der Kneipe verschwenden, und verließ die Kneipe zusammen mit dem Hund.
Josef und Strulli gingen über die Straße und kurz darauf hörten sie ein grollendes, krachendes Geräusch. Als sich Josef umdrehte, sah er, wie das Gebäude, in dem die Kneipe war, zusammenfiel und sich in einen Haufen Schutt verwandelte. Es dauerte kaum eine Minute, mehrere Menschen starben und viele wurden verletzt. Offenbar stürzte das Haus ein, weil man ganz in der Nähe eine Baugrube ausgehoben hatte. Dabei war das Fundament des alten Gebäudes beschädigt worden. Bis auf den Hund Strulli – so William – hatte niemand etwas bemerkt.

„Josef verdankt sein Leben einer Vorahnung", erzählte er mir und führte dies als Beweis für die außersinnlichen Fähigkeiten von Hunden an. In der Tat sind solche Vorgänge wissenschaftlich kaum nachvollziehbar. Die wissenschaftliche Methodik verlangt, dass eine Erklärung über nicht messbare Kräfte oder psychische Fähigkeiten erst dann akzeptiert werden kann, wenn alle übrigen, weniger unwahrscheinlichen aber plausiblen Deutungen ausgeschlossen wurden.

Die Zukunft erlauschen

Es ist bekannt, dass Hunde sehr gut hören können – eine mögliche Erklärung für offenbare Vorahnungen. Eine ähnliche, jüngst passierte Geschichte handelt von Valerie Smith aus Philadelphia und ihrem Collie Tommy. Valerie ist fast taub. Sie ging mit Tommy auf einem öffentlichen Weg spazieren. „Plötzlich blieb er stehen und starrte die Bäume an. Als ich weitergehen wollte, drehte er sich um und bellte mich an; das macht er sonst nie. Als ich weitergehen wollte, drehte er sich wieder um und fletschte die Zähne. Er blieb ruhig stehen, als wolle er mir sagen, ‚Bleib stehen'." Innerhalb von Sekunden stürzte ein großer Baum quer über den Weg, noch so nahe, dass er Valerie am Arm verletzte. „Ich war so geschockt, als ich den Baum sah. Er war bestimmt 5 m hoch und mit Efeu bedeckt. Jetzt konnte man sehen, dass er am Grund völlig verrottet war, aber Tommy wusste, dass er umfallen würde." Natürlich könnte man Tommys Verhalten mit Vorahnung erklären, aber vermutlich hatte der Hund einfache die knarrenden und knackenden Geräusche gehört, die der Baum kurz vor dem Umfallen machte.

Könnte diese Tatsache nicht auch Strullis Verhalten erklären? Wir wissen, dass Hunde sehr gut hören können, zumindest bestimmte Frequenzen. Diese Empfindlichkeit richtet sich maßgeblich nach der Größe des Hundes, insbesondere nach seiner Kopfgröße. Große Hunde mit großen Köpfen haben vergleichsweise große Ohren. Entsprechend größer ist auch ihr Gehörgang und jeder Teil des Innenohres. Kleine Ohren sind optimal an hohe, große Ohren an tiefe Töne angepasst – ähnlich wie eine schmale, kleine Orgelpfeife einen hohen und lange, dicke tiefe Töne erzeugt. Kleine Hunde hören demnach hohe Töne sehr gut und tiefe schlecht, während es bei großen Hunden umgekehrt ist. Einige Forscher vermuten sogar, dass Hunde mit großen, quadratischen Schädeln, wie Bernhardiner, Neufundländer oder Pyrenäenschäferhund, Infraschall wahrnehmen. Das sind Töne mit sehr niedriger Frequenz, die wir Menschen nicht mehr hören. Vielleicht liefert das eine Erklärung dafür, dass Bernhardiner die schwachen, sehr tiefen Töne hören, die von Lawinenopfern abgegeben werden – Hunde mit kleinen Köpfen nehmen hier nichts wahr. Bernhardiner finden verschüttete Menschen unter den Schneemassen also nicht mit Hilfe eines sechsten Sinnes, sondern weil Infraschall sich auch durch den Schnee ausbreitet.

Ein seismischer Sinn

Unter Wissenschaftlern gibt es eine hitzige Debatte darüber, ob der akustische Sinn der Hunde ihnen eine weitere Fähigkeit ermöglicht. Es scheint Hunde zu geben, die Erdbeben oder Lawinen vorhersagen können. Aus den Alpen sind Berichte überliefert, dass Bernhardiner Reisende oder die Mitglieder von Rettungsteams rechtzeitig vor einem Lawinenabgang gewarnt haben. Es ist inzwischen nachgewiesen, dass manche Hunde bereits Stunden (gelegentlich auch Tage) vor einem Erdbeben unruhig werden und sich ruhelos und nervös verhalten. Sie werden ängstlich und scheinen eine Katastrophe zu ahnen. Manchmal schienen sie ohne Anlass zu bellen oder verließen die Häuser.
Ich habe dieses Phänomen am 27. Februar 2001 selbst erlebt, obwohl ich damals die Zusammenhänge nicht verstanden habe. Barbara Baker, die Cheftrainerin des *Vancouver Dog Obedience Training Club* arbeitete mit einer Fortgeschrittenen-Klasse, die an diesem Abend nicht besonders gut gehorchte.

„Was ist heute bloß los?“, fragte sie schließlich entnervt. Sie konnte sich das Verhalten ihrer acht ansonsten gut ausgebildeten Hunde nicht erklären. Jeder dieser Hunde besaß mindestens eine Auszeichnung des *Canadian Kennel Club* und hatte bereits an Wettbewerben teilgenommen. Doch heute winselten sie, rannten herum oder durch den Raum, um nach ihren Besitzern zu suchen. Alle Hunde schienen ohne offensichtlichen Grund aufgeregt zu sein.

Barbaras Frage wurde 13 Stunden später beantwortet, als ein Erdbeben der Stärke 6,8 die nordwestlichen Pazifikstaaten erschütterte. Das Epizentrum lag bei Seattle, etwa 150 km südlich des Schulungsraumes, und das Beben war noch in den Bundesstaaten Washington und British Columbia zu spüren. Im Rückblick schien es so, als hätten die Hunde versucht, ihre menschlichen Gefährten vor dem Erdbeben zu warnen.

Die ersten Berichte, dass Hunde vor Erdbeben warnen, stammen aus dem Griechenland des Jahres 373 v. Chr. Angeblich hätten die Hunde gejault und viele Ratten, Wiesel, Schlangen und Hundertfüßer bereits mehrere Tage vor dem Ereignis Schutz gesucht. Der Geologe James Berkland, der im Santa Clara County (Kalifornien) arbeitet, hat die Kleinanzeigen alter Tageszeitungen durchsucht, um nach Hunden und Katzen zu forschen, die im Stadtgebiet von San Jose verschwunden waren. Seine Ermittlungen ergaben, dass immer dann eine höhere Zahl von Tieren entlaufen war, wenn einige Tage darauf ein Erdbeben von mindestens 3,5 auf der Richterskala in einem Radius von 115 km um das Zentrum von San Jose stattgefunden hatte. Nach seinen Recherchen lag die Erfolgsquote bei 80% über einen Zeitraum von mehr als 12 Jahren.

Dass Hunde (und einige andere Tiere) Erdbeben vorhersagen können, ist auch in China und Japan bekannt. Dort bilden sie neben wissenschaftlichen Hightech-Messgeräten einen Teil des nationalen Erdbebenvorwarnsystems. Wie gut sie wirklich sind, erwies sich erstmals 1975. In der chinesischen Stadt Haicheng wurden städtische Angestellte auf Hunde und andere Haustiere aufmerksam, die sich merkwürdig und ängstlich verhielten. Da man aus Erfahrung wusste, dass dieses Verhalten vor größeren Erdbeben zu beobachten war, veranlasste die Stadtverwaltung die Evakuierung; rund 90.000 Einwohner verließen die Stadt. Nur wenige Stunden später fand ein Erdbeben mit der Stärke 7,3 auf der Richterskala statt. Damit war es stärker als das Beben von 1989, das Teile der Bay Bridge in San Francisco einstürzen ließ, für 3 Milliarden Dollar Schäden anrichtete und Teile der Stadt für drei Tage verdunkelte. Nach dem Beben von Haicheng waren rund 90% der Gebäude zerstört. Ohne die Warnung der Hunde wären vermutlich Tausende von Menschen bei der Katastrophe umgekommen.

Solche Ereignisse ließen die Spekulationen ins Kraut schießen, ob Hunde über einen speziellen Sinn verfügten, mit dem sie Veränderungen der elektrischen Ladung in der Atmosphäre oder leiseste Vibrationen der Erde wahrnehmen. Vorsichtigere Vermutungen tippten auf die Wahrnehmung sehr tiefer Frequenzen, die entstehen, wenn sich Erdschollen gegeneinander bewegen.

Ich habe selbst nach dem Erdbeben von Vancouver einige Untersuchungen angestellt. Kurz nach dem Ereignis versandte ich per E-Mail einen Fragebogen an einige Hundebesitzer, Hundeschulen und Tierheime. Ich bat darum, mir das Verhalten der Hunde während der 24 Stunden vor dem Ereignis mitzuteilen und mir zu schreiben, ob es überhaupt eine Verhaltensänderung gegeben habe. Ich bekam innerhalb einer Woche Rückmeldungen über 193 Hunde. Etwa 41% – ein hoher Anteil – hatte sich etwa drei Stunden vor dem Erdbeben merkwürdig verhalten; manche schrieben auch, dass sich ihre Hunde bereits seit 24 Stunden vor dem Erdbeben ungewöhnlich aufgeführt hatten.

Wenn Hunde ein sich nahendes Erdbeben wirklich hören können, hätte sich das in der befragten Gruppe auswirken müssen: 17 dieser Hunde waren nämlich für ihre Schwerhörigkeit bekannt. Nur ein Hund aus dieser Gruppe hatte sich während der Zeit vor dem Beben ungewöhnlich verhalten, und der lebte mit einem anderen, normal hörenden Hund zusammen. Offenbar war er durch das Verhalten seines Mitbewohners alarmiert worden.

Wenn sich Erdbeben durch tiefe Frequenzen oder Infraschall verraten, hätte ein höherer Anteil der großen Hunde reagieren müssen. Daher teilte ich die Hunde in drei Gruppen ein: „große" Hunde mit

Schulterhöhe über 55 cm, „mittlere“ Hunde mit Schulterhöhe zwischen 35 und 55 cm und „kleine“ Hunde (unter 35 cm). Das Ergebnis konnte die Hypothese mit den tiefen Frequenzen nicht bestätigen, da nur 20% der großen, aber 51% der mittleren und 64% der kleinen Hunde reagiert hatten. Offenbar sind also vor allem hohe Töne beteiligt. Hunde hören hohe Töne sehr gut; das Gleiche gilt für andere Tiere, die Erdbeben vorahnen: kleine Nagetiere und Schlangen.
Vielleicht könnte man die These aufstellen, dass es vorwiegend die hohen Töne zerbrechender Holzfasern im Balkenwerk waren, die Strulli und Tommy ihre Besitzer warnen ließen.

Hunde warnen vor Katastrophen

Menschen, die an psychische Phänomene glauben, halten zwar die Hörfähigkeit von Hunden als Vorwarnsystem grundsätzlich für möglich, sind aber eher bereit, an höhere Wahrnehmungsformen wie Vorahnungen, Hellsehen oder Telepathie zu glauben. Besonders häufig sind die Erzählungen, in denen Hunde den Tod eines Hausgenossen vorgeahnt hatten. Fast immer, so berichten sie, hätte sich der Hund auffällig verhalten und klagend gejault. Da Haushunde nicht sehr oft jaulen, ist dieses Verhalten bemerkenswert.
Verna Simmons erzählte mir eine Geschichte über den Hund ihrer Großmutter, einen Labrador Retriever mit Namen Eddie. Verna war nach Kalifornien geflogen, um ihre Großmutter zu pflegen. Sie war krank geworden, wollte aber in ihrem Haus in einem Vorort von Los Angeles bleiben und nicht ins Krankenhaus gehen. Eddie lebte bei der alten Dame, seit ihr Mann gestorben war. Er hatte sie überall hin begleitet, und da er ruhig und wohl erzogen war, wurde er von Familie und Freunden akzeptiert. Vor ihrer Krankheit hatte Eddie zahllose Stunden zu ihren Füßen verbracht, während sie nähte, las oder fernsah. Außerdem redete die alte Dame regelmäßig mit ihrem Hund wie mit einem Menschen. Als Verna ankam, schien Eddie ängstlich und aufgeregt. Er strich um das Bett der Großmutter und musste verscheucht oder sogar nach draußen

gesperrt werden, damit er Verna und ihrer Tante nicht im Weg stand, die sich um die alte Dame kümmerten. Verna war bereits einige Tage im Haus, als die Ereignisse eintraten, die sie so beeindruckten.

„Großmutter hatte einen wirklich schlechten Tag gehabt und fühlte sich mies. Wir riefen eine Krankenschwester, die nach ihr sehen sollte. Sie gab ihr etwas Morphium und bat uns, gut auf sie aufzupassen. Die Schwester empfahl uns ein Atemgerät, damit wir Großmutter mit Sauerstoff versorgen konnten, falls ihre Atmung schwächer würde. Meine Tante Annie holte ein Sauerstoffgerät aus der Apotheke. Ich sperrte Eddie in den Hof und übernahm die Nachtwache. Connie wollte mich am Morgen ablösen. Ich muss eingedöst sein, doch gegen 2.00 Uhr wurde ich von dem kläglichsten Geheul geweckt, das ich jemals gehört hatte. Es war so laut, dass ich zunächst an einen Wolf oder Kojoten dachte, doch jedes Heulen begann mit einem tiefen Bellen. Es musste Eddie sein. Weder ich noch Connie hatten ihn zuvor jemals heulen gehört. Er klang trauriger als alles, was ich mir bei einem Hund vorstellen konnte. Ich wurde ängstlich und sprang auf, um zu sehen, ob er Großmutter geweckt hatte. Sie schien nicht mehr zu atmen, also rief ich nach Connie. Wir riefen den Notarzt, der Krankenwagen traf innerhalb weniger Minuten ein, doch sie war bereits tot. Eddie muss den Augenblick gespürt haben, an dem sie starb. Er war im Hinterhof und Großmutter lag in einem vorderen Zimmer, also konnte er nichts gehört haben, z.B. wie Großmutter schwer atmete oder etwas Ähnliches. Ich weiß nicht, woher er es wusste, kenne aber andere, ähnlich lautende Geschichten von Hunden. Ich verstand, dass er den Tod seiner besten Freundin und Seelenverwandten gespürt hatte und aus Trauer zu jaulen begann.“

Eddies Geschichte ist zwar sehr bewegend, aber man muss ihm keine hellseherischen Fähigkeiten zuschreiben: Hunde, die lange isoliert sind, z.B. wenn sie den ganzen Tag in einen Hof gesperrt werden und keinen Kontakt mehr zu ihren menschlichen oder anderen Gefährten haben, beginnen zu jaulen. Wenn das Jaulen jeweils mit einem Bellen einsetzt, übermitteln sie damit zwei Botschaften: Mit dem Bellen rufen sie nach ihren Rudelmitgliedern, weil sie ein Problem haben; das folgende Heulen zeigt, dass sie fürchten, keine Antwort zu bekommen. Zusammenfassend hat Eddie also gesagt: „Ich bin besorgt und allein. Warum kommt denn niemand und hilft mir?“

Da Eddie nach draußen musste und von seinem gewohnten menschlichen Umgang getrennt war, hat er vor Einsamkeit geklagt. Es ist durchaus üblich, dass man einen Hund aussperrt, wenn jemand sehr krank wird. Wir wissen, dass ernsthaft erkrankte Menschen sterben können und dass einsame, isolierte Hunde zum Heulen neigen – wenn wir diese Fakten verbinden, kennen wir den Grund, warum manche Hunde beim Tode ihres Herrn zu heulen beginnen. Verna hatte zwar bemerkt, dass der Hund niemals zuvor geheult hatte, aber er war auch niemals ausgesperrt und isoliert worden. Das ist der Nährboden, auf dem Legenden und Glauben an außersinnliche Fähigkeiten reifen.

Viele Geschichten erzählen davon, dass Hunde Ereignisse wahrnehmen, die sich in so großer Entfernung abspielen, dass eine körperliche Wahrnehmung unmöglich ist. Eine dieser Geschichten, die mir eine Bekannte erzählt hat, spielte zur Zeit des Koreakriegs.

„Meine Mutter rief mich an und erzählte mir, dass sie an jenem Tag schwer unter ihrer Arthritis litt. Sie bat mich, ihr einige Sachen vom Markt zu besorgen und sie auf dem Heimweg bei ihr vorbeizubringen. Ich wusste, dass sich meine Mutter um meinen Bruder sorgte, der an der Front in Korea kämpfte. Also versprach ich ihr, die Sachen zu bringen und ihr außerdem das Abendessen zu machen.“

„Als ich bei ihr ankam, erwartete ich, an der Tür von ihrem Boxer Max begrüßt zu werden. Meine Mutter erzählte mir, er sei schon den ganzen Tag bedrückt gewesen; wenn er sich am nächsten Tag immer noch so verhielte, würde sie mit ihm zum Tierarzt gehen. Mein Bruder hatte Max als Welpen bekommen. Die beiden waren unzertrennlich, solange er noch zu Hause wohnte. Ich machte uns das Abendessen und wir setzten uns vor den Fernseher. Meine Mutter sah gerne eine Show mit John Cameron Swayze, die um 19,30 Uhr begann. Genau zu dieser Zeit sprang Max auf und rannte wie wild umher, er winselte, zitterte und weinte. Er sah so verstört aus, dass ich auf eine Verletzung tippte. Ich versuchte ihn zu beruhigen, doch er rannte weg und versteckte sich unter dem Tisch. Für den stets ruhigen und unaufgeregten Max war das ein sehr merkwürdiges Verhalten. Am nächsten Tag rief ich meine Mutter an und erkundigte mich nach Max. Sie sagte, er hätte sich beruhigt, wäre aber immer noch bedrückt."

„Am nächsten Nachmittag erhielt meine Mutter die Nachricht, dass mein Bruder um 9.30 Uhr koreanischer Zeit bei einem Kampfeinsatz getötet worden war. Das war genau die Zeit der Fernsehsendung gewesen und der Augenblick, als das merkwürdige Verhalten von Max einsetzte – er musste gewusst haben, dass mein Bruder starb. Es gab einfach keine andere Erklärung."

Herrchens Ankunft vorhersagen

Die wahrscheinlich häufigste Form außersinnlicher Wahrnehmung bei Hunden ist ihre erstaunliche Fähigkeit, die Ankunft eines Familienmitglieds genau vorherzusagen. Ich habe bereits erwähnt, dass mein Hund Dancer meine Frau mit einem speziellen Bellen ankündigt. Er meldet sie bereits mehrere Minuten vor ihrem Eintreffen an; allerdings habe ich die Zeiten nie systematisch erfasst. Ich habe diese Fähigkeit stets seinem guten Gehör zugeschrieben: Er hört ihren lauten Wagen bereits dann, wenn er noch mehrere Seitenstraßen entfernt ist. Rupert Sheldrake, ein promovierter Biochemiker aus Cambridge, wäre vermutlich nicht einverstanden mit meiner Erklärung. Er hat viele Berichte von Menschen gesammelt, deren Hunde eine Ankunft auch dann ankündigen, wenn weder ein lautes Auto noch andere Geräusche sie verraten können. Außerdem will er ausschließen, dass sich Hunde nach ihrer inneren Uhr richten, denn sie reagieren auch dann, wenn ihre Besitzer zu unerwarteten Zeiten nach Hause kommen oder Busse, Züge oder ein Flugzeug benutzen.

Sheldrake beschreibt eine besonders auffällige Begebenheit im Zusammenhang mit Carole Bartlett aus Chiselhurst (Kent), die ihren Hund Sam, einen Mischling aus Labrador Retriever und

Greyhound, bei ihrem Mann zurücklässt, wenn sie ins Theater geht oder Freunde in London besucht. Ihre Heimfahrt mit dem Zug dauert 25 Minuten, dann muss sie noch 5 Minuten zu Fuß vom Bahnhof nach Hause gehen. Carols Mann weiß nie, welchen Zug sie benutzt, d.h. sie kann irgendwann zwischen 18.00 und 23.00 Uhr nach Hause kommen. Sheldrake lässt Carole zu Wort kommen: „Mein Mann erzählt, dass Sam regelmäßig *eine halbe Stunde* vor meinem Eintreffen nach unten kommt und an der Tür auf mich wartet.“ Diese Aussage ist insofern bemerkenswert, weil das genau die Zeit ist, wenn Carole ihren Zug in London besteigt – dann ist sie aber noch kilometerweit und 30 Minuten lang von zu Hause entfernt. Da der Zug nach Fahrplan fährt und dem Hund keine anderen Hinweise wie Geräusche oder Düfte zur Verfügung stehen, um den entsprechenden Zug zu erahnen, meint Sheldrake: „Der stärkste Beweis für Telepathie zwischen Menschen und Tieren basiert auf Hunden, die wissen, wann ihre Besitzer nach Hause kommen. Dieses vorweg ahnende Verhalten kommt häufig vor. Viele Hundebesitzer scheinen es als gegeben hinzunehmen.“ In seinem Buch *Dogs That Know When Their Owners Are Coming Home*, erwähnt Sheldrake über 500 gesicherte Fälle, bei denen Hunde vorweg auf die Ankunft ihrer Besitzer reagiert haben und ermuntert Hundebesitzer, selbst Tests durchzuführen, ob es eine telepathische Verbindung zwischen ihnen und ihren Hunden gibt. Besonders gründlich wurde der Fall einer außersinnlichen Wahrnehmung bei einem Terrier-Mischling mit Namen Jaytee untersucht. Er lebte zusammen mit seiner Besitzerin Pamela Smart in Ramsbottom (England). Jaytee rannte etwa zu der Zeit zum Fenster oder vor die Tür, wenn Pam nach Hause kam. Das tat er auch dann, wenn sich die übliche Ankunftszeit veränderte oder ihre Reisezeiten der Familie nicht bekannt waren. Um Jaytees Fähigkeiten genauer zu dokumentieren, schickte ein österreichischer Fernsehsender zwei Kamerateams. Eines begleitete Pamela, während sie in der Stadt unterwegs war, das andere blieb zu Haus und filmte Jaytee. Nach mehreren Stunden entschied sich Pamela, nach Hause zu gehen. Zur selben Zeit rannte Jaytee vor die Tür und wartete auf der Veranda, bis Pam eintraf. Dieses Experiment hat großes

Medieninteresse hervorgerufen; Fernsehkommentatoren bezeichneten den Hund als „außersinnlich“ und stets korrekt in seinen Vorhersagen.

Darauf lud Sheldrake eine Gruppe von Wissenschaftlern unter Leitung des Psychologen Richard Wiseman von der Universität Herfordshire ein, Jaytees telepathische Fähigkeiten zu untersuchen. Die Ergebnisse wurden im *British Journal of Psychology* veröffentlicht. Wisemann schloss als Erstes alle nicht-telepathischen Hinweise aus, die dem Hund hätten helfen können. Pamela durfte nicht mehr zu vorgegebenen Zeiten gehen oder kommen und kein Auto mit vertrautem Klang benutzen, das der Hund hätte hören können. Außerdem wurden alle Möglichkeiten ausgeschlossen, durch die der Hund von anderen Hausbewohnern hätte erfahren können, wann Pam nach Hause kam. Also entschieden sich die Wissenschaftler, dass nur Pam über die Zeitpunkte Bescheid wusste. Dazu fuhr sie an einen bestimmten Ort und wurde über den Zeitpunkt ihrer Rückkehr – bestimmt durch einen Zufallsgenerator – erst Sekunden vorher informiert. Ein anderes Team filmte kontinuierlich Jaytees Verhalten. Das Experiment wurde viermal wiederholt.

Schließlich bat Wiseman einen Unparteiischen, die Videobänder zu analysieren. Er wusste nicht, zu welcher Zeit Pamela aufbrach, sondern war nur angehalten, vom Verhalten des Hundes auf diesen Zeitpunkt zurückzuschließen. Die Wissenschaftler fanden heraus, dass Jaytee ein sehr lebhafter Hund war. Er sprang im Laufe des Tages über ein Dutzend Mal auf und rannte zur Tür oder zum Fenster, wenn Pam außer Haus war. Manchmal wurde sein Verhalten durch ein konkretes Ereignis, wie einen vorbeigehenden Passanten oder ein einbiegendes Auto veranlasst. Einige Male rannte er jedoch ohne äußeren Anlass zum Fenster. Leider stimmten die meisten dieser „unerklärlichen“ Sprünge zum Fenster nicht mit Pams Rückkehr überein. In einer Stellungnahme fasst Wiseman die Ergebnisse später zusammen: „Die Besitzerin kam zu zufällig gewählten Zeitpunkten nach Hause. Es ist korrekt, dass der Hund dann am Fenster stand. Doch als wir den Film zurückspulten und prüften, stellte sich heraus, dass der Hund ständig zum Fenster lief.

In der Tat hielt er sich so oft am Fenster auf, dass es uns eher überrascht hätte, wenn er nicht am Fenster gestanden hätte, als seine Besitzerin heimkam!“

Warum waren Pam und ihre Familie dennoch so sicher, dass Jaytee ihre Heimkehr vorhersehen konnte? Vermutlich beruht dies auf einer typisch menschlichen Erwartung, der Voreingenommenheit. Psychologen wissen, dass Menschen dazu neigen, Ereignisse sehr selektiv im Gedächtnis zu speichern: Wir suchen intuitiv nach Ereignissen, die unsere Erwartungen bestätigen und ignorieren oder unterschätzen jene, die dieser Erwartung nicht entsprechen. Das klassische Beispiel ist die Erwartung, dass in einer Vollmondnacht die Zahl der Verbrechen, Unfälle und Streitigkeiten zunimmt – während des Vollmondes achten wir bewusst auf solche Nachrichten. Dabei vergessen wir allzu leicht, wie hoch die Zahl entsprechender Ereignisse außerhalb der Vollmondnächte ist. Wenn man diese Beobachtungen über einen längeren Zeitraum macht, scheint schließlich der Zusammenhang zwischen Verbrechensrate, Unfällen und Streitigkeiten und dem Vollmond jenseits jeden Zweifels zu sein.

Dieses Phänomen dürfte auch im Fall Jaytee und seinen Vorhersagen greifen. Obwohl er sehr häufig am Fenster stand, erinnerte sich die Familie nur an den „richtigen“ Zeitpunkt, dann nämlich, wenn kurz darauf Pamela in der Tür stand. Alle übrigen Besuche Jaytees am Fenster wurden missachtet, vergessen oder durch andere Ereignisse vor dem Fenster erklärt, die seine Neugier hervorriefen – oder eben deshalb, weil keine Koinzidenz mit dem Erscheinen von Pam bestand.

Telepathische Verbindungen

Unsere Liebe zu Hunden hat dazu geführt, dass wir an spezielle Bande zwischen uns und ihnen glauben. Fast jeder Hundebesitzer kennt eine merkwürdige Geschichte über einen seiner Hunde und seine Vorahnungen. Dabei vergessen wir regelmäßig, dass unsere Hunde sich oft auch dann merkwürdig verhalten, wenn überhaupt nichts passiert, bzw. dass sie ihr Verhalten nicht ändern, obwohl Krisen oder Unfälle innerhalb der Familie eintreten.

Sicher verfügen Hunde über einige außerordentliche Fähigkeiten – einige habe ich bereits erwähnt, einige folgen weiter unten. Außerdem können sie unsere Stimmungen und Absichten fühlen. Es ist verlockend, solche Fähigkeiten als außersinnlich zu bezeichnen und an eine Art von Telepathie zu glauben, doch bislang hat keine wissenschaftliche Untersuchung diesen Zusammenhang nachweisen können.

Richard Wiseman (der Psychologe, der auch Jaytee getestet hat) hat beispielsweise versucht, telepathische Bindungen zwischen einem Hund und Laura, einem „Hunde-Kommunikator" nachzuweisen. Laura annonciert im Internet; sie bietet telefonische Hilfe an, wenn ein Haustier verloren gegangen ist. Sie verspricht, sich in den Geist des Hundes zu versetzen und durch seine Augen zu sehen – der Besitzer kann so den Aufenthaltsort des Tieres bestimmen und es abholen. In seinem ersten Test ließ Wiseman einen Hund an einer bestimmten Stelle in England frei. Dann musste Laura Kontakt mit dem Hund aufnehmen und erzählen, was sie durch seine Augen sah. Allerdings waren ihre Beschreibungen nicht besonders präzise. Wiseman gab aber nicht auf, sondern versuchte ihre außersinnlichen Fähigkeiten und die Telepathie mit einem Hund durch ein anderes, einfacheres Experiment zu beweisen. Er ließ den Hund frei und nahm die Umgebung mit einer Kamera auf. Diese Fotos legte er zusammen mit neun weiteren Laura vor. Sie sollte herausfinden, an welchem dieser Orte sich der Hund aufhielt. Bei zwei aufeinander folgenden Tests versagte sie.

Seine Untersuchungen haben Wiseman zu dem Schluss kommen lassen, dass Hunde vermutlich über keinerlei außersinnliche Fähigkeiten verfügen und es keine telepathischen Verbindungen zwischen Hunden und Menschen gibt. In einem Interview mit Ann Warburton über seine Arbeit mit Laura äußerte er seine Skepsis: „Die Website von Laura gehört zu meinen Lieblings-Links. Manchmal kann sie einen Fall nicht direkt lösen und gibt einen Rat, der allein auf gesundem Menschenverstand beruht: Mann soll in der Nachbarschaft suchen und den Namen des Hundes rufen. Ich frage mich immer wieder nach der Intelligenz von Menschen, die diese Webseite besuchen müssen, um auf solch eine nahe liegende Idee zu kommen. Zweitens handelt die gesamte Website von der intuitiven und mystischen Verbindung zwischen Mensch und Tier, doch wenn es hart auf hart geht, empfiehlt sie, nach dem Hund zu rufen!“

Das Erbgut gibt den Rahmen vor

Ich stehe in einem Raum mit zahlreichen Welpen im Alter zwischen drei und fünf Monaten und sehe, wie sich mehrere soziale Interaktionen entwickeln. Ein Welpe mit Namen Hugo, der vermutlich zu einem Deutschen Schäferhund heranwachsen wird, nähert sich dem gelben Cocker Spaniel Amber. Hugo geht steifbeinig, sein Kopf ist gesenkt, die Ohren stehen hoch und er starrt Amber direkt an. Der blonde Hund reagiert sofort: Er senkt seinen Körper und dreht sich auf den Rücken. Am anderen Ende des Raumes geht der Sibirian Husky Tiska auf den flauschigen Soft Coated Wheaten Terrier Ike zu. Tiska beugt plötzlich den Vorderkörper nach unten, bis ihre Vorderbeine flach auf dem Boden liegen, während Hinterteil und Schwanz hoch aufgerichtet bleiben. Ike nimmt für einen Augenblick dieselbe Position ein, dann beginnen die beiden fröhlich zu spielen.

Jeder, der sich mit Hunden auskennt, weiß, was diese beiden Szenen bedeuten. Hugo und Amber streiten um Dominanz und Unterwerfung; jeder stellt klar, welchen Status er für sich beansprucht. Tiska und Ike laden sich dagegen gegenseitig zum Spiel ein. Ob ein Hund in Nashville, Beirut, Rom, Moskau oder Johannesburg geboren wurde – diese Verhaltensweisen sind allen gleich. Sie gehören zum genetischen Programm jedes Hundes. Hunde müssen dieses Verhalten nicht erlernen, sondern zeigen es bei bestimmten Bedingungen oder Ereignissen in ihrem Leben.

Der Anteil der Instinkte

Hunde nehmen Informationen aus der Umwelt über ihre Sinnesorgane auf. Dennoch beginnt ein neugeborener Welpe nicht mit einem vollständig „leeren“ Kopf. Nicht jedes Verhalten ist das

Ergebnis von Umwelteinflüssen und Lernvorgängen. Der Geist junger Menschenkinder gleicht zu Beginn ihres Lebens eher einem leeren Buch; sie müssen erst lernen, wie sie auf die Welt reagieren und mit ihr kommunizieren. Das „Buch" eines Hundes enthält aber bereits von Geburt an eine Reihe von Kapiteln mit nützlichen Verhaltensweisen. In vielerlei Hinsicht verlassen wir uns auf diese genetischen Programme, wenn wir Hunde zu nützlichen Gefährten und Mitarbeitern erziehen. Wir erwarten, dass Hütehunde disponiert sind, andere Tiere zu hüten, dass Wachhunde beschützen können, Spürhunde eine Fährte verfolgen und Vorstehhunde ein Wild anzeigen usw. Natürlich werden Hunde nicht mit einem vollständig entwickelten Repertoire von Verhaltensweisen geboren, aber sie verfügen bereits über die Grundzüge ihres erwachsenen Verhaltens. So sind junge Hütehunde grundsätzlich in der Lage, Tiere zu bewachen und zu treiben; es kommt nur noch darauf an, diese Veranlagung unter menschliche Kontrolle zu bringen. Wachhunde müssen gelehrt werden, ihre aggressiven Tendenzen zu beherrschen.

Man nennt solche im Erbgut verankerten Verhaltensweisen gewöhnlich Instinkte. Es gehört zu den wichtigsten Streitfragen in der Verhaltensforschung, wie groß der Anteil der Instinkte an der Entwicklung des Individuums ist. Das Gegensatzpaar „angeboren oder erlernt" bezeichnet die Anteile des Erbgutes/Instinkts und jene des Lernens und der Erfahrung. Zoologen haben die Tendenz, einen großen Anteil des Verhaltens als gegeben vorauszusetzen, während die Verhaltensforscher und Psychologen der Flexibilität und persönlichen Erfahrung des Individuums und seiner Interaktionen mit der Umwelt einen höheren Stellenwert einräumen. In vielen Fällen wird es wohl auch weiter unmöglich sein, zu bestimmen, welchen genauen Anteil die Gene oder die individuelle Erfahrung für das Verhalten haben. Solche Versuche gleichen der Frage: „Ist es wichtiger, die Höhe oder die Breite eines Rechtecks zu kennen, um seine Fläche zu berechnen?" Diese Frage macht offenbar keinen Sinn, denn beide sind notwendig, damit ein Rechteck entsteht und beide braucht man für die Berechnung der Fläche.

Das Erbgut bestimmt sicherlich eine Gruppe von lebensnotwendigen Verhaltensweisen und Fähigkeiten sowie den Rahmen, was und wie viel ein Tier lernen kann. Aus der Erfahrung und dem Lernen stammen die spezifischen Fertigkeiten eines Individuums und sein endgültiges Verhalten. Nur dank der biologischen Vorprogrammierung fällt es uns so leicht, einen Hund für ganz besondere Aufgaben zu züchten und auszubilden – allerdings wird es damit auch schwieriger, unerwünschte Verhaltensweisen zu eliminieren. So wurden Terrier gezüchtet, um zu bellen. Sie mussten in Fuchs- oder Dachsbaue kriechen und das Tier herausscheuchen. Ein guter Terrier beginnt zu bellen, wenn er sich erregt oder gestört wird. Sein lautes Bellen leitet die Jäger zum Bau. Am Klang der Stimme unter der Erde hören sie, wo sie graben müssen, um Fuchs oder Dachs zu erwischen bzw. ihren eingeklemmten Hund wieder zu befreien. Gerade weil seine genetische Disposition so stark ist, kann es zum Problem werden, einem Terrier das Bellen abzugewöhnen. Einem Retriever kann man das Bellen viel leichter abgewöhnen, denn er wurde darauf gezüchtet, die Vögel nicht aufzuscheuchen, hinter denen der Jäger her ist.

Vom Jäger zum Hirtenhund

Einige der Verhaltensweisen, die Hunde zum Überleben brauchen, sind höchstwahrscheinlich genetisch bedingt: die Sorge um die Welpen, Paarungsverhalten, einige Jagdstrategien und bestimmte soziale Verhaltensweisen und Kommunikationssignale. Wenn sich Menschen einmischen, um das genetische Programm von Hunden durch Zucht zu verändern, werden üblicherweise bestimmte Anteile des vorhandenen Verhaltens verstärkt. Das bekannteste Beispiel ist die Zucht von Hütehunden. Ohne die Hilfe von Hütehunden wäre die menschliche Zivilisation langsamer vorangeschritten, denn es wäre nicht so rasch möglich gewesen, Tiere für Fleisch, Wolle, Leder und andere Produkte zu halten und zu nutzen. Ein Hirte mit einem einzigen Hund hält eine Schafherde besser zusammen als zehn Männer ohne Hund.

Die Fähigkeiten eines Hundes, Tiere zu hüten, geht auf dieselben Gene zurück, die bei Wölfen und anderen Rudeljägern das Jagdverhalten steuern. Große Tiere lassen sich nur dann erbeuten, wenn das Rudel zusammenarbeitet und schließlich ein einzelnes Tier von seiner Herde trennt und tötet. Das Jagdverhalten der Wölfe, das sich im Verhalten eines Hütehundes wiederfindet, ist genetisch vorprogrammiert. Da wäre zunächst die Position des Rudels relativ zu der Herde von Beutetieren. Jeder Wolf versucht, den gleichen Abstand von seinen Jagdpartnern rechts und links einzuhalten. Auf diese Weise formen die Wölfe einen eleganten, fast geschlossenen Kreis von Jägern, der die Herde umschließt.

Ein einzelner Schäferhund kann die Arbeit vieler Wölfe erledigen; er übernimmt scheinbar die Position jedes einzelnen Wolfes in einem Rudel. Zunächst bestimmt er den geeigneten Abstand zur Herde und beginnt, sie zu umkreisen. Dabei nimmt er nach und nach die Positionen ein, die in der Natur seine Rudelmitglieder besetzen würden. An jeder Position seines „Kreises“ hält der Hund kurz inne und treibt dabei die jeweils äußeren Schafe ins Innere der Herde zurück – die Schafherde bleibt geschlossen.

Eine weitere genetisch bedingte Verhaltensweise ist die Vorbereitung eines Hinterhaltes. Wenn Wölfe jagen, trennt sich oft ein Tier vom Rudel und versteckt sich; es legt sich hin und wartet. Das restliche Rudel versucht nun, die Herde in seine Richtung zu treiben. Aus diesem Grund legen sich Schäferhunde kurz hin und starren die Schafherde an. Dabei „spielen“ sie die „Rolle“ des lauernden Wolfes: Die Schafe wissen sehr wohl, dass dort ein Hund wartet und sie anstarrt; offenbar empfinden sie diese Bedrohung so intensiv, dass sie jeglichen Fluchtversuch einstellen. Der Hund bleibt solange liegen, wie die Herde ruhig bleibt, doch sobald sich die Schafe als Herde wieder in Bewegung setzen, beginnt der Schäferhund erneut, sie zu umkreisen.

Selbst eine Herde in eine bestimmte Richtung zu treiben, beruht auf genetischer Disposition. Wölfe sind dafür bekannt, eine Tierherde in Regionen zu treiben, wo ihre Bewegungsfähigkeit eingeschränkt ist. Dort ist es leichter für sie, ein einzelnes Tier zu isolieren und zu töten. Zu diesem Zweck machen einzelne Wölfe kurze,

schnelle Vorstöße auf die Herde zu. Die direkt betroffenen Tiere versuchen durch eine Richtungsänderung dem Wolf zu entkommen. Manchmal beißen Wölfe ihre Beutetiere sogar in die Fesseln oder Flanken oder stoßen sie mit der Schulter an. Als Ronald Reagan noch Präsident der Vereinigten Staaten war, besaß er einen großen Bouvier des Flandres, einen großen, belgischen Hütehund mit Namen Lucky. Lucky versuchte ständig, den Präsidenten und seine Gäste zu einer Herde zusammenzutreiben, indem er in ihre Fersen und Hinterläufe zwickte. Einmal biss sie sogar durch die Hosen des Präsidenten und er begann zu bluten. Unglücklicherweise waren Fotografen zugegen und die Szene wurde fotografiert. Nach einigen weiteren Vorfällen schickte man Lucky nach Santa Barbara (Kalifornien) auf die Ranch des Präsidenten. Sie wurde durch den Cavalier King Charles Spaniel Rex ersetzt, der keinerlei Ambitionen verspürte, Menschen zusammenzutreiben und der dank seiner geringen Größe auch nicht das Hinterteil des Präsidenten erreicht hätte.
Wolfsrudel unterliegen einer strengen Hierarchie. Verhaltensforscher bezeichnen den Wolf mit dem höchsten Rang gewöhnlich als „Alpha-Wolf“. Er kontrolliert und koordiniert die Bewegungen des Rudels; die anderen Wölfe sind darauf programmiert, ihm zu folgen – nur so wird das Rudel zu einer wirkungsvollen Jagdgesellschaft. Auch ein Schäferhund ist bereit, den Schäfer als „Alpha-Wolf“ zu akzeptieren. Er schaut sich regelmäßig nach dem Schäfer um und reagiert auf dessen Signale.

Wo kann die Zucht Einfluss nehmen?

Obwohl es widersprüchlich klingt, lassen sich komplexe und vielschichtige Verhaltensweisen relativ leicht durch gezielte Zucht manipulieren, während große Teile der grundlegenden Bewegungsweisen und Reflexe fixiert sind und unveränderlich bleiben. Die komplexe Aggression wurde beispielsweise in vielen Rassen durch Zucht vermindert. Es war zwar grundsätzlich möglich, aggressive Tendenzen durch gezielte Zucht zu fördern oder zu dämpfen, aber es war nicht möglich, den Kampfstil eines Hundes zu verändern. Das Muster ihrer Angriffe, Bisse und die Abwehr scheinen tief und unveränderlich im Erbgut der Hunde verankert zu sein. Solche regelhaften und vorhersagbaren Verhaltensweisen hängen weder vom Lernen noch von der Erfahrung ab; sie werden Instinkthandlungen genannt. Durch gezielte Zucht werden solche Verhaltensweisen nur quantitativ, nicht qualitativ verändert. Also wird nicht das grundlegende Verhalten manipuliert, sondern nur die Art und Weise, wie und wie intensiv es ausgelöst wird.

Denken Sie an die Fürsorge einer Hundemutter. Deren komplexe Handlungsweise ist zwar keine Instinkthandlung, setzt sich aber aus solchen zusammen. Schon bei ihrem ersten Wurf weiß eine Hundemutter, wie sie die Kleinen säugen muss. Etwa 24–48 Stunden vor der Geburt setzt ihr mütterliches Verhalten ein: Sie baut ein „Nest", um darin ihre Jungen zur Welt zu bringen. Sofort nach der Geburt entfernt sie die Nachgeburt und beißt die Nabelschnur durch. Dieses Verhalten ist so stark im Erbgut verankert, dass wir vorhersagen können, wie sie mit Hilfe der Vorbackenzähne die Nabelschnur durchtrennt. Dann leckt sie die Welpen trocken und kürzt die Nabelschnur, falls dies erforderlich sein sollte. Das Lecken ist eine wichtige Instinkthandlung, denn es regt verschiedene Muskelreflexe an, u.a. beginnen die Welpen zu atmen. In den ersten beiden Lebenswochen können sich Welpen nicht eigenständig erleichtern, daher werden sie regelmäßig von der Mutter geleckt und in der Anal- und Genitalregion stimuliert, bis sie Urin und Kot abgeben. Um das Nest sauber zu halten, frisst sie den Kot auf. Wenn wir jeder Hündin diese Dinge erst beibringen müssten, wäre die Art wohl in der Gefahr auszusterben.

Es ist ein bemerkenswertes Zeugnis für die Stabilität der Instinkthandlungen, dass sie sich selbst nach über 14.000 Jahren andauernder Domestikation und trotz ständiger Versuche, das Verhalten von Hunden züchterisch zu verändern, immer noch in derart ursprünglicher Form erhalten haben. Die von uns durchgeführten genetischen Veränderungen hatten kaum Auswirkungen darauf, *welches* spezielle Verhalten ein Hund nutzt, vielmehr beeinflussen wir stark, *wie häufig* dieses Verhalten gezeigt wird. Es ist uns zwar nicht möglich, Hunde mit menschlicher Sprachfähigkeit zu züchten, aber wir können, wie das Beispiel der Terrier zeigt, Hunde züchten, die besonders häufig bellen. Eigentlich beeinflussen wir nur die Bereitschaft, bestimmte Dinge zu tun. Wenn wir diese Bereitschaft durch die Zucht bis zu einem gewissen Grad steigern, lösen schließlich andere Reize das entsprechende Verhalten aus als im Erbgut vorgesehen: Terrier beginnen sofort zu bellen, wenn sie sich erregen.

Der automatische Charakter dieser „vorgefertigten" Verhaltensweisen ist bemerkenswert – es läuft ab, sobald der geeignete Reiz vorhanden ist. Beispielsweise beginnen Rüden sofort zu urinieren, wenn sie die passende Reizkombination finden. Meist reicht bereits eine senkrechte Oberfläche mit dem Duft einer anderen Markierung aus, um sie das Bein heben zu lassen. Gelegentlich hat es den Eindruck, Hunde seien die Sklaven ihrer Triebe. Als mein Beagle Darby noch klein war und erst damit begann, mit Urin zu markieren, schien er oft von seiner eigenen Aktion überrascht zu sein. Als ich zum ersten Mal sah, wie er das Bein hob, drehte er den Kopf, um diese merkwürdige Drehung seines Körpers zu betrachten, während er auf drei Beinen stand und der Urin floss. Offenbar war er neugierig, vielleicht auch verwirrt, „was mit ihm geschah", statt zu begreifen, warum er sein Bein hob. Hunde scheinen ihr Bein nicht bewusst und freiwillig zu heben, sondern es überkommt sie, wann immer die auslösende Reizkombination stimmt. „Bein heben" ist ein gutes Beispiel dafür, wie starr eine bestimmte Instinkthandlung abläuft und wie wenig Einfluss ein Hund darauf hat, sie unter bewusste Kontrolle zu bringen. Obwohl ein Rüde sein Bein mehrmals am Tag hebt und wir damit auch Gelegenheit hätten, bestimmte Situationen auszuwählen und sie durch Belohnungen zu verstärken, ist es äußerst schwierig, ihn durch Training dazu zu bringen – Hundetrainer, die für Film und Fernsehen arbeiten, können ein Lied davon singen. Manche Verhaltensmuster werden von sehr ursprünglichen Gehirnregionen kontrolliert; man kann sie nicht durch Lernen verändern.

Rassespezifische Unterschiede im Verhalten

Die Unterschiede im Verhalten, die verschiedene Rassen kennzeichnen, sind ein Ausdruck von genetischen Manipulationen. Bei Jagdhunden gibt es das klassische Verhalten des Vorstehens bei Pointern und Settern und die kaum zu bremsende Lust des Apportierens bei vielen Retrievern. In einem Interview in der Johnny Carson Show erzählte Truman Capote, der Autor von *Kaltblütig* und *Frühstück bei Tiffany*, die Geschichte eines Blind Dates. Als sein Freund die Dame in ihrer Wohnung abholen wollte, war sie noch nicht ganz fertig und bat ihn, im Wohnzimmer zu warten. Als er sich hinsetzte, kam ihr freundlicher Labrador auf ihn zu und legte einen Ball in seinen Schoß. Capotes Freund nahm den Ball und warf ihn dem Hund zu – er apportierte. Der Hund freute sich so sehr, dass der Freund etwas kräftiger warf. Schließlich flog der Ball aus Versehen durch ein offenes Fenster. Der Hund war so auf den Ball fixiert, dass er hinterhersprang – aus einem Fenster im 18. Stockwerk. Als die Dame ins Wohnzimmer kam, sagte Capotes Freund kein Wort. Später erzählte er Capote, er habe gehofft, die Frau nie wieder zu sehen, um ihr den Vorfall nicht erklären zu müssen. Nachdem Capote seine Geschichte beendet hatte, meinte die Komikerin Elaine May: „Ihr Freund hätte sagen sollen, ‚Ihr Hund sah aber ziemlich depressiv aus‘ …“.
Ich habe diese Geschichte nie wirklich geglaubt, aber es gibt eine Begebenheit, die mich an meiner Skepsis zweifeln lässt. Ich ging bei Hochwasser mit meinem Flat Coated Retriever Odin am Ufer des Vedder-Kanals spazieren, der nicht weit von meiner Farm in British Columbia verläuft. Plötzlich sah Odin einen großen Stock im Wasser treiben und da ich ihm häufig Gegenstände ins Wasser werfe, übermannten ihn seine Instinkte und er wollte den schwimmenden Stock apportieren. Zu meinem Entsetzen sprang er von der 12 m hohen Uferböschung ins Wasser. Die starke Strömung trieb ihn fast einen halben Kilometer ab, bis er wieder ans Ufer kam und ich den völlig erschöpften Hund bergen konnte. Als ich dort saß – mein Herz jagte noch aus Angst um ihn –, blickte er traurig dem Stock nach, der gerade um eine Biegung verschwand, und bellte frustriert.

Da rassespezifische Eigenschaften meist sehr charakteristisch und auffällig sind, lässt sich an reinrassigen Hunden der genetische Hintergrund eines Verhaltens untersuchen. Jasper Rine vom Institut für Molekular- und Zellbiologie der Universität von Kalifornien in Berkeley hat einige widersprüchliche Verhaltensweisen bei Border Collies und Neufundländern untersucht. Neufundländer lieben das Wasser, sie suchen geradezu danach, während sich die Border Collies indifferent verhalten. Neufundländer bellen häufig und tragen den Schwanz hoch, während Border Collies relativ ruhig bleiben und ihren Schwanz gesenkt halten. Schließlich zeigen Border Collies alle Anzeichen eines Hütehundes (sie ducken sich, starren, halten starr den Augenkontakt), die beim Neufundländer fehlen.
Um die rassespezifischen genetischen Unterschiede des Verhaltens zu untersuchen, kreuzte Rine einen Border Collie mit einem Neufundländer. Die Welpen der ersten Generation zeigten sowohl das Hüteverhalten des Collies wie die Wasserliebe des Neufundländers. Ihre Lust zum Bellen hielt sich etwa in der Mitte: Sie waren lauter als Collies, aber ruhiger als reinrassige Neufundländer. In der zweiten Generation, nach der Kreuzung der Bastarde untereinander, entstanden merkwürdige Kombinationen. So gab es Hunde, die sich duckten und ihren Schwanz gesenkt hielten (Collie-Erbe) dazu aber das Wasser liebten (Neufundländer-Erbe). Andere Welpen verhielten sich genau umgekehrt: Sie duckten sich nie, hielten den Schwanz hoch, hassten das Wasser und bellten nur selten. Offenbar prägten sich die einzelnen Komponenten des rassetypischen Verhaltens in freier Kombination aus. Jeder Züchter, der bestimmte nützliche Eigenschaften mehrerer Rassen bewahren möchte, schafft eine neue Rasse, die dann ihre Eigenschaften an die Nachkommen weitergibt.

Körpersprache wird vererbt

Die Hundesprache weist einige besonders interessante und genetisch determinierte Verhaltenskomponenten auf. Wie andere komplexe Verhaltensweisen auch, besteht die Sprache aus verschiedenen Instinkthandlungen. So müssen kleine Welpen beispielsweise nicht erst lernen, wie sie ihre Mutter rufen – sie winseln um Aufmerksamkeit, wedeln mit gesenktem Kopf mit dem Schwanz, lecken Gesicht, Nase und Lippen der Mutter (oder eines anderen Erwachsenen), springen hoch, um Gesichtskontakt zu bekommen, berühren sie mit der Pfote und folgen Erwachsenen.

Später erscheinen spontan weitere Signale, ohne dass die Welpen sie erwachsenen Hunden abgeschaut hätten. Dazu gehören z.B. Signale der Dominanz: Die Welpen stehen mit erhobenem Kopf und Schwanz und gebogenem Hals über einem Geschwister, legen ihren Kopf auf den Hals oder Vorderrücken eines Rivalen, sodass die beiden ein T bilden, legen die Vorderpfoten auf den Rücken des anderen, starren mit aufgerissenen Augen, stoßen mit Schulter und Hüften oder reiten auf, ohne dass es zu sexuellen Handlungen kommt.

Der Übergang von Dominanz zur Drohung beinhaltet das vorprogrammierte „Zeigen der Waffen“, sie knurren und fletschen dabei die Zähne. Für eine subtile Drohung bewegen sie nur die Spitze des aufrechten Schwanzes und verstärken die Bedrohung, wenn sie Nackenhaare und die Haare des Schwanzes sträuben. Eine Drohung bedeutet es auch, wenn sie ein Geschwister mit hoch steif erhobenem Schwanz und steifbeinig umkreisen.

Auch die Unterwerfungsgesten sind instinktiv, etwa wenn sie den Schwanz zwischen die Beine klemmen, die Ohren flach anlegen, den Kopf tief halten und die Augen abwenden, um Augenkontakt mit einem dominanten Hund zu vermeiden. Wenn sie ihre Lippen lecken und ein Unterwerfungs-„Grinsen“ aufsetzen (die Mundwinkel werden zurückgezogen), zeigen sie weitere Teile ihres genetisch determinierten Unterwerfungsprogramms. Ein rangniederer Hund wird auch automatisch erstarren und ruhig bleiben, wenn er von einem dominanten Hund umkreist wird. Als äußerste Geste der Unterwerfung rollt er sich auf den Rücken und präsentiert seine ungeschützten Genitalien; manchmal gibt er instinktiv einige Tröpfchen Urin ab.

Instinktive Aufforderung zum Spiel – mit hohem Hinterteil und den Ellbogen am Boden, Scheinjagden wie z.B. Anschleichen mit gespitzten Ohren und erhobenem Hinterteil – lösen bei den Geschwistern die Bereitschaft zum Spiel aus. Wird das Spiel zu rau, nehmen die aggressiveren Tiere sofort wieder die typische Spielhaltung ein, als wollten sie sagen: „Tut mir leid! Es war nur Spiel!" Solche Körpersignale müssen nicht erst gelernt werden, sie werden völlig ohne eigene Erfahrungen ausgeführt und verstanden. Allerdings lernen Hunde, diese Signale zu verfeinern; sie passen sie an bestimmte Situationen an und gestalten die Antworten etwas differenzierter, sodass schließlich regelrechte „Unterhaltungen" möglich werden. Die Basis der Hundesprache ist instinktiv und wird von Hunden auf aller Welt verstanden, unabhängig davon, ob die Rasse in Nordamerika, China oder Frankreich gezüchtet wurde.

Lautäußerungen

Auch die Reaktion der Hunde auf bestimmte Lautäußerungen ist vorprogrammiert. In der Menschensprache wurden die einzelnen Laute scheinbar willkürlich aneinander gereiht und haben in jeder Sprache der Welt einen anderen Klang: „Horse", „cheval", „caballo" und „Pferd" haben dieselbe Bedeutung, obwohl sie völlig unterschiedlich klingen. Es gibt zwar Versuche, eine universelle Weltsprache zu schaffen – Esperanto ist das bekannteste Beispiel –, aber sie wurden niemals allgemein akzeptiert. Die Laute, mit denen Hunde untereinander kommunizieren, sind dagegen weitgehend vorprogrammiert und gleichen sich selbst über die Rassegrenzen hinweg. Hunde können sie wie die Körpersprache unmittelbar verstehen. Der universelle Sprachcode von Tieren, ein „tierisches Esperanto", wird aber nicht nur von den Artgenossen, sondern auch von vielen anderen Tieren verstanden (auch von uns). So zeigen tiefe Töne (etwa das Knurren eines Hundes) Drohung, Zorn und mögliche Aggression an. Sie bedeuten meist, „bleib mir vom Hals". Hohe Töne bedeuten fast immer das Gegenteil. Sie sagen, „ich bin keine Bedrohung", „du kannst ruhig näher kommen" oder „darf ich näher kommen?".

Hunde verändern diese universelle Sprache in dreierlei Hinsicht: sie variieren Tonhöhe, Dauer und die Frequenz bzw. Wiederholungsrate. Der Naturforscher Eugene Morton, der im *National Zoological Park* arbeitet, hat die Lautäußerungen von 65 Vogel- und Säugetierarten untersucht und fand heraus, dass alle Tiere dieselben Tonhöhen-Modulationen verwenden. Elefanten, Ratten, Opossums, Pelikane, selbst Meisen setzen tiefe Töne ein. Mit ihrem „Grollen" sagen sie, „bleib weg", „du bedrängst mich", oder „hör auf damit". Ähnliches Weinen und Winseln wie bei den Hunden hört man auch bei Nashörnern, Meerschweinchen, Stockenten und sogar Wombats. Mit hohen Tönen drücken Tiere aus, „ich bin keine Gefahr", „ich bin verletzt", „ich möchte". Psychologen haben nachgewiesen, dass auch Menschen ihre Sprache ähnlich modulieren. Wütende oder drohende Menschen senken die Tonhöhe etwas ab, während freundliche Menschen ihre Stimmlage etwas erhöhen, wenn sie jemanden einladen, näher zu kommen.

Hinter dieser Tonhöhen-Regel steckt ein physikalisches Prinzip, denn große Objekte erzeugen tiefere Töne. Klopfen Sie mit einem Löffel gegen ein leeres großes und ein leeres kleines Glas – das größere macht den tieferen Ton. Auch längere Saiten, größere Orgelpfeifen und größere Tiere (mit längerem Rachen und größerem Maul) erzeugen tiefere Töne. Im Zuge der Evolution haben die Tiere gelernt, andere Tiere mit tiefen Stimmen besser zu meiden (sie waren groß und möglicherweise gefährlich). Die Überlebenden gaben ihre Gene an die Nachkommen weiter, und die wieder an ihre Kinder. Andererseits entwickelte sich die Tendenz, positiv auf hohe Töne wie Weinen, Winseln oder Piepser zu reagieren, denn das waren die Laute, die kleine, nicht bedrohliche Tiere machten – darunter auch die Jungen der jeweiligen Art, die sich Schutz suchend an ihre Eltern wandten.

Das Wunder der Evolution besteht darin, dass die Bedeutung dieses physikalischen Prinzips im Laufe der Zeit genetisch verankert wurde und heute die Grundlage der Hundesprache bildet. Hunde, die andere Tiere vertreiben wollen, setzen automatisch tiefe Töne ein, wie das Knurren, und demonstrieren auf diese Weise, wie groß und gefährlich sie sind. Mit einem Winseln zeigen sie dagegen an, dass sie vollständig ungefährlich sind. Selbst große Rassen winseln, wenn sie nicht aggressiv sein wollen. Natürlich verändert sich mit der Tonlage nicht die wahre Größe eines Tieres, aber die Evolution hat dafür gesorgt, dass Tiere folgerichtig auf die Tonlage reagieren. Tieren, die in tiefer Tonlage knurren, geht man besser aus dem Weg – ganz gleich, wie groß sie tatsächlich sind. Auch kleine Zähne in einem wütenden Maul können verletzen und gefährliche Wunden reißen. Indem die Hunde auf die Tonhöhe reagieren, vermeiden sie Konfrontationen und sorgen für die soziale Stabilität des Rudels.

Der zweite Faktor der universellen Sprache der Evolution ist die Dauer eines Tons. Durch Veränderung von Tonhöhe und -dauer kann die Bedeutung eines Lautes verändert werden. Im Allgemeinen bedeuten kurze, hohe Töne Furcht, Schmerz oder Hilferufe. Wird das hohe, weinerliche Jaulen eines Hundes verkürzt, verwandelt es sich in Kläffen, d.h. der Hund ist verletzt oder ängstlich. Verlängert ein Hund den weinerlichen Ton zu einem Winseln, zeigt er damit Vergnügen, Verspieltheit oder Einladung an. Offenbar verlängern Tiere einen Ton immer dann, wenn sie sich über ihre Absichten und das nachfolgende Verhalten klar werden. Dominante Hunde zeigen mit andauerndem, tiefen Knurren, dass sie nicht bereit sind nachzugeben. Kürzere, aufeinander folgende Knurrlaute deuten darauf hin, dass sich der Hund etwas unsicher fühlt und noch abschätzt, ob er einen echten Angriff ohne Verletzungen übersteht.

Der dritte Faktor betrifft die Wiederholung einzelner Lautäußerungen. Eine Regel besagt, dass regelmäßig und schnell wiederholte Lautäußerungen Erregung und Dringlichkeit signalisieren. Laute, die in langem zeitlichen Abstand oder gar nicht wiederholt werden, bedeuten gewöhnlich, dass der „Sprecher“ entweder nicht wirklich aufgeregt oder sich noch nicht ganz sicher ist. Neugierige Welpen, die ein- oder zweimal kurz bellen, sind nicht ernsthaft interessiert. Wenn sie jedoch dazu übergehen, ständig und mehrmals pro Minute zu bellen, dann sind sie sehr erregt und halten die Situation für wichtig, vielleicht befürchten sie sogar Gefahr für sich und das Rudel.

Sophia Yin von der Universität von Kalifornien hat das Bellen von Hunden aufgenommen und analysiert. Sie fand heraus, dass Hunde ihr Bellen gezielt und situationsgerecht einsetzen. Gestörte oder bedrohte Hunde bellten tiefer und rauer und fuhren länger damit fort. Kurzes, hohes Bellen bedeutete Einladung zum Spiel. Außerdem fand sie heraus, dass sehr erregte Hunde manchmal die Wiederholungsrate so stark steigerten, dass sich drei oder vier Belltöne zu einem „Superbellen“ vereinigten.

Die menschliche Stimme einsetzen

Da Hunde mit einer Disposition geboren werden, bestimmte Töne zu erzeugen bzw. auf sie zu reagieren, erscheint es durchaus sinnvoll, wenn Menschen bestimmte Töne benutzen, um mit ihren Hunden zu kommunizieren und deren Verhalten zu beeinflussen. Dabei geht es nicht um gelernte Kommandos wie „Sitz“ oder „Platz“, sondern um die Interpretation von Lauten durch den Hund. Viele Hundetrainer betonen immer wieder, dass es weniger darauf ankommt, *was* man einem Hund sagt, sondern *wie* man es sagt. In Lehrbüchern zur Hundeerziehung heißt es daher z.B., dass ein bestimmtes Kommando „mit fester, aber nicht drohender Stimme“ gegeben werden muss, oder „aufregend und einladend“. Ich habe um 1970 einige Stunden bei der bekannten Hundetrainerin und Autorin Barbara Woodhouse genommen. Damals war sie in ihren 60ern und auf dem Höhepunkt ihrer Karriere. Während einer Stunde nahm sie mich beiseite und meinte, ich solle meine Stimme verändern, vor allem bei dem Kommando „Komm her!“. Sie meinte, dass jegliches Anzeichen von Forderung einen Hund abschrecken würde zu kommen. Sie sagte zu mir: „Wissen Sie, manchmal kommen Leute mit ihren Hunden zu mir, die ein Problem damit haben, wie sie mit ihrem Hund reden sollen. Solchen Menschen gebe ich eine erste Stunde, damit sie lernen, ihre Stimme zu kontrollieren; erst dann kommen die Hunde dazu.“

Patricia McConnell vom Zoologischen Institut der Universität von Wisconsin in Madison hat die Wirkung der menschlichen Sprache auf Hunde untersucht. Sie fand heraus, dass Hundetrainer ihre Stimmlage darauf abgestimmt hatten, was erfahrungsgemäß erfolgreich war und was nicht. Offenbar waren sie damit unbewusst in den Kern der Hundesprache vorgedrungen. Wenn man die erfolgreichen Lautäußerungen der Trainer genau bestimmte, hätte man möglicherweise einen Weg gefunden, optimal mit Hunden zu kommunizieren. Um den Fehler zu eliminieren, nur eine bestimmte Sprache zu untersuchen, setzte sich Dr. McConnell mit zahlreichen Tierhaltern (104 insgesamt) in Verbindung, die unterschiedlichste Sprachen benutzten – Englisch, Spanisch, Schwedisch, Deutsch, Polnisch, Baskisch, peruanisches Quechua, Finnisch, Chinesisch, Koreanisch, Arabisch, Farsi, Pakistanisch und die nordamerikanischen Indianersprachen Navajo, Schoschone und Arapaho.

McConnell war vor allem an Kommandos interessiert, die den Hund dazu brachten, seine Aktivität zu verändern – sie wollte wissen, wann ein Hund aktiver bzw. ruhiger wird. Sie fand heraus, dass die Trainer ganz unabhängig von ihrer Muttersprache und Kultur Signale benutzen, die sich auf die genetisch fixierten Faktoren der Lautveränderung bezogen: Kurze, mehrmals wiederholte Kommandos steigerten die Aktivitätsrate der Hunde, während lange, gedehnte Einzellaute die Hunde ruhiger oder sogar still werden ließen. Zu den nonverbalen Mitteln, um einen Hund in Bewegung zu setzen, gehörten mehrfaches Händeklatschen, Klatschen gegen die Oberschenkel, Fingerschnipsen, Zungenschnalzen oder küssende Geräusche. Auch gesprochene Kommandos, wie „Komm her“, „Hol den Ball“, bestanden aus mehreren kurzen Worten. Unter den 2100 Befehlen, die McConnell untersuchte, wurde kein einziges kurzes Kommando eingesetzt, um den Hund zu beruhigen oder ihn an Ort und Stelle zu halten. Dafür benutzten die Hundetrainer häufig lang gezogene Worte und versuchten, die Vokale länger zu dehnen als im üblichen Sprachgebrauch.

Schäfer, die sich über Pfiffe mit ihren Hunde verständigen, benutzen zwei kurze, scharfe Pfiffe, wenn der Hund die Herde umkreisen und einen langen, wenn er anhalten oder sich hinlegen soll. Bewegt er sich auf die Herde zu, läuft er nach einem kurzen, scharfen Pfiff schneller.

Und was ist mit der Höhenmodulation? Wird sie von den Hundetrainern nicht benutzt? McConnell fand heraus, dass Hundetrainer auch diese Möglichkeit benutzen, um mit den Hunden zu kommunizieren, wenn auch etwas indirekter. Nach ihren Forschungen verändern Menschen die Bandbreite der Tonhöhen innerhalb eines einzelnen Signals. Klatschen, Zungenschnalzen und küssende Geräusche enthalten sowohl hohe wie tiefe Töne (große Bandbreite). Scharfe Laute wie „k" oder „t" oder Zischlaute, wie „ts" oder „sch" am Ende eines Wortes sorgen für hohe Frequenzen. Andererseits haben Kommandos wie „ruhig" eine schmale Bandbreite in tieferer Tonlage. Offenbar setzen Hundetrainer komplexe Worte mit großer Bandbreite (hohe und tiefe Töne) vor allem dazu ein, Hunde aktiver zu machen; Worte mit schmaler Bandbreite (vorwiegend tiefe Töne) werden genutzt, um Hunde zu beruhigen.
Bei meiner Sprach-Lektion bei Barbara Woodhouse habe ich gelernt, wie Worte der Umgangssprache zu wirkungsvollen Kommandos umgeformt werden. Wenn sie einen Hund rief, benutzte sie das kurze Wort „come". Es wurde aber in zwei Silben gesprochen und die Stimme am Ende angehoben. Wenn der Hund aufstehen und sie auf einen Spaziergang begleiten sollte, sagte sie „walkies" (ein Kunstwort), bei dem sie ebenfalls ihre Stimmlage in der zweiten Silbe erhöhte. Kommandos, um den Hund bleiben oder sitzen zu lassen, sprach sie „mit der Sprache meines Großvaters" aus, d.h. lang gezogen und mit tiefer Stimme. Außerdem wies sie mich darauf hin, dass man den Namen des Hundes gut einsetzen konnte, um Kommandos zu unterstreichen, denn er steuert weitere Silben bei (z.B. „Lassie, come"; Lassie komm). Lässt man den Namen weg, kann man Kommandos lang ausgezogen sprechen (z.B. „staaay"; bleib).

Rassespezifische Dialekte

Wenn die Ausprägung der Kommunikation unter Hunden durch genetische Faktoren bestimmt wird, sind rassespezifische Unterschiede nicht auszuschließen. Deborah Goodwin, John Bradshaw und Stephen Wickens sind Zoologen an der Universität von Southampton in Großbritannien. Sie haben zehn Hunderassen untersucht und fanden heraus, dass sie unterschiedliche Dialekte benutzen. Es gab systematische Unterschiede in Zahl und Muster der Kommunikationssignale, die Hunde einzelner Rassen verwendeten. Bevor wir uns diesen Unterschieden zuwenden, möchte ich zunächst den Unterschied zwischen Wölfen und Haushunden deutlich machen.

Der vielleicht wichtigste Unterschied zwischen Haushunden und Wölfen ist die Neotenie, d.h. die Beibehaltung von jugendlichen Merkmalen im Erwachsenenstadium. Einfach ausgedrückt bedeutet dies, dass alte Haushunde mehr einem jungen als einem erwachsenen Wolf gleichen. Zu den typischen körperlichen Merkmalen gehören eine kürzere Schnauze, ein breiterer und runderer Kopf und bei vielen Rassen die weichen, welpenartigen Ohren statt der steif aufrecht stehenden Ohren ausgewachsener Wölfe. Auch in Bezug auf ihr Verhalten gleichen die Haushunde eher Wolfswelpen. Sie spielen gerne, sind freundlicher und eher bereit als ausgewachsene Wölfe, sich den Anordnungen und der Führung eines offenbar dominanten Tieres/Menschen unterzuordnen.

Die Neotenie scheint eine natürliche Konsequenz der Domestikation zu sein. In ferner Vergangenheit, als Menschen und Hunde erste Kontakte knüpften und lange bevor die Menschen damit begannen, Hunde als Begleiter und Helfer zu züchten, scheint die Domestikation von den Hunden ausgegangen zu sein. Das konnte geschehen, weil das Evolutionsprinzip – der am besten Angepasste überlebt – in jeder Umgebung funktioniert. Unser Zusammenleben mit Hunden begann, als sie sich entschlossen, in der Nähe menschlicher Behausungen zu bleiben. Dort bekamen sie Nahrung, ohne sich bei der Jagd auf große und gefährliche Tiere aufreiben zu müssen. Unter diesen opportunistischen Aasfressern waren jene Hunde am besten angepasst, die freundlich und nicht bedrohlich waren: Vor allem solche Hunde ließen die Menschen nahe an sich und das Futter heran.

Der Evolutionsdruck hin zu einem freundlichen Hund wurde sogar noch größer, als die Menschen aktiv begannen, die Tiere zu domestizieren. Jeder neue Hund, der gefährlich war oder das Leben im Dorf fürchtete, war nicht geeignet. Hunde, die sich nicht in das Zusammenleben einfügten, wurden nicht toleriert sondern verjagt oder sogar getötet. Hunde, die sich als menschenfreundlich erwiesen, ließen sich trainieren und wurden damit noch wertvoller. Die Menschen behielten sie, gaben ihnen Futter und machten sie zu Eltern nachfolgender Generationen.

Viele Eigenschaften des Erbgutes sind miteinander verbunden und manchmal sind diese Verbindungen sehr verblüffend. Hunde mit sozialem und freundlichem Welpencharakter besitzen auch bestimmte körperliche Merkmale. Daher ist bei Hunden, die auf einen freundlichen Umgang mit Menschen hin gezüchtet werden, auch der Prozess der Reife verzögert. Manche Haushunde erreichen niemals den körperlichen Zustand eines erwachsenen Hundes; sie behalten lebenslang die Merkmale eines Welpen. Außerdem könnten die Frühmenschen – insbesondere die Frauen – Hunde mit kindlichem Aussehen (kleiner, große Augen, rundere Köpfe und flachere Gesichter) bevorzugt haben. Sie waren besonders „niedlich“ und riefen mehr Zuneigung hervor.

Das Team der Universität von Southampton fand zunächst heraus, dass nicht alle Rassen gleichermaßen starke Neotenie aufwiesen. Als körperlichen Indikator benutzten sie die Ähnlichkeit eines erwachsenen Hundes mit einem Wolf. Hunde mit wolfsähnlichem Aussehen, wie Deutsche Schäferhunde oder Sibirian Huskys, haben nicht nur mehr körperliche Ähnlichkeiten mit einem erwachsenen Wolf, sondern zeigen auch weniger jugendliche Verhaltensweisen. Andererseits weisen Hunde mit welpenartigem Aussehen, wie ein Cavalier King Charles Spaniel oder Französische Bulldoggen, auch mehr jugendliche Verhaltensweisen auf.

Die Forscher stellten eine Rangfolge von zehn Rassen auf, bezogen auf ihre Ähnlichkeit mit erwachsenen Wölfen (beginnend mit den welpenähnlichsten): Cavalier King Charles Spaniel, Norfolk Terrier, Französische Bulldogge, Shetland Sheepdog, Cocker Spaniel, Münsterländer, Labrador Retriever, Deutscher Schäferhund, Golden Retriever und Sibirian Husky. Dann stellten sie 15 Kommunikationssignale zusammen, wobei sie sich auf Dominanz und

Unterwerfung konzentrierten. Ihre Ergebnisse bestätigen die Neotenie-Hypothese nicht nur auf körperlicher, sondern auch auf der Kommunikationsebene. Die am wenigsten wolfsähnliche Rasse, der Cavalier King Charles Spaniel, hat ein stark eingeschränktes soziales Vokabular und benutzt nur zwei der 15 Signale. Sie senden dieselben Signale wie junge Wölfe (drei bis vier Wochen alt) aus und fordern andere Hunde auf, sich um sie zu kümmern. Offenbar scheint die Entwicklung der sozialen Sprache auf dieser Ebene stehen geblieben zu sein. Der wolfsähnliche Sibirische Husky nutzt dagegen alle 15 Signale und zeigt damit ein ähnliches Verhaltensrepertoire wie ein erwachsener Wolf. In den Rassen zwischen diesen beiden Extremen nimmt die Zahl der sozialen Signale zu, je wolfsähnlicher die Rasse ist. Interessant ist allerdings, dass alle Rassen auf alle Signale *reagieren* – offenbar sind die genetischen Ursprünge des Verhaltens noch nicht verschwunden. Was sich verändert hat, ist die Bereitschaft, diese Signale auch aktiv einzusetzen: Je welpenähnlicher die Rasse, desto stärker unterdrücken die Gene die Verhaltensweise erwachsener Tiere.

Obwohl die Gene einen großen Einfluss auf das Verhalten eines Hundes haben, sind sie nicht alles. Jeder Hund besitzt die Fähigkeit zu lernen, wobei er dann manchmal über seine genetische Programmierung hinausgeht. Daraus erwachsen häufig Verhaltensprobleme. Ein Hund muss lebenslang lernen, um sich an seine Umwelt anzupassen; dies beginnt bereits in dem Augenblick seiner Geburt, wie das nächste Kapitel zeigen wird.

Frühes Lernen

Ob Sie es glauben oder nicht, wichtige Schlussfolgerungen über das Verhalten von Hunden stammen aus Untersuchungen an Gänsen und Enten. Ehe wir dazu kommen, sollte ich noch deutlich machen, dass große Teile des Verhaltensrepertoires über die genetische Information hinausgeht – sie sind „epigenetisch“. Die Erfahrungen, die ein junger Hund sammelt, und die Auseinandersetzung mit seiner Umwelt bestimmen in starkem Maße sein Verhalten als erwachsener Hund. Dazu gehört auch die Erfahrung, dass bestimmte Verhaltensweisen mit Lob bzw. Strafe verbunden sind. Hinzu kommen spezielle Formen des Lernens, die beim Menschen nicht vorkommen. Schließlich gibt es noch Einflüsse, die wir vielleicht nicht „lernen“ nennen würden, die aber dennoch das Denken eines Hundes verändern.

Das Gehirn eines einen Tag alten Welpen, der zu einem 30 kg schweren Hund heranwachsen wird, ist noch erstaunlich klein – vielleicht 10 cm^2, d.h. es hat etwa die Größe eines menschlichen Mittelfingergliedes und muss noch stark wachsen. Im Alter von acht Wochen ist das Gehirn fünfmal so groß geworden. Nach weiteren acht Wochen hat es auf etwa 80 cm^2 zugenommen. Es erreicht seine Endgröße von rund 100 cm^2, wenn der Hund zwischen neun Monaten und einem Jahr alt ist. Das Gehirn eines Neugeborenen ist demnach nur ein Zehntel so groß wie das eines erwachsenen Hundes!

Das Welpengehirn ist aber nicht nur klein, es ist auch strukturell noch sehr unreif. Da die Nervenfasern, die einzelne Gehirnzellen miteinander verbinden, zunächst nur unzureichend von den Myelinscheiden (weiße Gehirnmasse) umgeben sind, wirkt das Gehirn geleeartig. Myelin dient als Isolationsschicht zwischen den Nervenzellen und sorgt dafür, dass Nervenströme (die Botschaften) schnell und störungsfrei geleitet werden.

Das Gehirn eines Hundes wird bereits vor seiner Geburt durch die Umwelt mitgestaltet. Forschungen haben ergeben, dass die Welpen von gestressten Müttern zu furchtsamen Tieren heranwachsen. Wird die Mutter im letzten Drittel ihrer Tragzeit gestresst, lernen die Jungen nicht so gut, können extreme oder ausgefallene Verhaltensweisen entwickeln und reagieren emotionell besonders stark. Offenbar basiert dies direkt auf der verstärkten Ausschüttung von Stresshormonen (Corticosteroide) durch die Mutter.
Ein weiterer möglicher vorgeburtlicher Einfluss geht von den Geschwistern aus. Viele männliche Embryos erzeugen mehr männliche Hormone (Androgene), die in das Fruchtwasser abgegeben werden und alle Embryonen beeinflussen. Die Weibchen eines solchen Wurfes verhalten sich mehr wie männliche Tiere. Offenbar werden Form und Funktion ihres Gehirns von den männlichen Hormonen beeinflusst.
Sobald ein Welpe den Mutterleib verlassen hat, wird sein Gehirn erneut durch die Einflüsse geformt, denen er ausgesetzt ist – ähnlich wie bei anderen Tieren, auch Enten und Gänsen. Der österreichische Verhaltensforscher Konrad Lorenz fand 1935 heraus, dass junge Gänse sofort nach der Geburt ihren Eltern folgen. Werden sie künstlich ausgebrütet, ohne mit erwachsenen Gänsen in Kontakt zu kommen, betrachten sie Menschen als ihre Eltern. Sie behandeln die Menschen auch später noch wie andere Gänse. So konnte man beobachten, dass Ganter ihre Balztänze eher einem Menschen widmeten als weiblichen Gänsen. Lorenz nannte dieses Verhalten *Prägung* und vermutete, dass es sich dabei um eine besonders schnelle Form des Lernens handelte. Gänse wenden sich den ersten bewegten Objekten zu, die ihren Sinnesorganen auffallen (normalerweise also den Eltern) – diese Erfahrung prägt ihr weiteres Leben. Lorenz ging davon aus, dass Tiere in der Prägung die charakteristischen Merkmale der ganzen Art lernen. Im Falle der Gänse bedeutet dies, sie wissen von nun an, was eine Gans ist (bzw. das, was sie für eine Gans halten). Durch die frühe Erfahrung wird ihr gesamtes Verhalten in Bezug auf ihre Art geprägt.
Eine von Lorenz wichtigsten Beobachtungen war der Zeitfaktor: Prägung ist nur während eines kurzen Zeitfensters, der „kritischen

Phase" möglich. Wann diese Phase einsetzt, hängt von der jeweiligen Art ab. Stockenten haben ihre kritische Phase etwa 14 Stunden nach dem Schlüpfen. Dann reichen bereits 10 Minuten aus, um das Küken auf Stockenten zu prägen. Wenn man einem Küken einen bewegten blauen Ballon oder einen Menschen – z.B. Konrad Lorenz – anbietet, wird es den Ballon oder Menschen annehmen. Das Gehirn des jungen Entleins oder Gänschens scheint zu sagen: „So bin ich. Ich kann mich in dieses Wesen verlieben. Ich kann mich mit ihm paaren" usw. Viele Tiere meiden den Kontakt mit anderen Tieren, sie wenden sich nur den Artgenossen zu, auf die sie geprägt wurden.

Ein weiterer wichtiger Faktor der kritischen Phase ist ihre zeitliche Begrenztheit. Bei einer Stockente endet sie nach zwei Tagen; danach ist keine Prägung mehr möglich. Tiere, die dieses Zeitfenster verpassen, wissen nicht, was ihre Art ist und kommen niemals zur Paarung.

Lorenz und die Verhaltensforscher und Psychologen, die sich mit der kritischen Phase befasst haben, fanden weiterhin heraus, dass es für einzelne Verhaltensweisen unterschiedliche kritische Phasen gibt. Singvögel lernen ihre artspezifischen Gesänge beispielsweise im Stil einer Prägung. Wenn sie im Zeitraum zwischen wenigen Tagen nach dem Schlüpfen bis zu einem Jahr ein bestimmtes Lied hören, merken sie es sich. Sie singen es häufig aber erst viel später in ihrem Leben. In einem Experiment hielt man eine 12 Tage alte Nachtigall zusammen mit einer Mönchsgrasmücke etwa eine Woche lang in einem Raum. Im nächsten Frühling begann die Nachtigall zu singen – den typischen Gesang einer Mönchsgrasmücke.

Sehr frühe Prägung auf eine starre Verhaltensweise, die für den Rest des Tierlebens erhalten bleibt, scheint vor allem bei *Nestflüchtern* vorzukommen, wie Gänsen, Enten, Schafen und Rindern; hier wird das Jungtier weitgehend entwickelt geboren und kann sich bereits wenige Stunden nach der Geburt mit den anderen bewegen. Für solche Tiere ist es entscheidend, einen Artgenossen unmittelbar zu erkennen und sich ihm anzuschließen; liefe es davon, fiele es den Raubtieren zum Opfer. Bei den *Nesthockern* sind die Jungen

bei der Geburt erst sehr unvollkommen entwickelt, hilflos und pflegebedürftig (z.B. Menschen und Hunde). Sie werden von ihrer Mutter versorgt und müssen nicht so schnell lernen. Neu geborene Hunde können weder gut sehen noch hören und sind einige Wochen lang gar nicht in der Lage, ihr Nest zu verlassen.
In den 1950er Jahren erweiterte J. Paul Scott, der damals das Hundeforschungszentrum in Bar Harbor (Maine, USA) leitete, das Konzept der kritischen Phase bei Hunden. Er definierte die kritische Phase als Lebensabschnitt, in dem geringe Erfahrungen große Auswirkungen auf das spätere Verhalten haben. Die Dauer, die ein Reiz/eine Erfahrung in unterschiedlichen Lebensabschnitten einwirken muss, um denselben Effekt zu erzielen, galt ihm als Maß für die Bedeutung der „kritischen" Phase. Wenn beispielsweise ein bestimmter Reiz nur kurz auf einen drei Wochen alten Hund einwirken muss, um das Verhalten zu festigen (derselbe Reiz hätte später keinerlei Auswirkungen mehr), dann haben wir die starre Prägungsphase im Sinne von Konrad Lorenz und seinen Gänsen vorliegen. Ist es jedoch möglich, das Verhalten auch später noch zu etablieren – dann allerdings mit deutlich größerem und zeitlich längerem Aufwand – liegt keine wirklich „kritische" Phase vor, denn das erwünschte Verhalten lässt sich auch später noch verankern (wenn auch unter Schwierigkeiten). Für die Zeitspanne, in der ein Tier bestimmten Alters sehr leicht lernt und später dennoch flexibel reagieren kann, benutzen viele Wissenschaftler den Begriff „sensible" Phase. Die Forschungen in Bar Harbor zeigten, dass Hunde mehrere dieser sensiblen Phasen durchlaufen.

Neonatale Phase, bis 12 Tage

Die erste dieser sensiblen Phasen dauert bis zwei Wochen nach der Geburt. Der neu geborene Welpe ist zwar blind und taub, andere Sinnesorgane arbeiten aber bereits: Er kann schmecken und riechen, empfindet Berührungen, Veränderungen von Druck, Bewegung und Temperatur und Schmerz. Vermutlich wird ein Welpe zunächst über den Geruchssinn geprägt.

Ich habe bereits erwähnt, dass die Mutter ihre Welpen kurz nach der Geburt ableckt und ihr Fell pflegt. Die sanfte Zungenmassage bringt den Welpen nicht nur dazu, sich zu erleichtern, sie versorgt ihn auch mit einer Information aus seiner Umwelt: „Denk daran, ich bin deine Mutter, so duftet mein Speichel." Den Geruch seiner Mutter zu kennen, ist eine wichtige Erfahrung. Während Gänse und Enten ihrer Mutter auf Sicht folgen, benutzt ein Welpe die Duftspur seiner Mutter. Säugende Hundemütter lecken regelmäßig ihre Zitzen sauber, also duften auch sie nach dem bekannten Geruch. Reinigt man die Zitzen mit Wasser und Seife, können die Welpen sie nicht finden. Daher ist es so schwierig, einen jungen Hund mit der Flasche aufzuziehen, selbst wenn man ihm den Schnuller direkt ins Mäulchen steckt: Ihm fehlt der stimulierende Duft. Wird der Schnuller jedoch mit dem Speichel der Mutter benetzt, suchen ihn die Welpen aktiv auf und beginnen zu saugen. In der ersten Woche wird das Verhalten eines Welpen vorwiegend von außen angestoßen. Solange er die Wärme von etwas Weichem und Warmem spürt (seine Mutter und die Geschwister), kann er stundenlang ruhig liegen bleiben. Er muss nicht nur angeregt werden, sich zu entleeren, sondern auch um zu trinken. Neu geborene Welpen beginnen erst dann zu trinken, wenn die Mutter sie auffordert.

An diesem Punkt ist ihr Gehirn noch so unreif, dass man bei Messungen der Hirnströme keinen Unterschied zwischen Schlafen und Wachen feststellen kann. Dennoch kann das Gehirn bereits lernen und die Erfahrungen bleiben lebenslang erhalten.

Die meisten Verhaltensweisen, die sich ein Welpe in den ersten Lebenstagen aneignet, dienen dazu, Fürsorge zu erbitten. Nimmt man den Welpen von seiner Mutter weg und legt ihn auf den Boden, beginnt er zu krabbeln. Er bewegt den Kopf hin und her und versucht, seine Mutter über ihre Körperwärme und den Duft ihres Speichels zu finden. Dabei stößt er winselnde, weinende Laute aus, um die Mutter auf sich aufmerksam zu machen.

Menschen reagieren sehr emotional auf solche winzigen und offenbar hilflosen Wesen. Wenn wir jedoch versuchen, sie vor Stress und Störung zu beschützen, wählen wir genau den falschen Weg. Die

Forschung hat erwiesen, dass ein geringes Ausmaß von Stress – körperliche Berührungen, Streicheln, Temperaturänderungen – eine sehr positive Wirkung auf junge Welpen hat. Welpen, die während dieser sensiblen Phase behutsam Stress ausgesetzt wurden, wuchsen zu selbstsicheren und angstfreien Hunden heran, die Probleme leichter lösen konnten. Außerdem waren sie neugieriger und ließen sich später nicht so leicht von unvorhersehbaren Ereignissen wie lauten Tönen oder hellem Licht erschrecken. Eine ständige Berührung ist nicht erforderlich, es reicht aus, wenn ein Welpe während der ersten drei Wochen seines Lebens drei Minuten täglich gestreichelt wird. Diese Ergebnisse waren so eindeutig, dass viele Hundezüchter (auch die Tierärzte in der amerikanischen Armee) ihre Welpen routinemäßig zu streicheln begannen – die Hunde waren emotional stabiler, hielten Stress besser aus und lernten leichter.
Statt die Welpen während dieser Zeit in Ruhe zu lassen (wie manche Lehrbücher empfehlen) oder auf ausreichende Anregungen durch ihre Mutter zu hoffen, wirkt sich der Umgang mit Menschen in der neonatalen Phase positiv auf die Entwicklung des jungen Hundes aus. Nehmen Sie jeden der Welpen mit beiden Händen täglich für etwa 10 Sekunden hoch; der Kopf muss höher sein als sein Schwanz. Halten Sie ihn für weitere 10 Sekunden mit dem Kopf tiefer und wiederholen Sie diese sanfte Schaukelbewegung nochmals mit 10 Sekunden Kopf und 10 Sekunden Schwanz hoch. Schließlich sollten Sie einen Eiswürfel etwa 10 Sekunden lang in ihrer Hand halten, damit sich die Handfläche abkühlt. Führen Sie dann die kalte Handfläche vorsichtig unter seinen Bauch. Der Welpe wird sich zunächst etwas winden, die Hand erwärmt sich aber rasch, sodass der leichte Stress nur kurz anhält. Das Gleiche erreichen Sie auch mit einer kühlen Oberfläche, auf die der Welpe täglich für einige Augenblicke gesetzt wird. Als Nächstes halten Sie den Welpen vorsichtig am Rücken fest und streicheln Sie mit den Fingern sanft seinen Bauch, Kopf und die Ohren. Zum Abschluss können Sie den Welpen mit einem Wattestäbchen zwischen den leicht gespreizten Zehen kitzeln. Insgesamt sollten diese körperlichen Anregungen etwa 3–5 Minuten dauern – Sie richten aber keinen Schaden an, wenn Sie sich länger mit ihm befassen.

Solche einfachen Stimulationen während der neonatalen Phase wirken sich nicht nur psychisch, sondern auch körperlich günstig aus. Bei Welpen, die regelmäßig angeregt und leichtem Stress ausgesetzt werden, entwickelt sich das elektrische Muster der Hirnströme schneller, sie wachsen besser und lernen rascher, sich koordiniert zu bewegen.

Übergangsphase, 13 – 20 Tage

Wie der Name bereits andeutet, handelt es sich um einen Lebensabschnitt mit raschen Umwandlungen und Veränderungen. Nun beginnen die Welpen ihre Umgebung zu erkunden, fressen regelmäßiger und sammeln Informationen aus ihrer Umwelt. Ihr hilfloses Verhalten der neonatalen Zeit verändert sich zu den Verhaltensweisen, die typisch für heranwachsende und erwachsene Hunde sind. Diese Phase dauert allerdings nur eine Woche. Neonatale Welpen lassen sich kaum per Hand aufziehen und saugen nur halbherzig an einer Flasche. Im Alter von zwei Wochen sind sie durchaus fähig, eigenständig zu fressen. Sie trinken aus einer Flasche oder lecken weiches Futter oder Milch aus einer Schale. Es sieht allerdings nicht besonders elegant aus und häufig ist der Welpen mit Futter verschmiert und beginnt zu würgen. Mit drei Wochen kann er jedoch sicher stehen und effektiv aus einer Schale fressen. In dieser Woche kriechen die Welpen auch nicht mehr auf dem Bauch herum, sondern beginnen, noch etwas zittrig zu stehen und zu laufen.
Noch wichtiger ist allerdings, dass sich ihre Sinnesorgane entwickeln. In der Übergangsphase öffnen sich die Augen (mit etwa 13 Tagen). Man bemerkt dies daran, dass sich die Pupille zusammenzieht, wenn Licht darauf fällt. Etwas mehr Zeit vergeht, bis die Welpen Formen und Entfernungen sicher erkennen. Am Ende der Übergangsphase öffnen sich auch die Gehörgänge (etwa mit 20 Tagen). Nun reagieren die Welpen auf laute Geräusche wie den Schlag eines Löffels auf einen Metalltopf. Wissenschaftler können nun ausgeprägte Hirnstrommuster (EEG) messen, aus denen sich

auf Aktivitäten wie Schlafen, Wachen und aufkommende Erregung schließen lässt.
In dieser Phase zeigen sich auch die ersten Formen von Sozialverhalten. Die Welpen beginnen spielerisch zu kämpfen, dabei wedeln sie mit dem Schwanz, bellen und knurren. Sie werden sozial verantwortlich und schätzen ihre Geschwister als echte Partner und nicht länger als lebende Heizkörper. Wenn sie in eine unbekannte Umgebung geraten, beginnen sie ängstlich zu winseln, selbst wenn sie warm und satt sind.
Die Übergangsphase liegt zwischen zwei sensiblen Phasen. Wer seinen Hund zu einem „perfekten" Hund erziehen möchte, sollte mit den körperlichen Berührungen aus der neonatalen Phase fortfahren und seinen Hund zusätzlich durch die menschliche Stimme anregen. Reden Sie mit dem Hund, immer wenn Sie ihn hochnehmen und ihn streicheln, damit er sich an die Stimme gewöhnt. Auch laufende Radios oder Fernseher helfen dem heranwachsenden Hund. Außerdem dürfen Sie nun weitere Anregungen auf ihn wirken lassen: Geben Sie ihm Spielzeuge, die er bewegen und untersuchen kann, zeigen Sie ihm verschiedene Zimmer des Hauses mit unterschiedlichem Bodenbelag, anderen Lichtverhältnissen und Ausblicken. Viele Anregungen sorgen dafür, dass der Hund emotional stabiler heranwächst und später leichter mit Problemen fertig wird. Lassen Sie ihn auf diesen „Expeditionen" in Ruhe alles untersuchen und beschnüffeln.

Sozialisierungsphase, 4 – 12 Wochen

Die Phase der Sozialisation, die etwa neun Wochen lang andauert, dürfte die wichtigste im Leben eines Welpen sein. Sie gleicht am ehesten der kritischen Phase einer Prägung, denn einiges von dem, was nun passiert – oder ausbleibt – wird den Hund auf immer prägen. Negative Verhaltensweisen, die sich während dieser Phase entwickeln, lassen sich später kaum oder gar nicht mehr ausbügeln.
Während der Sozialisation lernt ein Individuum die ihn umgebende soziale Welt kennen. Er lernt, was seine „Gemeinschaft" von ihm

erwartet und eignet sich die wichtigsten Regeln und Verhaltensweisen an, die ihn später zu einem vollwertigen Mitglied dieser sozialen Gemeinschaft machen. Ein Wolfswelpe lernt, dass er ein Wolf ist und wie er mit den anderen Wölfen in seiner Nähe umzugehen hat. Da Hunde domestizierte Tiere sind und ihr Leben bei den Menschen verbringen, verläuft ihre Sozialisation komplizierter. Sie müssen erkennen, dass sie Hunde unter anderen Hunden sind, und deren Regeln verinnerlichen, müssen andererseits aber auch lernen, wie sie sich in Gegenwart von Menschen zu verhalten haben. Dabei handelt es sich um einen empfindlichen Balanceakt, denn Hunde müssen einerseits lernen, Menschen zu akzeptieren und auf sie zu reagieren, andererseits dürfen sie aber ihre sexuellen Präferenzen für Hunde nicht verlieren oder sich so verhalten, dass sie von Artgenossen abgelehnt werden. Sie müssen sowohl Hunde als auch Menschen als Teil ihres Rudels akzeptieren.

Hunde können sich auch mit anderen Arten sozialisieren. In einer E-Mail mit Fotos wurde mir von dem Terriermischling Flash berichtet, der im Alter von knapp vier Wochen gerettet wurde. Er wuchs in einem Haus in Philadelphia auf. Da er so jung war, brachten ihn die Besitzer mit ihrer Katze Mildred zusammen, die gerade eben geworfen hatte. Sie dachten, er brauche etwas Gesellschaft. Tatsächlich adoptierte Mildred den kleinen Welpen, der etwa so groß war wie ihre Kätzchen. Sie leckte ihn sogar mit der Zunge ab, wie ihre eigenen Kinder. Im Alter von 16 Wochen verhielt sich Flash mehr wie eine Katze als wie ein Hund. Seine Lieblingsspielzeuge waren quietschende Mäuse und ein Ball mit einem Glöckchen darin. Er gewöhnte sich sogar typisches Katzenverhalten an, wie Anschleichen und Beute anspringen. Besonders verblüffend war jedoch, dass er sogar die Katzenwäsche übernahm: Er wusch seine Pfoten mit der Zunge und strich damit über Gesicht und Ohren. Hätte man ihm die Wahl gelassen, hätte sich Flash eher anderen Katzen als Hunden angeschlossen. Dabei ist Flashs Fall gar nicht ungewöhnlich. Aus Laboruntersuchungen ist bekannt, dass Hunde sich Kaninchen, Ratten, Katzen und Affen anschließen können.

Für einen Welpen ist es lebenswichtig, im Alter zwischen vier und 12 Wochen ausreichend Kontakt mit anderen Hunden zu haben.

Um dies zu demonstrieren, führte J. Paul Scott im Institut von Bar Harbor eine extreme aber wissenschaftlich sehr aufschlussreiche Studie durch. Dazu nahm er einen 21 Tage alten Welpen aus der Gemeinschaft seiner Geschwister und zog ihn ohne Kontakt zu anderen Hunden auf. Auch der Kontakt zu Menschen wurde auf ein Minimum beschränkt. Der Pfleger fütterte den Hund und brachte ihm Wasser, durfte aber weder mit ihm spielen, noch mit ihm reden. Bis zum Alter von 16 Wochen hatte er weder Kontakt zu anderen Hunden – bis auf die ersten 21 Tage mit seinen Geschwistern – noch zu Menschen (bis auf den Pfleger, der ihn nur mit dem Nötigsten versorgt hatte). Nach vier Monaten brachte man den Hund wieder mit seinen Geschwistern zusammen. Er erkannte sie weder als Geschwister noch als Mitglieder derselben Art. Durch die Isolation während der kritischen Phase der Sozialisation war sein Charakter so verändert worden, dass er sich in keinerlei Gesellschaft einfügen konnte – weder mit Hunden noch mit Menschen. Der unglückliche Welpe hatte die Zeit verpasst, in der er sich an andere Lebewesen hätte gewöhnen können. Da die Muster in seinem Gehirn nun festgelegt waren, bekam er auch keine zweite Chance. Für den Rest seines Lebens mied er seine eigene Art sowohl in sexueller wie sozialer Hinsicht.

Dass Hunde in der Lage sind, andere Arten in ihre Sozialisation einzuschließen, ist eine wichtige Voraussetzung, auf die wir für die Erziehung angewiesen sind. Hütehunde liefern das beste Beispiel für die Bedeutung der Sozialisation. Es gibt zwei Typen von Hütehunden, die in ähnlicher Umgebung aufwachsen und beide auf dieselben Reize aus der Umwelt reagieren – auf Schafe. Ein Typus, insbesondere der Collie, *hütet* die Schafe, während der andere Typus, vertreten durch Maremmenhund, Pyrenäenschäferhund oder Kuvasz, die Schafe *bewacht*. Früher gingen die Verhaltensforscher davon aus, dass auch das Hüteverhalten genetisch verankert war. Forschungsarbeiten von Raymond Copinger, einem Biologieprofessor im Hampshire College haben allerdings gezeigt, dass dem nicht so ist.

Viele Hunde aus bewachenden Rassen erweisen sich als unfähig, diese Arbeit zu verrichten – selbst wenn sie aus einer langen Zucht-

linie stammen. Sie rennen entweder vor der Herde davon oder greifen einzelne Schafe an. Der Unterschied zwischen einem erfolgreichen und einem nutzlosen Hütehund scheint vor allem durch die persönliche Geschichte und seine Sozialisation bedingt zu sein.
Üblicherweise wird ein bewachender Hütehund erzogen, indem man ihn zusammen mit den Schafen aufzieht. Bereits der 4–5 Wochen alte Welpe lebt mit den Schafen zusammen, bis er 17 Wochen alt ist. Bis auf seine tägliche Ration, die ihm vom Schäfer gebracht wird, sorgt er für sich selbst. Er pflegt soziale Kontakte fast ausschließlich mit den Schafen. Er wächst mit der Herde auf und verbringt mit ihr den Rest seines Lebens. Wenn sich ein Raubtier wie ein Wolf oder Kojote der Herde nähert, läuft der Hütehund auf es zu. Ob er damit die Gefährten in seiner Herde verteidigen möchte oder ob er neugierig auf das neue Tier ist, bleibt unklar. Sicher ist allerdings, dass das Raubtier nun nicht mehr heimlich ein Schaf rauben kann und nach dem Hütehund schnappt (der bei der nächsten Begegnung mit derselben Art von Raubtier entsprechend aggressiver reagieren wird); vielleicht wendet es sich auch zur Flucht. Wie auch immer, der Hütehund hat die Herde beschützt und sie vor dem Verlust eines Tieres bewahrt.
Manche Menschen vermuten, dass der Hund sich für eine Art Schaf hält und glaubt, seine Artgenossen verteidigen zu müssen. Das entspricht allerdings nicht der ganzen Wahrheit. Alle Hütehunde wissen genau, dass sie Hunde sind. Sie pflegen zwar soziale Kontakte mit den Schafen, benutzen dabei aber die völlig anders gearteten, typischen Verhaltensweisen eines Hundes. Schafe bedrohen Hunde oder andere Schafe, indem sie mit den Füßen stampfen, während Hunde die Zähne fletschen und knurren. Knurren ist ein wichtiges Verständigungsmittel bei Hunden. Hunde knurren, wenn sie die Kommunikation mit anderen Tieren suchen und hören damit auf, wenn ihr Gegenüber angemessen reagiert. Auf der Jagd knurren Hunde ihre Beute gewöhnlich nicht an, denn das würde sie warnen und ihnen die Chance zur Flucht geben. Wenn wir also einen Hund beobachten, der seine Schafe anknurrt, dann demonstriert er damit seine Verbundenheit mit den Schafen. Man könnte es mit einem Mensch vergleichen, der über

Sprache und Sozialverhalten mit einem Hund kommuniziert. Natürlich wird er sich nicht für einen Hund halten, aber er fühlt sich seinem Hund verbunden und spürt, dass es ein Band der Verständigung mit ihm gibt.

Bewachende Hütehunde sozialisieren sich mit drei Arten. Typischerweise verbringen sie die ersten 16 Wochen nicht nur mit den Schafen, sondern auch mit ihren Geschwistern aus demselben Wurf, ihren Eltern und anderen erwachsenen Hunden, die zur Herde gehören – natürlich auch mit dem Schäfer. Damit lernen sie, andere Hunde, Menschen und Schafe als Sozialpartner zu akzeptieren. Es kommt darauf an, dass diese Sozialisation zwischen drei und zwölf Wochen stattfindet, ansonsten bleibt sie erfolglos.

Die wissenschaftlichen Grundlagen für eine sensible Phase, in der eine Sozialisation stattfinden kann, stammen aus Untersuchungen mit wilden Hunden am Hunde-Institut von Bar Harbor. Hier wurden die Welpen in großen, offenen Freigehegen aufgezogen – sie hatten regelmäßigen Kontakt mit Geschwistern und ihren Müttern, aber kaum mit Menschen. Während jeweils einer Woche brachte man jeden Hund für einige Zeit ins Labor, berührte, sprach und spielte mit ihm. Allerdings variierte man das Alter des ersten Kontaktes. Einige der Hunde hatten im Alter von zwei, andere mit drei, fünf, sieben oder neun Wochen jeweils für eine Woche lang Kontakt mit Menschen. Eine letzte Gruppe blieb 14 Wochen lang ohne menschlichen Kontakt.

Die Forscher bemerkten, dass 2–3 Wochen alte Welpen kaum auf die Begegnung mit Menschen reagierten, die sich ruhig neben sie setzten. Die fünf und sieben Wochen alten Welpen näherten sich jedoch gerne. Nach neun Wochen nahm die Bereitschaft, sich einem Fremden zu nähern, wieder ab. Weiterhin nahmen die Anzeichen von Furcht vor dem fremden Menschen bis zum Alter von neun Wochen kontinuierlich zu.

Das wichtigste Testergebnis lieferte allerdings die Kontrollgruppe, die erst nach 14 Wochen einen ersten Kontakt mit den Menschen aufnahm. Die Hunde wurden angeleint und auf einen Spaziergang durch das Institut mitgenommen, wobei sie auch eine Treppe steigen mussten (für viele Welpen der schrecklichste Teil des Ausflugs).

Welpen, die nicht an eine Leine gewöhnt sind, reagieren üblicherweise ängstlich: Sie sind an einem unbekannten Ort und ihre Bewegung ist teilweise eingeschränkt. Welpen, die gutwillig an der Leine gehen und die Nähe des Menschen am anderen Ende suchen, zeigen damit, dass sie sich wohl und sicher fühlen. Solches „gute Benehmen" an der Leine deutet auch darauf hin, dass ein Welpe den Menschen als Leittier akzeptiert und bereit ist, soziale Kontakte aufzunehmen bzw. ihm zu folgen. Welpen, die keine sozialen Interaktionen mit Menschen akzeptieren, werden nicht folgen, sondern bellen und an der Leine zerren. Der Widerstand ist gewöhnlich besonders groß, wenn es durch Türen geht oder über eine weite, offene Fläche im Freien. Dann kämpfen die Welpen gegen den Zug der Leine und versuchen, sich so weit wie möglich vom Menschen zu entfernen; sie jaulen, winseln, heulen oder knurren.
Zwischen fünf und neun Wochen alte Welpen, die sich an Menschen gewöhnen durften, hatten die geringsten Probleme mit der Leine. Sie folgten mehr oder weniger freiwillig, oder reagierten auf leichte Überredung, zerrten oder bellten nur selten und ließen sich leicht beruhigen. Welpen, die vor ihrer sensiblen Phase Kontakt mit den Menschen hatten, waren an der Leine merklich schlechter zu kontrollieren, besonders schwer hatten es die Forscher mit den 14 Wochen alten Welpen. Hunde, die zu früh oder zu spät Kontakt mit Menschen hatten, waren auch ängstlicher. Sie jaulten und winselten vor Furcht und waren häufig so überwältigt von ihrer Angst, dass sie nicht damit fertig wurden. Genauere Untersuchungen ergaben später, dass eine Gewöhnung an den Menschen besonders wirkungsvoll nach Beginn der dritten bis vor Ende der zwölften Lebenswoche stattfindet.
Was geschieht, wenn während der Phase der Sozialisation kein Mensch zugegen ist? Die Wissenschaftler von Bar Harbor haben versucht, einen Hund, der erst mit 14 Wochen ersten Kontakt zu Menschen hatte, zu einem Haushund zu erziehen. Einer von ihnen nahm den Hund mit nach Hause, fand aber rasch heraus, dass er äußerst ängstlich war. Daher ging er wie bei der Dressur wilder Tiere vor. Zunächst versuchte er, dem Hund die Angst vor der neuen Umgebung zu nehmen, damit er nicht fortlief. Dann führte

er die Handfütterung ein; damit ist ein Hund gezwungen, für jeden Bissen Kontakt mit der menschlichen Hand zu suchen. Schließlich gelang es ihm und seiner Familie, den Hund zu beruhigen. Er akzeptierte den engen Kontakt mit Menschen. Trotz intensiver Zuwendung, Pflege und sozialen Kontakten blieb der Hund aber schwer zu kontrollieren. Er blieb sein Leben lang scheu, insbesondere gegenüber Fremden. Wenn man ihm die Möglichkeit gab, zwischen Hunden und Menschen zu wählen, entschied er sich stets für die Hunde.

Tatsächlich brauchen Hunde nicht sehr viel Kontakt mit dem Menschen. Einige Studien ergaben, dass etwa 20 Minuten pro Woche während der Zeit zwischen vier und zwölf Wochen für eine vollständige Sozialisation ausreichen. In dieser Zeit muss es zu sozialen Interaktionen kommen – konzentrierte und aktive Interaktionen zeigten die besten Wirkungen. Weiterhin ist es entscheidend, diesen Kontakt über mehrere Tage in der Woche auszudehnen. Erhöht man den Zeitaufwand, werden die Welpen in Gegenwart der Menschen selbstsicherer und fürchten sich weniger vor Fremden. Letztlich werden damit auch die emotionalen Bande zwischen dem Hund und seinem menschlichen Halter und dessen Familie verstärkt.

Kommunizieren lernen

Zur Sozialisation gehört auch, die Regeln zu lernen, nach denen eine Gemeinschaft wilder Hunde funktioniert. Ein Hund muss lernen, soziale Signale zu verstehen und seinerseits über soziale Signale angemessen zu reagieren. Einige dieser Fähigkeiten erwirbt er im Zusammenleben mit erwachsenen Hunden, ein viel wichtigerer Aspekt sozialen Lernens basiert jedoch auf der Gemeinschaft mit seinen Geschwistern. Die Welpen eines Wurfes bilden gewissermaßen ein Mini-Rudel, deren Mitglieder auf spielerische, aggressive oder sexuelle Signale reagieren. Manche versuchen ihre Dominanz über die Geschwister durch angeborene Verhaltensweise auszudrücken – sie starren, lehnen den Kopf auf den Hals anderer

Tiere oder versuchen zu beißen. In der Reaktion auf die Signale der Geschwister lernen sie ihr Sozialverhalten. Der Einsatz des Mauls ist ein gutes Beispiel, denn in dieser Phase der Entwicklung entsteht die natürliche Beißhemmung: Ein Welpe lernt rasch zu beißen, ohne den anderen zu verletzen oder gar seine Haut zu durchdringen. Jeder Welpe lernt dies als Erstes bei seiner Mutter, denn wenn er beim Saugen zu stark zubeißt, wird er bestraft. Diese Lektion wiederholt sich, wenn er beim Spiel mit den Geschwistern zu hart zubeißt und sie negativ reagieren. Es gibt Hinweise darauf, dass zu früh entwöhnte oder aus dem Wurf genommene Welpen (wenn sie jünger sind als acht Wochen) später härter zubeißen und bei Provokation eher bereit sind, das Gebiss einzusetzen.

In dieser Phase lernen die Welpen zu kommunizieren. Sehr junge Welpen wedeln beispielsweise noch nicht mit dem Schwanz. Typischerweise zeigen sie dieses Verhalten erstmals in ihrer dritten Lebenswoche. Durchschnittlich setzen bis zum 30. Lebenstag erst 50% der Welpen das Schwanzwedeln als soziales Signal ein. Im Alter von 49 Tagen wedeln sie dagegen fast alle mit dem Schwanz. Warum dauert es solange, bis Welpen mit dem Schwanz wedeln? Sie fangen erst damit an, wenn sie es als Signal im Rahmen der sozialen Kommunikation brauchen. Bis zum Alter von etwa drei Wochen besteht ihr Leben vorwiegend aus Schlafen und Trinken. Sie interagieren kaum mit ihren Geschwistern, außer wenn sie sich beim Schlaf gegenseitig wärmen oder um die Zitzen der Mutter drängeln. Körperlich wären sie in der Lage, mit ihren Schwänzen zu wedeln, tun es aber nicht. Schon bald weiten sie ihre sozialen Kontakte spielerisch aus. Jetzt wird die Kommunikation wichtig. Da Welpen noch lernen, eine Beißhemmung zu entwickeln, beißen sie zuweilen zu hart zu. Geschieht das aus Versehen, beißt der Partner zurück und das Spiel endet, weil sein Geschwister nun zu wütend ist. Jetzt wird Kommunikation sinnvoll: Offenbar kann er seinen Biss nicht mehr zurücknehmen, aber wenn er mit dem Schwanz wedelt und seinen Körper senkt, zeigt er sich mehr unterwürfig als bedrohlich und glättet so die Wogen der Aggression.

Auch beim Fressen bieten sich viele Gelegenheiten für Konflikte und soziales Lernen. Wenn ein Welpe bei seiner Mutter trinken möchte, muss er seinen Geschwistern sehr nahe kommen, da alle an die Zitzen drängen. Damit nähert er sich denselben Hunden, die ihn vor kurzem vielleicht gejagt oder spielerisch gebissen haben. Um darauf hinzuweisen, dass sie friedlich sind, und um aggressive Reaktionen der anderen zu vermeiden, beginnen die Welpen mit dem Schwanz zu wedeln. Die anderen bewerten den wedelnden Schwanz als Friedenszeichen. Später wedeln sie mit dem Schwanz, wenn sie von den erwachsenen Tieren des Rudels Futter erbetteln. Dabei nähern sie sich dem Gesicht der Alten, lecken es und wedeln verstärkend mit dem Schwanz. Vermutlich setzen sehr junge Welpen den Schwanz noch nicht ein, weil sie keine Beschwichtigungsgeste für andere Hunde benötigen. Sobald sie jedoch mit anderen Hunden kommunizieren müssen, lernen sie rasch die geeigneten Signale.

Hunde, die von klein auf von Menschen und ohne Kontakt zu anderen Hunden aufgezogen wurden, wedeln viel seltener mit dem Schwanz. Außerdem nehmen sie die feinen Nuancen nicht wahr, mit deren Hilfe sich andere Hunde mitteilen. Offenbar können sie die Bedeutung eines hoch getragenen Schwanzes und die kurzen, raschen Schwanzbewegungen – sie bedeuten Dominanz und Drohung – nicht von den weiten, langsameren Schwüngen unterscheiden, die keine Bedrohung darstellen. Gelegentlich nähern sie sich ahnungslos einem anderen Hund, der mit seinen Schwanzbewegungen Dominanz ausdrückt und sie auffordert, Distanz zu halten. Da ihre soziale Sprache nicht voll entwickelt ist, beginnen sie zu knurren, obwohl sie ein anderer Hund mit weitem, freundlichem Schwanzwedeln begrüßt. Hunde müssen diese Art des Ausdrucks in der kritischen Phase erlernen. Haben sie das Zeitfenster verpasst, lernen sie niemals die Schwanzsignale anderer Hunde zu verstehen. Sie scheinen blind durch ihr Leben zu stolpern und es kommt immer wieder zu Auseinandersetzungen mit Hunden, die keinerlei Anzeichen von Feindschaft signalisieren. Solche Hunde schaffen sich ihre Probleme selbst, da sie nicht angemessen auf die sozialen Signale anderer Hunde reagieren.

Die Schlüsselphase in der sozialen und persönlichen Entwicklung eines Welpen liegt irgendwo zwischen der vierten oder fünften

Woche ihres Lebens. Dann entfernt sich die Mutter, obwohl die Kleinen trinken wollen. Dieser Zeitpunkt markiert das Ende der Fürsorge und den Beginn des sozialen Lebens: Es wird von Selbstverantwortung, Dominanz und Unterwerfung geprägt. Die spezifischen Verhaltensweisen, mit denen eine Hundemutter ihre Jungen entwöhnt, wirken unmittelbar, haben aber auch langfristige Auswirkungen auf die sozialen Interaktionen und das emotionale Wohlbefinden.

Erik Wilsson (Zoologisches Institut der Universität von Stockholm) hat 600 Welpen des Deutschen Schäferhundes während der Phase der Entwöhnung untersucht. Er erfasste die Dauer der Stillzeiten, die Zahl der angedeuteten Bisse, Knurren und Drohungen, mit der eine Hundemutter ihre Jungen abwehrt, aber auch die Zeit, die sie damit verbringt, die Welpen abzulecken und zu beknabbern. Einige der Hundemütter bestraften ihre Jungen viel heftiger, wenn sie versuchten zu trinken. Darauf zeigten die Kleinen Unterwerfungsgesten: Sie legten sich auf den Rücken und ließen sich ablecken – die Zeichen der Unterwerfung setzten früher ein als bei Müttern, die ihre Jungen weniger aggressiv abwehrten. Manche der Mütter waren besonders aggressiv und bestraften oder bedrohten die Welpen sogar noch dann, wenn sie sich bereits abgewandt hatten. Andere Mütter gingen viel sanfter vor. Sie wehrten die Welpen weniger aggressiv ab und benutzten ihre Pfoten, um die Kleinen in die Unterwerfungsgeste zu drücken. Wenn die Jungen schließlich Unterwerfung demonstrierten, wurden sie mit ausgiebigem Ablecken belohnt.

Wie eine Hundemutter dabei vorgeht, ihre Welpen zu entwöhnen, wirkt sich langfristig auf das Verhalten der Welpen gegenüber Menschen aus. Welpen aus Würfen, die bestraft und bedroht wurden, schließen sich den Menschen später nicht besonders eng an und zögern, sich einem Fremden zu nähern. Die Welpen von sanfteren Müttern waren freundlicher und weniger ängstlich. In einem Test ließen sie sich leichter bewegen, einen Tennisball zu apportieren. Dieser Test gilt als wichtiger Indikator, wie weit sich ein Hund trainieren lässt. Welpen, die den Ball nicht zurückbringen oder ihm zwar nachlaufen und ihn aufnehmen, dann aber wieder fallen lassen, sind als erwachsene Hunde viel schwerer auszubilden. Clarence Pfaffenberger entwickelte eine Reihe von Tests, um früh potenzielle Blindenhunde herauszufiltern. Er fand heraus, dass Hunde, die einen Ball apportierten, die größten Chancen boten, ihre Ausbildung bis zum Ende durchzuhalten.

Die Techniken, die Hundemütter einsetzen, um das Verhalten ihrer Welpen zu beeinflussen – von strenger Abhängigkeit hin zu Dominanz und Unterwerfung – bestimmen die Einstellung eines Hundes bis an sein Lebensende. Dennoch ist es absolut notwendig, dass Hunde die Signale der Dominanz und Unterwerfung verstehen und anwenden. Man könnte argumentieren, dass die Mütter ihren Kleinen durch das Verhalten (Beißen, Knurren) nicht nur Respekt vor einem größeren und stärkeren Hund einflößen, sondern dass sie auch einen Kompromiss lehren. Die Kleinen lernen, ihren Platz in der Rangordnung einzunehmen und welche Rolle sie entsprechend ihrem Rang und ihren Fähigkeiten spielen. Werden Welpen bis zur zehnten Lebenswoche vollkommen straffrei aufgezogen, lassen sie sich später nicht mehr trainieren. Es muss offenbar eine Balance eingestellt werden. Der Welpe lernt Autorität zu akzeptieren und die Bedeutung von Drohungen zu erkennen, muss aber dafür nicht unbedingt hart bestraft werden. Dann nehmen seine emotionalen Reaktionen überhand und wirken seinen Fähigkeiten entgegen, später mit Menschen und anderen Hunden umzugehen.

Die Jugendphase

Ältere Untersuchungen legten nahe, dass die Phase der Sozialisation etwa in der zwölften Woche abgeschlossen ist, darauf folgt die juvenile Phase, bis der Hund ungefähr sechs Monate alt ist. Jetzt beginnt ein Hund, sich wie ein erwachsenes Tier zu verhalten. Allerdings wissen wir inzwischen, dass sich das Ende der Sozialisationsphase nicht so eindeutig festlegen lässt. Es gibt Unterschiede zwischen den einzelnen Hunderassen. Einige haben eine längere Sozialisationsphase, weil sich das Ausmaß der Neotenie auf den

Sozialisationsprozess auswirkt. Wolfsähnliche Hunde mit schmalen, langen Schnauzen und spitzen Ohren scheinen eine enger begrenzte Sozialisationsphase zu durchlaufen, während Hunde mit welpenartigem Aussehen (kürzere Gesichter, große, runde Augen, runde Köpfe und Schlappohren) eine längere Sozialisation durchmachen, die zudem nicht abrupt endet. Bei allen Hunderassen geht die Sozialisation mit zunehmender Angst vor neuen Orten, neuen Individuen und Ereignissen einher. Die Angst vor unbekannten Dingen erreicht ihren Höhepunkt zwischen 12 und 14 Wochen. In dieser Zeit sind die Welpen kaum an Interaktionen interessiert, offenbar endet hier die Phase der Sozialisation.

Obwohl die Sozialisation zwischen Hunden und Menschen nach vier bis zwölf Wochen abgeschlossen ist, lässt sie sich weiter verbessern. Mit zwölf Wochen haben sich die meisten Hunde gut an die Menschen gewöhnt. Bleiben in der darauf folgenden juvenilen Phase regelmäßige Kontakte zwischen Menschen und Hunden aus, kann diese Gewöhnung wieder verloren gehen. Ein Hund, der sich in seiner Jugend an Menschen gewöhnt hatte und diese Sozialisation durch eine lange Trennung wieder verliert, verhält sich wieder wie ein überhaupt nicht sozialisierter Hund (allerdings stehen bei ihm die Chancen für eine Verhaltensänderung besser). Der Sozialisationsprozess muss in der kritischen Phase beginnen und bis zum Alter von sechs bis acht Monaten durch wiederholte Kontakte fortgeführt werden.

Während der „Spätphase der Sozialisation" sollte ein Hund Kontakte zu allen Lebewesen knüpfen, die ihm später begegnen werden. Menschenkinder lernen, was ein Mensch ist, ob ihr Gegenüber nun Kind, Mann mit Bart, Männer oder Frauen mit Hut, Menschen in wehenden Mänteln, mit Sonnenbrillen, ältere Menschen und Menschen mit Stöcken oder im Rollstuhl ist. Für einen Hund sind alle diese Gestalten sehr unterschiedlich, sie sehen anders aus, bewegen sich anders, sind größer oder kleiner, haben eine unregelmäßige Umrissform und zeigen Verhaltensweisen, die dem Hund rätselhaft erscheinen. Ein Hund stuft Unbekanntes zunächst als gefährlich ein und bereitet sich darauf vor, zu fliehen oder sich zu verteidigen. Er muss erst lernen, dass es sich immer um Menschen handelt, die keine Bedrohung darstellen. Außerdem sollte er anderen, großen Tieren und Haustieren begegnen; er muss Dinge kennen lernen, die sich bewegen aber nicht leben, wie Ventilatoren, Rasensprenger und Autos, eben alles, was ihm im täglichen Leben begegnet. Hunde brauchen Kontakte zu unterschiedlichen Orten und Situationen, die eine soziale Reaktion von ihnen verlangen. So ist es tolerierbar, dass er einen Bekannten im Wohnzimmer freundlich anspringt, darf dies aber nicht auf einem Spaziergang tun.

Stellen Sie sich den Prozess der Sozialisation mehrstufig vor. In der ersten Stufe lernt der Hund, wer er ist und wo er innerhalb seiner Artgenossen steht – er begreift, mit wem er soziale Kontakte pflegen muss. Für diese Stufe steht ihm nur ein enges Zeitfenster zur Verfügung. In der zweiten Stufe lernt der Hund seine soziale Umwelt kennen, wie er sich darin verhalten muss und was man von ihm erwartet. Dazu gehören auch alle Regeln und Verhaltensweisen, die ihn zum Mitglied einer bestimmten Gemeinschaft machen. Diese Stufe ist relativ komplex und dauert vermutlich das ganze Hundeleben über an, da ein Hund regelmäßig mit neuen Dingen und Erfahrungen konfrontiert wird – ähnlich wie wir.

Die Persönlichkeit von Hunden

Haben Hunde eine Persönlichkeit? Gibt es rassetypische Unterschiede in der Persönlichkeit? Ich sehe bereits, wie einige meiner Wissenschafts-Kollegen bei dem Gedanken an die „Persönlichkeit" von Hunden zusammenzucken. Sie werden argumentieren, dass manche Hunde mehr oder weniger erregbar, aggressiv, dominant, umgänglich, gefühlvoll usw. sind, aber sie würden den Begriff Persönlichkeit lieber gegen „Temperament" austauschen – Persönlichkeit ist auf den Menschen beschränkt. Wenn diese Kollegen dann allerdings die Persönlichkeit eines Menschen beschreiben sollen, werden sie vermutlich dieselben Worte benutzen – Fred ist dominant, aggressiv und erregbar, während Susan umgänglich, gefühllos und passiv ist. Ob wir nun den Begriff Persönlichkeit oder Temperament gebrauchen, wir fassen damit bestimmte Tendenzen des Verhaltens zusammen, die in den unterschiedlichsten Situationen auftreten. Vermutlich würden wir also Fred zugestehen, dass er zupackender ist und eine Situation eher unter Kontrolle bringt als Susan. Die Persönlichkeit von Hunden ist ein interessanter Aspekt ihres Wesens, denn sie basiert auf der Verbindung von genetischen Voraussetzungen und den individuellen Erfahrungen bzw. der persönlichen Geschichte.

Die Persönlichkeit analysieren

Es hat sich als äußerst schwierig erwiesen, die Persönlichkeit eines Menschen oder Hundes objektiv zu beschreiben. Die psychologische Klassifizierung und Typisierung von Menschen hat eine lange Geschichte. Der Grieche Hippokrates, der um 400 v. Chr. lebte, unterschied vier Persönlichkeiten: Der Sanguiniker war fröhlich und leichtlebig, der Melancholiker depressiv und bedrückt, der

Choleriker aggressiv und erregbar und der Phlegmatiker ruhig und passiv. Diese vier Persönlichkeitstypen schienen Sinn zu machen, daher haben die Begriffe bis heute Bestand. Wer sanguinisch ist, lebt optimistisch und bequem, melancholisch verbinden wir mit Traurigkeit und Depression, mit phlegmatisch beschreiben wir jemanden, der sich nicht aufregt und kaum etwa sagt, während eine cholerische Persönlichkeit sich sehr schnell über alles Mögliche aufregt.

Unglücklicherweise passen Menschen (und Hunde) nicht wirklich in solche hübschen, klar umrissenen Schubladen, denn die Muster unseres Verhaltens sind viel zu komplex. Selbst wenn wir einen Menschen als clever oder langweilig bezeichnen, braucht das nicht zu stimmen, denn viele Menschen verfügen über besondere Talente, während sie auf anderen Gebieten kaum in Erscheinung treten. Nehmen Sie das Beispiel Albert Einstein. Er war ein brillanter mathematischer Theoretiker, ein guter Wissenschaftsphilosoph und sogar ein talentierter Musiker (er spielte Cello), daneben gab es aber Gebiete, auf denen er versagte. Bei einfachen Rechenaufgaben hatte er Schwierigkeiten und er addierte und subtrahierte so fehlerhaft, dass seine Kontoberechnungen nie mit denen der Bank übereinstimmten. Ich kannte einen außerordentlich brillanten Chemiker, der nicht in der Lage war, ein einfaches Kochrezept nachzuvollziehen, und einen berühmten klinischen Psychologen, dem es nicht gelang, seinen Hund stubenrein zu bekommen. Je nach den Umständen waren diese Persönlichkeiten auf einigen Gebieten außerordentlich begabt, auf anderen unfähig.

Moderne Psychologen versuchen, möglichst viele Verhaltensaspekte zu bestimmen und sie zu bewerten. Mit derartigen Analysen bestimmen sie allerdings keine Fähigkeiten, denn es handelt sich eher um Tendenzen oder persönliche Charakterzüge. Solche Charakterzüge lassen sich zu Gruppen zusammenfassen, die von Psychologen als „Persönlichkeitsfaktoren" bezeichnet werden – gewissermaßen ein allgemeines, persönliches Kennzeichen. Wenn wir davon überzeugt sind, dass sich ein Mensch leicht in die Gemeinschaft einfügt, basiert dies bereits auf drei Aspekten: 1) Er ist gesellig und sucht die Gesellschaft anderer; 2) er ist freundlich und hilfsbereit; 3) er bietet anderen die Möglichkeit für informelle soziale Interaktionen. Jeder dieser drei Charakterzüge ist bis zu einem bestimmten Punkt ausgeprägt und in der Kombination bestimmen sie den Charakter dieses Menschen.

Bei den Hunden betrifft die Sozialisation den Kontakt mit 1) Familienmitgliedern, 2) Kindern, 3) Fremden und 4) anderen Hunden. Jeder dieser Charakterzüge hat wichtige Konsequenzen für das Verhalten und jeder beeinflusst die Fähigkeit des Hundes, sich sozial einzuordnen.

Die Analyse von Charakterzügen und ihren Kombinationen ermöglicht es uns herauszufinden, wie der persönliche Charakter eines Hundes beschaffen ist. Statt Hunde oder Rassen in feste Kategorien (sozialisierbar oder nicht sozialisierbar) einzuteilen, ist es sinnvoller, Rangfolgen aufzustellen. So könnte man beispielsweise festhalten, dass Golden Retriever sich eher in eine Gemeinschaft einordnen als Boxer, die wiederum besser sozialisierbar sind als japanische Akita Inus.

Charakterzüge von Hunden

In wissenschaftlichen Untersuchungen wurden verschiedenen Hunderassen bestimmte Charakterzüge zugeordnet. Das erste Problem ergibt sich bereits bei der Datenerfassung. In älteren Studien wurde versucht, allgemeine Verhaltensweisen zu isolieren, aus denen man auf die persönlichen Unterschiede einzelner Hunde zurückschließen wollte. Danach bezog man die Erfahrungen professioneller Hundetrainer mit ein, die sicher ausreichend Gelegenheit hatten, diese Charakteristika an verschiedenen Rassen zu überprüfen.

Eine wahrscheinlich „klassische“ Studie benutzte Daten, die aus Beobachtungen von Hundetrainern stammten. Sie wurde 1985 von Benjamin und Lynette Harts durchgeführt, die heute im *Center for Animal Behavior* an der Universität von Kalifornien in Davis arbeiten. Bei der Datenerhebung stellten sie fest, dass nicht alle Experten die erwünschten Informationen liefern konnten. Die Harts hatten vor, Preisrichter von Hundeschauen und Gehorsamsprüfungen, Hundezüchter und Tierärzte zu befragen. In ersten Befragungen stellte sich jedoch heraus, dass die Preisrichter zögerten, einzelne Rassen gegeneinander abzuwägen. Sie befürchteten, damit späterhin nicht mehr objektiv bewerten zu können, wenn unterschiedliche Rassen gegeneinander antreten würden. Auch die Züchter waren wenig hilfreich, denn sie befassten sich nur mit wenigen, ausgesuchten Rassen und verfügten nicht über den großen Überblick, den die Forscher brauchten. Schließlich bauten die Harts ihre Studie auf den Interviews mit 48 Preisrichtern für Gehorsamkeitsprüfungen und 48 Tierärzten auf. Sie sollten die 56 beliebtesten Hunderassen (nach den Angaben des *American Kennel Club*) in eine Rangfolge bringen.

Es wurden 13 Charaktermerkmale benannt: allgemeine Aktivität, Erregbarkeit, übermäßiges Bellen, Aggression gegenüber anderen Hunden, nach Kindern schnappen, Dominanz gegenüber dem Besitzer, Revierverteidigung, warnendes Bellen, Zerstörungswut, Verspieltheit, um Aufmerksamkeit betteln, Trainierbarkeit und Stubenreinheit. An einem Beispiel wurde verdeutlicht, was unter einem bestimmten Charakterzug zu verstehen war. Bei Erregbarkeit lautete die Erläuterung: „Ein normalerweise ruhiger Hund regt sich leicht auf, wenn die Türklingel läutet oder der Hundebesitzer auf die Tür zugeht. Dieser Charakterzug kann sehr störend sein. Stellen Sie eine Rangfolge von der am wenigsten bis zu besonders leicht erregbaren Rassen auf." In der Regel gab es gute Übereinstimmung bei den Bewertungen der einzelnen Rassen; nur bei Stubenreinheit, Zerstörungswut und Betteln um Aufmerksamkeit waren die Übereinstimmungen geringer. Als die Forscher die Daten einer Computeranalyse unterzogen, zeigten sich mehrere wichtige Ergebnisse.

Zu den interessantesten Ergebnissen gehörten geschlechtsspezifische Unterschiede im Verhalten, die stärker ausgeprägt waren als Unterschiede zwischen den Rassen. In der Regel versuchten männliche Hunde Dominanz auszuüben und waren aggressiver gegenüber anderen Hunden; sie waren verspielter, aktiver, nahmen die Revierverteidigung ernster und schnappten eher nach Kindern.

Weibliche Hunde ließen sich besser trainieren und zur Stubenreinheit erziehen; außerdem bettelten sie eher um Aufmerksamkeit. Keine Unterschiede gab es bei der Erregbarkeit, warnendem oder übermäßigem Bellen.

Im Folgenden werden die Rangfolgen der Rassen für 11 der 13 Charakterzüge vorgestellt (über die Trainierbarkeit werde ich später berichten). Die Zusammenstellung erfasst die Rassen, bei denen das jeweilige Merkmal besonders ausgeprägt ist bzw. jene, bei denen es am wenigsten ausgeprägt ist. Innerhalb der Listen sind die Rassen nach der Rangfolge von oben nach unten geordnet. Zunächst möchte ich mich mit den Daten zur Aktivität und Erregbarkeit befassen.

Allgemeine Aktivität

Hoch: Silky Terrier, Chihuahua, Zwergschnauzer, Fox Terrier, Irish Setter, West Highland White Terrier

Gering: Basset, Bloodhound, Bulldogge, Neufundländer, Collie, Bernhardiner

Erregbarkeit

Hoch: Scottish Terrier, Yorkshire Terrier, Silky Terrier, Zwergschnauzer, West Highland White Terrier, Fox Terrier

Gering: Bloodhound, Basset, Neufundländer, Australian Shepherd, Chesapeake Bay Retriever, Rottweiler

Übermäßiges Bellen

Hoch: Yorkshire Terrier, Cairn Terrier, Zwergschnauzer, West Highland White Terrier, Fox Terrier, Beagle

Gering: Bloodhound, Golden Retriever, Neufundländer, Akita Inu, Rottweiler, Chesapeake Bay Retriever

Diese Charakterzüge (Aktivität, Erregbarkeit) finden sich bei vielen Terriern, während sie bei Bloodhounds und großen, schweren Rassen wie den Neufundländern kaum auftreten. Sie spielen eine wichtige Rolle bei der Entwicklung von Bindungen zwischen Mensch und Hund innerhalb einer Familie. Neuere Unter-

suchungen in Melbourne (Australien) ergaben, dass die meisten Verhaltensprobleme (in 63% aller erfassten Fälle) ihren Ursprung in der Übererregbarkeit von Hunden haben. Dazu gehört vor allem das Anspringen von Menschen (von 56% der Halter angeführt). Weiterhin beschwerten sich die Hundehalter darüber, dass ihre Tiere auf andere Menschen zuliefen oder übermäßig bellten.
Es folgen nun Verhaltensweisen, die im Zusammenhang mit Dominanz und Aggression stehen.

Aggression gegenüber anderen Hunden
Hoch: Siberian Husky, West Highland White Terrier, Scottish Terrier, Chow Chow, Fox Terrier, Zwergschnauzer
Gering: Golden Retriever, Neufundländer, Bretonischer Spaniel, Bichon à poil frisé, Shetland Sheepdog, Bloodhound

Nach Kindern schnappen
Hoch: Scottish Terrier, Zwergschnauzer, West Highland White Terrier, Chow Chow, Yorkshire Terrier, Zwergspitz
Gering: Golden Retriever, Labrador Retriever, Neufundländer, Bloodhound, Basset, Collie

Dominanz gegenüber dem Besitzer
Hoch: Fox Terrier, Siberian Husky, Afghane, Zwergschnauzer, Chow Chow, Scottish Terrier
Gering: Golden Retriever, Australian Shepherd, Shetland Sheepdog, Collie, Epagneul Breton, Bloodhound

Revierverteidigung
Hoch: Dobermann, Akita Inu, Zwergschnauzer, Rottweiler, Deutscher Schäferhund, Chow Chow
Gering: Basset, Bloodhound, Epagneul Breton, Golden Retriever, Mops, Bichon frisé

Warnendes Bellen
Hoch: Rottweiler, Deutscher Schäferhund, Dobermann, Scottish

Terrier, West Highland White Terrier, Zwergschnauzer
Gering: Bloodhound, Neufundländer, Bernhardiner, Basset, Magyar Vizsla, Norwegischer Elchhund

Zerstörungswut
Hoch: West Highland White Terrier, Irish Setter, Airedale Terrier, Deutscher Schäferhund, Siberian Husky, Fox Terrier
Gering: Bloodhound, Bulldogge, Pekingese, Golden Retriever, Neufundländer, Akita Inu

Nicht nur traditionelle Wachhunde, wie Dobermann, Rottweiler oder Deutscher Schäferhund haben relativ stark ausgeprägte aggressive und dominante Charakterzüge, sondern auch einige Terrierarten, obwohl sie recht klein sind. In den Statistiken der Harts hatten Bloodhounds, Retriever und große Gebrauchshunde, wie der Neufundländer, die geringsten aggressiven und dominanten Tendenzen. Vielleicht erscheint es merkwürdig, dass die so genannten Pitbullterrier nicht in dieser Statistik auftauchen, gelten sie doch allgemein als aggressiv. Als die Daten erhoben wurden, war die Rasse aber noch nicht weit genug verbreitet, um bewertet zu werden.
Die Arbeit stellte zwar keinen speziellen Charakterzug zur Sozialisationsfähigkeit heraus, maß aber zwei Merkmale, die damit in Verbindung stehen: die Verspieltheit und das Betteln um Aufmerksamkeit.

Verspieltheit
Hoch: Großpudel, Airedale Terrier, Cairn Terrier, Zwergschnauzer, English Springer Spaniel, Irish Setter
Gering: Bloodhound, Bulldogge, Chow Chow, Basset, Bernhardiner, Alaskan Malamute

Um Aufmerksamkeit betteln
Hoch: Lhasa Apso, Boston Terrier, English Springer Spaniel, Cocker Spaniel, Toypudel, Zwergpudel
Gering: Chow Chow, Akita Inu, Bloodhound, Rottweiler, Basset, Collie

Schließlich wurde in der Studie noch die Trainierbarkeit der einzelnen Rassen bewertet. Ich werde mich damit später befassen, wenn es um die Intelligenz und Lernfähigkeit von Hunden geht.
Etwa zwei Jahrzehnte nach den Harts habe ich eine ähnliche Studie verfasst und Hunderassen nach 22 Verhaltenseigenschaften bewertet. Mit dieser Studie wollte ich herausfinden, ob es Hunderassen gibt, deren Charakter zu bestimmten menschlichen Persönlichkeiten passt. Meine Arbeit basierte auf den Daten von 69 Hundespezialisten, darunter Tierärzte, unterschiedlich spezialisierte Hundetrainer, Richter von Hundeausstellungen (Gehorsamkeitsprüfungen, Freilandwettbewerbe, Suchen und Retten, Fährtensuche, Terrierwettbewerbe usw.), Autoren von Hundebüchern, einige Hundepsychologen und Verhaltensforscher.
Ich habe versucht, alle Rassen aufzunehmen, die 1995 vom *American Kennel Club* und dem *Canadian Kennel Club* anerkannt wurden. Nicht alle Profis konnten jeweils alle Rassen bewerten; um in die Datenwertung zu kommen, musste eine Rasse mindestens 20 Nennungen erhalten haben. Schließlich bewertete ich insgesamt 133 Hunderassen.
Die Hunde mit den jeweils höchsten Positionen in den Rangordnungen fasste ich zu einer komplexeren Charaktereigenschaft zusammen, die als Dominanz, Aggression und Beschützerinstinkt bezeichnet werden können. Im Folgenden werde ich sie „sehr dominante Hunde“ nennen. Da meine Bewertungslisten länger sind als die der Harts, möchte ich die Namen alphabetisch auflisten.

Sehr dominante Hunde
Akita Inu
American Staffordshire Terrier
Belgischer Schäferhund
Boxer
Briard
Bullmastiff
Bullterrier
Chesapeake Bay Retriever

Chow Chow
Deutsch Drahthaar
Deutscher Schäferhund
Dobermann
Gordon Setter
Komondor
Kuvasz
Malinois
Maremmenhund
Puli
Rhodesian Ridgeback
Riesenschnauzer
Rottweiler
Schnauzer
Staffordshire Terrier
Tervueren
Weimaraner

Zwischen dieser Liste und den Daten der Harts gibt es eine Reihe von Übereinstimmungen. Der wichtigste Unterschied besteht darin, dass meine befragten Hundespezialisten die kleineren Terrier als weniger dominant, aggressiv und mit Beschützerinstinkt ausgestattet bewerteten. Möglicherweise liegt dies daran, dass mehr Rassen erfasst wurden. Vermutlich lagen auch hier mehrere der kleinen Terrierrassen in diesen Charakterzügen über dem Durchschnitt, brachten es aber nicht in die Spitzenposition.
Eine andere Gruppe von Verhaltenseigenschaften bezog sich auf die Sozialisierbarkeit; dazu gehören Freundlichkeit und Zuwendung zu Familie, Kindern, Fremden und anderen Hunden. Die Spitzenpositionen nahmen ein:

Sozialisierbarkeit
Airedale Terrier
American Cocker Spaniel
Beagle
Bearded Collie

Bichon à poil frisé
Border Terrier
Cão de Agua Português
Cavalier King Charles Spaniel
Clumber Spaniel
Collie
Curly Coated Retriever
English Cocker Spaniel
English Setter
English Springer Spaniel
Epagneul Breton
Field Spaniel
Flat Coated Retriever
Golden Retriever
Großpudel
Irish Setter
Labrador Retriever
Magyar Vizsla
Mops
Neufundländer
Nova Scotia Duck Tolling Retriever
Old English Sheepdog (Bobtail)
Soft Coated Wheaten Terrier
Tibet Terrier
Toy Spaniel
Welsh Springer Spaniel
Wolfsspitz
Zwergpudel

Auch diese Gruppe ist größer als bei den Harts, da mehr Rassen untersucht wurden. Der vielleicht interessanteste Aspekt meiner Daten ist die Tatsache, dass es keine Überschneidungen zwischen den dominanten und den gut sozialisierbaren Rassen gab. Offenbar hatten die Hundespezialisten Beschützerinstinkt und Aggression als unvereinbar mit Sozialisierbarkeit angesehen. Vielleicht hielten meine Quellen diese beiden Eigenschaften aber

nur für gegensätzliche Pole desselben grundlegenden Charakterzuges.
Obwohl solche Rangfolgen von bekannten Spezialisten ihren Wert haben, zeigen die Unterschiede in den Bewertungen von Hundepersönlichkeiten, dass es auch andere beeinflussende Faktoren geben muss. Dazu gehören sicher die Umstände, unter denen sich die Hunde und die entsprechenden Menschen begegnen. So kann ein Deutscher Schäferhund zu Hause in der Familie durchaus fordernd und dominant sein, sich bei der Arbeit oder im Umgang mit Fremden dagegen anders verhalten. Wie unterschiedlich die Bewertungen sein können, zeigt das Beispiel des Old English Sheepdog, der von Richtern in Gehorsamkeitsprüfungen auf den Rang 5, von Tierärzten auf Rang 35 gesetzt wurde. Beim Bellen kamen die Deutsch Kurzhaar auf Rang 4 (Richter von Gehorsamkeitsprüfungen) bzw. Rang 43 (Tierärzte). Bei der Revierverteidigung setzten die Preisrichter die Dalmatiner auf Rang 6, die Tierärzte auf Rang 53. Offenbar sind die Charakterzüge von Hunden ebenso situationsabhängig wie bei den Menschen.

Objektive Tests der Persönlichkeit

Viele Forscher haben versucht, schlüssigere und vielleicht auch objektivere Werte zur Persönlichkeit von Hunden zu ermitteln, indem sie die Tiere unter kontrollierten und einheitlichen Bedingungen untersuchten. Tests dieser Art sind sehr schwierig, sie brauchen Zeit und kosten viel Geld. Stellen Sie sich vor, Sie müssten 50 Tiere aus jeder der ungefähr 160 Rassen testen, die vom *American Kennel Club* zugelassen sind – eine Zahl von rund 8000 Hunden. Wenn man täglich fünf Hunde testen würde (fünf Tage die Woche, ohne Ferien), bräuchte man über sieben Jahre!
Zum Glück testen Einrichtungen, die Hunde für bestimmte Aufgaben trainieren – vor allem Polizeihunde, Suchhunde für Sprengstoffe und Drogen, Such- und Rettungshunde, Blindenhunde usw. – das Temperament von Hunden bereits seit vielen Jahren.

Glücklicherweise wurden in einigen dieser Zentren die Testberichte aller Hunde aufbewahrt. Die vermutlich größte Datenbank in dieser Hinsicht lagert bei der Schwedischen Gesellschaft für Gebrauchshunde; sie umfasst die Jahre 1997–2000 aus 235 Testlabors, insgesamt die Ergebnisse standardisierter Tests an 15.329 Hunden. Die beiden Verhaltensforscher Kenth Svartberg von der Universität Stockholm und Björn Forkman von der Königlichen Universität für Tiermedizin und Landwirtschaft in Frederiksborg (Dänemark) haben die Daten statistisch aufbereitet und damit das bis heute vollständigste Bild der Persönlichkeit von Hunden geliefert.
Sie benutzten dabei einen Eignungstest, der für Züchter von Gebrauchshunden entwickelt wurde, um ihnen die Zucht besser geeigneter Tiere zu erleichtern. Die Testergebnisse sollten dabei helfen, bereits die Charaktereigenschaften der Welpen mit jenen der Eltern zu vergleichen. Auf diese Weise ließ sich bereits früh erkennen, welche Eigenschaften genetisch weitergegeben werden. Inzwischen wird der Test von vielen schwedischen Züchterorganisationen genutzt, um das Temperament einer Rasse zu bewerten.
Dabei werden die Hunde mit mehreren für sie neuen Situationen konfrontiert. Ihre Reaktionen werden von speziell ausgebildeten Beobachtern auf einem standardisierten Bewertungsbogen erfasst. Man setzt die Hunde zehn Tests in jeweils derselben Reihenfolge aus, sodass jeder Hund dieselbe Erfahrung macht und man die Daten über alle Rassen und Testlabors vergleichen kann. Jeder der Tests findet auf einem Spaziergang durch einen Wald statt. Daher lassen sich viele Hunde in relativ kurzer Zeit testen. Ein Richter bewertet die Reaktion des Hundes und trägt sie ein, dabei assistieren ihm mehrere Helfer.
Der gesamte Test sieht mehrere Untergruppen vor, z.B. einen Test auf soziale Kontakte, bei dem bewertet wird, wie der Hund auf einen Fremden reagiert. Die Verspieltheit wird daran gemessen, wie bereitwillig der Hund auf ein spontanes Spiel mit einem Fremden eingeht. Seinen Jagdinstinkt untersucht man anhand eines sich rasch bewegenden Fellobjektes. Wie der Hund auf Einschrän-

kung seiner Bewegungsfreiheit reagiert, zeigt sich, wenn er 3 Minuten lang in 10 m Entfernung von seinem Besitzer angeleint wird. Für Mut und Selbstsicherheit gibt es mehrere Tests: Einmal taucht vor dem Hund unvermittelt eine Menschenpuppe auf; eine Kette wird in der Nähe des Hundes über ein Stück Metall gezogen; es gibt Schüsse und in einem „Geistertest" nähern sich zwei Menschen mit weißen Kapuzen über dem Kopf. Die Reaktionen des Hundes – kurzes Erstarren, Angst, Vermeidung, Aggression oder Drohung, Selbstbewusstsein und Untersuchung des fremden Gegenstandes bzw. der Situation – werden bewertet und aufgezeichnet.

Das wichtigste Ergebnis der Untersuchung war, dass es offenbar fünf Persönlichkeitsmerkmale gibt, mit denen sich der Charakter eines Hundes beschreiben lässt: Geselligkeit, Neugier bzw. Angst, Verspieltheit, Jagdinstinkt und Aggression. Allerdings stellte sich heraus, dass bei Retrievern und Spaniels Verspieltheit und Geselligkeit stets zusammenfielen.

Aufgrund der Gruppeneinteilung der *Fédération Cynologique Internationale* (FCI) wurden verschiedene Rassegruppen miteinander verglichen. Begleithunde und die Hütehunde für Schafe und Rinder (mit Ausnahme der Herdenschutzhunde) erhielten die Höchstnoten für Verspieltheit. Am wenigsten verspielt waren die so genannten ursprünglichen Hunde, die sich sowohl im Aussehen als auch im Charakter noch nicht weit von den Wölfen und anderen Wildhunden entfernt haben. Besonders häufig sind die Spitz-Rassen, dazu gehören die meisten der nordischen Schlitten- und Jagdhunde. Häufig wird gesagt, dass man einem Wolf nur den Schwanz aufrollen muss, um einen Malamute oder einen Sibirischen Husky zu erhalten. Zur zweiten Gruppe der ursprünglichen Hunderassen gehören Hunde wie der Basenji, Carolina Dog und Kanaanhund. Da diese ursprünglichen Rassen dem „wilden Hund" sehr nahe stehen, ist ihre mangelnde Verspieltheit kaum überraschend. Sie lassen sich nicht gut sozialisieren, haben einen ausgeprägten Jagdinstinkt und sind aggressiv. Die nördlichen Spitz-Rassen sind dagegen trotz ihrer wenig ausgeprägten Verspieltheit gut zu sozialisieren.

Zwischen den einzelnen Charakterzügen gab es viele Überlappungen, daher führten die Forscher eine weitere statistische Analyse durch. Sie fanden heraus, dass sich alle Charakterzüge bis auf die Aggression einer allgemeinen Charaktereigenschaft zuordnen ließen, die sie „Angst-Mut-Skala" nannten. Hunde mit hohen Werten auf dieser Skala waren mutig, sehr aktiv, an anderen Hunden und Menschen interessiert, neugierig und fürchteten sich kaum vor neuen Objekten und unbekannten Situationen. Hunde mit geringen Werten auf dieser Skala hatten kein Interesse am Spiel, waren furchtsam, vorsichtig und wichen unbekannten Situationen aus. Weitere Forschungen konnten zeigen, dass die Angst-Mut-Skala auch bei Wölfen vorkommt. Offenbar haben unsere Versuche, Hunderassen mit bestimmten Eigenschaften zu züchten, die Rassen nur auf einer in der Evolution stabilen Skala verschoben. Betrachtet man die einzelnen Rassen, dann zeichnen sich der Malinois (ein häufiger Polizei- oder Spürhund), der Labrador Retriever und der Flat Coated Retriever als besonders mutig aus. Überraschenderweise erwiesen sich die Pinscher zusammen mit den Kurzhaar-Collies und dem Rhodesian Ridgeback als besonders scheu.

Wie wichtig diese Persönlichkeitsmerkmale sind, belegt Svartberg in einer weiteren Forschungsarbeit, in der er sich auf Deutsche Schäferhunde und belgische Tervueren konzentrierte. Er untersuchte, ob die Einordnung eines individuellen Hundes innerhalb des Angst-Mut-Skala Rückschlüsse darüber erlaubt, wie er sich später als Diensthund im Polizei- oder Militärdienst machen würde. Zu seinen Aufgaben dort gehört es, Fährten zu verfolgen, zu suchen, Botschaften zu übermitteln oder seinen Halter zu beschützen. Interessanterweise konnte er nachweisen, dass Rüden mutiger sind als Weibchen. Weiterhin ergab sich ein deutlicher Unterschied zwischen den Rassen: die Deutschen Schäferhunde waren mutiger als die beiden anderen Rassen. Das wichtigste Ergebnis war jedoch, dass die Hunde mit den höchsten Werten für Mut – unabhängig von Geschlecht oder Rasse -, sich als die besten Gebrauchshunde erwiesen. Offenbar ließen sich mutige Hunde besser trainieren.

Vererbung und Persönlichkeit

Die oben vorgestellten Untersuchungen betonten die Persönlichkeitsunterschiede zwischen Rasse und Geschlecht. Da sowohl Rasse als auch Geschlecht genetisch determiniert sind, könnte auch die Hundepersönlichkeit zumindest teilweise im Erbgut verankert sein. Mit diesem Hintergrund versuchen Züchter, Rassen mit speziellem Temperament und Aussehen zu züchten. Manchmal geschieht dies eher zufällig, wie im Fall von Mrs. L.M. Wood aus Victoria (British Columbia, Kanada), die mit der Zucht der Melita-Linie von Cairn Terriern begann. Cairns sind eine interessante Rasse kleiner Terrier, die dazu neigen, fordernd und dominant zu werden und daher manchmal auf Konflikte aus sind. Mrs. Wood wollte diesen Charakterzug nicht akzeptieren. Da sie ihre Hunde in großen Gruppen hielt, konnte sie deren Interaktionen genau beobachten. Sie suchte sich für die Zucht nur Tiere aus, die ruhig blieben und nie Aggressionen gegenüber anderen Hunden zeigten. Über 40 Jahre lang züchtete sie schließlich eine Linie von Cairn Terriern, die bei Kennern sehr geschätzt waren – nicht nur, weil sie gut aussahen, sondern auch weil sie eine ruhige, liebenswerte Persönlichkeit besaßen.

Systematische Daten zur genetischen Abhängigkeit der Hundepersönlichkeit stammen aus mehreren Quellen. Eine dieser interessanten Studien geht auf Anthony Podberscek vom Institut für Klinische Tiermedizin (Universität von Cambridge) und James Serpell vom Institut für Tiermedizin der Universität von Pennsylvania zurück, die sich speziell mit der Aggression von English Cocker Spanieln befassten. Obwohl diese Rasse sehr beliebt war, kam sie in den frühen 1980er Jahren wegen Berichten über aggressive Tendenzen in Verruf. Zur gleichen Zeit wie es Roger Mugford, der Gründer des *Animal Behaviour Centre* in England, in einigen Artikeln darauf hin, dass der Cocker Spaniel die Rasse war, die am dritthäufigsten mit Verhaltensproblemen in die Zentren kam. Der vielleicht interessanteste Aspekt seiner Ergebnisse war, dass 74% der Cocker Spaniel mit Aggressionsproblemen rot oder goldfarben waren – die Fellfarbe ist genetisch festgelegt.

Podberscek und Serpell wollten die klinischen Beobachtungen von Mugford systematisch überprüfen. Sie nahmen sich die Daten von 1.109 English Cocker Spaniels vor und konnten eine Verbindung zwischen Fellfarbe und Persönlichkeit bestätigen. Einfarbige Hunde reagierten in den unterschiedlichsten Situationen aggressiver als mehrfarbige Hunde. Unter den einfarbigen Hunden waren die mit rotem und goldenem Fell aggressiver als die mit schwarzem und Rüden aggressiver als Weibchen. Offenbar sind im Erbgut verankerte körperliche Eigenschaften von Hunden mit aggressivem Verhalten gekoppelt.

Eine Forschungsgruppe am Institut für Tiergenetik, Ernährung und Haustierhaltung (Universität Bern) suchte ebenfalls nach genetischen Ursachen für verschiedene Temperamente. Sie benutzten die Daten von 3.497 Hunden, die von 1978 bis 2000 vom Schweizer Zuchtverein für Deutsche Schäferhunde ermittelt worden waren. In diesem Verein wurden Schäferhunde nach einem standardisierten Test daraufhin untersucht, ob sie über die Stabilität, das Selbstbewusstsein und die Zähigkeit verfügen, die einen guten Gebrauchshund ausmachen. Die Züchter gingen davon aus, dass Charaktereigenschaften genetisch determiniert sind, denn die Mitglieder des Vereines nutzten die Testergebnisse, um Tiere für die Zucht auszuwählen. Sie hofften, die positiven Charaktereigenschaften zu verstärken, indem sie Hunde mit unerwünschten Eigenschaften von der Zucht ausschlossen.

Die Schweizer Forscher bestätigten, dass bestimmte Charaktereigenschaften durch das Erbgut, also genetisch, bestimmt wurden. Außerdem schien das Zuchtprogramm erfolgreich zu sein. Während der 22 Jahre, in denen die Daten erhoben und die Hunde für die Zucht nach Persönlichkeitsmerkmalen ausgewählt wurden, veränderte sich langsam aber sicher die Persönlichkeit der Hunde. In den letzten Jahren kam es allerdings kaum noch zu Verbesserungen, möglicherweise war das Optimum erreicht. Heute fallen nur noch 8% der Hunde durch den Test, d.h. selbst wenn es gelänge, den Genpool auf der Basis der Testergebnisse weiterhin zu verbessern, wären die Änderungen minimal.

Mischlings-Persönlichkeiten

Der bereits erwähnte Jasper Rine aus Berkeley arbeitet an einem Hunde-Genom-Projekt, um den genetischen Code aufzuklären. Rine begann seine Arbeit, indem er einen Border Collie mit Namen Gregor (nach Gregor Mendel, dem Mönch, der im 19. Jh. die moderne Genetik begründete) mit einem schwarzen Neufundländer (Pepper) kreuzte. Gregor und Pepper, ihre sieben Jungen (die F_1-Generation) und die 23 Enkel (F_2-Generation) liefern die Daten für die Identifizierung von Hundegenen – mit Hilfe der modernsten DNA-Analysen.

Rine entschied sich aus zwei Gründen für Border Collies und Neufundländer. Zunächst suchte er nach Rassen, die sich stark voneinander unterschieden. Zweitens sollten die Jungen bei Pflegefamilien in Berkeley untergebracht werden, d.h. die Welpen mussten nett aussehen. Die Pflegefamilien mussten sich verpflichten, die Hunde bis an deren Lebensende zu behalten (bzw. an Rine zurückzugeben). Handelte es sich um eine Hündin, erklärten sie sich bereit, sie mit einem vom Projekt ausgewählten Rüden zu verpaaren.

Die beiden Rassen haben sehr unterschiedliche Persönlichkeiten. Neufundländer sind gelassen und liebenswert, sie haben einen Beschützerinstinkt, sind loyal und lassen sich nicht leicht durch Lärm oder Gegenstände in ihrer Umgebung ablenken. Sie sind nicht besonders aktiv und gehen lieber, statt zu rennen. Border Collies sind völlig anders: Obwohl sie sehr freundlich sein können, sind sie eher ihrer Arbeit als Menschen zugetan. Sie sind konzentriert und zielgerichtet, lassen sich aber durch plötzliche Ereignisse in ihrer Umgebung ablenken. Wenn jemand einen Raum betritt, wendet sich ihm ein Neufundländer zu und erwartet Aufmerksamkeit und Zuneigung. Ein Border Collie wird sich kurz umwenden und dann wieder seiner Aufgabe widmen – z.B. die Katze zu hüten.

Die Welpen, die aus der Paarung von Gregor und Pepper hervorgingen, wiesen eine Mischung aus fünf Charaktereigenschaften auf: um Aufmerksamkeit betteln, erregtes Bellen, Schreckreaktionen, Geselligkeit mit anderen Hunden und die Neigung, andere

Hunde oder Menschen anzustarren. Dieses Drohstarren ist ein Ausdruck von Dominanz und soll die Macht über den Gegner demonstrieren. Im Allgemeinen lag der Charakter der Welpen zwischen dem der Eltern; sie waren freundlicher und leichtführiger, ruhiger als der Border Collie-Vater aber gefühlsintensiver und erregbarer als die Neufundland-Mutter. Nach der Paarung der F_1-Generation untereinander, traten die Charakterzüge in einzigartigen, unvorhersehbaren Zusammensetzungen auf. Einer der F_2-Welpen schien sich nach Zuneigung zu sehnen und ließ sich nicht ablenken (beides Neufundländer-Erbe); er suchte aber nicht die Nähe anderer Hunde, bellte selten und setzte häufig das Drohstarren ein (Border Collie-Erbe). Ein anderer Welpe ging freundlich auf Menschen und andere Hunde zu (charakteristisch für Neufundländer), suchte aber zahlreiche Augenkontakte und regte sich leicht auf (Border Collie). Wenn er zu Hause bellte, hörte man die Charakterzüge seiner Großeltern heraus – mehr Border Collie als Neufundländer. Die 23 Mitglieder der F_2-Generation wiesen alle möglichen Kombinationen aus den Charaktereigenschaften ihrer Großeltern auf. Da sich die Gene frei kombinierten, traten Kombinationen auf, die in reinen Rassen niemals zum Tragen kommen. Obwohl uns erst moderne Studien wie diese vielleicht verraten, welche Gene einen Neufundländer liebenswert machen und einen Border Collie dazu bringen, sich zu erschrecken, werden Hundepersönlichkeiten in der Praxis bereits seit langem verändert. So habe ich in einem Manuskript des 18. Jhs. aus einem französischen Kloster – es war für die Qualität seiner Hunde berühmt – über Regeln für die Hundezucht gelesen, die uns heute altertümlich vorkommen. Die Mönche wurden dazu angehalten, Hunde mit „christlichen Charaktereigenschaften" zu züchten, wie Loyalität, Zuneigung, Kooperation und – vor allem – Gehorsamkeit.

Die Suche nach dem perfekten Blindenhund

Clarence Pfaffenberger war maßgeblich an der Entwicklung von Trainings- und Zuchtprogrammen für Blindenhunde beteiligt.

Seine Arbeit ist ein wunderbares Beispiel dafür, wie aus systematischer und selektiver Zucht Hunde mit bestimmten Eigenschaften hervorgehen. In der Mitte der 1940er Jahre befasste er sich erstmals mit der Auswahl und dem Training von Blindenhunden. Bis dahin beendeten nur 9% der Hunde die Ausbildung erfolgreich. Pfaffenberger war von der geringen Erfolgsquote überrascht und arbeitete eine Reihe von Tests aus. Mit Lernversuchen und Aufgaben zur Problemlösung wollte er Hunde auswählen, die später gute Chancen hatten, die komplizierten Aufgaben eines Blindenhundes zu erlernen. Schon bald fand er heraus, dass die Intelligenz als Merkmal nicht ausreichte. Auch Hunde mit hervorragenden Ergebnissen brachten später die Ausbildung nicht zu Ende. Dann entdeckte er die Bedeutung anderer Persönlichkeitsmerkmale. Ein guter Blindenhund muss nicht nur intelligent sein, sondern auch über einen bestimmten Charakter verfügen.
Pfaffenberger wandte diese Ergebnisse an und versuchte, Hunde mit Persönlichkeit und Intelligenz zu züchten. Ende der 50er Jahre hatte sich die Erfolgsquote von 9% auf über 90% erhöht! Wenn die Persönlichkeitsmerkmale beachtet wurden, ließen sich intelligente Hunde zu exzellenten Gebrauchshunden erziehen. Andere Hunde wurden durch ihre Persönlichkeitsmerkmale bei der Ausbildung behindert.
Die detaillierten Aufzeichnungen Pfaffenbergers blieben erhalten. Da jeder Hund und seine Eltern sowohl auf ihre Intelligenz als auch auf ihre Persönlichkeit getestet wurden (insbesondere Angst, Aggression, Sozialisierbarkeit und Motivierbarkeit), ergab sich eine objektive Informationsquelle über die Vererbung von Intelligenz und Persönlichkeit. Viele Persönlichkeitsmerkmale werden vererbt, wie die Bereitschaft, mit Menschen zu arbeiten. Es zeigte sich, dass die Persönlichkeiten der Welpen aus einem Wurf direkt von jenen der Eltern abhingen. Pfaffenbergers Bewertungssystem der Arbeitswilligkeit baute auf einer Skala von 0 bis 5 auf. In einem Fall kreuzte er einen Deutschen Schäferhund mit Namen Odin – er hatte den Höchstwert von 5 erreicht – mit einer Hündin, Gretchen, die 4 erreicht hatte. Er erwartete Werte von den Welpen, die zwischen 4 und 5 lagen. In der Tat erreichten vier

Welpen den Wert 5, die beiden anderen des Wurfes 4. Offenbar gaben die Eltern ihre Persönlichkeitsmerkmale an die Nachkommen weiter.
Die genetische Komponente in der Hundepersönlichkeit erklärt auch, warum es regionale Unterschiede bei Rassen gibt. Dobermänner und Rottweiler aus Nordamerika scheinen ruhiger und weniger aggressiv zu sein, als Vertreter dieser Rassen in Europa. Offenbar legten nordamerikanische Züchter größeren Wert darauf, ihre Hunde auch als Hausgenossen geeignet zu machen, während ihre europäischen Kollegen „das feurige Temperament schätzten".

Wenn die Persönlichkeit aus dem Ruder läuft

Den besten Einblick in die Vererbbarkeit von Persönlichkeitsmerkmalen liefern Hunde mit extremen Persönlichkeiten. In der Tat werden an vielen Hunden die genetischen Grundlagen abweichenden Verhaltens untersucht. Karen Overall von der Tiermedizinischen Fakultät an der Universität von Pennsylvania und Gregory Acland von der Cornell Universität gehen davon aus, dass Hunde und Menschen eine Reihe psychologischer Probleme gemeinsam haben, die auf gestörter Persönlichkeit beruhen. Furcht und Trennungsangst sind beispielsweise bei Hunden sehr ähnlich ausgebildet wie bestimmte soziale und Bindungsängste beim Menschen. Außerdem haben Furcht und bestimmte Angstpsychosen bei Menschen vieles gemeinsam. Schließlich sprechen Hunde auf die gleiche Behandlung wie Menschen an.
Panikattacken, irrationale Ängste oder Phobien, Verlust von Kontrolle, der zu Aggression führt, sowie obsessive und zwanghafte Verhaltensweisen treten nicht nur bei Menschen, sondern auch bei Hunden auf. Die DNA von Hunden und Menschen ist recht ähnlich. Daher glauben manche Wissenschaftler, man müsse die Gene für bestimmte Persönlichkeitsaspekte bei Hunden aufspüren, um sie dann auch im menschlichen Genom finden zu können – eine Möglichkeit, psychologische Probleme zu verstehen. Auf dem Weg

dahin könnten wir auch etwas über die Genetik von normalen Persönlichkeiten erfahren.

Durch gezielte Züchtung ließen sich Hunde mit erwünschten körperlichen und charakterlichen Merkmalen erzeugen. Dies ist aber nur möglich, wenn die Größe des Genpools sehr stark eingeschränkt wird. Wenn man beispielsweise einen Rüden, der die erwünschten Qualitäten besitzt, verpaaren möchte, braucht man eine enge Verwandte (Tochter oder Schwester). Durch solche Inzucht werden zwar die erwünschten Persönlichkeitsmerkmale weitervererbt, allerdings kommen auch zahlreiche rezessive Gene zum Tragen. Nach mehreren Generationen Inzucht würden die Welpen vorher nicht gekannte Defizite in Verhalten und Körperbau aufweisen.

Für Psychologen und Genetiker sind extreme oder abnorme Verhaltensweisen durchaus erwünscht: Daran lässt sich die Vererbung komplexer Verhaltensweise untersuchen. Bei Hunden kann man solche Dinge besser untersuchen, denn sie sind genetisch viel homogener als menschliche Populationen. Hilfreich für die Forscher ist auch die Tatsache, dass Hunde mehr Nachkommen haben. Damit erhöht sich die Chance, ein Tier mit der erwünschten Kombination zu bekommen. Es ist zwar nicht einfach, die Genetik von Verhaltensweisen zu studieren, die Chancen verbessern sich aber merklich mit einer Inzucht-Population, die gezielt gezüchtet und gekreuzt wird.

Die genetische Forschung über Persönlichkeitsprobleme begann in den 1940er Jahren. Der bekannte klinische Psychologe Frederick Charles Thorne untersuchte einen Basset mit Namen Paula. Sie war scheu, leicht zu erschrecken und nervös; sie biss jeden Fremden, der seine Hand nach ihr ausstreckte. Das menschliche Äquivalent dieses Verhaltens wird als Berührungsangst oder allgemeines Angstsyndrom bezeichnet. Für einen Basset war Paula allerdings sehr hübsch, und sie hatte eine große Nachkommenschaft. Man fand heraus, dass dieser „Angstbeißer" seine extremen und unerwünschten Eigenschaften an die Welpen weitergegeben hatte. Von den 59 mit ihr verwandten Nachkommen, waren 43 (also 73 %) scheu, unfreundlich und mieden den Kontakt mit Menschen.

Thorne vermutete dominante Gene und hatte den Eindruck, dass sich dieses Persönlichkeitsmerkmal nicht durch das übliche Training aus der Welt schaffen ließe.
Die seit Thornes Arbeit am besten untersuchte Zuchtlinie mit Persönlichkeitsstörungen geht auf Appalachian Annie zurück, einen English Pointer, deren Nachkommen als „nervöse Pointer" bezeichnet werden. Annie war so ängstlich, dass sie für die Jagd ungeeignet war, sie war kein guter Haushund und bekam Angstattacken, wenn sich ihr ein Mensch näherte. Einige Verhaltensforscher und Psychologen von der Universität von Arkansas in Fayetteville und dem *Veterans Administration Hospital* in Little Rock begannen mit Annie eine Zucht von ängstlichen Pointern. Sie wollten diese Hunde als Testobjekte benutzen, um ein Mittel gegen Neurosen zu finden. Obwohl die üblichen Verhaltenstherapien nicht anschlugen, züchtete man die Linie weiter, denn sie bildete ein so genanntes Tiermodell für Verhaltensstörungen.
Diese armen Kreaturen sind wirklich ängstlich. Ich durfte einen dieser Hunde mit Namen April besuchen. Sie lebte in einem großen Zwinger, in dem sie und ihre Geschwister auch untersucht werden. Als ich den Zwinger betrat, erschrak sich der Hund. Doch statt wie andere Hunde wegzulaufen und sich zu verstecken, schien April wie erstarrt. Ihre Pupillen weiteten sich, die Kiefermuskeln spannten sich an und die Muskeln an ihren schlanken Flanken verkrampften sich derart, dass sie zu zittern begann. Ihre Vorderbeine standen weit auseinander, der Rücken war gebogen und der Schwanz zwischen die Beine geklemmt – ein Bild totaler Panik. Da ich mit vielen Hunden zu tun gehabt hatte, wandte ich alle üblichen Mittel an, sie zu beruhigen. April schien vor Furcht wie erstarrt, als ich sanft über ihren Kopf und die seidigen Ohren streichelte. Selbst nachdem ich den Zwinger wieder verlassen hatte und sie aus der Entfernung weiter beobachtete, blieb sie unbeweglich stehen. Es dauerte mehrere Minuten, bis sie langsam den Kopf drehte und sich im Zwinger umsah, ob ich wirklich weg war. In einer Blutprobe, die kurz nach der Begegnung genommen wurde, fanden sich große Mengen von Cortison. Dieses Hormon wird bei starkem Stress ausgeschüttet.

Nicht alle Geschwister von April litten unter denselben Problemen, denn sie entstammt einer Zuchtlinie aus normalen mit nervösen Hunden. Wie die anderen Persönlichkeitsmerkmale, die ich oben angesprochen habe, stammten die „Ängstlichkeits-Gene" von ihren Groß- oder Urgroßeltern und tauchen nur in einigen Individuen auf. Die meisten von Aprils Geschwistern, die hier aufgezogen wurden, verhielten sich völlig normal und entwickelten das typisch freundliche Verhalten der English Pointer. Sie liefen auf mich zu, begrüßten mich mit Sprüngen, leckten und bellten, wenn ich sie kitzelte und streichelte, und folgten mir, wenn ich herumging. Sie wollten offensichtlich spielen und waren enttäuscht, als ich den Zwinger verließ. Einige versuchten sogar, mich mit einem „Komm-zurück-Bellen" zu locken.
Höchstwahrscheinlich entstand das überängstliche Verhalten bei dem Versuch, die positiven Eigenschaften von Pointern gezielt zu züchten. Pointer sollen einen Vogel aufspüren, direkt auf ihn weisen und bewegungslos in dieser Position verharren („vorstehen"). Auf der Ebene des Verhaltens entspricht diese Haltung einer Orientierungsreaktion, die allerdings eingefroren wurde. Solche Orientierungsreaktionen (auch Orientierungsreflex) könnte man deuten als „Was ist da los?". Dazu gehören mehrere körperliche Reaktionen, um den Reiz zu empfangen, ihn zu bewerten und weiter zu bearbeiten. Kopf und Augen wenden sich der Reizquelle zu. Kann der Hund seine Ohren bewegen, dreht er sie ebenfalls zur Quelle der Aufmerksamkeit. Der Hund weitet die Nasenlöcher, um Witterung aufzunehmen, und versucht, jegliche Bewegung und Veränderung zu erkennen. Vielleicht geht dieser Reflex bei Jagdhunden auf eine selektiv gezüchtete Linie mit abnormalem Orientierungsreflex zurück. Die Züchter von Pointern wissen seit Jahren, dass selbst in den Zuchtlinien der besten Jagdhunde manchmal Tiere geboren werden, die zu nervös und zu ängstlich sind – sie geben keine guten Jagdhunde ab. Damit sind wir wieder bei Appalachian Annie und April. Möglichweise sind die Gene, die für das Vorstehen verantwortlich sind, mit den Genen gekoppelt, die Nervosität verursachen. Ein normaler Hund wird sich einem Vogel, Kaninchen oder einem anderen Jagdwild zuwenden, es

jagen oder sich anderen Tätigkeiten zuwenden. Ein neurologisch normaler Hund (kein Pointer) bleibt nicht wie erstarrt stehen und richtet Kopf und Augen auf die Beute aus. Offenbar wurde bei der Zucht von Vorstehhunden darauf geachtet, nur Tiere zu berücksichtigen, die erstarren – das könnte der Grund für die Panikstarre sein.

In Rage geraten

Vielen Züchtern ist nicht klar, dass sie mit jeder erwünschten Eigenschaft eines bestimmten Tieres auch dessen unerwünschte oder unerwartete physische und psychische Probleme auf die Nachkommen übertragen. So kommt es beispielsweise vor, dass manche Springer Spaniel rascher als andere Hunde und ohne Warnung zubeißen. Sie beißen vorwiegend in Kontaktsituationen und die Eigentümer betonen, dass dies völlig ohne Vorwarnung geschieht. Dieses Verhalten ist ungewöhnlich, denn in den meisten Fällen von Dominanz-bedingter Aggression steigern Hunde den Grad der Drohung erst nach und nach und äußern dies durch deutlich erkennbare Anzeichen. Sie beginnen zu starren, gehen zum Knurren über, dann beginnen sie die Zähne zu fletschen, schließlich folgt ein warnendes Schnappen ohne Kontakt oder ein angedeuteter Biss und erst ganz am Ende der Kette erfolgt ein kraftvoller Biss. Auf diese Weise hat das Objekt der Drohung genügend Zeit, sich zurückzuziehen – beide Beteiligte können körperlichen Kontakt meiden. Manche Springer Spaniel scheinen allerdings direkt vom Drohstarren (oft als „glasiger Blick“ beschrieben) zur Attacke überzugehen und alle Zwischenstufen auszulassen. Es gibt auch Menschen, die ohne Vorwarnung aggressiv werden; Psychologen sagen, ihnen fehle die Impulskontrolle und sie reagierten über. Solche aggressiven Ausbrüche sind erschreckend, heftig und unerwartet; sie werden als „Springer Spaniel Wut-Syndrom“ bezeichnet.
Dieses Wut-Syndrom wurde von Ilana Reisner untersucht, die jetzt am Tiermedizinischen Institut der Universität von Pennsylvania arbeitet. Sie fand heraus, dass sich die Hunde, bei denen das Syn-

drom besonders ausgeprägt war, auf eine bestimmte Blutlinie zurückführen ließen – es handelte sich also um ein genetisches Problem. Ihre Daten wurden von einem weiteren Befund gestützt: Die aggressiven Hunde hatten eine andere Biochemie. Sie fand im Blut vieler Tiere abnorm niedrige Konzentrationen von Serotonin. Gewaltbereite Patienten und Häftlinge, die wegen Gewalttaten einsaßen, besitzen gleichfalls niedrige Serotoninspiegel. Serotonin ist ein Neurotransmitter des Gehirns, der beruhigend wirkt. Bei den meisten Säugetieren konnte eine Gesetzmäßigkeit nachgewiesen werden: Nimmt die Menge an Serotonin zu, sinkt gleichzeitig die Gewaltbereitschaft während eines Konfliktes.

Hunde, die von der Blutlinie mit dem Wut-Syndrom abstammen, bewegen sich sehr elegant und sind selbstbewusst. Vielleicht ist das das Problem: Die Züchter von Springer Spaniel wollen Hunde, die bei Hundeshows herumstolzieren, ihre Köpfe nach vorne strecken und den Körper in einer Position halten, als ob sie nach vorn stürzten. Mehrere Gene scheinen dabei zusammenzuwirken, um dieses Aussehen und Temperament zu erreichen. Das erwünschte Bewegungsmuster gleicht den Bewegungen bei Jagd und Angriff; es ist also denkbar, dass dieselben Gene, die dem Hund die elegante schreitende Position ermöglichen, mit jenen verknüpft sind, die für offensiven Ansturm verantwortlich waren. In dem Versuch, ein bestimmtes Bewegungsmuster herauszuzüchten, entstand möglicherweise eine Rasse von Springer Spaniel, die sich von impulsiven Aggressionen leiten lassen.

Ein Mythos, der vielleicht auf die Bücher von Jack London zurückgeht – etwa *Der Ruf der Wildnis* – besagt, dass nordische Hunde, wie der Malamute oder der Siberian Husky, aggressiv sind, weil sie ähnlich „primitiv" seien wie Wölfe. In Wirklichkeit sind die nordischen Schlittenhunde auf Zusammenarbeit und Kooperation angewiesen, daher erreichen sie in objektiven Tests der Sozialisationsfähigkeit stets gute Werte. Auf langen Fahrten wird der jeweils führende Hund nach einer Weile ausgewechselt (manchmal sogar aus dem Geschirr entlassen), damit er sich nicht verausgabt. Dominante und aggressive Hunde wären damit nicht einverstanden, sie würden kämpfen, wenn sie ihre Position in der Rangordnung gefährdet sähen. Schlittenhunde wurden gezüchtet, um mit anderen zusammenzuarbeiten und zeigen jedem gegenüber Respekt, der ihnen als „Leittier" präsentiert wird. Im Falle mancher Siberian Huskys führte dies dazu, dass die systematisch auf Respekt hin gezüchteten Hunde äußerst scheu sind.

Eine Linie scheuer Siberian Huskys wurde von Gregory Acland an der Cornell Universität weitergezüchtet. Sie stammen von einem hübschen Hund ab (Earl), der Gregorys Forschungsprojekt von dem Züchter geschenkt wurde – er fand das Tier außerordentlich scheu. Bei seinem Besitzer fühlte sich Earl wohl, doch wenn Fremde kamen, wurde er ängstlich und mied soziale Kontakte. Acland wollte über gezielte Zucht herausfinden, ob es genetische Ursachen für diese Scheu gab. Er verpaarte Earl mit einer Beaglehündin, dann einen der scheuen Welpen aus dem Wurf mit einem nicht verwandten Beaglerüden. In dieser zweiten Generation gab es zwei sehr scheue Rüden, ein Beleg dafür, dass die Persönlichkeitsmerkmale genetisch vererbt werden. In der weiteren Zucht traten immer wieder Welpen auf, die unterschiedlich scheu waren. Offenbar sind mehrere Gene daran beteiligt und sie bestimmen das Persönlichkeitsprofil in einer Art konzertierter Aktion.

Die scheuen Huskys reagieren gänzlich anders als die nervösen Pointer. Statt vor Panik zu erstarren wie die Pointer, scheinen die scheuen Huskys die typischen Symptome von Angst und Unterwerfung aufzuweisen wie andere Hunde, wenn auch in übersteigerter Form. Bei meiner Begegnung mit dem Siberian Husky Cinder wich er zum Ende der Zwingers aus, drehte den Kopf zur Seite, um einen Augenkontakt und jegliche Art von Bedrohung zu vermeiden. So verhalten sich sehr unterwürfige Hunde, die von einem dominanten Tier bedroht werden. Obwohl ich mich sehr langsam bewegte und mit sanfter, hoher Stimme redete, mied mich der Hund. Seine Ohren waren angelegt und der Kopf gesenkt. Als ich meine Hand nach ihm ausstreckte, versuchte er sich in der Ecke des Zwingers zu verstecken, drückte sich gegen die Wand, noch immer mit abgewandtem Kopf, während ein dünner Faden Speichel aus dem krampfhaft geschlossenen Maul rann. Er war sichtlich ängstlich und unglücklich, erstarrte aber nicht wie April.

Die ungewöhnlichen Verhaltensweisen sowohl der Pointer wie der Huskys gleichen den extremen Angstzuständen bei Menschen. Wenn man ihnen etwas Laktat gibt, eine harmlose Substanz, die Milch ihren säuerlichen Geschmack verleiht und sich in den Muskeln nach körperlicher Bewegung ansammelt (Muskelkater), dann verfallen Huskys und Pointer in massive Angstattacken. Genau das Gleiche passiert, wenn man Menschen mit bestimmten Panikattacken Laktat verabreicht. Bei täglichem Kontakt entwickelt sich zwischen den scheuen Huskys und einem Menschen eine gewisse Vertrautheit (obwohl sie jedes Mal bei Erstkontakt mit einem Menschen zurückschrecken). Die nervösen Pointer bleiben dagegen auf Dauer unnahbar und schließen sich niemals einem Menschen an, wie sehr sie sich auch an ihn gewöhnen.
Die Untersuchung von Hunden mit seltenen und extremen Persönlichkeitsstörungen sind wichtig, denn sie zeigen das Ausmaß, inwieweit die Persönlichkeit von Hunden durch genetische Faktoren bestimmt wird.

Persönlichkeits-Tests bei Welpen

Wenn die Persönlichkeit eines Hundes maßgeblich von seinem Erbgut abhängt, sollte man bereits bei Welpen auf ihr Verhalten als Erwachsene schließen können. In der Tat testen manche Züchter das Temperament, um geeignete Welpen für eine bestimmte Familie oder Umgebungen auszuwählen. Die meisten Daten, die Genauigkeit und Zuverlässigkeit von frühen Persönlichkeitstests bestätigen, basieren auf einer nur kleinen Zahl von Hunden, sind aber dennoch sehr eindrucksvoll. So bemerkte Pfaffenberger beispielsweise, dass die Bereitschaft eines Welpen, spielerisch zu apportieren, ein sehr guter Indikator dafür sei, ob sich der Hund später zu einem guten Gebrauchshund ausbilden ließe. Er benutzte diesen Test, um geeignete Blindenhunde auszuwählen.
Die erste systematische, groß angelegte Untersuchung über die Persönlichkeit von Welpen und ihrer Entwicklung im Erwachsenenalter wurde vom *Fortunate Fields Project* in den 1920er bis 30er

Jahren in der Schweiz durchgeführt. Diese Organisation suchte nach dem perfekten Gebrauchshund – nicht nur nach Blindenhunden, sondern für verschiedene Aufgaben. Obwohl nur Deutsche Schäferhunde getestet wurden, entwickelte das Projekt verschiedene Persönlichkeitstests, die auch für andere Rassen geeignet waren. Der bekannte Verhaltensforscher William Campbell (er gehörte zu den Gründern der Amerikanischen Gesellschaft für Verhaltensforschung) erweiterte den Ansatz von Pfaffenberger und dem Fortunate Fields Project und entwickelte eine einfache Testreihe, die von Züchtern und Hundebesitzern genutzt werden konnte. Campbell war an Persönlichkeitsmerkmalen interessiert. Da war zunächst das Paar Erregbarkeit-Hemmung; ein erregbarer Hund wird auf jede Form der Anregung reagieren, während ein gehemmter Hund viel mehr Selbstkontrolle aufweist. Das zweite Paar war aktive-passive Verteidigung; ein aktiv reagierender Hund wird mit Bissen auf eine Bedrohung reagieren, während ein passiver die Konfrontation meiden und lieber erstarren oder weglaufen wird. Das letzte Paar war Dominanz-Unterwerfung in einer sozialen Umgebung bzw. die Bereitschaft eines Hundes, sich in eine Gemeinschaft mit Menschen einzuordnen oder unabhängig und allein zu bleiben.

Der vermutlich bekannteste Test von Welpenpersönlichkeiten wurde allerdings von den talentierten und begabten Hunde-Verhaltensforschern Joachim und Wendy Volhard entwickelt. Ihr „Welpen-Begabungstest" übernahm Elemente von seinen Vorgängern (Fortunate Fields, Pfaffenberger und Campbells Tests) und fügte zwei weitere von Elliot Humphrey und Lucien Warner für Gebrauchshunde hinzu. Der eine bezog sich auf die Empfindlichkeit gegenüber Lärm (ein lärmempfindlicher Hund wird sich bei lauten Geräuschen wie Schüssen oder Kommandos eher fürchten), der andere auf Berührungsempfindlichkeit (ein berührungsempfindlicher Hund ist schwieriger auszubilden, weil er auf die Berührungen des Halsbandes mit Abwehr reagiert). Die Volhards konstruierten daraus einen Test mit einfachem Bewertungssystem. Obwohl einige Hunde-Verhaltensforscher den Test bzw. seine Auswertung inzwischen an spezielle Bedürfnisse angepasst haben, bleibt der Welpen-Begabungstest der beliebteste Test in Nordamerika und wird von vielen Züchtern und potentiellen Hundekäufern eingesetzt, bevor sie sich für einen Welpen aus dem Wurf entscheiden.

Neuere wissenschaftliche Untersuchungen stellen allerdings die Aussagekraft solcher Tests in Frage. Der umfangreichste Ansatz, das Temperament von Welpen vorauszusagen, stammt von Erik Wilsson, der am Zoologischen Institut der Universität von Stockholm arbeitet und Per-Erik Sundgren (Institut für Tierzucht und Genetik, Schwedische Universität für Landwirtschaft). Sie benutzten Aufzeichnungen von mehreren objektiven Testverfahren, die ursprünglich von der schwedischen Armee und später vom schwedischen Zentrum für Hundeausbildung entwickelt worden waren – seit den 1930er Jahren eine der größten europäischen Einrichtungen für die Zucht und Ausbildung von Gebrauchshunden. Von hier stammen zahllose Polizeihunde, Blindenhunde, Wachhunde und Drogenspürhunde in Schweden.

Im Rahmen des Auswahlverfahrens werden die Welpen getestet, ob sie das Temperament für einen guten Gebrauchshund haben. Der Test konzentriert sich auf die persönlichen Merkmale, die sich schon bei acht Wochen alten Welpen deutlich ausprägen und auch in anderen Testverfahren genutzt werden: Sozialisierbarkeit, Unabhängigkeit, Angst, Konkurrenzverhalten, allgemeine Aktivität und Neugierverhalten. Ähnlich wie Pfaffenberger und die Volhards nutzt der Test auch ein einfaches Apportier-Experiment. Nach dem Test kommen die Welpen in private Haushalte und werden im Alter von 15 bis 20 Monaten erneut getestet (danach entscheidet sich, ob sie in eines der Trainingsprogramme aufgenommen werden). Die untersuchten Daten stammten von 630 Deutschen Schäferhunden; dabei verglich man die Bewertungen der acht Wochen alten Welpen mit jenen der 12 bis 18 Monate alten Hunde. Das Ergebnis war allerdings enttäuschend, denn es gab kaum Übereinstimmungen der frühen Testergebnisse mit der späteren Persönlichkeit. Andere Untersuchungen kamen zum gleichen Ergebnis.

Wann funktioniert ein Persönlichkeits-Test?

Der Grund für das offenbare Scheitern der Testprogramme an jungen Welpen liegt darin, dass ein bestimmtes Persönlichkeitsmerkmal trotz genetischer Voraussetzungen eine Zeitlang braucht, bis es sich ausprägt. Ein deutliches Beispiel aus dem körperlichen Bereich ist die männliche Kahlköpfigkeit: Sie ist eindeutig genetisch bedingt, zeigt sich aber erst im Alter von 30 bis 50 Jahren. Mit ähnlicher Verzögerung entwickeln sich auch manche Persönlichkeitsmerkmale bei Hunden. Obwohl die Gene vorhanden sind, zeigt sich ihr Einfluss erst später und ist nicht schon beim Welpen messbar.

Es braucht seine Zeit, bis Hunde ein stabiles Persönlichkeitsmuster entwickelt haben. Die genetische Untersuchung von Persönlichkeitsmerkmalen Deutscher Schäferhunde an der Universität von Bern hat ergeben, dass sich selbst markant ausgeprägte Eigenschaften wie Selbstbewusstsein während eines Hundelebens verändern können. Die Ergebnisse zeigen, dass sich das Selbstbewusstsein eines Hundes im Alter zwischen 18 und 30 Monaten ausprägt. Allerdings kann es bis fünf Jahre dauern, ehe es stabil ist. Damit sind Vorhersagen, die sich auf das Verhalten der Welpen beziehen, zumindest für diesen Teil der Persönlichkeit äußerst zweifelhaft.

Michael Goddard und Rolf Beilharz an der James Cook Universität in Australien konzentrierten sich auf die Ängstlichkeit, die eine Ausnahme darstellt. Denn sie lässt sich in der Tat bereits durch Temperamentstest im Alter von 12 Wochen vorhersagen. Ängstlichkeit ist ein sehr wichtiges Persönlichkeitsmerkmal, da sie den wichtigsten Grund liefert, einen Hund von einer Ausbildung als Blindenhund auszuschließen. Werden die Vorhersagen erst bei einem sechs Monate alten Hund gemacht, sind sie allerdings verlässlicher. Obwohl man also diesen Aspekt der Persönlichkeit bereits bei sehr jungen Welpen ermitteln kann, gibt auch hier ein älterer Hund ein besseres Bild davon ab, wie sich seine Persönlichkeit entwickeln wird.

In ihrer umfangreichen Studie fanden Wilsson und Sundgren heraus, dass die Testverfahren im Schwedischen Zentrum für Hundeausbildung die Persönlichkeit der erwachsenen Hunde nicht verlässlich vorhersagen konnten. Die Forscher untersuchten 1.320 Deutsche Schäferhunde und 797 Labrador Retriever in Bezug auf zehn Persönlichkeitsmerkmale. Diese Hunde waren allerdings etwas älter, zwischen 15 und 20 Monaten. In diesem Alter haben die Hunde ihre Welpenphase lange hinter sich, in der viele rasche Veränderungen eintreten – ihre Persönlichkeit hat begonnen sich zu stabilisieren. Die nun getesteten Hunde zeigten andere, aber sehr viel verlässlichere Ergebnisse. Die Persönlichkeitstests konnten zutreffender bewerten, wie der Hund seiner späteren Aufgabe gewachsen sein würde. Die Vorhersagen waren so verlässlich, dass die Forscher sogar die Kombination von Persönlichkeitsmerkmalen festlegen konnten, die darüber entschied, ob der Hund seine spezifische Aufgabe später gut (bzw. nicht) lösen konnte. Dieselben Testergebnisse sagten auch voraus, welcher der Hunde später ein guter Haushund werden würde.

Persönlichkeit ist mehr als Gene

Obwohl die Persönlichkeit eines Hundes in großen Teilen erblich bedingt ist, wird der Charakter eines erwachsenen Hundes auch durch seine frühen Erfahrungen geprägt. Clarence Pfaffenberger hat gezeigt, dass eine fehlende oder ungenügende Sozialisation jegliche auf Tests basierende Vorhersagen zunichte machen kann. Er untersuchte die Persönlichkeitsmerkmale einer großen Gruppe von Welpen und wählte 154 Welpen aus der Gruppe aus. Wenn die Testergebnisse verlässlich waren, sollten diese 154 Hunde bestens geeignet sein, das Trainingsprogramm zum Blindenhund erfolgreich zu absolvieren.

Vor seinen Tests hatte Pfaffenberger die Hunde in einem Zwinger ohne Kontakt zu Menschen gehalten. Jeder Hund, der den Test bestand, kam für etwa ein Jahr in eine Familie. Dort wurde er sozialisiert, lernte einfache Kommandos und entwickelte eine emotionale Bindung zu den Menschen. Als der Test durchgeführt wurde, waren die Welpen zwischen sieben und acht Wochen alt, etwa in der Mitte einer sensiblen Phase, wo sie über den Kontakt mit Menschen geprägt werden, später weder scheu noch unsicher im Umgang mit Menschen zu sein. Unglücklicherweise fand Pfaffenberger nicht für jeden Hund unmittelbar nach dem Test ein Zuhause. Später im Trainingsprogramm stellte sich heraus, dass die frühe Sozialisation maßgeblich darüber entschied, ob die Hunde das Temperament besaßen, ihre Ausbildung erfolgreich abzuschließen. Von den Welpen, die den Test bestanden und anschließend in häuslicher Umgebung gelebt hatten (seit einem Alter von etwa acht Wochen), schlossen 90% ihre Ausbildung ab und wurden Blindenhunde. Von den Hunden, die erst zwischen einer und zwei Wochen nach dem Test (also im Alter zwischen neun und elf Wochen) in eine Familie kamen, bestanden etwa 85% die Ausbildung zum Blindenhund. Mussten die Hunde nach dem Test jedoch noch zwei bis drei Wochen im Zwinger verbringen (also bis zum Alter von etwa zwölf Wochen), fiel ihre Erfolgsquote rapide ab: Nur die Hälfte von ihnen beendete die Ausbildung erfolgreich und konnte als Blindenhund arbeiten. Von den Hunden, die nach dem Test länger als drei Wochen im Zwinger verbracht hatten (sie waren älter als zwölf Wochen), waren weniger als ein Drittel erfolgreich. Sie scheiterten, weil sie ängstlich, überempfindlich, scheu, aggressiv oder wenig kooperativ waren.

Wichtig an dieser Untersuchung war, dass alle Hunde den Test bestanden hatten: Er bescheinigte ihnen, über das richtige Temperament für eine erfolgreiche Ausbildung zum Blindenhund zu verfügen. Es war jedoch ihre persönliche Lebensgeschichte – nicht das Erbgut -, das schließlich ihre Persönlichkeit prägte. Natürlich gibt es unterschiedliche Rassen, doch sie legen lediglich den genetischen Grundstein, die Disposition für ein bestimmtes Temperament. Zwischen individuellen Hunden bestehen stärkere Unterschiede in der Persönlichkeit, als zwischen Rassen und Blutlinien. Ist es demnach unmöglich, die spätere Persönlichkeit eines Hundes bereits im Welpenalter zu bestimmen? Das ist eine der Ja-Nein-Antworten, die man von Wissenschaftlern häufig erwartet. Wenn alle Rahmenbedingungen gleich sind, erlaubt die Vererbbarkeit vieler Persönlichkeitsmerkmale, aus der Persönlichkeit von Rüde und

Hündin auf das Potential ihrer Welpen zu schließen. Damit hat man zumindest eine Hilfestellung, innerhalb welcher Würfe man nach den bestmöglich geeigneten Hunden suchen kann. Um innerhalb eines Wurfes zwischen einzelnen Welpen zu entscheiden, kommt es zunächst auf das Geschlecht an. Die Forschungsergebnisse zeigen, dass Rüden stabiler und weniger ängstlich sind, sie sind stärker motiviert, eine bestimmte Aufgabe zu erfüllen, und setzen sich mehr ein. Gleichzeitig neigen sie aber zu stärkerer Dominanz, Revierverteidigung und reagieren auf Bedrohung eher mit Aggression.

Betrachtet man die Unterschiede zwischen Welpen genauer, erweist die Forschung, dass größere Welpen zu Dominanz neigen, stärkeren Antrieb besitzen und seltener bei negativen Einflüssen überreagieren; außerdem zeigen sie als Erwachsene intensivere Abwehrreaktionen. Obwohl die größenabhängigen Unterschiede für beide Geschlechter gelten, sind sie bei weiblichen Hunden stärker ausgeprägt. Schließlich weisen die erregbaren und ängstlichen Welpen eines Wurfes auch als Erwachsene ähnliche Charakterzüge auf. Wie extrem sich diese Unterschiede allerdings später ausprägen, hängt davon ab, wie der Welpe in seinem neuen Heim aufwächst, d.h. wie er sozialisiert wird, nachdem er seine Geschwister verlassen hat. Zusammenfassend lässt sich festhalten, dass Gene bestimmte Persönlichkeitsmerkmale stark beeinflussen, doch Züchter und neuer Besitzer haben es in der Hand, die Persönlichkeit des Hundes durch Erfahrung und Sozialisation in der frühen Phase seines Lebens zu formen.

Wie Hunde lernen

Als Psychologe weiß ich, dass es unmöglich ist, über das Bewusstsein eines Hundes zu reden, ohne auch das Lernen anzusprechen. Als Hundetrainer weiß ich andererseits, dass es wichtiger ist zu wissen, wie und warum Hunde lernen, als irgendeine Trainingsmethode zu verstehen.

Viele gute Bücher geben schrittweise Anleitungen, wie man einen Hund erzieht. Wenn man ihre Hilfestellungen miteinander vergleicht, wird offenbar, dass es keinen Königsweg gibt, wie man Lassie zum Sitzen und Rover zum Fährtensuchen bringt. Vor 50 bis 60 Jahren zerrte man am Halsband, wenn der Hund ein unerwünschtes Verhalten zeigte, und lobte ihn, wenn er gehorchte. Seither ist viel Zeit vergangen. Heute benutzt man „Clicker und Belohnung", „motivationsbestimmtes Training", „spielerisches Training", „verhaltensbasiertes Training", „körperlichen Druck", „belohnungsbasiertes Training", „Autotraining", „Schockhalsbänder" und anderes mehr. Bis zu einem gewissen Ausmaß sind zwar alle Methoden erfolgreich, letztlich hängt ihre Effektivität aber davon ab, wie gut der Trainer die Grundlagen des Lernens berücksichtigt. Wenn man weiß, wie und warum Hunde lernen, braucht man nicht an einer bestimmten Technik festzuhalten. Man kann unterschiedliche Ansätze ausprobieren und sich dann für eine Methode entscheiden, die am wirkungsvollsten für den Hund ist und in der jeweiligen Situation funktioniert. Ich möchte im Folgenden versuchen, Ihnen einen Einblick in die Lernprozesse von Hunden zu geben. Dazu gehören auch Hinweise, dass das Lernen von Hunden unseren eigenen Lernprozessen offenbar sehr viel ähnlicher ist als bisher angenommen. Auf den Gebrauch von technischen und wissenschaftlichen Begriffen werde ich weitestgehend verzichten (vielleicht zum Ärger mancher wissenschaftlicher Kollegen), damit das Gesamtbild klarer hervortritt. Nur dort, wo es sinnvoll erscheint, werde ich Fachbegriffe verwenden.

Hunderassen sind unterschiedlich lernfähig

Es gibt eine generelle Übereinstimmung darüber, dass nicht alle Hunderassen gleichermaßen gut lernen – wenn man ihre Reaktionen bei der Ausbildung zu Grunde legt. In ihrer Untersuchung über Persönlichkeitsmerkmale von Hunden haben Benjamin und Lynette Hart die 69 Experten (Tierärzte und Preisrichter) auch gebeten, die Lernwilligkeit von 56 Hunderassen zu bewerten. Nach ihren Befragungsergebnissen rangieren in den jeweils oberen und unteren 20% folgende Rassen (gefragt wurde nach der Trainierbarkeit; Reihenfolge von der am besten zu trainierenden Rasse abwärts):

Gut trainierbar Australian Shepherd, Dobermann, Shetland Sheepdog, Großpudel, Deutscher Schäferhund, Zwergpudel, English Springer Spaniel, Golden Retriever, Collie, Chesapeake Bay Retriever, Labrador Retriever

Schlecht trainierbar Pekingese, Zwergspitz, Mops, Chihuahua, West Highland White Terrier, Beagle, Basset, Afghane, Fox Terrier, Chow Chow

Etwa 10 Jahre später habe ich selbst in einer groß angelegten Untersuchung 110 Hunderassen überprüft. Dabei wurden die Arbeit und der Gehorsam von Hunden bewertet – also die „Trainierbarkeit“. Nach den von mir befragten Experten (199 Preisrichter von Gehorsamkeitsprüfungen; etwa die Hälfte aller Preisrichter in Kanada und den USA) sah die Rangfolge so aus (vom besten abwärts):

Sehr gut trainierbar
Border Collie
Pudel
Deutscher Schäferhund
Golden Retriever
Dobermann
Shetland Sheepdog

Labrador Retriever
Papillon
Rottweiler
Australian Cattle Dog
Welsh Corgi
Zwergschnauzer
English Springer Spaniel
Tervueren
Schipperke
Belgischer Schäferhund
Collie
Wolfsspitz
Deutsch Kurzhaar
Flat Coated Retriever
English Cocker Spaniel
Schnauzer

Schlecht trainierbar
Dandie Dinmont Terrier
Basset Griffon Vendeen
Grand Griffon Vendeen
Tibet Terrier
Japan Chin
Lakeland Terrier
Old English Sheepdog
Pyrenäenschäferhund
Scottish Terrier
Bernhardiner
Bullterrier
Chihuahua
Lhasa Apso
Bullmastiff
Shi Tzu
Basset
Mastiff
Beagle

Pekingese
Bloodhound
Barsoi
Chow Chow
Bulldogge
Basenji
Afghane

Die Ergebnisse dieser beiden Untersuchungen zeigen ein bemerkenswertes Maß an Übereinstimmung, vor allem, wenn man bedenkt, dass in der zweiten doppelt so viele Rassen einbezogen waren. Einige allgemeine Trends: Retriever (auch der Pudel gehört in diese Gruppe), Hütehunde und Gebrauchshunde sind besonders gut zu trainieren, während Jagdhunde und Terrier besonders schwierig auszubilden sind.

Es gibt nur wenige Unterlagen über die Lernfähigkeit einzelner Rassen – mit Ausnahme dieser Rangfolgen. Man kann allerdings einige Erkenntnisse aus den Ergebnissen von Gehorsamkeitsprüfungen verschiedener Züchtervereinigungen gewinnen. Der Anteil der Preisgewinner bei Wettbewerben entspricht etwa den Rangfolgen der Experten. Allerdings muss man bei der Interpretation der Daten berücksichtigen, dass besonders beliebte Rassen – sie sind naturgemäß häufiger vertreten als die weniger beliebten – auch einen höheren Anteil an Preisen gewinnen.

Für eine Kontrollanalyse habe ich mir eine Rasse herausgesucht, die sowohl bei meinen Experten-Rangfolgen wie in der Untersuchung der Harts hoch rangiert, sowie eine andere, die eher unten rangiert. Voraussetzung war, dass beide in etwa gleicher Zahl bei den Zuchtvereinen registriert waren. Das Kriterium traf auf den Golden Retriever und den Beagle zu. Dann habe ich zwei zufällige Monate des laufenden Jahres herausgegriffen und alle Gehorsamkeitsprüfungen und die Titelgewinner zusammengestellt – nur die Gewinner und nicht die tatsächlichen Wertungen, da jeder Hund nur einmal gewinnen kann. Es stellte sich heraus, dass die Golden Retriever 29, die Beagle nur 3 Titel in Gehorsamkeitsprüfungen gewonnen hatten. Daraus folgt, dass ein Golden Retriever eine zehn Mal größere Chance hat, einen Titel zu gewinnen als ein Beagle, obwohl es im Land etwa die gleiche Anzahl registrierter Hunde gibt. Weiterhin fand ich heraus, dass im selben Jahr elf Golden Retriever unter den höchst dekorierten Hunderassen waren, während es Beagles nach meinen Unterlagen (15 Jahre zurück) niemals geschafft hatten, unter die Top-25 der Preisgewinner zu kommen.

Ich lege Wert darauf, dass ich den Beagle nicht ausgewählt habe, weil ich die Rasse nicht leiden mag. Vielmehr lebe ich zurzeit mit einem wunderbaren Beagle (Darby) zusammen, den ich aus keinem Grund missen möchte. Er lässt sich allerdings kaum etwas beibringen. Sein Problem, und das gilt für viele Rassen, die im unteren Bereich der Trainierbarkeits-Skala stehen, hat viel mit seiner Persönlichkeit und wenig mit seiner Intelligenz zu tun. Die meisten Hunderassen am unteren Ende der Ranglisten lassen sich leicht ablenken und wurden für ganz bestimmte Verhaltensweisen gezüchtet, die sich nicht mit neuen Fertigkeiten vertragen. Mein Beagle Darby wurde gezüchtet, um Fährten zu folgen: Er lässt sich von jedem neuen Duft faszinieren, der in seine Nase steigt – das erscheint ihm viel wichtiger, als den Trainer anzusehen oder auf ihn zu hören. Sobald er einen Duft aufgenommen hat, folgt er seiner Nase und denkt nicht mehr an das Kommando, das er gerade lernen oder ausführen soll.

Trotz unterschiedlicher Trainierbarkeit lassen sich alle Hunderassen ausbilden. Bei einigen ist wegen persönlicher oder kognitiver Voraussetzungen mehr Arbeit nötig, doch mit Geduld und den geeigneten Trainingsmethoden wird fast jeder Hund lernen, sich an seine Umgebung anzupassen und sich mit der menschlichen und der Hundewelt zu arrangieren. Bei manchen Hunden stößt man schon deswegen an eine Grenze, weil der Besitzer nicht genügend Zeit oder Mühe investieren kann, seinen Hund auszubilden. Manche Fertigkeiten werden durch das Erbgut eingeschränkt, andere eher gefördert. Um beim Beispiel Beagle zu bleiben: Er wird viel schneller als ein Retriever lernen, wie man eine Fährte verfolgt, ist in Gehorsamkeitswettbewerben seinem blonden Konkurrenten allerdings hoffnungslos unterlegen, weil er Schwierigkeiten hat, rasch und präzise auf die Hinweise seines Halters zu reagieren. Trotz der rassespezifischen Unterschiede sind die eigentlichen Lernprozesse bei allen Rassen gleich.

Formen des Lernens

Wenn wir über Lernen reden, meinen wir damit eine dauerhafte Verhaltensänderung, die sich als Konsequenz aus der Auseinandersetzung des Hundes mit seiner Umwelt ergibt. Diese Veränderung kann das Ergebnis einer bewussten Ausbildung sein oder das zufällige Endprodukt dieser Auseinandersetzung. Vor über 200 Jahren schrieb der Philosoph John Locke, dass wir durch Assoziation lernen: Wir stellen geistige Verbindungen zwischen Ereignissen her, die in bestimmter zeitlicher Folge eintreten. Wenn Sie beispielsweise Schokolade sehen und riechen und etwas davon essen, werden Sie sich beim nächsten Mal, wenn Sie Schokolade sehen und riechen, an den Geschmack erinnern und einen Genuss erwarten. Es gibt zwei Arten der Assoziation. Die erste besteht in einer Verknüpfung zwischen zwei Reizen oder Sinneseindrücken, die andere assoziiert zwischen einer Handlung und dem, was dabei herauskommt. Diesen beiden Arten der Assoziation entsprechen zwei unterschiedliche Formen des Lernens. Ein Beispiel für die erste Art ist ein Gewitter: Wir erwarten nach dem Sinneseindruck eines Blitzes auch den darauf folgenden Donner. Man nennt diese Art des Lernens „klassische Konditionierung", wobei Konditionierung nichts als ein wissenschaftlicher Ausdruck für „Lernen" ist; „klassisch" heißt in diesem Zusammenhang, dass es sich hierbei um die erste, wissenschaftlich und systematisch untersuchte Form des Lernens handelt.
Bei der „operanten Konditionierung" wird ein Reiz mit einer Reaktion verknüpft. Wenn wir beispielsweise lernen, dass der Druck auf den Knopf eines Automaten mit einer Zuckerstange belohnt wird, dann haben wir eine Operation oder Handlung mit einer Reaktion verknüpft. Bei jedem Lernvorgang müssen wir unterscheiden, welche der beiden Formen (oder beide) daran beteiligt ist.

Die Bedeutung von Reizen erlernen

Der russische Physiologe Iwan Petrowitsch Pawlow hat als erster die klassische Konditionierung systematisch erforscht. Er widmete 20 Jahre seiner wissenschaftlichen Karriere der Untersuchung des Verdauungstraktes. Dabei interessierte er sich auch für die Rolle des Speichels bei der ersten Phase der Verdauung. Seine Arbeiten wurden 1904 mit dem Nobelpreis gewürdigt. Trotz des Prestiges, das mit dem Nobelpreis verbunden ist, erinnert man sich heute nicht so sehr an seine Arbeiten über die Verdauung, sondern an das, was er rund 30 Jahre nach der Preisverleihung herausfand.

Pawlows Untersuchungen basierten auf einer zufälligen Beobachtung. Er untersuchte die Speichelbildung bei Hunden und erkannte, dass die Speichelbildung einsetzte, wenn er ihnen Futter brachte. Dabei fiel ihm auf, dass der Hund auch dann speichelte, wenn er Objekte sah, die mit der Fütterung in Zusammenhang standen, z.B. seinen Napf, den Anblick des Menschen, der ihn regelmäßig fütterte oder sogar bereits der Klang seiner Schritte. Pawlow hätte nun einfach sagen können, „Na gut, der Hund erwartet eben sein Futter und deswegen läuft ihm das Wasser im Mund zusammen". Stattdessen war ihm sofort klar, dass es sich hier um eine besondere Form des Lernens handeln musste, die sich nicht bewusst steuern ließ. Wenn Ihnen beispielsweise jemand sagt, „mache deinen Mund wässrig", dann werden Sie feststellen, dass dies willentlich kaum möglich ist. Pawlow erkannte die Besonderheit: Eine normalerweise unwillkürliche Aktion (Speichelbildung), die von einer bestimmten Gruppe von Reizen ausgelöst wird (Nahrung), wurde nun durch einen neuen Reiz induziert (der Anblick des Forschers). Offenbar hatte sich eine neue Verknüpfung zwischen dem Anblick des Forschers und der Nahrung gebildet – der optische Reiz übte inzwischen denselben Effekt auf das Verhalten des Hundes aus wie das Futter selbst.

Um diese Verknüpfung zu untersuchen, benutzte Pawlow eine einfache Versuchsanordnung. Er setzte den Hund einem neutralen Reiz aus (der die Speicheldrüsen des Hund völlig unbeeinflusst ließ), z.B. den Klang einer Glocke, und blies ihm unmittelbar danach etwas Fleischpulver ins Maul, um den Speichelfluss anzuregen. Nachdem er die Abfolge Glocke-Fleischpulver-Speichel mehrfach wiederholt hatte, ließ Pawlow nur noch die Glocke klingen. Obwohl der Klang für den Hund ursprünglich völlig neutral gewesen war, löste er nun Speichelfluss aus. Dabei spielte es keine Rolle, welche Art von neutralem Reiz er einsetzte, Klicken, Licht, das Zeichnen eines Kreises, eine Berührung an den Flanken. Jedes Mal reagierte der Hund, als bliese man ihm Fleischpulver ins Maul – mit Speichelfluss. Der Hund war nicht darauf aus, den Vorgang aktiv herbeizuführen, er war nicht einmal bewusst beteiligt; die Kette lief automatisch ab.

Sie können ein einfaches Experiment zur klassischen Konditionierung mit einem Freund durchführen. Bitten Sie ihn, sich hinzusetzen. Nähern Sie sich seinem Gesicht, sodass Sie ihm vorsichtig ins Auge pusten können. Wenn Sie das machen, sollte sich sein Auge blinzelnd schließen. Nehmen Sie jetzt einen Löffel in die Hand und klopfen damit gegen eine Tasse. Das Klingen dient als neutraler Reiz, das Auge sollte nicht blinzeln. Jetzt beginnt das Training: Klopfen Sie gegen die Tasse und blasen Sie sofort danach ins Auge, also die Sequenz Klopfen – Pusten – Blinzeln. Wiederholen Sie die Sequenz mehrmals und schlagen Sie dann an die Tasse, ohne zu pusten. In den meisten Fällen wird die Versuchsperson nach mehreren Durchläufen bereits auf dieses Klopfen hin mit den Augen blinzeln, ohne dass sie diese Entscheidung bewusst trifft. Sie haben gerade ein Augenblinzeln klassisch konditioniert.

Die Bedeutung der Emotionen beim Lernen

Was nützt es, einen Hund auf Kommando zum Sabbern zu bringen, wenn die meisten ohnehin bereits genügend sabbern? In der Tat geht es nicht um das Sabbern oder das Augenblinzeln, sondern vielmehr um eine Gruppe von Verhaltensweisen. Was die klassische Konditionierung so wichtig macht, ist ihre Bedeutung bei den emotionalen Reaktionen auf unsere Umwelt.

Das berühmteste Beispiel einer klassischen Konditionierung im Zusammenhang mit emotionaler Reaktion stammt von John Watson, dem Begründer des Behaviorismus. Watson führte an der John Hopkins Universität ein Experiment durch, das sich nach heutigen ethischen Standards verböte. Er zeigte einem elf Monate alten Baby (Albert) eine weiße Ratte. Albert hatte Angst. Dann zeigte er ihm die Ratte erneut, während hinter dem Baby mit einem Hammer auf ein Stück Metall geschlagen wurde. Albert erschrak, fürchtete sich und begann zu weinen. Nach einigen Wiederholungen der Sequenz „Ratte-Klopfen-Angstweinen" brachte bereits der Anblick der weißen Ratte das Baby zum Weinen. Albert hatte nicht nur Angst vor Ratten, sondern vor allen pelzigen Objekten wie weißen Kaninchen, Plüschtieren, Pelzmänteln und sogar dem Bart des Nikolaus. Watson hatte die Emotion der Furcht klassisch konditioniert, denn in Albert war das Gefühl der Angst mit pelzigen Objekten fest assoziiert. Es ist wichtig zu wissen, dass Albert nicht lernen wollte oder seine Furcht bewusst auf die Objekte übertrug. Vielmehr geschah es automatisch, weil er einen Reiz mit etwas assoziierte, was ihn ängstigte. Die traurige Fußnote der Geschichte war, dass Alberts Mutter sich derart aufregte, dass sie Watson weitere Experimente verbot – damit war es Watson nicht möglich, die konditionierte Furcht wieder zu dekonditionieren.

Die Stärke der meisten klassisch konditionierten Verhaltensweisen nimmt zu, wenn die Zahl der Wiederholungen gesteigert wird. Es gibt allerdings auch Fälle, in denen der Reiz so intensiv ist, dass bereits ein einzelnes Ereignis ausreicht. Für einen jungen Hund ist der Anblick eines Stachelschweins neutral. Wenn er sich jedoch nähert und die Stacheln in seiner Nase stecken bleiben, erlebt er ein traumatisches Ereignis voller Schmerz und Angst. Bereits diese eine Begegnung, „Stachelschwein – Stacheln – Schmerz und Angst" reicht aus, ihn bei einer späteren Begegnung mit einem Stachelschwein in Stress zu versetzen; meist meidet er Stachelschweine für den Rest seines Lebens.

In seinem klassischen Buch über die Ausbildung von Hütehunden (*The Farmers Dog*) gibt John Holmes ein weiteres Beispiel für eine konditionierte Angstreaktion nach nur einer Begegnung. Holmes

ging mit einem seiner Border Collies auf einem Feld spazieren, als sein Hund durch ein offenes Tor rannte und mit einem anderen Hund aneinander geriet („Tor und Hund – Zusammenstoß – Schmerz und Angst“). Obwohl der andere Hund sicher nicht bösartig war, ging der Collie später nie mehr durch das Tor, wenn der andere Hund zu sehen war.
Mit einer interessanten Anwendung der klassischen Konditionierung wird versucht, Wölfe von Schafen fern zu halten. Man präpariert ein frisch geschlachtetes Schaf mit einer Substanz, die Übelkeit und Magenkrämpfe hervorruft und legt es als Köder für die Wölfe aus. Wenn sie etwas von dem vergifteten Fleisch fressen, wird ihnen übel. Bei der Sequenz „Anblick, Duft und Geschmack von Schafen – Fressen – Unwohlsein, Übelkeit“ und den heftigen körperlichen Symptomen erinnern sich die Wölfe, wenn sie das nächste Mal Schafe sehen und reißen wollen, an die Magenbeschwerden und lassen von den Schafen ab. Mit demselben Trick versucht man auch Haushunde davon abzuhalten, Vieh zu reißen.

Positive und negative Reaktionen einsetzen

Die klassische Konditionierung von Emotionen erklärt den Erfolg von Trainingsmethoden, die auf Belohnungen basieren. Sie knüpfen ein engeres Band zwischen dem Hund und seinem Ausbilder als ein auf Strafen basierendes Training. Jedes Mal, wenn der Hund eine Belohnung bekommt, läuft die Sequenz „Hund sieht Sie – Belohnung – angenehmes Gefühl“ ab. Selbst wenn Sie das korrekte Timing nicht beherrschen und vielleicht auch kein guter, kenntnisreicher Ausbilder sind, empfindet der Hund keinerlei negative Gefühle. Mit jeder Belohnung wird der Hund sich besser in Ihrer Nähe fühlen, denn eigentlich konditionieren Sie eine emotionale Reaktion „Hund sieht Sie – angenehmes Gefühl“.
Ganz anders wirken konsequente Bestrafung oder harte Korrekturen. Der Anblick von Ihnen, Ihrer Hand, der Leine oder des Halsbandes, auf den regelmäßig Schmerz oder Beschwerden folgen,

wird letztlich mit negativen Gefühlen und Abneigung assoziiert. Ich konnte dies erleben, als ich eine Trainingseinrichtung für Schutzhunde besuchte. Der Ausbilder setzte eine harte und unfreundliche Trainingsmethode ein, damit die Hunde auf jeden Fremden mit Misstrauen und Antipathie reagierten. Dazu setzte er die Tiere einer Reihe von negativen Erfahrungen mit unbekannten Menschen aus, um ihre Aggressionen auf jeden Fremden zu konditionieren. Mir fiel auch auf, dass die Hunde sich jedes Mal an die Wand drückten, wenn sich der Trainer mit dem Halsband einem Zwinger näherte – sie wollten das Halsband nicht tragen. Ganz offensichtlich verbanden die Hunde mit dem Ausbilder und der gesamten Umgebung unangenehme Gefühle. Beim Anblick dieser Hunde fielen mir meine eigenen ein, die ich mit Hilfe von Belohnungen (vielleicht mit zu vielen) trainiert hatte; sie tanzen fröhlich um mich herum und laufen vor der Tür umher, wedeln mit dem Schwanz und ihre Augen sind freudig erregt, wenn ich die Tasche mit den Trainingsgeräten und den Leinen ergreife. Vielleicht sind meine Hunde nicht gut genug ausgebildet für einen Gehorsamkeitswettbewerb, aber sie machen ihre Übungen voller Begeisterung, denn die zahlreichen Belohnungen und klassische Konditionierung haben dafür gesorgt, dass jede Art von Training mit positiven Gefühlen belegt ist.

Die klassische Konditionierung erklärt weiterhin, warum manche Menschen glauben, Hunde fühlten sich schuldig. Stellen Sie sich das folgende Szenario vor: Ein Hundebesitzer kommt nach Hause, Lassie blickt ihn an, schleicht weg und versteckt sich. Der Besitzer interpretiert dies als Schuldbekenntnis und sucht im Haus nach der Ursache. Lassie ist gegen den Mülleimer gestoßen und hat den Müll auf dem Küchenboden verteilt. Üblicherweise wird nun der Hund ergriffen, mit der Nase auf den Müll gestoßen und bestraft. Damit etabliert man eine Sequenz klassischer Konditionierung: „Sie und den Müll auf dem Boden sehen – Schmerz durch Strafe – Angst“. Wenn Sie das nächste Mal nach Hause kommen, und beide Komponenten zutreffen (Ihr Anblick und Müll auf dem Boden), zeigt der Hund seine konditionierte Angst. Er schleicht sich weg, weil er Angst hat, nicht weil er ein schlechtes Gewissen hätte.

Wenn Ihr Hund auf diese Weise konditioniert wurde, können Sie selbst überprüfen, dass es sich um Angst, nicht um Schuldgefühle handelt: Kippen Sie den Müll selbst um und lassen Sie den Hund den Müll auf dem Boden sehen. Wurde der Hund früher für seine Taten bestraft, wird er auch jetzt versuchen wegzuschleichen. Ganz offensichtlich treibt ihn Angst, keine Schuldgefühle an, denn die Reizkombination aus Ihnen und dem Müll auf dem Boden erzeugt eine starke negative Emotion.

Für die klassische Konditionierung gibt es eine interessante Anwendung: Eines der schwierigsten Probleme, mit denen ein Hundebesitzer zu kämpfen hat, ist die Zerstörungswut, die ein Hund an Möbeln oder wertvollen Gegenständen ausübt. Schwierig vor allem deswegen, weil es geschieht, während der Besitzer außer Haus ist. Er hat also keine Möglichkeit, steuernd in das Verhalten des Hundes einzugreifen. Den Hund später zu bestrafen ist sinnlos, denn er wird nicht in der Lage sein, seine Taten mit der Strafe zu assoziieren. Vielmehr etablierten sich negative Gefühle zu dem Menschen, der ihn bestraft. Die Konditionierung liefe über die Sequenz „Trainer – Bestrafung – Schmerz und Angst“ ab. Allerdings ist es möglich, den Hund über erlernte (konditionierte) negative Gefühle von seinem Zerstörungswerk abzubringen, wenn diese Gefühle mit den richtigen Gegenständen assoziiert werden. Stellen Sie sich vor, Ihr Hund nagt regelmäßig Ihre Schuhe an, wenn Sie außer Haus sind. Es muss Ihnen gelingen, den Anblick und Geruch Ihrer Schuhe (ohne Ihre Füße darin) mit negativen Gefühlen zu belegen – ähnlich wie die Wölfe und der Übelkeit erregende Kadaver. Außerdem muss diese Konditionierung auch dann greifen, wenn Sie außer Haus sind. Hier setzt die klassische Konditionierung von Emotionen ein. Sie beginnen damit, wenn der Hund zum ersten Mal zugeschlagen hat. Rufen Sie ihn herbei und lassen Sie ihn sitzen. Wenn er schreckhaft ist, sollten Sie ihm eine Leine anlegen. Zeigen Sie ihm den Gegenstand, den er angenagt hat. Dann (das klingt vielleicht merkwürdig) bestrafen Sie den Gegenstand, während der Hund zusieht: Schlagen Sie den Schuh, rufen Sie „Nein!“ und zeigen Sie eindrücklich, wie sehr Sie sich ärgern. Hunde passen sehr genau auf, was wir tun, und reagieren auf unsere Stimme, Bewegungen und andere Handlungen, die auf unsere Stimmung hinweisen. Die laute, wütende Stimme wird den Hund emotional aufregen, doch da Sie nicht ihn, sondern den Gegenstand „bestrafen“, wird er seine negativen Gefühle mit dem entsprechenden Gegenstand verknüpfen. Die Sequenz der Ereignisse lautet demnach, „Objekt ansehen – wütendes Verhalten – Angst“. Möglicherweise müssen Sie den Vorgang in den nächsten Tagen mehrfach wiederholen, aber schließlich haben Sie die Sequenz „Objekt ansehen – Stress und Abneigung“ konditioniert. Obwohl diese Technik funktioniert, möchte ich Ihnen raten, sie nur dann anzuwenden, wenn Sie allein sind. Es ist schwer zu erklären, warum Sie einen Schuh angiften, während Ihr Hund dabei zusieht.

Bindung aufbauen

Die klassische Konditionierung ist das beste Mittel, um eine emotionale Bindung zwischen Ihnen und Ihrem Hund zu knüpfen. Sie funktioniert besonders gut mit jungen Welpen, die gerade sozialisiert werden, mit neu ins Haus gekommenen Hunden, aber auch mit Hunden, die bereits einige Zeit mit Ihnen zusammenleben. Dabei kommt es nicht auf „Unterricht“ an. Sie sollten Ihren Hund nur während mindestens einer Mahlzeit am Tag mit der Hand füttern. Es dauert nur fünf Minuten, selbst wenn Sie ihn Bröckchen für Bröckchen füttern. Der Vorgang ist sehr einfach. Nehmen Sie den Fressnapf vom Boden. Reden Sie freundlich mit Ihrem Hund, zeigen Sie ihm ein Fleischstückchen und berühren Sie ihn am Körper oder Hals, dann bekommt er das Fleisch. Wenn Ihr Hund bereits einfache Kommandos befolgt, wie „Komm“, „Sitz“ oder „Platz“, sollten Sie mit ihm üben und ihn jedes Mal belohnen. Damit bauen Sie ein emotionales Band auf, über die Sequenz „Ihre Stimme, Anblick und Berührung – Futter – positive, emotionale Reaktion“. Jedes Stück Fleisch wird zu einem Reiz, der dem Hund ein gutes Gefühl gibt, und er assoziiert das Gefühl mit Ihrer Gegenwart. Schließlich reichen Ihre Berührung, der Klang Ihrer Stimme oder auch Ihr Anblick aus, um ihn in positive Stimmung zu versetzen. Ich will zwar nicht behaupten, dass Sie damit den Hund konditionieren, Sie zu lieben, aber immerhin haben Sie nach den Übungen ein Haustier, das sich gut fühlt, wenn Sie mit ihm zusammen sind.

Fertigkeiten erlernen

Vermutlich denken die meisten beim Begriff „Lernen“ vor allem daran, sich Fertigkeiten anzueignen, etwa Fahrrad fahren, Rechenaufgaben lösen oder sich in Gesellschaft korrekt verhalten. Solche Fertigkeiten erwerben wir über einen Lernvorgang, bei dem die Handlungen des Einzelnen an ein bestimmtes Ergebnis gekoppelt werden – die operante Konditionierung. Da die meisten Aktionen und Reaktionen durch einen Reiz ausgelöst werden, erlernen wir eigentlich die Abfolge „Reiz – Reaktion – Ergebnis“. Dabei kann die Handlung einfach oder komplex sein und zu einem Ergebnis führen, das wir erreichen oder vermeiden wollen. Wer Fahrradfahren lernt, möchte an andere Orte gelangen, ein guter Rechner bekommt gute Noten und wer weiß, dass man nicht mit dem Finger in eine Kerze fasst, vermeidet Verbrennungen.

Obwohl die Grundlagen der operanten Konditionierung recht einfach sind, lassen sie sich einem Hund nicht einfach vermitteln. Ein Beispiel: Klavierspielen ist einfach, wenn man es auf den mechanischen Vorgang reduziert – drücke eine Taste und der erwünschte Ton erklingt. Man braucht aber Jahre der Übung, bis man das Instrument beherrscht. Die Grundlagen der operanten Konditionierung basieren darauf, dass jedes belohnte Verhalten verstärkt, jedes nicht belohnte Verhalten abgeschwächt wird. Durch die Belohnung steigen die Chancen, dass ein erwünschtes Verhalten wiederholt wird. Gibt es keine Belohnung, nehmen die Chancen auf ein nicht belohntes Verhalten ab. Das ist alles! Man muss nicht die neurologischen und chemischen Hintergründe oder die beteiligten Gehirnregionen und Nervenbahnen kennen, um einen Hund auszubilden, der „trickreiche“ Teil der Ausbildung besteht darin, das Verhalten so zu steuern, dass Sie es belohnen können. Außerdem muss die Belohnung immer zur richtigen Zeit kommen, um ein erwünschtes Verhalten zu verstärken. Dazu ist häufig viel Zeit und Mühe erforderlich. Es gibt vier Grundstrategien, die bei der operanten Konditionierung zum Einsatz kommen; es sind „Verstärken spontanen Verhaltens“, „Köderung“, „körperliche Auslöser“ und „sukzessive Annäherung oder Formung“. Jede Strategie hat Vor- und Nachteile.

Verstärken spontanen Verhaltens

Manchmal wird diese einfachste Form der Ausbildung auch „Autotraining“ genannt, weil der Hund sie scheinbar selbst ausführt, besser ist jedoch der Ausdruck „Verstärken spontanen Verhaltens“. In der Theorie erscheint diese Technik unglaublich einfach. Sie warten einfach, bis der Hund ein erwünschtes Verhalten zeigt, und belohnen es. Um zu demonstrieren, wie die Methode funktioniert, möchte ich wieder einen Welpen mit dem schönen Namen Lassie einführen. Sie müssen Lassie nur beobachten, während sie mit Ihnen spielt. Sobald sie sich auf Sie zu bewegt, sagen Sie „Lassie, komm“ und geben ihr sofort eine Belohnung (ein Leckerli oder ein Tätscheln). Wenn sie sich zufällig hinsetzt, sagen Sie „Lassie, sitz“ und geben ihr eine Belohnung. Es kommt darauf an, dass sie die Belohnung jedes Mal bekommt, wenn sie eine erwünschte Handlung ausgeführt hat – ganz so, als hätte sie auf Ihr Kommando reagiert. Die Belohnung verstärkt die Verknüpfung zwischen dem Kommando und der Handlung des Hundes. Nach einigen Wiederholungen sollte allein das Kommando ausreichen, um den Bewegungsablauf zu initiieren.

Der Nachteil dieser Art von Ausbildung besteht in dem enormen Zeitaufwand, bis das erwünschte Verhalten komplett ist. Sobald der Hund begriffen hat, dass es für eine Aktion seinerseits eine Belohnung gibt, wird er das Training als eine Art Spiel auffassen. Vermutlich muss er mehrmals probieren, welches Verhalten Sie erwarten und welches nicht. Auf dem Weg dahin macht er viele Fehler, von denen Sie sich nicht entmutigen lassen dürfen. Obwohl wir natürlich primär auf die positive Reaktion abzielen und diese auch belohnen, hat die operante Konditionierung einen ebenso wichtigen Nebeneffekt: Die nicht belohnten Verhaltensweisen werden nach und nach schwächer. Sehen Sie es positiv. Je mehr (nicht belohnte) Fehler ein Hund macht, desto schneller lernt er, was *nicht* belohnt wird. Letztlich wird er die unprofitablen Optionen unterlassen und sich auf jene beschränken, die belohnt werden. Hunde scheinen dieses Spiel zu lieben, und es ist selbst für kleine Kinder möglich, beim Training des Hundes zu helfen. Die Technik funktioniert sogar bei ängstlichen, scheuen, schlecht sozialisierten und aggressiven Hunden – sie scheinen sich auf die Aufgabe zu konzentrieren und sich dabei zu entspannen.

Der richtige Zeitpunkt für die Belohnung ist schwierig zu bestimmen. Stellen Sie sich vor, Lassie kommt auf mich zu und ich sage, „Lassie, komm". Also muss ich los, um eine Belohnung zu holen. Wenn ich mich abwende, bleibt Lassie vielleicht stehen oder folgt mir, weil sie auf den Leckerbissen hofft. Das bedeutet, dass die Hoffnung auf eine Belohnung das erwünschte Verhalten gehemmt oder sogar unterbunden hat. Erwünscht war die Folge „der Hund kommt auf mich zu – er bekommt eine Belohnung – das Verhalten 'kommen' wird positiv verstärkt". Stattdessen passierte, „der Hund bleibt stehen, weil er auf eine Belohnung wartet – er bekommt eine Belohnung – das Verhalten 'stehen bleiben' wird positiv verstärkt". Der Grund für diese Fehlleitung liegt in der Wirkungsweise der operanten Konditionierung: Verstärkt wird das Verhalten unmittelbar vor der Belohnung. Daher braucht man eine Belohnung, die den Ablauf des Verhaltens nicht unterbricht, die auf den Zeitpunkt genau abgeliefert werden kann und die auch aus der Entfernung wirkt.

Diese besondere Form der Belohnung, die „Sofort-Belohnung" basiert auf der klassischen Konditionierung von Emotionen. Es handelt sich um eine Art Signal, nach dem sich der Hund gut fühlt und das nicht mit dem ablaufenden Verhalten kollidiert. Letztlich ist es die positive Emotion, nicht die eigentliche Belohnung, die das vorher abgelaufene Verhalten verstärkt.

Um eine neue Art von Belohnung zu schaffen, sollten Sie sich zunächst für ein Signal entscheiden. In den letzten Jahren hat sich der Clicker durchgesetzt, ein kleines Gerät, das ein klickendes

Geräusch macht. Ebenso gut sind ein Pfiff, Licht, ein Ton, Wort oder eine bestimmte Handlung geeignet. Ich bevorzuge meine Stimme, so habe ich beide Hände frei für andere Dinge. Starke Betonung und freudig ausgesprochene Worte wie „Guter Hund!“ oder „Ja!“ funktionieren gut. Als Nächstes muss das Signal durch Konditionierung an ein positives emotionales Signal gekoppelt werden. Am einfachsten geht das mit Futter. Damit „Guter Hund“ zu einer Belohnung wird, benutzen Sie die Phrase unmittelbar bevor Sie ihm eine Futterbelohnung geben. Wiederholen Sie den Vorgang mehrmals, damit die klassische Konditionierung greift, „guter Hund – Futter – warmes und glückliches Gefühl“. Noch einige Wiederholungen, und der Hund spitzt seine Ohren und wedelt mit dem Schwanz, wenn er die Worte „guter Hund“ hört. Jetzt haben Sie den Klang der Worte benutzt, um eine klassische Konditionierung durchzuführen; sie rufen im Hund eine positive Emotion hervor und können benutzt werden, um ein neues Verhalten zu belohnen.
Technisch gesehen, wurde eine „sekundäre Belohnung“ geschaffen; eine „primäre“ Belohnung wäre beispielsweise das Futter. Bei der Ausbildung von Hunden spricht man auch von „sekundärem Verstärker“, denn die erlernte Belohnung kann ein anderes Verhalten verstärken, das der Hund erst noch lernen soll. Die meisten Belohnungen, die das menschliche Verhalten kontrollieren, sind sekundärer Art. Primäre Belohnungen sind biologischer Natur, wie Nahrung, Getränke oder Sex. Zu den sekundären oder konditionierten Belohnungen gehören Geld, Schulnoten, Lob, Beförderungen, Medaillen, Preise und Titel. Auf den ersten Blick erscheint es schwierig, wie man sekundäre Belohnungen verinnerlicht, aber wenn Sie weit genug zurückgehen, werden Sie sehen, dass alle auf der klassischen Konditionierung mit Emotionen basieren. Ein gutes Beispiel ist die Arbeit für gute Schulnoten oder Belobigungen. Eine Mutter, die ihr Kind füttert, spricht mit ihm. Sobald sie ihm ein Löffelchen in den Mund steckt, sagt sie beispielsweise „Du bist ein guter Junge“, oder „Gutes Mädchen“. Die Konditionierungssequenz lautet: „Lob (‚gut‘) – Nahrung – positives Gefühl.“ Gesagt zu bekommen, dass man „gut“ ist, wird damit zur konditionierten Belohnung, die eine positive Emotion zur Folge hat. Später

hört das Kind, dass es eine „gute“ Note bekommen hat. Nun lautet die Konditionierungssequenz „Note – ‚gut‘ – positives Gefühl“. Schon bald reicht die gute Schulnote aus, um eine positive Emotion hervorzurufen. Bemerkenswerterweise wurde hier eine sekundäre Belohnung benutzt, um eine neue sekundäre Belohnung zu kreieren. Manchmal wird dieser Vorgang als „Kettenbildung“ (Verkettung) bezeichnet; er erklärt, warum Preise, Titel und öffentliche Anerkennung uns ein gutes Gefühl geben und warum wir willens sind, etwas dafür zu tun. Die Kette sekundärer Belohnungen kann sehr lang sein, doch letztlich landet sie am Anfang, bei der klassischen Konditionierung einer primären Belohnung.

Genauso wie sich Menschen für eine konditionierte sekundäre Belohnung anstrengen, so werden auch Hunde arbeiten und lernen, um ein „Guter Hund“ oder ein Clicken zu hören, sofern diese Laute als sekundäre Belohnung konditioniert wurden und eine positive emotionale Reaktion hervorrufen.

Sobald sekundäre Belohnungen, wie „Guter Hund“ oder ein Clicken etabliert sind, kann man sie als Belohnungen einsetzen, um ein erwünschtes Verhalten zu verstärken. Am Anfang sollte eine sekundäre Belohnung regelmäßig von primären Belohnungen gefolgt werden, um die Bindung zu stärken. Wenn sich Lassie auf uns zu bewegt, sagen wir „Lassie, komm“, dann folgt die sekundäre Belohnung, „Guter Hund“. Wenn Lassie ankommt, bekommt sie die primäre Belohnung in Form eines Leckerbissens. Manche Tiertrainer nennen solche konditionierten Lautäußerungen „Brückenreiz“, weil sie die Zeit zwischen dem aktuell gezeigten Verhalten und dem Augenblick überbrücken, wenn der Leckerbissen übergeben wird. Häufig glauben diese Trainer, dass die Hunde die sekundäre Belohnung als eine Art Botschaft verstehen, die ihnen sagt, „wenn du ankommst, darfst du mit einer Belohnung rechnen“. Das ist aber nicht korrekt, denn bereits der Klang der Worte „Guter Hund“ ist Belohnung und ruft positive Gefühle hervor. Es lohnt sich, das Signal der sekundären Belohnung immer wieder zu „schärfen“ – stellen Sie die Verknüpfung zwischen Lob und Futter immer wieder her; allerdings ist es nicht mehr nötig, jedem „Guter Hund“ auch eine Futterbelohnung folgen zu lassen.

Erst wenn der Hund eine gewisse Sicherheit erreicht hat, können Sie mehrere korrekt ausgeführte Verhaltensweisen von ihm verlangen, ehe eine primäre Belohnung folgt. In der Anfangsphase ist es allerdings effektiver, wenn er jedes Mal nach dem erwünschten Verhalten zunächst eine sekundäre und dann eine primäre Futterbelohnung bekommt. Der eigentliche Vorteil der sekundären Belohnung ist ihre Präzision. Sie können „Guter Hund" genau dann sagen, wenn der Hund die erwünschte Handlung ausführt. Da die Belohnung in Worten besteht, braucht man nicht direkt neben dem Hund zu stehen (für eine Futterbelohnung mindestens eine Armlänge) und der Hund muss andererseits nicht innehalten und das Futter kauen und schlucken.
Die Verstärken spontanen Verhaltens ist besonders geeignet, dem Hund Verhaltensweisen beizubringen, die sich anderweitig nur schwer oder gar nicht verstärken lassen. Wenn ich meine Hunde stubenrein mache, gehe ich mit ihnen stets dieselbe Route. Immer, wenn einer der Hunde sich zu erleichtern begann, sagte ich „Mach schnell" und wiederhole die Phrase noch mehrmals – immer im Wechsel mit der sekundären Belohnung „Guter Hund". Wenn der Hund sein Geschäft erledigt hat, wird er mit einem Leckerbissen belohnt. Nach einigen Wochen beginnt der Hund auf das Kommando „Mach schnell" zu schnuppern und sucht nach einem Platz, sich zu erleichtern. Auf diese Weise läuft die Erziehung zur Stubenreinheit sehr kontrolliert ab.

Lockmittel einsetzen

Auch mit der Methode der Lockmittel kann man einen Hund gut ausbilden. Sie hat gegenüber der Verstärkung spontanen Verhaltens vor allem einen Vorteil: Der Hund wird angehalten, die erwünschten Handlungen auszuführen; Sie müssen nicht lange darauf warten, bis er sie zufällig ausführt. Als Lockmittel dienen in den meisten Fällen Futterstückchen, es kann aber auch ein Spielzeug oder etwas anderes sein, was der Hund gerne mag. Da der Hund den Köder gerne haben möchte, wird er ihn anschauen und mit seinem Kopf der Bewegung des Köders folgen. Wenn es Ihnen gelingt, den Kopf des Hundes in Bewegung zu setzen, dann gelingt es auch mit dem Körper. Auf diese Weise können Sie einem Hund alle Körperpositionen beibringen (Sitz, Platz, Steh) oder die Bewegungsrichtung seines Körpers steuern (komm, dreh dich, geh nach rechts, nach links). Sie können damit auch seine Aufmerksamkeit auf spezielle Objekte oder Menschen lenken.

Ich möchte wiederum am Beispiel von Lassie erläutern, wie das Lockmittel-Training funktioniert. Stellen Sie sich vor, sie soll sich auf Kommando setzen. Wenn es Ihnen mit Hilfe des Lockmittels gelingt, Lassies Nase zu bewegen, folgt der übrige Körper nach. Zeigen Sie dem Hund eine Belohnung und bewegen Sie das Futterbröckchen nach oben und hinten. Halten Sie dem Hund das Futterbröckchen direkt vor die Nase und bewegen Sie es zwischen den Augen nach oben und hinten. Wenn Lassie aufblickt, um dem Futter zu folgen, senkt sich automatisch ihr Hinterteil ab, bis sie in einer sitzenden Position ist. Nun sagen Sie wie beim Verstärken spontanen Verhaltens „Lassie, sitz“, danach sagen Sie sofort „Guter Hund“ und geben ihr eine Belohnung. Nun lassen Sie den Hund mit einem freundlichen „O.k.“ oder „Gut gemacht“ wieder frei, tätscheln Sie ihn (diese Abfolge sollte bei jeder erfolgreichen Handlung ablaufen). Es ist sehr wichtig, dass Sie den Leckerbissen und die sekundäre Belohnung geben, bevor der Hund aufsteht, daher müssen Sie zu Beginn des Trainings sehr schnell sein. Wiederholen sie die Übungen mehrfach, wenn sich der Hund neben Ihnen oder vor Ihnen aufhält, bis er verlässlich auf das Kommando reagiert.

Sobald der Hund verlässlich reagiert, können Sie damit beginnen, das Lockmittel wegzulassen. Führen Sie die Handbewegung zunächst ohne das Lockmittel aus, benutzen Sie aber weiter das verbale Kommando. Wenn der Hund macht, was Sie von ihm verlangen, loben Sie ihn mit der sekundären Belohnung „guter Hund“; darauf folgt die Futterbelohnung.

Dann sollten Sie dazu übergehen, die Bewegung flüchtiger auszuführen und schon bald wird der Hund ausschließlich auf das verbale Kommando reagieren. Sobald Ihr Hund verlässlich auf das Kommando reagiert, lassen Sie auch die Futterbelohnung nach und nach weg – manchmal bekommt der Hund nur das „Guter Hund“ zu hören, dann wieder das Lob und eine Futterbelohnung. Schließlich sollten Sie auch die Zahl der Futterbelohnungen zurückschrauben; es gibt nur noch gelegentlich eine Futterbelohnung – die sekundäre Belohnung dürfen Sie allerdings niemals einschränken. Jedes Mal, wenn Ihr Hund das tut, was Sie von ihm verlangen, sollte er die lobenden Worte hören, denn sie rufen dieselben guten Gefühle hervor wie ein Leckerbissen.

Ich persönlich bevorzuge die beiden bisher geschilderten Techniken, weil man einen Hund damit ohne Hilfe einer Leine ausbilden kann. In der Vorstellung des Hundes setzt sich die Idee fest, dass es sich lohnt, den Kommandos auch dann zu folgen, wenn über die Leine kein direkter Kontakt zu Ihnen besteht oder wenn er sich sogar etwas von Ihnen entfernt hat. Diese Vorstellung ist äußerst hilfreich und sorgt dafür, dass Sie eine nachhaltige Kontrolle über Ihren Hund haben.

Körperliche Einwirkung

Die traditionelle Form der Hundeerziehung basierte auf Leinen, Halsbändern und körperlichen Auslösern. Die meisten Menschen sehen bei dem Gedanken an Hundetraining jemanden vor sich, der an einer Leine reißt, damit der Hund bei Fuß geht, oder die Leine hochzieht und gleichzeitig das Hinterteil des Hundes nach unten drückt, damit er sitzt. Es scheint einfach zu sein, einen Hund mit dieser Form von körperlicher Einwirkung zu etwas zu zwingen. Es scheint auch vernünftig zu sein, denn das jeweils letzte Verhalten vor einer Belohnung wird belohnt und mit körperlichen Auslösern zwingt man dem Hund eben jenes Verhalten auf, das belohnt werden kann. In Wahrheit wirken körperliche Auslöser jedoch sehr viel komplizierter und funktionieren nur bei einem erfahrenen Ausbilder. Man braucht gutes Timing, absolute Konsequenz und eine lange Erfahrung.

Wenn die Lehrmethode korrekt durchgeführt wird – mit dem richtigen Timing, sanft, geduldig und entspannt – können körperliche

Auslöser erfolgreich sein. Ein angenehmer Nebeneffekt ist die Tatsache, dass es zu ständigen, intensiven Kontakten zwischen Trainer und Hund kommt, was wiederum das Band zwischen den beiden stärkt. Allerdings geht die Methode oft schief, insbesondere wenn sie von unerfahrenen Hundebesitzern ausgeübt wird.
Wenn wir ehrlich sind, müssen wir zugeben, dass ein harter Zug an der Leine unangenehm ist. Wenn wir also Leinenzug als Auslöser einsetzen, konditionieren wir gleichzeitig negative Gefühle beim Anblick von Leine und Halsband, vielleicht sogar über eine Kettenbildung mit der allgemeinen Trainingssituation. Wenn wir das unangenehme Hochziehen der Leine in Kombination mit dem Händedruck auf das Hinterteil einsetzen, kann sogar der Kontakt mit der Hand negativ konditioniert werden. Bekommt der Hund seine Belohnung, nachdem er sich gesetzt hat, könnte er diese auch mit seinem Widerstand gegen unsere Bemühungen verbinden. Anders ausgedrückt, kann es durchaus sein, dass wir unseren Hund darauf konditionieren, sich gegen das Sitzen zu wehren. Da der Hund ständig durch die Leine eingeschränkt ist, wird er auch nicht ermutigt, den Kommandos zu folgen, wenn er frei läuft. Er glaubt, nur auf die Kommandos reagieren zu müssen, wenn er die Leine am Hals spürt; nur dann besteht eine körperliche Verbindung, die ihm Ihren Willen aufzwingt, und nur dann erwartet er eine Belohnung.

Belohnung oder Bestechung?

Ehe wir uns anderen Aspekten des Lernens zuwenden, möchte ich über die Kontroverse berichten, die sich über den Einsatz von Futter beim Training entsponnen hat. Argumente gegen Futterbelohnung werden häufig so formuliert: „Wenn ich Futter dazu benutze, um meinen Hund zu trainieren, wird er nur noch reagieren, wenn ich Futter bei mir habe; sollte er nicht hungrig sein, reagiert er gar nicht." In der Tat wird der Hund jedoch nur in einer frühen Phase der Ausbildung regelmäßig mit Futter belohnt. Denken Sie daran, dass die Futterköder durch Handsignale oder Worte abgelöst werden. Außerdem stufen Sie die Anzahl der Futterbelohnungen nach und nach immer mehr zurück, bis sie durch sekundäre Belohnungen wie „Guter Hund“ ersetzt werden. Manchmal folgt ein Tätscheln, vielleicht werfen Sie auch einen Ball zur Belohnung oder erlauben dem Hund andere Spiele.

Ein anderer Einwand lautet: „Benutzt man Futter nicht wie eine Bestechung?“, oft gefolgt von „Sollte er nicht aus Respekt gehorchen?“. Ich benutze Futter, weil es so vielseitig ist – wirkungsvoller Köder, Belohnung, Teil einer klassischen Konditionierung von positiven Gefühlen. Das Wort „Bestechung“ lehne ich ab, weil es etwas Unmoralisches zu implizieren scheint. Wer Politiker besticht, um damit ethische oder gesetzliche Bedenken auszuräumen und sich so eigene finanzielle Vorteile verschafft, handelt sicher unmoralisch. Aber ist es unmoralisch oder unethisch, wenn sich ein Hund auf Kommando hinsetzt? Ich sehe die Futterbelohnung als eine Art von Bezahlung an, die der Hund für geleistete Arbeit bekommt. Wäre es fair, Ihren Chef der Bestechung anzuklagen, weil er Ihnen ein regelmäßiges Gehalt bezahlt? Wie würden Sie reagieren, wenn man von Ihnen verlangt, nur noch aus Respekt für Ihren Chef zu arbeiten – ohne Gehalt? Würden Sie nicht sofort kündigen? Das Futter in der Hundeausbildung ist nichts weiter als eine Art von Gehalt.

Der vermutlich merkwürdigste Einwand in diesem Zusammenhang ließe sich etwa so formulieren: „Ist es nicht erniedrigend, Futterbelohnungen zu benutzen?“ Das würde implizieren, dass der Hund beleidigt ist oder sich schämt, Futter für seine Leistung zu bekommen. Ich habe aber niemals einen Hund getroffen, der sich unwohl fühlte, weil er eine Belohnung für seine Leistung erwartete. Meinen Hunden schien die Aussicht auf eine Belohnung immer gut zu gefallen; sie tanzen fröhlich um mich herum, wedeln freudig erregt mit dem Schwanz, vielleicht sabbern sie sogar, wenn sie die Trainingsgeräte sehen. Etwas unglücklich waren sie nur, wenn sie mich für geizig hielten, weil die Futterstückchen zu klein oder unansehnlich waren – niemals jedoch schienen sie sich erniedrigt zu fühlen.

Für mich hat die Domestizierung der Hunde mit Futter begonnen und Futter ist noch immer das beste Mittel. Als die Hunde begannen, um die Lagerstätten unserer prähistorischen Vorfahren zu kreisen, suchten sie nach Futter in den Abfällen. Sie wurden ins Lager gelockt, nicht etwa weil unsere Vorfahren so charismatisch und Respekt einflößend waren, sondern weil man ihnen Futterstückchen zuwarf und die Menschen darauf hofften, sie an sich zu binden. Es ist sicher nicht übertrieben zu behaupten, dass der Vertrag, der die Hunde mit Loyalität und Hilfe an die Menschen bindet, mit Futter unterschrieben wurde. Wenn wir unseren Hunden Belohnungen für ihren Gehorsam und Dienste zuwerfen, ehren wir diesen alten Vertrag.

Ein Verhalten formen

Manche Verhaltensweisen treten nicht spontan auf, lassen sich also nicht mit dem „Verstärken spontanen Verhaltens“ lehren; außerdem sind sie zu komplex oder bestehen aus zu vielen Schritten für einen Köder oder körperlichen Auslöser. In diesen Fällen kommt eine Methode zum Einsatz, die als Training über „sukzessive Annäherung“ (Formung) bezeichnet wird. Um das Prinzip zu demonstrieren, das hinter diesem Ansatz steckt, hat der berühmte Psychologe B.F. Skinner – er arbeitete an der Universität von Harvard und entdeckte die grundlegenden Mechanismen hinter der operanten Konditionierung – einem Hund beigebracht, eine Glocke zu läuten, die an einer Wand hing.

Zunächst kommt es darauf an, das Ziel des Trainings genau zu definieren, in diesem Fall muss der Hund an die Glocke stoßen. Dann wird das erwünschte Verhalten in möglichst viele Einzelschritte zerlegt. Man bringt dem Hund jeden einzelnen Schritt über das Verstärken spontanen Verhaltens bei und belohnt ihn mit einer sekundären Belohnung (wir bleiben bei „Guter Hund“); darauf folgt ein Futterstückchen. Im Beispiel könnte die Liste der Einzelschritte wie folgt aussehen:

1. Der Hund dreht seinen Kopf von Ihnen weg.
2. Er dreht seinen Kopf in Richtung der Glocke.

3. Er dreht den ganzen Körper in Richtung der Glocke.
4. Er macht einen Schritt auf die Glocke zu.
5. Er macht mehrere Schritte auf die Glocke zu.
6. Er geht ein Viertel des Weges zur Glocke.
7. Er geht die Hälfte des Weges zur Glocke.
8. Er geht drei Viertel des Weges zur Glocke.
9. Er geht bis zur Glocke und stellt sich daneben.
10. Er geht bis zur Glocke und sieht sie an.
11. Er bewegt seine Nase auf die Glocke zu.
12. Er berührt die Glocke mit der Nase.
13. Er drückt so kräftig, dass sich die Glocke zu bewegen beginnt.
14. Er drückt so kräftig, dass die Glocke einen Ton erzeugt.

Man geht erst dann zum jeweils nächsten Schritt über, wenn alle vorherigen beherrscht werden.
Damit der Hund das Training erfolgreich abschließen kann, müssen mehrere Voraussetzungen stimmen. Der Übergang von Schritt zu Schritt sollte so gering sein, dass ein Hund eine gute Chance hat, ihn zu bewältigen und eine Belohnung zu bekommen. Sobald der Hund das erwünschte Verhalten gezeigt hat, muss die sekundäre Belohnung folgen, noch ehe er etwa anderes macht oder sich bewegt. Der eigentliche Unterschied zwischen guten und schlechten Trainern ist das präzise Timing für den sekundären Verstärker. Gute Trainer müssen gut beobachten; sonst übersehen sie Verhaltensweisen, die eigentlich belohnt werden müssten. Training ist ein dynamischer Prozess. Hat der Hund offenbare Schwierigkeiten bei einem der Teilschritte, geht man eben einen oder zwei Schritte zurück und beginnt aufs Neue. Hat er auch dann noch Schwierigkeiten, sollte das Verhalten in noch einfachere Teilschritte zerlegt werden, die der Hund beherrschen kann. Jeder dieser Teilschritte muss ausgiebig geübt werden, damit der Hund den nächsten Schritt auf einer sicheren Grundlage lernen kann. Wird der jeweilige Teilschritt allerdings beherrscht, müssen Sie mit dem nächsten beginnen. Auf diese Weise entwickelt sich das Training Schritt für Schritt und Belohnung für Belohnung immer weiter, bis der Hund alle Teilschritte des komplexen Verhaltens gelernt hat.

Während man am Anfang solcher Übungen häufig rasch voran schreitet, kommt es zu Verzögerungen, sobald die Anforderungen komplexer werden. Der Schlüssel heißt flexibles Training. Der Hund muss genügend Belohnungen bekommen, damit er nicht frustriert wird und aufgibt. Sobald Zeichen von Angst auftreten, geht man einen Schritt zurück – diesen Teil der Aufgabe beherrscht der Hund – und beginnt neu. Achten Sie darauf, das tägliche Training jeweils positiv zu beenden; der Hund sollte eine Belohnung für ein erfolgreich geleistetes Verhalten bekommen.
Es gibt immer noch Diskussionen darüber, an welcher Stelle des Trainings man das entsprechende Kommando einführen soll. Bei einfachen Bewegungsabläufen wie „Sitz" oder „Platz" gibt man das Kommando, sobald der Hund mit dem korrekten Ablauf der Bewegung beginnt. Bei den Reaktionsfolgen der sukzessiven Annäherung wartet man gewöhnlich solange ab, bis der Hund die erwünschte Handlung korrekt ausgeführt hat. Sollte der Hund also zielgerichtet auf die Glocke loslaufen und Sie wissen, er wird gleich läuten, dann sagen Sie: „Rover, läute die Glocke". Ich selbst benutze schon von Anfang an ein Kommando, wie eine Armbewegung, damit das Verhalten an einen Auslöser gekoppelt wird. Macht er dann, was ich von ihm verlange, spreche ich das Kommando aus. Im Endstadium bekommen meine Hunde nur dann eine Belohnung, wenn sie das Verhalten auf Kommando zeigen, aber nicht, wenn es spontan abläuft.

Die Wahrheit über Strafen

Ich bin kein Freund von Strafen, um das Verhalten eines Hundes zu beeinflussen. Strafen sind nicht etwa wirkungslos – sie können bei korrekter Anwendung in der Tat ihren Zweck erfüllen – aber es ist äußerst schwer, sie richtig einzusetzen. Wird ein Hund falsch bestraft, kann das negative psychologische Auswirkungen haben und das Band zwischen Halter und Hund vollständig zerreißen. Im 19. Jh. waren Strafen üblich; man sprach davon, einen Hund „zu brechen". In seinem Klassiker von 1894, *Practical Dog Training,* beschreibt T. S. Hammond die Angelegenheit so: „Fast alle Autoren, die sich mit diesem Thema befasst haben, sind sich darüber einig, dass es nur einen Weg gibt, das Ziel zu erreichen. Alles, was dem Hund nicht eingeprügelt wurde, ist für die praktische Anwendung sinnlos; die Peitsche, Würge- und Stachelhalsband, gelegentlich eine Schrotladung oder ein kräftiger Schlag mit dem Lederriemen sind unbedingt erforderlich, um die Ausbildung erfolgreich abzuschließen.“ (Seite 1).

Bestrafung kann als das Gegenteil von Belohnung definiert werden, als unangenehme Behandlung, die jedes Mal dann erfolgt, wenn der Hund eine bestimmte Handlung ausführt. Früher glaubte man, dass ein Fehlverhalten durch die Bestrafung seltener wird. Es galt als sicher, dass der Hund mit dem unerwünschten Verhalten aufhört, wenn er regelmäßig dafür bestraft wurde. Moderne Psychologen, Verhaltensforscher und Trainer setzen andere Mittel ein, um unerwünschtes Verhalten zu eliminieren. Dazu gehört beispielsweise, diese Verhaltenselemente nicht mehr zu belohnen; dadurch werden sie seltener und schließlich verschwinden sie völlig. Eine Alternative besteht darin, dem Hund ein Verhalten beizubringen, das mit der unerwünschten Handlung nicht vereinbar ist (inkompatibles Verhalten): Indem er etwas macht, wofür er belohnt wird, unterlässt der Hund das unerwünschte Verhalten.

So sucht ein Hund, der Sie zur Begrüßung anspringt, häufig nur nach sozialer Anerkennung. Wenn Sie mit dem Hund schimpfen, ihn berühren, ansehen usw. bekommt er genau die soziale Anerkennung, nach der er verlangt – sein Fehlverhalten wird belohnt und positiv verstärkt, d.h. auch in Zukunft wird er andere Menschen anspringen. In manchen Hundebüchern werden schmerzhafte Bestrafungen wie Treten in die Brust, Hochhalten an den Vorderbeinen usw. empfohlen. Viele Hundebesitzer, die derart vorgingen, behielten Bisswunden zurück, ohne dass der Hund sein Verhalten geändert hätte.

Man kann einem Hund dieses Verhalten am besten dadurch austreiben, das man die Belohnung streicht und ihm ein inkompatibles Verhalten beibringt. Wenn der Hund Sie anspringt, drehen

Sie sich um und gehen ohne ein Wort und ohne Augenkontakt weg; damit nehmen Sie dem Hund den sozialen Kontakt. Für den Moment wird sein Verhalten also nicht belohnt. Vermutlich ist der Hund verwirrt und wird vor Ihnen herumlaufen. Sagen Sie nun „Sitz", wenn Sie ihm dieses Kommando bereits beigebracht haben. Sobald er vor Ihnen sitzt, beugen Sie sich zu ihm hinunter, tätscheln ihn und reden freundlich mit ihm. Sitzen ist inkompatibel mit Anspringen, denn er kann nicht beides zur gleichen Zeit machen. Außerdem belohnen Sie ihn für das Sitzen und nicht für sein Springen. Nach einer Weile können Sie ihn bereits im Vorfeld vom Springen abhalten: sagen Sie jedes Mal „Sitz", wenn Sie das Haus betreten. Im Laufe der Zeit wird die Abfolge, „sitzen, wenn Sie das Haus betreten" stärker (da sie systematisch belohnt wird, das Hochspringen aber nicht). Schließlich wird der Hund sich setzen, wenn Sie kommen und auf seine Streicheleinheiten warten, ohne dass Sie ihn treten, an den Beinen zerren oder anderweitig bestrafen.

In den meisten Untersuchungen hat sich gezeigt, dass Bestrafung vor allem spontan auftretendes Verhalten sofort unterbindet. Das kann durchaus nützlich sein, denn man kann die nun folgende Phase dazu benutzen, ein Ersatzverhalten zu trainieren und dieses gezielt zu belohnen. Besonders kritisch ist allerdings das Ausmaß der Bestrafungen. Viele Menschen beginnen mit einer leichten Bestrafung und steigern die Intensität, wenn sie wirkungslos bleibt. Dabei ist problematisch, dass Hunde mit der Zeit eine gewisse Widerstandskraft gegen Bestrafungen entwickeln. Sofern Ihr Hund nicht ausgesprochen wehleidig ist, bleiben leichte Bestrafungen daher meist wirkungslos. Es kommt darauf an, die Stärke der Bestrafung von Anfang an so zu dosieren, dass der Hund sein Verhalten einstellt und Zeit bleibt, ein inkompatibles Verhalten zu trainieren. Wird dagegen die Bestrafung stufenweise stärker, gewöhnt sich der Hund daran und Sie sind gezwungen, die Intensität der Strafen ständig höher zu schrauben. Insgesamt ist die Bestrafung eines Hundes sehr problematisch. Wenn der Strafende sehr hart oder häufig bestraft, stellt der Hund schließlich nicht nur die unerwünschte, sondern so gut wie alle Handlungen ein. Regelmäßig bestrafte Hunde ducken sich, suchen nach Verstecken oder erstarren; es kann sogar so weit kommen, dass sie jeglichen Kontakt mit dem Strafenden zu vermeiden suchen und wegrennen. Hunde, die vor Schreck erstarren, können auch mit der schönsten Belohnung nicht dazu gebracht werden, ihr Verhalten zu ändern. In der Tat hat die Bestrafung also dazu geführt, dass Sie Ihren Hund auch zukünftig nicht mehr beeinflussen können. Außerdem kann der Hund so stark von seinen negativen Gefühlen beherrscht werden, dass er jegliches Verständnis dafür verliert, welche seiner Handlungen eigentlich bestraft wurde – damit fällt jegliche Strafe als Element in einer Ausbildung aus.

Warum Bestrafungen versagen

Damit eine Bestrafung funktioniert, muss sie nicht nur in der korrekten Stärke daherkommen, sondern dem unerwünschten Verhalten auch unmittelbar folgen. Die Hundetrainerin und Autorin Pamela Reid aus Toronto führt ein Experiment an, das die Folgen einer verzögerten Bestrafung belegt. Ein Hund durfte einen Raum betreten, in dem zwei Futternäpfe standen; dazwischen saß ein Versuchsleiter. Ein Napf war mit Trockenfutter, der andere mit leckerem, saftigem Dosenfleisch gefüllt. Das Experiment wurde mit drei Gruppen von Hunden durchgeführt. Alle durften nur das Trockenfutter fressen und wurden mit einer zusammengerollten Zeitung geschlagen, wenn sie sich dem anderen Napf zuwandten. Der Unterschied bestand in der zeitlichen Abfolge: Die Hunde der ersten Gruppe erhielten den Schlag, wenn sie die Schnauze in den Napf mit dem besseren Futter steckten; die Hunde der zweiten Gruppe 5 Sekunden später und die Hunde der dritten Gruppe erhielten den Schlag 15 Sekunden nachdem sie die Schnauze in das Futter gesteckt hatten. Alle Hunde lernten rasch, das Dosenfutter zu meiden. Für das eigentliche Experiment verließ der Forscher den Raum und beobachtete die Hunde durch einen halbdurchlässigen Spiegel. Man ließ die Hunde 10 Minuten lang in den Raum mit den beiden Futternäpfen, diesmal aber ohne einen sichtbaren Versuchsleiter. Die Hunde, die sofort bestraft worden waren, brauchten etwa 2 Wochen, ehe sie sich trauten, der Versuchung zu widerstehen und das Dosenfutter zu fressen. Die Hunde mit der 5-Sekunden-Verzögerung wandten sich nach etwa 8 Tagen dem verbotenen Futter zu. Die Hunde der dritten Gruppe warteten dagegen nur 3 Minuten, dann fraßen sie das Dosenfutter.

Vergleichen Sie dieses Ergebnis mit der folgenden Situation: Ein Hundebesitzer kommt nach Hause und sieht, dass sein weißer Teppich gelbe und braune Hinterlassenschaften von Lassie aufweist. Lassie wird in den Raum gezogen, auf die Folgen ihres Fehlverhaltens gestoßen und kräftig bestraft. Wie viel Zeit ist vergangen, seit sie sich erleichtert hat? Vermutlich geschah das Missgeschick bereits vor Stunden – das Experiment hat jedoch gezeigt, dass sich bereits eine Verzögerung von nur 15 Sekunden auswirkt. Psychologen nennen diese Vorgehensweise „zusammenhanglose Bestrafung“, denn der Hund kann keinerlei Verbindung zwischen seinem Fehlverhalten und der Bestrafung ausmachen. Das Einzige, was Lassies Besitzer vermutlich erreichen wird, ist eine klassische Konditionierung: Negative Emotionen, wenn er durch die Tür tritt.

Es gibt aber auch Menschen, die eine zusammenhanglose Bestrafung für wirkungsvoll halten. Ein Beispiel stammt von dem in den 1950er und 60er Jahren sehr angesehenen Hundetrainer William Koehler, und ich zucke jedes Mal zusammen, wenn ich daran denke. Koehler war der Cheftrainer in den Walt Disney Studios und arbeitete auch für die U.S.-Army (K-9 Corps). Er schrieb 1962: „Wenn Sie nach Hause kommen und ein Loch vorfinden, das Ihr Hund gebuddelt hat, füllen Sie es mit Wasser. Legen Sie dem Hund Trainingshalsband und Leine an, führen Sie ihn zu dem Loch und drücken Sie seine Nase solange unter Wasser, bis er Angst hat zu ertrinken. Wenn Sie einen großen Hund besitzen, werden Sie dafür viel Kraft brauchen. Halten Sie durch. Ich kenne einige ältere Damen mit ziemlich großen Hunden, deren Blumenbeete verwüstet wurden; sie füllten die Löcher mit Wasser und tauchten die Hunde unter. Die meisten der Hunde verbinden

schreckliche Erinnerungen mit den Löchern, die sie gegraben haben." (Seite 200)
Koehler kam es offenbar nicht darauf an, eine enge Verknüpfung zwischen der Tat des Hundes und den Folgen herzustellen; das zeigt der folgende Abschnitt: „Es ist nicht nötig, den Hund in flagranti zu erwischen, um ein Fehlverhalten zu stoppen. Es kommt nur darauf an, dass Sie konsequent vorgehen, bis der Hund vor dem Geruch frischer Erde zurückschreckt." (Seite 200)
Der letzte Satz verdeutlicht, was wirklich geschieht. Der Hund sieht keinerlei Zusammenhang zwischen dem Graben von Löchern und dem Gefühl des schmutzigen Wassers in seiner Nase. Wie Koehler selbst ausführt, wird der Hund klassisch konditioniert: Wenn er den Geruch frischer Erde wahrnimmt, fürchtet er zu ertrinken und schrickt zurück. Da die negative Emotion, die durch diese Konditionierung vermittelt wurde, sehr stark ist, wird der Hund in Zukunft alle Orte und Gegenstände meiden, die ihn an diese Erfahrung erinnern. Allerdings wird auch der Hundehalter mit diesem negativen Gefühl in Verbindung gebracht, d.h. die Konditionierung betrifft auch das Band zwischen Hund und seinem Besitzer. Als Folge dieser grausamen Behandlung könnte ein sensibler Hund in Zukunft seinem Besitzer aus dem Weg gehen – zumindest dem Kontakt mit seiner Hand.
Ein weiterer unerwünschter Nebeneffekt betrifft das Aggressionsverhalten: Der Hund lernt, dass Aggression im Umgang mit den Rudelmitgliedern nicht nur möglich, sondern sogar erlaubt ist; möglicherweise verwandeln sich friedliche Hunde sogar in Angstbeißer.
In meinen Augen ist jede Art von Bestrafung als Trainingsmethode zumindest unwirksam. Eine Belohnung beinhaltet eine deutliche Information: „Was du gerade gemacht hast, war richtig." Nach einer Bestrafung weiß der Hund dagegen nur, dass eine ganz spezielle Verhaltensweise unerwünscht war; er erfährt nicht, was er tun muss und welche Verhaltensweisen akzeptabel sind. Damit eignen sich Strafen nur sehr unvollkommen als Hilfsmittel. Thomas Edison, der Erfinder der Glühbirne, sagte: „Wenn ich 10.000 Möglichkeiten finde, warum etwas nicht funktioniert, habe ich den-

noch nicht versagt. Ich bin nicht enttäuscht, denn jedes negative Ergebnis bringt mich einen Schritt vorwärts.“ Das gilt nicht für Hunde; sie *sind* enttäuscht und geben früher oder später auf. Es ist viel effektiver, schneller und angenehmer für Sie und Ihren Hund, wenn Sie jeden erfolgreichen Versuch belohnen und ihn mit einer Belohnung verstärken, als ihn Dutzende Male für Fehler zu bestrafen, ohne dass er eine Ahnung davon hat, was er eigentlich tun soll.

Soziale Isolation als Erziehungsmittel

Nachdem wir gerade die Bestrafung als Trainingsmethode ausgeschlossen haben, möchte ich Ihnen nun eine Form der Strafe vorstellen, die unter bestimmten Bedingungen funktioniert und viele der erwähnten Probleme vermeiden hilft. Bis jetzt wurde die Strafe stets als „positive Bestrafung“ definiert, d.h. der Hund verhält sich falsch und bekommt dafür etwas Schlechtes oder Unerwünschtes zu spüren. Eine andere Form der Strafe, die so genannte „negative Bestrafung“ besteht darin, dem Betreffenden etwas Angenehmes zu entziehen. Bei Hunden wäre dies beispielsweise die Aussicht auf weitere Belohnungen.

Die Vorgehensweise dürfte vielen Eltern bekannt sein, die sich mit verhaltensgestörten Kindern herumplagen. Man nennt sie „Isolation“. Der Hund wird aus der Trainingsumgebung entfernt und kommt an einen sicheren, ruhigen Platz, wo er eine Zeitlang allein bleiben muss. Hunde sind sehr soziale Wesen und brauchen die Nähe von Menschen oder anderen Hunden als Belohnung. Eine soziale Isolierung nimmt ihnen die Möglichkeit zu spielen, Zuneigung zu erfahren und sozial zu interagieren. Durch die Trennung verliert er nicht nur die sozialen Kontakte, sondern auch jegliche Chance auf weitere Belohnungen, wie Leckerbissen oder Streicheln, die er vielleicht bekommen hätte.

Damit die Missachtung wirkungsvoll ist, brauchen Sie allerdings einen Brücken-Reiz, der als sekundäre Bestrafung konditioniert wird. Ich verwendet das Wort „Genug!“, kenne aber auch Trainer, die „Pause!“ sagen. Wie bei den konditionierten sekundären Belohnungen kommt es nicht auf den Wortlaut an, sondern nur darauf, dass der Hund das Kommando mit der sozialen Isolation verbindet. Jedes Mal, wenn der Hund das unerwünschte Verhalten zeigt, folgt die sekundäre Bestrafung, „Genug!“, dann packen Sie den Hund am Halsband und bringen ihn in den Isolationsraum. Der Hund stellt die Verknüpfung zwischen dem unerwünschten Verhalten, der sekundären Bestrafung und der Isolation aber nur her, wenn alles sehr schnell aufeinander folgt.

Als Isolationsraum kann jeder ruhige und sichere Ort dienen, etwa ein Bad oder eine große Toilette. *Sperren Sie den Hund niemals in seinen Zwinger oder Käfig ein,* denn sonst verknüpft er diesen Ort mit Bestrafung. Um meinen Hunden die Bedeutung der Strafe noch besser zu vermitteln, binde ich sie mit der Leine an einen Türknauf fest oder verklemme die Leine in der Tür – so können sie sich bewegen, aber nicht im Raum umherwandern. Die Isolierung dauert nicht länger als 2–3 Minuten. Wenn sich ein Hund beschwert, rufe ich laut „Genug!“ und klopfe an die Tür. Ich lasse ihn erst heraus, wenn er etwa 15 Sekunden lang still war. Danach bringe ich ihn zurück in die ursprüngliche Situation, lasse ihn ein paar einfache Kommandos ausführen („Sitz“, „Platz“) und belohne ihn. Danach geht es normal weiter. Wiederholt der Hund sein schlechtes Benehmen, kommt er wieder in den Isolationsraum.

Die Isolation ist gut geeignet, um soziale Übergriffe wie raues Spiel, Knabbern, Springen, lautes Bellen, Betteln usw. abzustellen. Solche Verhaltensweisen lassen sich nur schlecht auf andere Weise abstellen; die Isolation ist eine gewaltfreie Methode, sie unter Kontrolle zu bringen.

Ich habe in diesem Kapitel versucht, die Grundprinzipien zu vermitteln, nach denen Hunde Fertigkeiten erlernen, und Ihnen einen Eindruck davon verschafft, wie man einen Hund formt, ihn lehrt und sein Verhalten kontrolliert. Man braucht weder ein Psychologe zu sein, noch ein Universitätsstudium der Verhaltensforschung absolviert zu haben, um Hunde zu trainieren. Häufig sind die besten Hundetrainer jene, die genau beobachten, ein gutes Gefühl für Timing und viel Geduld haben. Denken Sie daran, ein großer

Teil der Ausbildung besteht darin, auf das gewünschte Verhalten zu warten und es mit Belohnungen zu verstärken. Wenn Sie geschickt vorgehen, wird Ihr Hund nicht nur lernen, sondern hat auch Spaß am Lernprozess. Um die Wahrheit zu sagen: Es ist leicht, Hunde auszubilden, aber sehr schwer, Trainer zu trainieren.

Das Geheimnis sozialen Lernens

Wie haben Sie die wesentlichen Dinge gelernt, mit denen Sie Ihr Leben bewältigen? Vieles davon haben Sie durch Beobachtung anderer Menschen, wie Lehrer, Eltern oder Freunde, gelernt. Eine Sprache lernt man durch Zuhören und Reaktion auf die Laute. Sie haben zugesehen, wie Ihre Mutter Ihre Schuhbänder knüpfte oder ein Hemd zuknöpfte. Wie man ein Spiegelei brät, haben Sie gelernt, indem Sie einem anderen dabei zusahen. Um solche Verhaltensweisen zu lernen, brauchten Sie weder in einem spontanen Verhalten verstärkt, noch geködert, sukzessiv angenähert noch klassisch konditioniert zu werden – Sie erlernten sie, weil Sie bewusste und unbewusste Handlungen anderer Menschen beobachteten und diese Informationen dazu benutzten, Ihr eigenes Verhalten zu gestalten. Psychologen nennen diesen Vorgang „soziales Lernen“, nicht etwa weil dabei Benimmregeln, Sitten oder Kommunikation erlernt wird, sondern weil die Lerninhalte durch die Gesellschaft anderer übermittelt oder ermöglicht wurden. Bei den meisten höher entwickelten Tieren, die in sozialen Verbänden leben, scheint diese Form des Lernens und Verhaltens vorzukommen.

Lernen durch Beobachtung

Vor wenigen Jahren glaubten die Wissenschaftler noch nicht, dass Hunde über die Fähigkeit sozialen Lernens verfügen, u.a. durch Nachahmung, Verhaltensanpassungen und Beobachtung. Noch 1996 widmete die promovierte Psychologin Pamela Reid in ihrem Buch *Excelerated Learning* – ein Buch über das Lernverhalten der Hunde – diesem Thema nur zwei Kapitel. Sie schloss ab mit den Worten: „... es gibt keine Hinweise darauf, dass Tiere, außer Menschen und Menschenaffen (Gorillas, Orang-Utans und Schimpansen), durch reine Nachahmung lernen. Einige Wissenschaftler haben ihre Karriere erfolglos dem Versuch gewidmet, die Nachahmung nachzuweisen. Obwohl es sicher viele enttäuschen wird, muss ich feststellen, dass Hunde offenbar nicht durch Nachahmung lernen können.“ (Seite 169)

Seither hat sich die Forschung weiterentwickelt, und während man 1996 diese These noch vertreten konnte, gibt es heute zahlreiche Hinweise darauf, dass Hunde in der Tat durch Beobachtung lernen und nachahmen können. Hunde scheinen sogar einige besondere Fähigkeiten zu besitzen; sie lernen durch Beobachtung nicht nur von anderen Hunden, sondern auch von Menschen.

Schon lange bevor sich diese Überzeugung in der wissenschaftlichen Literatur durchsetzte, wurde sie von vielen Menschen akzeptiert, die regelmäßig mit Hunden arbeiten. Es gehörte zur üblichen Praxis, einen zukünftigen Hütehund zusammen mit einem ausgebildeten Hund an der Herde arbeiten zu lassen. Offenbar lernte der junge Hund die komplexen Bewegungsabläufe beim Zusammentreiben der Tiere, sogar die Signale des Hirten durch Beobachtung des erfahrenen Hundes kennen. Viele Schafhirten glaubten, dass diese Methode besser funktionierte als das gezielte Training eines Hundes.

Auch Schlittenhunde werden zunächst in ein Gespann zwischen erfahrene Hunde gespannt. Ich habe in British Columbia einer Gruppe von fünf Monaten alten Siberian Huskys zugesehen, die zum ersten Mal an einen Schlitten gespannt wurden. Ihr Trainer sollte zehn oder elf junge Hunde ausbilden, die niemals zuvor einen Schlitten gezogen hatten. Er holte ein paar kleine Geschirre, legte sie den Hunden an und spannte sie paarweise an eine Schlittenleine. Vorn liefen mehrere alte, erfahrene Schlittenhunde, die schon viele Rennen gelaufen waren. Die Leine wurde aber nicht an einen Schlitten sondern ein Geländefahrzeug gespannt. Der Trainer erklärte: „Ich benutze das Gefährt nur als Gewicht, denn ich kann die Geschwindigkeit über die Bremsen regulieren.“

Der Schlittenführer ließ die Hunde langsam anziehen. Sie liefen langsamer als Menschen gehen. Es war spannend zu sehen, wie die

Junghunde reagierten. Die meisten sahen sich um und versuchten herauszufinden, was los war. Die vorderen konzentrierten sich auf die erfahrenen Hunde vor ihnen, die sich in das Geschirr legten. Schon nach wenigen Minuten begannen auch die jungen Hunde, sich ins Geschirr zu legen und zogen in dieselbe Richtung. Weiter hinten war die Verwirrung allerdings größer. Einer der hinteren Hunde setzte sich einfach hin, wurde aber von der Leine nach vorn gezerrt, ein anderer versuchte auszubrechen und sich gegen den Zug der Leine zu bewegen. Die in der Mitte laufenden Hunde schienen zu beobachten. Es war zwar nicht klar, ob sie sehen konnten, was die erwachsenen Hunde machten, aber ganz sicher sahen sie die Junghunde vor sich. Einer nach dem anderen, beginnend bei den vorderen Hunden in der Nähe der erfahrenen Tiere, legte sich ins Geschirr und zog den Wagen in die richtige Richtung. Es war eine lärmende Kavalkade, die Junghunde jaulten, bellten, winselten und heulten während sie zogen. Es dauerte aber nur etwa eine halbe Stunde, dann zog jeder der jungen Hunde den Wagen nach vorn. Als das Gespann anhielt, schüttelten sich die jungen Hunde und beobachteten genau, was die alten Tiere machten. Schon bald erhob sich der Leithund wieder und auch die Jungen legten sich mit aller Kraft in ihre kleinen Geschirre und folgten dem Leithund. Es war offensichtlich, dass sie von den alten Tieren lernten. Bereits nach einer Stunde hatten diese Jungtiere in ihrer ersten Lektion gelernt, womit sie sich für den Rest ihres Lebens befassen würden. Ihre erste Unterrichtsstunde hatte nur daraus bestanden, das Verhalten der erfahrenen Hunde nachzuahmen.

Lernen in der Gruppe

Das Lernen durch koordiniertes Verhalten einer Gruppe wird von Psychologen „allelomimetisches Verhalten“ genannt. Es basiert auf dem angeborenen Trieb, mit anderen Hunden zusammenzuleben, einem Leittier zu folgen und gemeinsame Aktionen auszuüben. Welpen haben schon früh die Tendenz, das Verhalten anderer nachzuahmen, und fahren damit lebenslang fort. Viele entscheidende Verhaltensweisen werden durch die Teilnahme an koordinierten Gemeinschaftsaktionen erlernt. Kundige Hundetrainer nutzen diese Fähigkeit, um junge Hunde auszubilden. Wenn ein Hund lernen soll, auf Zuruf zu kommen, rennt der Trainer weg – der Hund hinter ihm her. Dann bleibt er stehen und belohnt den ankommenden Welpen (dabei sagt er „Komm her“). Auch das Gehen bei Fuß wird ähnlich vermittelt, denn Welpen haben eine allelomimetische Tendenz, neben dem Trainer zu gehen. Nimmt man den jungen Hund regelmäßig mit auf einen Spaziergang und belohnt ihn (zusätzlich das Kommando „Bei Fuß“), wenn er an der Seite des Trainers geht, prägt er sich das Prinzip ein.

Viele Hundebesitzer kennen das Phänomen, dass sich junge Hunde besser ins Haus eingewöhnen, wenn dort bereits ein erfahrener Hund lebt. Der Welpe lernt zu kommen, indem er sich dem anderen Hund anschließt. Man kann einem Welpen einfacher beibringen, auf Kommando ins Auto zu springen, wenn ihm ein anderer Hund das Verhalten vormacht. Auch die Stubenreinheit stellt sich leichter ein, weil der junge Hund dem alten folgt und es ihm gleichtut.

Hunde scheinen auch komplexere Verhaltensweisen durch Beobachtung zu lernen. Es gibt ziemlich komplizierte Bewegungsabläufe, die sich nur schwer über ein Lernprogramm lehren ließen. Dazu gehört beispielsweise die Aufgabe der Bernhardiner oder St. Bernhardshunde. Die Rasse trägt ihren Namen nach dem St. Bernhard-Hospiz an einer Passstraße nach Italien in den Schweizer Alpen. Das Hospiz bot den Reisenden im Winter Schutz vor Wind, Kälte, Stürmen und Lawinen. Die Hunde halfen den Mönchen bei der Suche nach Reisenden, die sich verirrt hatten. Die Mönche verließen ihr Hospiz nur selten ohne Hundebegleitung, denn die Nebel konnten plötzlich und ohne Vorwarnung einfallen; dann war es unmöglich, auch nur einen Schritt weit zu sehen. Ohne die Hunde hätten die Mönche niemals zurückgefunden. Die Mönche und ihre Hunde haben Tausenden von Reisenden das Leben gerettet. Die Hunde gingen in Dreier-Teams vor. Wenn sie einen Verirrten fanden, legten sich zwei neben ihn, um ihn zu wärmen, während der dritte ins Hospiz zurückkehrte, Alarm schlug und

Hilfe holte. Die Hunde wurden nicht gezielt ausgebildet und es ist unklar, wie man ihnen ein derart komplexes Verhalten hätte beibringen können. Die jungen Hunde begleiteten die alten, erfahrenen Hunde, wenn sie auf Patrouille gingen. Auf diese Weise lernten sie, was man von ihnen verlangte. Schließlich wusste jeder Hund, was er zu tun hatte und entschied selbst, ob er lieber bei dem Opfer liegen blieb oder ins Hospiz zurückging, um Hilfe zu holen.

Hunde bilden Hunde aus

Hunde können nicht nur durch Beobachtung und Interaktion mit anderen Hunden lernen, sondern auch dann, wenn sie passive Beobachter bleiben. Diese Fähigkeit wurde einfach und elegant von Lenore und Helmut Adler nachgewiesen, die an der *City University* am *New York College of Staten Island* arbeiteten. Sie untersuchten jeweils Paare von Dackelwelpen. Einer davon, der „Vormacher", bekam eine Schnur präsentiert, die an einem kleinen Futterwägelchen auf Schienen befestigt war. Der Welpe musste selbst herausfinden, dass er den Futterwagen an der Schnur in seinen Versuchskäfig ziehen konnte. Der zweite Welpe, der „Beobachter", sah ihm dabei aus einer anderen Box zu. Nach fünf Durchläufen erlaubte man auch dem Beobachter, an der Schnur zu ziehen. Die 60 Tage alten Vormacher brauchten durchschnittlich 595 Sekunden, ehe sie erstmals das Problem gelöst hatten; die Beobachter dagegen nur 40 Sekunden. Damit waren sie 15 Mal schneller; sie hatten offensichtlich durch Beobachtung gelernt.

Eine faszinierende Demonstration von Lernen durch Beobachtung stammt aus der Hundeschule der südafrikanischen Polizei in Pretoria und zeigt, wie nützlich es sein kann, Diensthunde auf diese Weise auszubilden. Dort werden Deutsche Schäferhunde darauf abgerichtet, Drogen aufzuspüren. Einer Gruppe von Hunden erlaubte man eine besondere Erfahrung. Im Alter zwischen sechs und zwölf Wochen durften sie jeweils ein paar Mal pro Woche ihren Müttern bei der Arbeit zusehen, die Taschen mit Drogen suchten und apportierten. Solange die Welpen noch jung waren, versteckte man die Taschen in der Nähe ihres Zwingers, später lagen sie versteckt neben dem täglichen Spazierweg. Jedes Mal, wenn die Mütter erfolgreich waren, sahen die jungen Hunde, dass sie gelobt und belohnt wurden. Die Welpen durften allerdings niemals selbst nach Drogen suchen. Insgesamt sahen sie innerhalb von sechs Wochen ihren Müttern 14 Mal zu.

Im Alter von 12 Wochen trennte man die Welpen von ihren Müttern und brachte sie in einem Programm unter, wo sie von ihren späteren Hundeführern als Polizeihunde ausgebildet wurden. Dabei hatte keiner der Welpen Kontakt mit Drogen und wurde auch nicht im Apportieren ausgebildet. Im Alter von sechs Monaten überführte man sie in ein Ausbildungsprogramm für Drogenhunde. Sie mussten versteckte Taschen mit Drogen finden und zu ihren Hundeführern bringen. Vorher unterzog man sie einem Test, der für ausgebildete Drogenhunde entwickelt wurde. Er bestand aus fünf Aufgaben, die mit jeweils 2 Punkten bewertet wurden – Gesamtzahl also 10 Punkte. Die Tests geben Auskunft darüber (1), wie der Hund auf die versteckte Tasche aufmerksam wird und seine Bereitschaft, sie zu apportieren; (2) wie er sich der versteckten Tasche nähert; (3) wie er danach sucht; (4) wie der Hund die Tasche aufnimmt und transportiert; und (5) ob er sie direkt zu seinem Hundeführer bringt. Hunde, die versagen oder schwach reagieren, bekommen 0 Punkte, während ein Hund, der direkt auf die Tasche zuläuft und sie zielgerichtet zurückbringt, die volle Punktzahl (10) erreicht.

Die Ergebnisse waren erstaunlich. Um die Leistung der Welpen würdigen zu können, sollten Sie wissen, dass es ein ausgebildeter Drogenhund auf 9–10 Punkte bringt. Es wäre nicht erstaunlich, wenn keiner der Welpen 10 erreichte – dennoch, 4 der 20 vollständig untrainierten jungen Hunde, die ihre Mütter beobachten durften, erreichten auf Anhieb 9 Punkte. Sie verhielten sich also genauso wie ein ausgebildeter Drogenhund! Damit führten sie die Rangliste aller neuen Hunde an, die jemals in der südafrikanischen Hundeschule ausgebildet wurden. Eine Wertung von 5 und darüber entscheidet über die Tauglichkeit des Hundes als Drogenhund, und 85% der Welpen, die ihre Mütter beobachten durften, schafften

Werte von über 5, während nur 19% der anderen Welpen (die ihre Mütter nicht beobachten konnten) diese Wertung erreichten. Das Ergebnis ist ein starker Beleg dafür, dass Hunde durch die Beobachtung anderer Hunde lernen.

Alle Beispiele für Lernen durch Beobachtung stammen von Hunden, die jünger waren als sechs Monate. Die meisten Trainer glauben, dass ältere Hunde weniger effektiv durch Beobachtung lernen, seien es Schlitten-, Hüte oder Rettungshunde. Obwohl es nur wenige systematische Untersuchungen gibt, dürfte allerdings klar sein, dass auch ältere Hunde niemals aufhören zu beobachten und zu lernen.

Was Hunde beobachten und verstehen

Die bisher besprochenen Fakten bezogen sich stets auf Hunde, die andere Hunde beobachteten. Möglicherweise dienen aber auch Menschen als soziale Vorbilder für die Hunde, die mit ihnen zusammenleben. Das würde allerdings voraussetzen, dass uns Hunde als Informationsquellen akzeptieren und über die Sensibilität verfügen, menschliche Signale zu erkennen. Wie neueste Studien belegen, ist offenbar genau dies der Fall. Die meisten Hundebesitzer kennen das Phänomen: Sie brauchen nur in die Richtung der Leine zu blicken und schon laufen Lassie oder Fido zur Tür, weil sie einen Spaziergang erwarten. Während solche Verhaltensweisen zur täglichen Erfahrung eines durchschnittlichen Hundebesitzers gehören, sehen Wissenschaftler darin Hinweise auf die Art, wie Hunde denken. Zunächst ist damit belegt, dass Hunde menschliche Körpersprache verstehen. Außerdem haben sie begriffen, dass ihnen unsere Bewegungen und Gesten etwas über die Umwelt mitteilen und was darin geschehen wird. Wenn dies stimmt, dann sollten Hunde auch in der Lage sein, Probleme durch Beobachtung von Menschen zu lösen – ähnlich wie sie es mit Artgenossen tun.

Seit Mitte der 1990er Jahre untersuchen Wissenschaftler die „soziale Wahrnehmung“ von Hunden, d.h. wie gut Hunde gruppenspezifische Hinweise lesen können. Menschen nehmen diese Hinweise automatisch wahr. Wenn Ihr Gesprächspartner ständig auf seine Uhr sieht, wissen Sie, dass Sie sofort auf den Punkt kommen müssen. Auch Hunde können erstaunlich gut soziale Signale lesen. Lange Zeit galt es als sicher, dass Hunde ausschließlich jene sozialen Signale verstehen, die im Zusammenhang mit Gruppenaktivitäten stehen. Wir waren bereit zuzugeben, dass Hunde merkten, wenn ein anderer Hund oder Mensch wütend war und aggressiv werden könnte. Hunde können sogar aus der menschlichen Mimik lesen, wenn diese typischen Hundesignalen ähnelt. So konnte eine Arbeitsgruppe vom Anthropo-Zoologischen Institut der Universität von Southampton nachweisen, dass Hunde auf Menschen in Spielhaltung reagieren: Die Versuchsperson ging auf Hände und Knie nieder, legte Ellbogen und Unterarme flach auf den Boden und streckte sich nach vorn. Viele der Hunde reagierten sofort mit einer entsprechenden Spielgeste und begannen zu spielen. Hunde interpretieren auch eine schnelle Vorwärtsbewegung als Einladung zum Spiel.

Wenn ein Hund als „Vormacher" eingesetzt wird, lernen andere Hunde, was sie tun sollen. Funktioniert das auch, wenn ihnen Menschen etwas vormachen? Der wissenschaftliche Test ist relativ einfach. Man nimmt zwei kleine, eimerartige Behälter. Unter einen legt man ein Futterstückchen, ohne dass der Hund dies sieht (beide Behälter werden mit Futter eingerieben, damit der Hund das Futter nicht am Duft erkennen kann). Man stellt die Behälter rechts und links neben sich. Wenn der Hund den Raum betritt, gibt man ihm verschiedene Hinweise, unter welchem Behälter das Futter liegt. Am auffälligsten ist es, auf den entsprechenden Behälter zu klopfen, weniger auffällig, auf ihn zu zeigen. Ein noch unauffälligeres Signal wäre eine Körper- oder Kopfwendung. Das schwächste mögliche Signal wäre eine Augenbewegung bei unbeweglichem Kopf. Erkennt der Hund den richtigen Behälter, bekommt er das Futter als Belohnung.

Es wäre falsch zu glauben, dass ein derartiger körperlicher Hinweis auf ein verstecktes Futterstück einfach zu lesen sei. Der Psychologe Daniel J. Povinelli von der Universität von Südwest-Louisiana fand heraus, dass Schimpansen, immerhin unsere engsten Verwandte, diesen Test nur schlecht bestanden. Auch dreijährige Kinder waren nicht gut, wenn auch besser als Schimpansen. Dennoch konnten sowohl die Kinder wie die Schimpansen lernen. Wirklich überraschend war allerdings das Ergebnis von Brian Hare, ein Psychologe der Harvard Universität. Er führte denselben Test mit Hunden durch; sie fanden das Futter viermal besser als Schimpansen. Hunde waren außerdem doppelt so gut wie Kinder, obwohl ihnen der Experimentator fremd war.

Die wichtige Frage lautet, woher haben Hunde dieses Talent? Eine Möglichkeit wäre vielleicht, dass sie von Wölfen abstammen, die im Rudel jagen. Sie entwickelten im Zuge der Evolution die Fertigkeit, auf soziale Signale zu reagieren, um die Jagd besser koordinieren zu können. Wäre diese Einschätzung korrekt, müssten Wölfe im Test ähnlich gut abschneiden. Um dies zu prüfen, testete Hare Wölfe im *Wolf Hollow Wolf Sanctuary* in Massachusetts: Die wilden Wölfe schnitten schlechter als Schimpansen und viel schlechter als Hunde ab. Die nächste Erklärungsmöglichkeit wäre, dass die Hunde den Menschen zusehen, ihre Familien beobachten und daraus die sozialen Signale erschließen. Das würde bedeuten, dass vor allem Welpen, die noch mit ihren Geschwistern zusammenleben und nie Kontakt zu Menschen hatten, im Test versagen. Auch falsch. Selbst neun Wochen alte Welpen, die noch mit ihren Geschwistern bei der Mutter leben, schneiden im Test viel besser ab als Wölfe und Schimpansen. Offensichtlich ist diese Fähigkeit weder von den wölfischen Ahnen ererbt noch durch dauernde Beobachtung der Menschen erworben.

Da die wissenschaftliche Forschung die augenfälligsten Gründe ausschließen konnte, bleibt die Frage offen: „Woher stammt die Fähigkeit der Hunde, menschliche Körpersprache zu lesen?“ Es gibt zwei weitere Erklärungsmöglichkeiten, die auf die evolutionäre Veränderung aufbauen, die mit der Domestikation der Hunde einherging. Es darf als sicher gelten, dass Hunde, die Absichten und Wünsche ihrer Halter bewerten konnten, besser in menschlicher Umgebung zurechtkamen. Damit stiegen ihre Überlebensfähigkeit und die Chance auf zahlreiche Nachkommen. Daraus

ergibt sich allerdings die Frage, ob die ersten Hunde, die mit den Menschen zusammenlebten, *wegen* dieser Fähigkeit ausgewählt wurden oder ob diese sich erst im Zuge der Domestikation entwickelte.
Beide Ansätze könnten stimmen. Die Menschen bevorzugten sicher jene Hunde, die ihre Körpersprache verstanden, und gingen eine engere Bindung mit ihnen ein. Auch die andere Alternative macht durchaus Sinn. Gewöhnlich werden die zahmsten, leicht zu behandelnden Tiere bei der Domestikation bevorzugt – zumindest aus Sicherheitsgründen. Damit ergibt sich die folgende Situation: Wenn nicht aggressive Tiere bevorzugt wurden, dann wird sich die abnehmende Aggression auch in weiteren Eigenschaften auswirken, wie die Neotenie (Hunde sehen aus und verhalten sich wie Wolfswelpen). Es wäre durchaus möglich, dass auch die Fähigkeit, menschliche Körpersprache zu lesen und zu verstehen, ein solches Nebenprodukt der Domestikation ist. Je ruhiger und aufmerksamer ein Hund war, desto eher konnte er auch subtile Signale bewerten.

Menschen beobachten und von ihnen lernen

Welche und wie viele Informationen Hunde aus menschlichen Handlungen entnehmen und nutzen können, ist unterschiedlich und hängt von der Situation ab. Péter Pongráz und sein Team von der Eötvös Loránd Universität und der Ungarischen Akademie der Wissenschaften haben untersucht, ob Hunde ein Problem durch Beobachtung lösen können – die Hunde sahen Menschen zu, die einem bestimmten Weg zur Belohnung folgten. Dazu bauten sie ein großes V-förmiges Gatter aus Maschendraht; die Spitze des V wies auf den Hund und in der Spitze, hinter dem Zaun lag ein Leckerbissen. Psychologen nennen solche Arrangements „Umweg-Problem". Der Ansatz ist interessant, denn die Tiere müssen sich erst eine Strecke vom Ziel entfernen, ehe sie sich ihm wieder nähern. In diesem Fall muss der Hund zunächst an dem Schenkel des V entlanggehen (dabei entfernt er sich vom Futter). Am Ende des Zauns wendet er sich wieder zurück und folgt dem Zaun in die andere Richtung bis zum Futter. Zunächst haben Hunde Schwierigkeiten, Umwegs-Probleme zu lösen, doch sie lernen nach dem Prinzip von Versuch und Irrtum. Das Lernen über Versuch und Irrtum dauert lange. Die Hunde laufen gewöhnlich ziellos um den Zaun herum und müssen fünf bis sechs Mal erfolgreich ihren Weg um den Zaun gefunden haben, ehe sie ihr Aha-Erlebnis haben. Von da an finden sie jedoch den Weg zum Futter ziemlich schnell. Gibt es nahe der Spitze des V einen kleinen Durchgang, durch den sie schneller ans Futter gelangen, lernen sie rascher, als wenn sie den gesamten Weg um das V zurücklegen müssen.

Im Experiment ließ man den Hund angebunden zurück, während ein Mensch den Weg zum Futter abschreitet. Der Hund beobachtete den Menschen und löste das Problem bereits beim ersten Mal statt nach fünf oder sechs Versuchen. Bleibt die Tür im Zaun für die Abkürzung offen, wird sie von den Hunden ignoriert; sie folgen dem Weg, den sie dem Menschen abgeschaut haben. Sie laufen an dem offenen Durchgang vorbei, der sie eigentlich schneller zur Belohnung bringen würde, weil ihr Verhalten durch die Beobachtung des Menschen geprägt wurde. Die Hunde versuchen gar nicht erst, durch eigene Versuche einen anderen Zugang zu finden.

Ein anderes Team von Eötvös Loránd Universität und der Ungarischen Akademie der Wissenschaften unter Enikö Kubinyi konnte demonstrieren, dass Hunde sogar lernen, Gegenstände zu manipulieren, indem sie ihren Haltern dabei zusahen. Es ging um einen Kasten mit einem waagerecht vorstehenden Hebel. Drückte man den Hebel nach links oder rechts, rollte seitlich ein Ball aus dem Kasten. Es gab aber noch weitere Möglichkeiten, den Ball aus dem Kasten zu holen: Man musste hart dagegenschlagen, ihn auf die Seite drehen usw. Während der Vorführung hielt der Halter den Hund am Halsband, sodass er den Kasten ansehen musste. Dann richtete er die Aufmerksamkeit des Hundes auf den Hebel, indem er sagte „Sieh auf meine Hand!“. Sobald der Hund hinsah, drückte der Hundebesitzer den Hebel und der Hund sah, wie der Ball herausrollte. Der Ball war die Belohnung, denn Hund und Mensch begannen danach einige Sekunden zu spielen. Die Vorführung wurde zehn Mal wiederholt. Wichtig war dabei, ob es dem Hund gelang, die Manipulation des Kastens durch Beobachtung zu erlernen. Bei der Interpretation der Ergebnisse ist wegen des Phänomens der „lokalen Verstärkung“ allerdings Vorsicht geboten. Es wäre nämlich möglich, dass sich der Hund nach der Beobachtung des Menschen nur für einen bestimmten Ort interessiert, nicht aber die eigentliche Handlung erlernt. In diesem Fall könnte er beispielsweise den Hebel genauer untersuchen wollen, stößt mit der Nase daran und setzt den Ball zufällig frei. Um Überschneidungen mit diesem Phänomen zu vermeiden, mussten andere Hundebesitzer in einer Gruppe von Tests sagen, „Sieh auf meine Hand!“, und den Hebel nur berühren, ohne ihn zu drücken. Dabei rollte kein Ball heraus, also gab es auch kein Spiel.

Nach der Vorführung durchliefen die Hunde drei Testphasen. Sie hatten 60 Sekunden Zeit, an den Ball zu kommen (damit gewannen sie Spielzeit). Es stellte sich heraus, dass die Hunde von ihren Besitzern lernten, wie man den Hebel umlegt. Die Mehrheit der Hunde (77%), die zugesehen hatten, wie der Ball durch die Hebelbewegung freigesetzt wurde, liefen in allen drei Tests direkt auf den Hebel zu und jeder Hund aus dieser Gruppe berührte ihn zumindest in einem Test. Als Vergleich diente eine Gruppe, in der die Besitzer den Hebel gar nicht angefasst hatten. Hier berührten nur 16% der Hunde den Hebel in allen drei Durchläufen, während ihn 53% der Hunde kein einziges Mal berührte. In der Gruppe, die zusehen durfte, wie der Ball durch die Hebelbewegung freigesetzt wurde, drückten 65% den Hebel und setzten den Ball frei. Ganz anders in der Gruppe, in der die Besitzer den Hebel nur berührt, aber den Ball nicht freigesetzt hatten: Nur 6% der Hunde schafften es, den Hebel zu drücken und mit dem Ball zu spielen. Die Hunde, die einem Menschen dabei zugesehen hatten, wie eine Handlung ausgeführt wird, hatten gelernt, wie es geht, und wurden belohnt.

In einer weiteren Untersuchung entdeckten die Forscher einen wichtigen Unterschied zwischen Wölfen und Hunden. War eine Aufgabe für einen Hund unlösbar, hörte er auf und sah seinen Halter um Hilfe heischend an. Wölfe, selbst wenn sie gezähmt waren, sahen die Menschen niemals an. Offenbar können Hunde die Hinweise der Menschen besser nutzen, weil sie speziell danach suchen.

Das „soziale Gehirn“

In jüngerer Zeit haben sich viele Forscher auf die Prüfung der so genannten „Hypothese des sozialen Gehirns“ verlegt. Sie besagt, dass sich die Intelligenz im Zuge der Evolution vorrangig zur Lösung von sozialen Problemen entwickelte. Je komplexer die Gesellschaft ist, in der ein Tier lebt, desto mehr Intelligenz ist erforderlich und desto eher richtet er sein Gehirn auf soziale Fragen aus. Menschen sind soziale Lebewesen und verbringen die meiste Zeit ihres Lebens damit, persönliche und soziale Informationen auszutauschen. Wir diskutieren nur selten über alte chinesische Philosophie, die Theorien von Einstein oder was mit den Dingen geschieht, die in ein Schwarzes Loch gesaugt werden. Wir befassen uns vorwiegend mit alltäglichen Problemen.

Um dieses Verhalten zu untersuchen, haben zwei britische Psychologen Konversation aufgezeichnet. Robin Dunbar nahm Alltagsgespräche in England, Nicholas Emler in Schottland auf. Beide fanden heraus, dass über zwei Drittel der Themen soziale und emotionale Inhalte hatten. Typischerweise unterhielten sich die Probanden darüber, wer was mit wem tut, vielleicht kommentierten sie noch, ob das gut oder schlecht war. Wichtig waren auch Fragen, wer in der Welt auf- und wer absteigt und warum. Die meisten emotionalen Themen beinhalteten schwierige persönliche Situationen, wie komplexe soziale Interaktionen mit Liebhabern, Kindern, Kollegen, Nachbarn, Verwandtschaft usw. Natürlich gab es auch Gespräche über komplexe technische Probleme, etwa bei der Arbeit oder über ein jüngst gelesenes Buch. Ich selbst habe über 100 Gespräche mit Kollegen an meiner Universität analysiert und fand heraus, dass niemals länger als 7 Minuten über ein Fachproblem geredet wurde, dann schwenkten die Gesprächspartner um auf ein soziales Thema. In der Tat war nur etwa ein Viertel der Zeit den Fachfragen gewidmet.

Da sowohl das Denken als auch die Kommunikation der Menschen auf soziale Angelegenheiten ausgerichtet sind, scheint es nur folgerichtig, dass ein Großteil dessen, was wir lernen, über Gespräche und Körpersprache anderer Menschen vermittelt wird.

Wenn das auch für Hunde gilt, sollte es uns möglich sein, das Interesse eines Hundes an gesprochener und gestischer sozialer Kommunikation zur Erziehung zu nutzen. Sue McKinley und Robert Young, die in der Zoologischen Fakultät der De Montfort Universität in Lincolnshire (Großbritannien) arbeiten, versuchten die Lernfähigkeit von Hunden zu verbessern, indem sie bestimmte Objekte und Aktionen mit einer „Marke" versahen. Die Hunde erlernten die Marken, indem sie ihren Trainer bei der Interaktion mit einem anderen Menschen beobachten durften. Die andere Person diente einerseits als Vorbild für das erwünschte Verhalten, trat aber auch als Konkurrent um die Aufmerksamkeit des Trainers auf. Hunde reagieren besonders intensiv, wenn sie glauben, ihre sozialen Kontakte würden durch einen anderen bedroht. Der Hund möchte wissen, was die andere Person weiß, damit er selbst wieder die Aufmerksamkeit des Trainers genießt.

Die Forscher begannen mit einer zufällig ausgewählten Gruppe von Schoßhunden und ihren Besitzern. Jeder Hund sollte den Namen eines bestimmten Spielzeugs erlernen und es auf Zuruf apportieren. Dabei benutzte man zwei Serien von Gummispielzeugen. Eine bestand aus drei roten Hundespielzeugen (Boot, Feuerlöscher und Erdbeere), die andere aus drei gelben Spielzeugen (Saxophon, Zahnbürste und Hammer). Alle hatten etwa die gleiche Größe zwischen 15 und 20 cm. Die Forscher wählten per Zufall ein Spielzeug aus jeder Gruppe aus. Nun lernten die Hunde, dieses Objekt auf Zuruf zu apportieren. Man hatte sehr willkürliche „Marken" für die Objekte ausgewählt, die nichts mit deren Aussehen zu tun hatten – um Sie nicht zu verwirren, benutze ich im Folgenden die Typenbezeichnungen.

Um die Hunde auszubilden, benutzte man zwei Methoden: Bei der üblichen operanten Konditionierung sollte ein Hund z.B. lernen, den gelben Hammer zu holen. Jede sukzessive Annäherung wurde belohnt, bis der Hund gelernt hatte, was man von ihm verlangte.

Zunächst lag vielleicht nur der Gummihammer auf dem Boden und wenn der Hund mit der Nase daran stieß, bekam er eine Belohnung. Später musste er ihn schon mit dem Maul aufnehmen, um eine Belohnung zu erhalten, und schließlich gab es erst dann eine Belohnung, wenn e den Hammer auf die Aufforderung „Hol den Hammer“ zum Experimentator brachte. Sobald der Hund auf drei folgende Kommandos immer den Hammer holte, galt er als „trainiert“ und der Test begann. Nun legte man die drei gelben Objekte auf den Boden und gab wieder das Kommando, „Hol den Hammer“. Gemessen wurde die Zeit, bis er begriffen hatte, was von ihm verlangt wurde.

In der Testreihe mit Trainer und Vorbild durfte der Hund eine „Unterhaltung“ zwischen Trainer und Vorbild beobachten. Der Hund saß angeleint etwa 50 cm von Trainer und Vorbild entfernt. Auf dem Boden lag nur ein Spielzeug und die beiden unterhielten sich darüber in Form festgelegter Sätze. Da aus Untersuchungen mit Menschen bekannt war, dass der letzte Teil eines Satzes besonders im Gedächtnis haften bleibt, waren die Texte so formuliert, dass sie mit dem Namen des Objektes endeten. Im Beispiel sollte der Hund lernen, den roten Stiefel zu identifizieren. Die Unterhaltung verlief wie folgt:

Trainer: Siehst du den Stiefel? (Gleichzeitig gab er den Stiefel dem Vorbild in die Hand.)

Vorbild: Ja, sehe ich. Vielen Dank für den Stiefel. (Er gibt den Stiefel dem Trainer zurück.)

Trainer: Gibst du mir bitte den Stiefel? (Er gibt den Stiefel dem Vorbild.)

Vorbild: Danke für den wundervollen Stiefel. (Er gibt ihn dem Trainer zurück.)

Um die Aufmerksamkeit des Hundes gespannt zu halten, wurde diese Unterhaltung sehr lebhaft und betont geführt, während sich die beiden den Stiefel hin und her reichten. Beide blickten das Objekt an, waren aber mit Körperhaltung und Stimmrichtung auf den Hund hin orientiert. So lange die Unterhaltung dauerte, durfte der Hund das Spielzeug nicht berühren. Nachdem er etwa 3 Minuten lang zugehört hatte, bat man den Hund mit dem Kommando „Hol den Stiefel“, das Objekt aus einer Entfernung von etwa 3 m zu holen. Wenn der Hund versagte, wiederholte man das Training (gemessen wurde die gesamte Trainingszeit). Holte der Hund den Stiefel, musste er lernen, ihn auf das Kommando „Hol den Stiefel“ aus allen roten Objekten herauszufinden.

Es zeigte sich, dass Hunde bereits lernen, wenn sie der Unterhaltung und der sozialen Interaktion zwischen zwei Menschen folgten. Außerdem waren Trainingszeiten und Genauigkeit etwa gleich, ob der Hund nach der klassischen oder der Vorbild-Methode ausgebildet wurde.

Was wir bisher diskutiert haben, ist wegen der Auswirkungen auf die Hunde-Mensch-Interaktion besonders wichtig. Es zeigt sich, dass Hunde stets beobachten, was Menschen tun. Wenn Sie die untere Tür eines Küchenschranks öffnen und das Futter herausnehmen, haben Sie Ihrem Hund nicht nur gezeigt, wo es lagert, sondern auch, dass er an dem Knopf ziehen muss, um es sich zu holen. Auch gerade jetzt wird Ihr Hund Sie vermutlich beobachten, Ihnen zuhören und von Ihnen lernen.

Künstler und Wissenschaftler?

Nach Aussage vieler Psychologen denken Menschen in zwei Kategorien. Die erste ist analytisch, logisch und mathematisch und ist vermutlich in der linken Gehirnhälfte lokalisiert. Die zweite ist künstlerisch, kreativ, musisch und emotional und wird von der rechten Gehirnhälfte kontrolliert. Offensichtlich werden die meisten Menschen entweder durch die eine oder die andere Kategorie geprägt. Unter Psychologen wird dies der „kognitive Stil" genannt, d.h. festgelegte Denkstrukturen, um Probleme zu lösen. Ganz sicher gibt es Menschen, die ihre Probleme vorrangig logisch und rational angehen, während andere eher emotional reagieren und sich zu den Künsten und der Schönheit hingezogen fühlen. Unter diesen Voraussetzungen wäre es interessant zu wissen, ob es auch im Denken von Hunden eine ästhetische Seite gibt, oder ob sie einzig daran interessiert sind, eine Lösung für die praktischen Probleme des Lebens zu finden.

Tanzen mit Hunden

Die beiden Blonden – Carolyn in einer roten Weste, Rookie in Leder mit glänzenden Nieten – tanzten zum Rock and Roll des Musicals *Grease*. Als die Lautsprecher den Refrain dröhnten, „You're the one that I want...", drehte sich Carolyn in die eine, Rookie in die andere Richtung. Sie bewegten sich im Rhythmus voneinander weg und wieder aufeinander zu. Carolyn breitete ihre Hände im typischen Rock-and-Roll-Stil aus und Rookie lief durch ihre Beine. – Ja, Sie haben richtig gelesen. Carolyn ist Carolyn Scott aus Houston (Texas) und Rookie ist ihr 7 Jahre alter Golden Retriever. Sie nahmen an dem Wettbewerb „Musical Freestyle für Hunde" teil.
Wenn man einer solchen Veranstaltung zusieht, hat man das

Gefühl, die Hunde bewegten sich zur Musik. Das ist allerdings nur zum Teil richtig: Es handelt sich um eine Choreographie aus einstudierten Bewegungen zur Musik. Die eigentlichen Bewegungsabläufe folgen jedoch den Standards einer normalen Hundeprüfung – in gewisser Weise gleichen sie einer hündischen Form des Dressurreitens. Freestyle gibt es seit den 1970er Jahren als Ausdruck einer geänderten Einstellung zur Hundeausbildung. Positivere Trainingstechniken, die den Hund motivieren sollten, begannen sich durchzusetzen; er sollte seine Aufgaben freudig erledigen und nicht einfach nur arbeiten. Dank der neuen Methoden arbeiteten die Hunde besser und präziser als jemals zuvor. Die Ausbildung in Hundeschulen wurde zu einer angenehmen Freizeitbeschäftigung, denn die Stimmung in den Klassen war ohne die bislang üblichen, körperlichen Druckmittel viel entspannter. Einige der Ausbilder gingen dazu über, Musik zu spielen, und loteten aus, ob man Hunde auch zu Musik trainieren konnte.

Ich habe 1992 und 1993 an den ersten musikalischen Freestyle-Wettbewerben teilgenommen, die bei der *Pacific Canine Showcase* in Vancouver stattfanden. Während sich dieser Sport bald zu einer Vorführung von einem Hund mit seinem Halter entwickeln sollte, nahmen damals Teams von vier bis fünf Haltern an solchen Tanzvorführungen teil. Mehrere Hundeclubs hatten gemeldet, um ihre Teams vorzustellen, und unser Club, der *Vancouver Dog Obedience Training Club*, stellte ein engagiertes, aber ungleiches Team zusammen: Barbara Baker und ihr Staffordshire Terrier Nutmeg, Cindy Merkeley und ihr Shetland Sheepdog Martin, Peter Reid und sein English Cocker Spaniel Beau und ich selbst mit meinem Cairn Terrier Flint. Für uns war diese Vorführung so etwas wie die Spanische Hofreitschule für Hunde statt für Lipizzaner oder die musikalische Vorführung der berittenen Royal Canadian Mounted Police. Wir werteten die Musik als Hintergrund einer interessanten, innovativen Vorführung, in der wir zeigen wollten, was unsere Hunde konnten – wir wollten nicht so tun, als könnten sie tanzen. Wir machten uns ganz gut und gewannen den zweiten Preis. Im nächsten Jahr nahmen wir mit sechs Hunden teil und wurden vierte. Schon damals war klar, dass der Unterhaltungswert und die Kostüme im

Vordergrund stehen würden. Da sich niemand von uns musikalisch genug fühlte, dieses Format weiterzuentwickeln, beschlossen wir, aufzuhören und uns auf unseren Lorbeeren auszuruhen.
Unsere frühen Vorstellungen ließen keinen Zweifel daran, dass die Bewegungen der Hunde den Rhythmus nicht aufnahmen. In der Tat hatten wir uns sogar für Dudelsackmusik entschieden, weil sie fast ohne ausgesprochene Rhythmen oder Takte auskam. Heute hat man den Eindruck, die Hunde bewegten sich nach der Musik. Wenn man einem Könner wie Rookie zusieht, glaubt man, ihn tanzen zu sehen. Haben Hunde also eine gewisse Musikalität und können lernen, sich rhythmisch zu bewegen? Auch die Freestyle-Vorführungen lassen allerdings keinen Zweifel daran, dass dem nicht so ist. In einer Veröffentlichung der *Canine Freestyle Federation* wird dies so ausgedrückt: „Eine Freestyle-Präsentation basiert darauf, eine Musik auszuwählen, die zum Rhythmus des Hundes passt." In der Tat scheint jeder Hund einen natürlichen Rhythmus zu besitzen, in dem seine Bewegungen ablaufen. Manche trippeln in sehr schneller Folge und passen zu schnellen Tänzen, andere bewegen sich mit schwungvoller Grazie wie in einem klassischen Ballett. Durch Training lassen sich diese natürlichen Voraussetzungen zwar etwas verändern, aber Hunde sind nicht in der Lage, ihre Bewegungsrhythmen so frei wie Menschen zu verändern. Der Hund scheint also nur zu tanzen, weil die Musik seinem rhythmischen Bewegungsmuster entspricht, und nicht, weil er den Rhythmus der Musik erkennt und sich danach bewegt. Das wird besonders deutlich, wenn sich der Rhythmus der Musik verändert und der Hund auf die Anweisungen seines Halters und nicht auf die Musik reagiert.
Wenn Hunde schon nicht tanzen können, haben sie dann andere musikalische Fähigkeiten? Können Hunde singen? Hören sie gerne Musik?

Singen mit Hunden

Manche Menschen halten das Heulen von Hunden für ein Äquivalent von Gesang, denn es kommt vor, dass Hunde heulend mittun, wenn Menschen Musik spielen oder singen. So begann der Bassett Bourbon immer dann zu heulen, wenn sich seine Familie um das Klavier versammelte und Weihnachtslieder sang. Das machte er allerdings nur, wenn alle Familienmitglieder gemeinsam sangen; er hörte auf, wenn sie aufhörten. Sein musikalisch begabter Besitzer glaubte, dass Bourbon an dem Gesang teilnehmen wollte. Er erklärte: „Es begann, als die Kinder alt genug waren, mit uns zu singen. Vielleicht wollte Bourbon ihre piepsenden Sopranstimmen mit etwas mehr Bass begleiten. Er hat eine echte *Basso profundo* Stimme."

Hunde heulen als Mittel der Kommunikation. Im Vergleich zu wilden Hunden bellen Haushunde zwar viel mehr, können aber immer noch heulen – andere Hunde stimmen als Antwort ein. Wir empfinden das Heulen eines isolierten Hundes zwar als Zeichen der Einsamkeit, doch in der Natur ist Heulen sozial. Wölfe rufen damit ihr Rudel zusammen und stärken das Zusammengehörigkeitsgefühl der Gruppe. Wenn sie ein Rudelmitglied heulen hören, kommen die anderen zusammen und antworten als Gruppe. Die bekannteste Form des Heulens beginnt ohne Einleitung und besteht aus einem lang gezogenen Ton. Manchmal ist er am Anfang etwas höher und senkt sich am Ende zu tieferen Tönen ab. Menschen empfinden den Rudelgesang als sonor und bezeichnen ihn gerne als „klagend". Die teilnehmenden Tiere scheinen es zu genießen, mit den anderen zu rufen; dabei ist allerdings nicht klar, ob sie gerne heulen oder die Gemeinschaft mit den anderen schätzen. Menschen haben kein Problem damit sich vorzustellen, die Wölfe versammelten sich in einer Art von spontaner Jam-Session. Der Gesang von Hunden bei diesen instinktiven Konzerten wurde wissenschaftlich untersucht; einige Wissenschaftler schreiben ihnen ein Gefühl für Tonhöhen zu. In Tonbandaufnahmen von Wölfen hört man, dass ein heulender Wolf die Tonhöhe ändert, wenn andere Wölfe einstimmen. Kein Wolf möchte in derselben Tonlage heulen wie die anderen Chormitglieder. Das hört man sofort, wenn ein Hund mit Menschen zusammen singt. Seine Stimme nimmt eine andere Tonhöhe ein als die anderen und er scheint diesen Unterschied bewusst zu produzieren. Musik von

Blasinstrumenten spricht Hunde besonders stark an, vor allem Holzblasinstrumente wie Klarinetten und Saxophone. Manchmal begleiten sie den lang gezogenen Ton einer Violine oder sie stimmen ein, wenn ein Mensch den Ton lange aushält. Vielleicht gleichen diese Töne am ehesten dem Geheul ihrer Vorfahren und sie fühlen sich verpflichtet, in den Chor einzustimmen.

Die Antwort der Kritiker

Das vermutlich berühmteste Duett eines Hundes mit einem Menschen wurde 1967 in den USA aufgezeichnet. Präsident Lyndon Baines Johnson liebte seinen weißen Terrier-Mischling Yuki sehr. Ich erinnere mich noch an den Fernsehauftritt, der vermutlich auf allen Stationen lief. Dabei saß Johnson im Oval Office des Weißen Hauses vor dem Präsidentenwappen. Yuki saß auf seinem Schoß. Johnson sang zuerst einen Country & Western Song und dann eine Opernarie – beide schrecklich falsch – während ihn Yuki fröhlich und lebendig begleitete. Die Presse fand dieses Duett ziemlich erniedrigend. Musikkritiker meinten, dass der Präsident die klassische Musik verunglimpft hätte, als er dem Hund erlaubte, eine Arie mitzusingen. Andere glaubten, dass der Präsident seinem Image geschadet und er und seine Regierung an Respekt verloren hätten. Offenbar hatte Johnson der Gesang mit seinem Hund viel Spaß gemacht und er ließ sich von der Presse nicht verunsichern. Er zeigte sogar stolz einen Artikel hoch, der seine Vorstellung beschrieb und meinte: „Nicht alle Kommentare sind schlecht. Hier steht, dass ich fast so gut singe wie der Hund!“
Johnson war nicht der einzige Präsident, der Spaß an singenden Hunden hatte. Im Jahre 1936 lud Franklin Delano Roosevelt den *Golden Glove* Träger und Boxchampion Arthur „Stubby“ Stubbs und seinen Bullterrier Bud ins Weiße Haus ein. Später berichtete er, Stubby hätte das Banjo gespielt, während Bud ein Medley von Stephen-Foster-Songs sang. Leider gibt es keine Tonaufnahmen von dieser Vorstellung, doch Roosevelts Frau Eleanor kommentierte sie so: „Ich weiß nicht, ob das Musik war, aber es war interessant.“

Es gibt Berichte darüber, dass Hunde den menschlichen Gesang ebenso kritisch bewerten wie Eleanor Roosevelt die Bemühungen von Bud. Eine dieser Geschichten betrifft eine Vorstellung der Oper „Von Mäusen und Menschen“ von Carlisle Floyd nach dem Roman von John Steinbeck. Diese spezielle Aufführung fand in San Jose in Kalifornien statt. In einer Schlüsselszene des Stücks wird ein Hund erschossen und der Regisseur wollte einen lebendigen Hund auf der Bühne haben. Ihr Name war Jessie und obwohl sie gut trainiert war, konnte man nie sagen, ob sie innerhalb einer Szene dort blieb, wo ihr Platz war. Sie stand oft auf und ging herum oder versuchte sogar, die Bühne zu verlassen. Bei einer der Proben war die Regisseurin Lillian Garret-Groag ziemlich frustriert, weil einer der Darsteller seine Einsätze verpasste und damit den Ablauf der dramatischen Szene störte. Nachdem sie die Szene mehrmals wiederholt hatten und der Darsteller seine Einsätze immer noch nicht im Griff hatte, stand Jessie auf, ging zu dem Darsteller und urinierte auf seine Schuhe. Garret-Groag unterbrach die Probe, und während jemand einen Wischlappen holte, meinte sie: „Vielleicht ist der Hund nicht höflich, aber er ist sicher ein guter Musikkritiker!“

In solchen Anekdoten steckt eine gewisse Wahrheit. Wir können zwar nicht sagen, dass Hunde Musik machen wie wir, aber es gibt viele Berichte, die belegen, dass Hunde sehr wohl einen Musikgeschmack haben und gute Musik erkennen. Der Organist Dr. George Robinson Sinclair, Organist an der Herefod Kathedrale in London, besaß eine Bulldogge mit Namen Dan. Er war mit dem englischen Komponisten Sir Edward William Elgar befreundet – besonders bekannt sind seine Werke *Pomp and Circumstance* und *Land of Hope and Glory*. Sinclair hielt für Elgar sogar einen Raum zum Komponieren bereit. Elgar schätzte Dan, denn er glaubte, der Hund besäße ein Gefühl für gute Musik. Dan hörte bei den Chorproben von Sinclair zu und man sagt, er hätte Sänger angeknurrt, die den Ton nicht hielten – was ihm bei dem Komponisten Respekt einbrachte.

Schließlich komponierte Elgar sogar etwas zu Ehren des Hundes: Dan hatte wie viele Bulldoggen eine ausgesprochene Abneigung gegen Wasser. Bei einem Spaziergang am Ufer des Wye fiel Dan eines Tages ins Wasser. Er rettete sich ans Ufer, schüttelte sich und spritzte dabei Elgar und Sinclair nass. Sinclair fand diesen Vorfall lustig und bat Elgar, ihn in Musik umzusetzen. Elgar nahm die Herausforderung an und begann zu Hause sofort mit der Komposition; sie wurde unter dem Namen *Enigma Variation* (Nummer 11) bekannt. Der musikalische Dan, ob er nun den Ton hielt oder nicht, hatte sein unsterbliches Denkmal in Musik.

Musikvorlieben der Hunde

Richard Wagner, der bekannte Opernkomponist, glaubte fest an die Musikalität seiner Hunde. Sein Cavalier King Charles Spaniel Peps war stets zugegen, wenn der Meister komponierte. Er lag auf einem besonderen Hocker, wachte und hörte zu, wenn Wagner Klavier spielte oder Passagen vorsang, an denen er gerade arbeitete. Dabei beobachtete der Komponist, wie der Hund reagierte und veränderte auch Passagen, wenn der Hund entsprechend reagierte. Wagner fiel beispielsweise auf, dass Peps spezifisch auf bestimmte Tonlagen reagierte. Bei Passagen in Es-Dur wedelte er ruhig mit dem Schwanz, bei E-Dur stand er erregt auf. Seine Reaktionen trugen vielleicht dazu bei, dass Wagner seine Theorie der musikalischen Motive entwickelte. Darunter verstand er die Verknüpfung von Tonlagen mit bestimmten Stimmungen oder Emotionen in einer Oper. In der Oper Tannhäuser war Es-Dur beispielsweise mit dem Konzept der heiligen Liebe und Erlösung verknüpft, während E-Dur für sinnliche Liebe und Ausschweifung stand. In allen noch folgenden Opern setzte Wagner solche Motive ein, um Charakter und Aspekte der Handlung zu kennzeichnen. Als Peps starb, war Wagner völlig verzweifelt und konnte sich erst wieder auf die Komposition konzentrieren, als er einen neuen Hund (derselben Rasse) geschenkt bekam. Auch der neue Hund Fips nahm wieder seinen Platz auf einem gepolsterten Hocker neben dem Klavier Wagners ein – auf diese Weise konnte sich Wagner wieder auf die Begutachtung seiner Arbeit durch einen Hund verlassen.

Offensichtlich haben Hunde bestimmte musikalische Vorlieben und reagieren spezifisch auf bestimmte Formen von Musik. Die Psychologin Deborah Wells von der Queens University in Belfast (Nordirland) hat 50 Hunden in einem Tierheim verschiedene Musikstücke vorgespielt. Eer beobachtete die Reaktionen der Hunde auf populäre Musik (Britney Spears, Robbie Williams, Bob Marley), auf klassische Stücke (u.a. Griegs *Morgenstimmung*, Vivaldis *Vier Jahreszeiten*, und Beethovens *Ode an die Freude*) und auf Heavy Metal von Gruppen wie Metallica. Um sicherzustellen, dass die Hunde wirklich auf die Musik reagierten, wechselten die Stücke mit menschlicher Kommunikation und Phasen absoluter Stille ab.
Tatsächlich reagierten die Hunde unterschiedlich auf die Musik. Bei Heavy Metal wurden die Hunde unruhig und begannen zu bellen. Bei Gesprächen oder populärer Musik verhielten sie sich unauffällig wie immer. Klassische Musik schien die Hunde dagegen zu beruhigen. Sie bellten weniger, häufig legten sie sich auch hin und ruhten sich aus. Wells fasste ihre Ergebnisse wie folgt zusammen: „Es ist bekannt, dass die Musik die Stimmung von Menschen beeinflusst. Klassische Musik reduziert den Stresslevel, Grunge-Musik hat Ablehnung, Trauer, Spannung und Gleichgültigkeit zur Folge. Offenbar wissen auch Hunde zwischen verschiedenen Musikrichtungen zu unterscheiden."

Hunde an der Staffelei

Natürlich gibt es neben der Musik auch andere Künste. Sicher sind Hunde durch ihre begrenzte Wahrnehmung von Farben und Details in ihrer visuellen Sensibilität eingeschränkt, aber es gibt Hinweise darauf, dass manche Hunde darstellende Kunst schätzen und gelegentlich sogar selbst Kunstwerke schaffen.
Die aus Moskau stammenden Künstler Vitaly Komar und Alex Melamid sind für ihre satirischen Performances bekannt. In den frühen 1970er Jahren wurden sie von der Moskauer Akademie der Künste ausgeschlossen, weil sich ihre nicht genehmigten Ausstellungen mit der sozialistischen Kunst nicht vereinbaren ließen. Sie

flohen aus der UdSSR und ließen sich in New York nieder. Dort stellten sie die Kunst eines streunenden Hundes vor, den sie in Jerusalem gefunden hatten. Komar und Melamid veranstalteten 1978 eine Performance (*Canine Art: Teaching a Dog to Draw*) mit ihm. Allerdings bewiesen sie damit keineswegs künstlerische Qualitäten des Hundes. Sie tauchten seine Pfote in Farbe ein und drückten sie wiederholt auf ein Blatt Papier. Schließlich zeigte das Bild einen Hühnchenknochen, den sie als Modell vor den Hund hingelegt hatten. Komars und Melamids Hund hatte keinerlei Anteil an dem künstlerischen Prozess, denn sie hatten seine Pfote streng genommen wie einen Pinsel benutzt, der von einem menschlichen Künstler geführt wurde. Komar und Melamid sahen dies allerdings anders; sie erklärten das Bild nicht nur als „Beweis" dafür, dass Hunde malen konnten, sondern dass alle Tiere einen künstlerischen Instinkt besäßen. Seither haben sie begonnen, mit einem Affen zu arbeiten, und vor kurzem mehrere Elefanten-Kunst-Akademien in Thailand gegründet.

Ein überzeugenderes Beispiel für Hunde als Künstler lieferte Tillamook Cheddar, ein Jack Russel Terrier aus New York. Die Hundedame hatte bereits mehrere Einzelausstellungen. Ihre Bilder gleichen den abstrakten Darstellungen eines Jackson Pollock, gemalt mit Buntstift. In den meisten Fällen zeigen die Bilder wilde Striche und Schraffuren, manchmal vom Zentrum des Bildes ausgehend, manchmal ausschließlich in einem Bereich konzentriert, manchmal auch in wechselnder Dichte. Die häufig sichtbaren Punkte bestehen aus Zahnabdrücken.

Ich habe einer Vorführung beigewohnt, die Tillie und ihr Besitzer, der Autor Bowman Hastie (er schreibt Teenager-Romane) gaben. Hastie befestigte wachsbeschichtetes Acrylpapier mit Klebeband auf einer Papiertafel. Dieses Papier gleicht den alten Kohlepapieren für Schreibmaschinen, wird aber in verschiedenen Farben – Rot, Blau, Gelb, Schwarz und Weiß – hergestellt. Wenn der Hund das Papier kräftig genug berührt, drücken sich die Spuren auf das Papier darunter durch. Als er Tillie diese „Leinwand" gab, machte sie sich darüber her. Vielleicht wäre es treffender zu sagen, sie griff sie an. Sie packte die Ecken mit den Zähnen und kratzte über die Oberfläche. Sie nutzte Krallen und Zähne solange, bis Hastie entschied, es sei genug. Er nahm den Hund zurück, entfernte die Papierfetzen (an manchen Stellen war nicht mehr viel davon übrig) und zeigte das Linienmuster, das Tillie hinterlassen hatte.

Einer der Reporter, der das Ganze wohl etwas merkwürdig fand, dem Bild allerdings einen „gewissen primitiven Charme" nicht absprechen wollte, fragte nach, wie viel davon wirklich auf Tillie zurückging. Hastie antwortete, „Wenn ich einen menschlichen Künstler betreute, hätte ich dieselben Aufgaben. Ich muss die Zutaten holen, die Leinwand vorbereiten, die Farben bereitlegen, Botengänge machen und aufräumen. Gelegentlich müsste ich den Künstler motivieren und ihn davon abhalten, zu kritisch mit seiner eigenen Arbeit umzugehen (d.h. ich müsste ihm ein Bild wegnehmen, das er zerstören möchte, weil er glaubt, es besser zu können). Tillie erzeugt alle Linien, sie ist die Kreative."

Im Jahre 2002 veranstaltete der *National Arts Club* in New York eine Ausstellung mit Tillies Bildern. Die Arbeiten waren Produkte einer besonderen Zusammenarbeit. Insgesamt 26 Künstler hatten sich bereit erklärt, Tillies Bilder zu „vollenden" oder sie in ein größeres Kunstwerk einzubeziehen. Bei der Ausstellung fragte ich einen Professor für Schöne Künste der Universität von New York, ob er Tillies Arbeiten für echte Kunst hielt.

„Ich glaube schon", meinte er, „sehen Sie sich die Arbeiten von Jackson Pollock an. In seinen späteren Jahren hielt er seine Bilder nicht für Malerei, sondern für Aufzeichnungen seiner Aktionen. Er choreographierte nur seine Bewegungen und die Farbspuren in Form von Tropfen, Spritzern und Schmierern bildeten Kunst."

„Auch wenn das stimmt", entgegnete ich, „ wusste Pollock genau, dass er einen künstlerischen Prozess unternahm. Er wusste, dass er malte und dass die Ergebnisse seiner Arbeit graphisch interessant sein würden. Ich bezweifle, dass Tillie weiß, was sie macht oder sich von einer ästhetischen Vorstellung leiten lässt."

„Das weiß ich auch, aber stellen Sie sich einen primitiven Künstler vor, der eine Maske für eine religiöse Zeremonie schnitzt. Er denkt nicht an Kunst, sondern daran, dass er einen religiösen Gebrauchsgegenstand herstellt. Dennoch halten wir diese Maske für Kunst und bewerten sie nicht anders als eine andere Maske, die ein moderner Künstler in demselben Stil für eine Galerie hergestellt hat. Die Intention eines Künstlers entscheidet noch nicht darüber, ob der Gegenstand, den er herstellt, später als Kunst angesehen wird. Nur das Auge des Betrachters entscheidet über den künstlerischen Wert." Die ganze Zeit, während er mit mir geredet hatte, betrachtete er eines der Bilder. Es zeigte rote und weiße Linien vor einem dunklen Hintergrund. Er sah sich die Karte an, die Titel, Nummer und Preis zeigte, und schrieb alles auf ein Stück Papier, das er in die Tasche steckte. Das Lächeln auf seinem Gesicht schien zu bedeuten – ob Tillie nun Kunst gemacht hatte oder nicht –, dass dieses Bild bald die Sammlung des Professors zieren würde.

Hunde als Graphiker und Bildhauer

Die vermutlich größte Sammlung von Hundekunst hat Vicki Mathison aus Neuseeland in Form einer Photoserie in ihrem Buch *Dog Works* vereinigt. Mathison ist Psychologin und beschreibt sich selbst als Künstlerin, Lehrerin, Journalistin und Hundetrainerin. Den Anstoß gaben zufällige Beobachtungen an einem Mischling aus Rottweiler und Labrador Retriever mit Namen Titch. Er war aus einem überfüllten Tierasyl gerettet worden und lebte nun bei Bella, einer Mitarbeiterin des Tierheims. Sie entdeckte, dass Titch gerne malte. Der Hund suchte sich einen großen Stock und zeichnete Muster in den Sand, die Bella als Ausdruck von Kunst verstand. Schon bald darauf bemerkte Mathison, dass auch ihr Großpudel Minka gerne aus Federn „fließende Skulpturen" formte und sich die geschaffenen Muster gerne ansah.

Vier Jahre später lernte Vicki Mathison auf einem Strandspaziergang einen Mischling aus Corgi und Shetland Sheepdog kennen. Jemima buddelte Löcher, die sie allerdings in bewusster Symmetrie anlegte. Auch hier fühlte sich Mathison an eine Form von Kunst erinnert. Auf der Suche nach mehr Daten veröffentlichte sie einige Artikel und bat um Informationen aus der Leserschaft. Zu ihrer großen Überraschung meldeten sich 155 Hundebesitzer und Menschen, die solche Verhaltensweisen von Hunden beobachtet hatten. Sie sonderte Hunde, die merkwürdige Dinge mit Tennisbällen anstellten, sowie unglaubwürdige Berichte aus und behielt 93 Fälle, bei denen sich eine genauere Untersuchung zu lohnen schien. In einem Interview gab sie an, dass jeder der letztlich 40 Fälle, den sie fotografiert hatte, wahr sei und Betrug ausgeschlossen sei. In zumindest einem Fall wurde versucht, sie bewusst zu täuschen. Der Hund erhielt Anweisungen über einen Empfänger in seinem Halsband. In anderen Fällen waren die Hunde nicht bereit, etwas zu schaffen, wenn sie und ihre Helfer die Kameras aufbauten.

Wenn wir glauben wollen, was uns die Fotos von Vicki Mathison zeigen, dann schaffen Hunde in der Tat so etwas wie Kunst – wenn man es so interpretieren will. Als Äquivalent von Zeichnungen galt es, wenn Hunde einen Stock durch den Sand zogen oder Muster, wie Spiralen, in den Sand gruben bzw. symmetrisch angeordnete Löcher gruben. Häufiger kamen Skulpturen vor, wenn man das Auftürmen von Gegenständen als Bildhauerei interpretiert. Es gibt Fotos von zeltartigen Bauten aus Stöcken oder Knochen sowie Blatt- und Zweighaufen, die bewusst und regelmäßig zusammengetragen worden waren. Die vermutlich eindrucksvollsten „künstlerischen" Kreationen waren jene, bei denen die Hunde bestimmte Gegenstände sammelten (Stöcke, Knochen, Seile, Kiefernzapfen, Steine usw.) und sie in auffallenden Mustern, wie Kreisen, X und Dreiecken ablegten. Ein Malamute mit Namen Luke arrangierte Pampasgras wie einen Stern und legte sich dann in der Mitte nieder. Für Mathison handelt es sich dabei eindeutig um Kunst. „Ich gehe davon aus, dass Hunde eine ästhetische Wahrnehmung besitzen. Warum sollte Emily (ein Staffordshire Terrier) alte Knochen zu einem perfekten Kreis zusammenlegen? Die Zeichnungen von Titch waren ausgeklügelt und wiederholten sich niemals."

Bei anderen Beispielen in der Sammlung fällt es schwerer, sie als Kunst zu bezeichnen. Es gibt einen Hund, der hängt Socken auf einen Drahtzaun oder andere, die Steine auf einen Hügel bringen und sie dort mit gewissem Abstand ablegen. Vielleicht urteile ich zu hart. Möglicherweise handelt es sich um eine hündische Form von Performance-Kunst; der Künstler Christo hat immerhin einige Inseln der Florida Keys mit rosa Plastikfolien umgeben.

Es ist schwierig, sich mit den künstlerischen Fähigkeiten von Hunden zu befassen, da man auf zufällige Beobachtungen angewiesen ist. Wir wissen nicht, ob sich Hunde dauerhaft damit beschäftigen. Besitzen sie dennoch einen Sinn für Ästhetik oder wissen sie Schönheit zu schätzen? Möglicherweise türmt ein Hund Gegenstände als stammesgeschichtliche Erinnerung an Nest- oder Höhlenbau aufeinander. Hält er das Produkt seiner Arbeit für schön oder für andere angenehm anzuschauen?

Nicholas H. Dodman, ein bekannter Behaviorist und Hundeforscher – er ist Mitglied der Tiermedizinischen Fakultät der Tufts University –, dürfte diese Kreationen wohl nicht für Kunst halten. Er beschreibt eine Situation, die Vicki Mathison vermutlich als Kunst deklariert hätte: Ein Hund sortierte regelmäßig sechs seiner Trockenfutterstückchen in die Knopfvertiefungen eines Sofas, legte dann ein siebtes Stück neben den Fuß des Sofas und ließ sich zufrieden nieder. Es gibt kein vernünftiges Argument, das gegen den künstlerischen Gebrauch von Futterstückchen als Ersatz für Steine, Knochen oder Pampasgras spräche. Dodman führte dieses Beispiel aber nicht als Beleg für ästhetische Motivation, sondern als Beispiel für eine ausgeprägt obsessiv-zwanghafte Störung an. Menschen mit dieser Krankheit sammeln nutzlose Dinge und verbringen viel Zeit damit, Gegenstände in bestimmten Mustern anzuordnen, so wie eine obsessiv-zwanghafte Mutter, die ständig die Wiege ihres Babys kontrolliert und vier Kuscheltiere in je eine Ecke und ein fünftes neben das Baby legt. Jede Abweichung von dieser Ordnung versetzt sie in Stress und Ängste. Zeugt die Ordnungsliebe des Hundes mit den Futterstückchen für Kunstverständnis oder ist sie Zeichen einer Neurose? Ohne die Motivation eines Hundes zu kennen, lässt sich diese Frage nicht beantworten. Wie sagte der Professor für Schöne Künste? „Es ist das Auge des Betrachters, das etwas zu Kunst macht."

Das mathematische Verständnis von Hunden

Wenn wir Hunden keine künstlerischen Qualitäten zugestehen, wie sieht es dann mit ihrem wissenschaftlichen Denken aus? Viele Menschen trauen ihren Hunden zwar durchaus komplizierte Gedankengänge zu, aber wie intelligent sind sie wirklich? Die meisten Menschen glauben, dass die Mathematik die höchste Form der Abstraktion darstellt. Der griechische Philosoph Pythagoras ging so weit zu behaupten, das „Zahlen das Universum regieren" und Roger Bacon formulierte ähnlich: „Denn die Dinge dieser Welt sind ohne die Kenntnis der Mathematik nicht zu verstehen." Wohl niemand käme auf den Gedanken, Hunden ein derartiges Denkvermögen zuzutrauen.
Manche Menschen sprechen Hunden sogar die Fähigkeit zu einfachsten quantitativen Denkvorgängen ab, wie dem Abschätzen von Größen. Samuel Johnson, ein englischer Schriftsteller, Kritiker und Autor des ersten Wörterbuchs der Englischen Sprache, traute Hunden diese Form von Intelligenz nicht zu. „Haben Sie jemals beobachtet", fragte Johnson, „dass ein Hund Vergleiche zieht? Wenn man ihm zwei Stücke Fleisch vorlegt, wird er das kleine ebenso bereitwillig verschlingen wie das große." In diesem Punkt irrte Johnson allerdings. Hunde können Größen abschätzen und entsprechend reagieren. Es ist richtig, wenn einem Hund zwei Stücke Fleisch vorliegen, schnappt er immer zuerst nach dem nächsten. Dabei dürfte es sich um eine Art von Opportunismus nach dem Prinzip, „Ein Spatz in der Hand ist besser als die Taube auf dem Dach" handeln. Nach dem nahen Stück zu schnappen, ist leichter und sicherer.
Der Psychologe Norton Milgram von der Universität von Toronto und seine Forschungsgruppe haben experimentell nachgewiesen, dass Hunde Größen recht gut abschätzen können. In einem der Versuche zeigten sie den Hunden ein Tablett mit zwei unterschiedlich großen Objekten. Wenn der Hund das richtige Objekt umwarf, fand er darunter ein Futterstück. Man kann Hunden beibringen, sich stets für das größere (oder kleinere) der Objekte zu entscheiden, ganz gleich, welche Form es hat und von welcher Art es ist –

sie lernen es sogar recht leicht. Man kann Hunden auch eine „Gleich-Ungleich" Aufgabe stellen, bei denen sie aus drei Gegenständen (zwei gleich große, eines kleiner oder größer) den jeweils abweichenden herausfinden müssen. Auch das lernen Hunde recht schnell, d.h. sie verstehen das Prinzip von Größe.
Ein alltägliches Beispiel für ihre Größenwahrnehmung liefern Hunde, die über Hürden springen können. Ein Hund wird alle Hürden unterschiedlichster Größe überspringen – bis zu der Höhe, die er trainiert hat. Sind die Hürden kleiner, springt er darüber; auch wenn sie etwas höher als üblich sind, wagt er den Sprung. Erst wenn die Hürde merklich höher ist als üblich, wird er scheuen und den Sprung verweigern. Damit hat er offensichtlich die Höhe nicht nur abgeschätzt, sondern ist noch einen Schritt weitergegangen: Er hat die Höhe mit jener verglichen, die er sich gerade noch zutraut.
Ein weiterer Aspekt von Mathematik ist ein Verständnis für Zahlen. Im einfachsten Fall gilt es, zwei Gruppen von Gegenständen miteinander zu vergleichen und jene mit der höheren Zahl von Objekten zu erkennen; dazu braucht man nicht die tatsächliche Zahl zu wissen. Ein Mathematiker würde sagen, der Hund solle entscheiden, ob die Menge X größer ist als die Menge Y. Ein Hund, der sich für ein Häufchen aus fünf Futterstückchen gegen eines mit zwei entscheidet, könnte die Menge der Stückchen abgeschätzt haben.
Es gibt tatsächlich einige Hinweise, dass Hunde Mengen erkennen können. In einem dieser Versuche präsentierte man den Hunden zwei Tafeln mit Punkten darauf. Einigen Hunden brachte man bei, sich stets für die Tafel mit der geringeren, anderen für jene mit der höheren Punktezahl zu entscheiden. Nur wenn sie die richtige Tafel wählten, gab es eine Futterbelohnung. Das Training dauerte lange, aber die Hunde erlernten die Aufgabenstellung.

Zählende Hunde

Um Mengen abzuschätzen, muss man nicht unbedingt zählen können. Können Hunde dennoch zählen? Ich kenne mehrere Fälle, in denen das der Fall zu sein schien. Das erste Beispiel sah ich nach einem Gehorsamkeitswettbewerb in Saanich auf der Vancouver Insel. Mein Hund und ich waren fertig und wir gingen hinaus, um den schönen Frühlingstag zu genießen. Auch einer der anderen Teilnehmer nutzte die Gelegenheit und spielte mit seinem kleinen, schwarzen Labrador Retriever Poco auf einer Wiese. Er hatte eine große Kiste mit Plastikbällen zum Apportieren bei sich und sagte, er wolle mir zeigen, dass sein Hund zählen könne.

„Sie kann verlässlich bis vier zählen, und bei fünf vertut sie sich nur selten“, sagte er. „Ich zeige Ihnen, wie das geht. Wählen Sie eine Zahl zwischen 1 und 5.“

Ich entschied mich für die drei. Während der Hund zusah, warf der Mann drei Bälle in die Wiese. Sie fielen in unterschiedlichen Entfernungen und Richtungen nieder und verschwanden im Gras. Um sicherzugehen, ließ ich mich auf die Knie in Augenhöhe mit dem Hund nieder und konnte die Bälle tatsächlich nicht sehen. Ohne weitere Hand- oder andere Signale sagte er einfach, „Poco, hol sie“. Gehorsam rannte sie los, holte den letzten (zuletzt geworfenen) der Bälle und apportierte ihn. Er nahm ihr den orangefarbenen Ball ab und sagte wieder, „Poco, hol sie“, und wieder rannte der Hund los, um den nächsten Ball zu suchen. Nach dem zweiten hieß es wieder, „Poco, hol sie“, und Poco rannte los. Als sie den dritten Ball apportiert hatte, nahm er ihr den Ball aus dem Maul und gab erneut das Kommando, „Poco, hol sie“, als gäbe es einen weiteren Ball zu holen. Nun jedoch sah ihn der Hund an, bellte und ging an seiner Seite in die „Bei Fuß“-Position.

Der Mann tätschelte Poco und murmelte „Kluges Mädchen“, dann drehte er sich zu mir um und meinte: „Sie weiß, dass sie alle drei Bälle apportiert hat und hört auf. Sie zählt mit. Wenn keine Bälle mehr draußen sind, lässt sie es mich mit dem ‚Da draußen sind keine mehr, du Trottel‘-Bellen wissen, das sie eben gehört haben. Sie kommt bei Fuß und wartet darauf, was ich als Nächstes von ihr erwarte.“

Ich war beeindruckt, wenn auch noch nicht überzeugt. Also verbrachten wir eine gute halbe Stunde damit, die Zahl der Bälle bis auf fünf zu steigern. Ein anderer Hundebesitzer und ich warfen die Bälle und schickten den Hund auf Suche, um zu testen, ob es eine

Regelmäßigkeit in der Verteilung oder in der Art des Kommandos gab. Einmal ließen wir jemanden die Bälle werfen, ohne dass der andere wusste, wie viele es waren. Auf diese Weise wusste nur der Hund, aber nicht der Halter, wie viele Bälle draußen lagen und apportiert werden mussten – versteckte Hinweise (wissende Blicke, versteckte Zeichen) waren ausgeschlossen. Wie wir auch vorgingen, der Hund machte keine Fehler und sogar bei fünf Bällen ließ er keinen aus. Hätte ich ein ähnliches Experiment mit meinen kleinen Enkelkindern gemacht, indem ich Spielzeuge hinter die Möbel warf, wäre ich wohl zu dem Schluss gekommen, sie könnten bis fünf zählen!

Wenn wir akzeptieren, dass Hunde zählen können, dann sollten sie auch einfache Rechenaufgaben lösen können. Ich will damit nicht sagen, dass sie berechnen, wie viel 233 × 471 ist und das Ergebnis durch 16 teilen können, aber wie wäre es mit einer Aufgabe wie 1 + 1 = 2? Die beiden Forscher Robert Young (Päpstlich-Katholische Universität, Brasilien) und Rebecca West (Universität von Lincoln, Großbritannien) haben diesen Gedanken mit einer Testgruppe von 11 Mischlingshunden und verlockenden Futterbelohnungen aufgegriffen.

Die Forscher benutzten dabei einen modifizierten Test, mit dem 5 Monate alte Babys auf ihre rudimentäre Fähigkeit zu zählen getestet wurden. Die Technik wird „bevorzugte Blickrichtung“ genannt: Man misst einfach die Zeit, die ein Baby auf einen bestimmten Punkt blickt. Es hat sich gezeigt, dass Babys (wie Erwachsene) etwas Ungewöhnliches oder Unerwartetes länger anblicken. Der Test läuft wie folgt: Man zeigt dem Kind eine kleine Puppe auf einem Tisch und verstellt den Blick dann durch einen Sichtschirm. Nun nimmt der Experimentator eine zweite Puppe, zeigt sie dem Kind und setzt sie hinter den Schirm. Wenn die Babys zählen können, sollten sie zwei Puppen erwarten, sobald der Schirm entfernt wird. In der Regel war das auch der Fall, doch manchmal nahm der Experimentator heimlich eine Puppe weg. Wird der Schirm nun angehoben, sieht das Baby nur eine Puppe. In der Tat starrt es nun viel länger auf den Tisch als sonst. Offenbar können die Babys zählen und haben bemerkt, dass eine Puppe fehlt.

In der Version für Hunde zeigten Young und West den Hunden zunächst eine große Futterbelohnung. Dann senkten sie den Schirm ab und ließen die Hunde dabei zuschauen, wie sie ein zweites Futterstück hinter den Schirm legten. Normalerweise – sofern die Hunde 1 + 1 = 2 zählen können – sollten sie zwei Futterstücke erwarten, wenn der Schirm angehoben wurde. Wie bei den Babys nahmen die Forscher jedoch gelegentlich heimlich ein Futterstück weg. Wenn sich der Schirm hob, sahen die Hunde nur ein Futterstück, mathematisch ausgedrückt, also 1 + 1 = 1. Wie die Babys starrten auch die Hunde diese unerwartete Situation deutlich länger an. Offenbar waren sie „überrascht", dass die Rechnung nicht aufging, und suchten länger nach dem verschwundenen Futter.

Bevor wir jedoch sicher annehmen, dass Hunde zählen können, gilt es noch eine Fehlerquelle zu beseitigen. Es könnte sein, dass sie einfach nur die Menge abschätzen und „mehr" erwarten, nicht jedoch die spezielle Zahl zwei. Um diese Möglichkeit auszuschließen, legten die Forscher heimlich ein Futterstück dazu, nach der Rechnung 1 + 1 = 3. Wenn nun der Schirm angehoben wurde, sahen die Hunde demnach drei statt der erwarteten zwei Futterstücke. Es zeigte sich, dass die Hunde genauso erstaunt waren wie über das fehlende Stück und das Futter entsprechend lange anstarrten. Offensichtlich wissen die Hunde, dass 1 + 1 = 2 ist und alle anderen Lösungen falsch. Wenn das stimmt, können Hunde nicht nur zählen, sondern sogar einfache Additionen und Subtraktionen ausführen.

Für einen wilden Hund scheint Zählen wenig sinnvoll zu sein, doch es könnte für die Vorfahren unserer Haustiere durchaus Sinn gemacht haben. Wölfe leben in sehr komplexen Familienverbänden und schließen sich oft zu Koalitionen und Bündnissen zusammen, um die Leitung der Gruppe zu übernehmen. Wenn ein Alpha-Wolf über einfache Rechenfähigkeiten verfügt, könnte er die Zahl seiner Feinde und Verbündeten abschätzen und so seine Position in der Rangordnung festigen. Zählen wäre auch nützlich, um zu wissen, wo sich die Rudelmitglieder gerade aufhalten. Eine Wölfin, die die Zahl ihrer Jungen kennt, wüsste genau, wenn eines fehlt, und könnte eine Suchaktion starten.

Können Hunde kalkulieren?

Addition und Subtraktion sind einfache Rechenfähigkeiten, aber wie sieht es mit komplizierten mathematischen Aufgaben aus? Der Mathematiker Timothy Pennings vom Mathematischen Institute des Hope College glaubt, einen Beweis gefunden zu haben, dass Hunde mathematische Aufgaben aus der Kalkulation lösen können. Auf einem Spaziergang am Ufer des Michigansees mit seinem Welsh Corgi Elvis warf er einen Ball ins Wasser und schaute Elvis zu, der den Ball apportierte. Zufällig hatte er gerade am Vortag eine Vorlesung über ein spezielles Problem der Kalkulation gegeben. Seinen Studenten gegenüber hatte er es als Tarzan-und-Jane-Problem vorgestellt, wobei die Rolle des Helden vertauscht war. Tarzan versank in Treibsand und Jane musste ihn erreichen. Pennings erklärte das Problem so: „Tarzan steckt im Treibsand und Jane ist auf der anderen Seite des Flusses eine Strecke flussabwärts. Sie muss ihn so schnell wie möglich erreichen. Sie kann mit einer bestimmten Geschwindigkeit rennen und mit einer bestimmten Geschwindigkeit schwimmen (was langsamer geht als laufen). Die Frage lautet, was ist die beste Strategie, um Tarzan in der kürzestmöglichen Zeit zu erreichen?"
Pennings benutzte das dramatische Szenario, um seine Studenten zu motivieren, doch er besprach damit ein grundlegendes Problem der Analysis, die Suche nach Maxima und Minima (Extremwertaufgabe). In seinem Szenario lautete die Frage, wie Jane den schnellsten Weg findet (die kürzeste Zeit), um von Punkt A nach Punkt B zu kommen. Der Trick dabei ist, dass der kürzeste Weg nicht immer auch die kürzeste Zeit bedeutet. Wenn Jane beispielsweise in den Fluss springt und in gerade Linie zu Tarzan schwimmt, benutzt sie zwar den kürzesten Weg, braucht aber länger, weil sie schwimmend viel langsamer vorwärts kommt als laufend. Viel besser wäre es, flussaufwärts zu laufen und erst dann ins Wasser zu springen und den Fluss zu queren. Das mathematische Problem besteht darin, den Punkt zu finden, bis zu dem sie laufen und ins Wasser springen muss.

Da Pennings seinen Studenten die Lösung des Problems gerade erst erklärt hatte, waren ihm die Linien auf der Tafel, mit denen er die verschiedenen möglichen Strecken (Zeiten für Schwimmen und Rennen) und ihre Schnittpunkte demonstriert hatte, noch frisch im Gedächtnis. Während er seinen Hund beobachtete, fiel ihm auf, dass sich Elvis exakt auf den Linien bewegte, die er gezeichnet hatte. Er lief eine bestimmte Strecke am Ufer entlang, dann sprang er ins Wasser und holte den Ball schwimmend. Seine wissenschaftliche Neugier war geweckt und er wollte wissen, wie genau Elvis das Problem löste. Zunächst maß er die Durchschnittsgeschwindigkeit des schwimmenden und laufenden Hundes. Dann besorgte er sich einen Schraubendreher und ein langes Maßband. Er markierte den Startpunkt, warf den Ball und lief zusammen mit dem Hund los. An der Stelle, wo Elvis ins Wasser sprang, steckte er den Schraubendreher in den Boden und watete rasch ins Wasser, um den Ball noch vor Elvis zu erreichen – damit hatte er den genauen Abstand des Balls vom Ufer. Nach mehreren Stunden und vielen Messungen brach der Mathematiker (sehr zur Enttäuschung des Hundes) das Spiel ab und ging nach Hause, um die Lösungen des Hundes mathematisch zu überprüfen. Der Mathematiker brauchte etwa drei Stunden, bis er die Lösung berechnet hatte, für die sein dreijähriger Hund Bruchteile von Sekunden benötigte. Es erwies sich, dass die Entscheidungen des Hundes bis auf rund 30 cm genau waren.

Hat das zu bedeuten, dass Hunde analytisch rechnen können? Sicher müssen wir akzeptieren, dass ein Hund in der Lage ist, ein Problem zu lösen, für dessen Lösung wir mathematische Analysis einsetzen müssen – er findet den richtigen Weg, um den Ball in der kürzestmöglichen Zeit zu apportieren. Andererseits handelt es sich dabei nicht um bewusste mathematische Berechnungen, sondern eine Form von praktischer Mathematik, die im Erbgut der Hunde festgeschrieben ist. Eine ähnliche Situation gilt für Basketballspieler, die die Flugbahn eines Balles intuitiv erfassen und wissen, wie sie laufen und springen müssen, um ihn anzufangen. Für ein jagendes Tier ist diese Art der intuitiven mathematischen Berechnung lebenswichtig. Auf diese Weise konnten die wilden Vorfahren der Haushunde entscheiden, auf welchem Weg sie einem Kaninchen oder anderer Beute am besten den Weg abschneiden konnten. Weiterhin konnte es eine gute Mahlzeit bedeuten, als erster des Rudels zu wissen, wie man am schnellsten eine unaufmerksame Ente fing, die zufällig nahe ans Ufer getrieben wurde. Bestimmte mathematische Probleme lösen zu können, gehörte zur Überlebensstrategie und bot den schnellen Jägern eindeutige Vorteile in der Evolution.

Trotz der vielen Hinweise auf die mathematischen Fähigkeiten von Hunden weigere ich mich immer noch, meinen Taschenrechner einem Beagle zu überlassen. Beim letzen Mal, als er ihn erwischte, benutzte er den Rechner nicht etwa für mathematische Aufgaben, wie $E = mc^2$, sondern zerkaute ihn genauso genüsslich wie andere Kauspielzeuge.

Wenn Hunde älter werden

Der französische Essayist Michel Eyquem de Montaigne schrieb 1580, dass „Alter im Geist mehr Falten hinterlässt als im Gesicht". Ganz sicher verändert sich im Alter nicht nur die Klarheit und die Schnelligkeit der Gedanken sondern auch die Art der Denkweise. Das Gleiche gilt für Hunde; in der Tat haben einige Psychologen vorgeschlagen, die altersbedingten Denkprozesse an Hunden als Modellorganismen zu untersuchen, weil sich die Alterung von Gehirn und Denkweise bei Mensch und Hund so sehr gleichen.

Für den Forscher, wenn auch nicht für den Menschen, der einen geliebten Begleiter verliert, ist die kürzere Lebenserwartung von Hunden von Vorteil – die Alterungsprozesse laufen schneller ab. Bei einem Menschen werden die Haare frühestens ab 30 grau, während bereits ein sechsjähriger Hund graue Schnauzenhaare haben kann. Dieser rasche Reifeprozess hilft einem Forscher, die Alterungsprozesse in kürzerer Zeit zu verfolgen. Auf diese Weise kann er innerhalb seiner eigenen Lebensspanne mehrere Hundegenerationen untersuchen.

Wie alt ist Ihr Hund?

Das Alter eines Hundes in Menschenalter zu übertragen, ist von mehreren Voraussetzungen abhängig. Sicher kennen Sie die Redensart, dass ein Hundejahr sieben Menschenjahren entspricht. Das ist nicht die ganze Wahrheit. Im ersten Jahr seines Lebens wächst und verändert sich ein Hund sehr schnell. An seinem ersten Geburtstag besitzt Ihr Hund alle Eigenschaften eines 16jährigen Menschen. Auch ein Hund durchlebt Teenagerjahre. Ein zweijähriger Hund entspricht einem 24jährigen Menschen.

Danach wird ein Hund mit jedem Jahr etwa fünf Menschenjahre älter und entsprechend verändern sich sein Körper, Gehirn und Nervensystem.

Wenn Sie das Alter Ihres Hundes abschätzen möchten, gehen Sie wie folgt vor: Nehmen wir an, Ihr Hund ist 12 Jahre alt. Rechnen Sie 24 Jahre für die ersten beiden Hundejahre und dann 5 für jedes der 10 übrigen Jahre. Ihr Hund wäre demnach 24 + 50, d.h. 74 Menschenjahre alt. Soweit bekannt, war der bisher älteste Hund der Australian Cattle Dog Bluey; er starb 1939 im Alter von 29 Jahren und 5 Monaten. Umgerechnet in Menschenjahren wären das 160 Jahre!

Diese Methode der Altersbestimmung wird durch Zugehörigkeit zu bestimmten Rassen noch komplizierter. Als Faustregel gilt, dass große Hunde kürzer leben als kleine Hunde. Die größte Hunderasse, der Irish Wolfhound, hat beispielsweise eine Lebenserwartung von knapp über 7 Jahren. Die große, elegante Dogge lebt durchschnittlich 8 Jahre und der kräftige, etwas kleinere Rottweiler 9 Jahre. Großpudel leben etwa 11 Jahre, Zwergpudel 13 Jahre. Der kleine, zähe Jack Russell Terrier und der winzige Chihuahua bringen es auf etwa 14 Jahre.

Neben den Größenunterschieden gibt es weitere bestimmende Faktoren. So liefert die Gesichtsform Hinweise darauf, wie alt ein Hund werden kann. Hunde mit spitzen Gesichtern und wolfsähnlichem Aussehen leben in der Regel länger. Hunde mit sehr flachen Gesichtern wie Bulldoggen und Möpse, erreichen demgegenüber kein hohes Alter. Natürlich können gut gepflegte Hunde länger leben als der Durchschnitt.

Ähnliche Faktoren gilt es auch beim geistigen Alter von Hunden zu berücksichtigen. Beim Menschen verlangsamt sich etwa ab 55 das Denken und das Gedächtnis beginnt nachzulassen. Große Hunderassen, wie die Bernhardiner, zeigen zwischen 5 und 7 Jahren ähnliche Veränderungen im Denkmuster, bei der Problemlösung und dem Lernen wie ältere Menschen. Mittelgroße Rassen wie die Foxterrier erreichen das Seniorenalter zwischen 7 und 9 Jahren und kleine Rassen, wie die Bichon à poil frisé verhalten sich erst mit 9–11 wie Senioren.

Wenn man geistige Fähigkeiten und das Verhalten betrachtet, muss man allerdings berücksichtigen, dass es auch innerhalb der Rassen große individuelle Unterschiede gibt. Manche Hunde scheinen rascher zu altern, bei anderen zögert sich der erwartete Alterungseffekt hinaus – sie verlieren weder ihre Fertigkeiten noch die Lernfähigkeit. Das gilt auch für Menschen, denn manche Menschen scheinen bereits in jüngeren Jahren zu altern. In gewisser Weise scheint der geistige Alterungseffekt an das individuelle Verhalten gebunden zu sein. Geistig aktive Menschen, die viel lesen, an Kursen teilnehmen, Rätsel lösen und Spiele spielen, in denen es um Problemlösungen geht, können den Alterungsprozess ihres Gehirns verlangsamen. Sie fallen seltener der Alzheimer- und anderen Krankheiten zum Opfer, die mit einem Funktionsverlust des Gehirns und der Denkfähigkeit einhergehen. Das scheint auch für Hunde zu gelten. Die zentrale Regel für Geist und Gehirn lautet: „Nutze sie oder verliere sie!"

Das alternde Gehirn

Niemand weiß genau, warum Menschen und Hunde im Alter ihre Denkfähigkeit einbüßen. Nach einer Hypothese liegt es an der Zellteilung und der DNA (dem genetischen Material). Jedes Mal, wenn eine neue Zelle gebildet wird, schleichen sich Fehler beim Kopieren des genetischen Materials ein. Der Vorgang gleicht etwa der Fotokopie eines Bildes, die wieder und wieder kopiert wird. Jedes Mal wird das Bild körniger und ist immer schlechter zu erkennen. Die DNA wird durch natürliche Höhenstrahlung geschädigt, hinzu kommen Störquellen irdischen Ursprungs, wie Luftverschmutzung oder bestimmte Lösungsmittel, die wir einatmen; daraus resultieren Schädigungen der Enzymproduktion. Dabei sterben häufig Zellen des Nervensystems (wie in anderen Körperregionen) ab. Eine andere Hypothese des Alterungsprozesses geht von Verschleißerscheinungen aus, d.h. Körper- und Nervenzellen nutzen sich durch häufigen Gebrauch ab und degenerieren noch schneller, wenn sie unter Stress stehen. Nach anderen Hypothesen sollen sich Stoffwechselendprodukte anhäufen oder instabile Verbindungen (freie Radikale) entstehen, die ihrerseits andere Moleküle in den Zellen zerstören.

Aus welchem Grund auch immer, es ist sicher, dass sich die Gehirne von alternden Hunden (und Menschen) verändern. Alte Hunde haben kleinere, leichtere Gehirne als junge Hunde. Diese Veränderung ist signifikant, wobei das Altersgehirn bis zu 25 % leichter sein kann. Diese Veränderungen sind nicht notwendigerweise an den Tod von Zellen gebunden. Als ich Neurophysiologie lernte, stand in vielen Lehrbüchern, dass erwachsene Menschen pro Tag 100.000 Nervenzellen verlören. Diese Zahl hat sich als stark überschätzt erwiesen, obwohl wir tatsächlich täglich Gehirnzellen einbüßen. Vor allem gehen bestimmte Teile der Nervenzellen verloren, die Fortsätze (Dendriten und Axone), die Nervenzellen untereinander verbinden. Mit zunehmendem Alter degenerieren diese Verbindungen. Wenn wir das Gehirn als eine Art intensiv verdrahteten Computer ansehen, dann hören Teile des Prozessors einfach auf zu funktionieren, weil sie nicht mehr angeschlossen sind. Neurologen vergleichen dies mit dem Auslichten eines Strauches im Garten, bei dem bestimmte Zweige nicht mehr benötigt und entfernt werden. Es ist dieser Abriss dieser Verbindungen, der Größe und Gewicht des Gehirns reduziert.

Als weitere neurologische Veränderung verlangsamt sich die Übermittlung von Informationen innerhalb des zentralen Nervensystems merklich; entsprechend langsamer laufen auch die davon abhängigen Reflexe ab. Jacob Mosier von der Tiermedizinischen Fakultät der *Kansas State University* hat beobachtet, dass die altersabhängigen Verhaltensänderungen von Hunden ähnlich verlaufen wie beim Menschen. Bei einem gesunden, jungen Hund fließen die Informationen mit einer Geschwindigkeit von 360 km/h, bei einem älteren Hund dagegen nur mit 80 km/h.

Verschiedene Untersuchungen ergaben, dass die Effizienz von Nervenzellen mit dem Alter abnimmt. Eine dieser Messungen benutzt den aktuellen Abbau von Blutzucker (Glucose) innerhalb des Gehirns als Maß dafür, wie intensiv die Zellen arbeiten. Diese Stoffwechselrate ist ein gutes Maß für die Aktivität. Unter anderem wurden die Werte für Beagles ermittelt. Im vorderen Gehirnlappen, wo vermutlich Urteilsvermögen, Bewertung und Problemlösung lokalisiert sind, nimmt der Umbau von Glucose ab dem dritten Lebensjahr stetig ab. Bei Hunden zwischen 14 und 17 Jahren ist der Glucose-Stoffwechsel auf etwa die Hälfte abgesunken. Neben der langsameren Stoffwechselrate verschlechtert sich auch die Sauerstoffversorgung des Gehirns. Davon ist das Langzeitgedächtnis des Hundes direkt betroffen. Neben einer allgemeinen Verschlechterung der Gehirnaktivität mit dem Alter fanden Forscher heraus, dass bestimmte Abschnitte des Gehirns davon besonders betroffen sind, während andere offenbar resistent bleiben.

Den Alterungsprozess verlangsamen

Der Alterungsprozess kann etwas verlangsamt werden, wenn das Gehirn durch reiche Sinneseindrücke im Training bleibt (sehen, hören, riechen und berühren). Positiv wirkt auch, wenn der Hund Probleme löst und Entscheidungen treffen muss. Der beste Hinweis darauf stammt aus dem Labor von William Greenough vom Institut für Psychologie an der Universität von Illinois. Die meisten seiner Untersuchungen hat er an Ratten durchgeführt, doch die Ergebnisse lassen sich auf Hunde und Menschen übertragen. Greenough arbeitete mit einer Gruppe von älteren, übergewichtigen Ratten, die ihr gesamtes Leben in Laborkäfigen verbracht hatten. In einer öden und langweiligen Umgebung, ohne Beschäftigung, ohne die Möglichkeit, etwas zu sehen oder zu hören, lebten sie in einer Art von Einzelhaft im Gefängnis. Diese Tiere wurden in eine neue Umgebung umgesiedelt, die eher einem Vergnügungspark für Nagetiere glich. In ihren neuen Käfigen gab es Rampen, Leitern, Laufräder, Schaukeln, Rutschbahnen und verschiedene Spielzeuge und Gegenstände, die von der Decke herabhingen. Außerdem gab es nun andere Ratten für soziale Interaktionen. Erwartungsgemäß reagierten die alten Ratten zunächst erschreckt, doch nach einer Weile erkannten sie, dass es keinen Grund gab, sich zu fürchten. Sie begannen, ihre Umgebung zu erkunden, kletterten über Rampen und Leitern, benutzten die Rutschbahn,

Schaukeln, Räder und die Spielzeuge. Sie interagierten in der neuen und komplexeren Welt auch mit den anderen Ratten. Letztlich wurden sie leistungsfähiger, verloren an Gewicht und fühlten sich in ihrer neuen Umgebung offensichtlich sehr wohl.

Die eigentliche Überraschung lieferten allerdings ihre Gehirne. Darin gab es viel mehr Nervenverbindungen als bei den isolierten Ratten in den langweiligen, üblichen Laborkäfigen. In einer Untersuchung fand Greenough heraus, dass die Zahl der neuronalen Verbindungen um 25–200 % zugenommen hatte, je nachdem, welche der Verbindungen sie untersuchten. Diese Untersuchungen hatten mehrere interessante Aspekte. Erstens zeigten sie, dass individuelle Nervenzellen neue Verbindungen knüpfen können, selbst wenn das Tier ein gewisses Alter erreicht hat. Zweitens wiesen sie nach, dass diese Verbindungen gebildet werden, wenn das Gehirn durch neue Erfahrungen und Problemlösungen in Übung bleibt und angeregt wird.

Die Schlussfolgerungen für Hunde sind offensichtlich. Natürlich können wir die Fehler bei der Zellteilung, der Hormonsynthese, der Replikation der DNA und die allgemeine Abnutzung des Körpers mit dem Alter nicht stoppen, aber wir können auf die Umgebung des Hundes einwirken, wir können ihn körperlich und geistig stärker fordern und so seine Sinne stärker anregen. Dies wiederum wird den Verfallsprozess seines Gehirns verlangsamen und den Alterungsprozess etwas aufhalten. Lassen wir unsere alternden Hunde also nicht „in Ruhe sterben“, sondern ermuntern sie, auch im Alter noch aktiv zu bleiben und das Leben zu genießen.

Mit zunehmendem Alter verändert sich die chemische Zusammensetzung des Gehirns. Verhalten, Erinnerung und Lernvermögen wandeln sich. Sowohl bei Hunden wie bei Menschen sind die Mitochondrien, kleine Kraftwerke innerhalb der Zellen, verantwortlich für die Umwandlung von Nahrung in Energie. Mit dem Alter nimmt auch die Effizienz der Mitochondrien ab. Sie scheinen durchlässiger zu werden, denn nun werden in zunehmendem Maße „freie Radikale“ gebildet. Diese chemischen Verbindungen oxidieren Chemikalien, die für die normale Funktion einer Zelle erforderlich sind. Der Verlust dieser Moleküle setzt die Zellen einem Risiko aus. Wenn das Gewebe degeneriert, reichern sich die so genannten „Amyloide“ (Proteine) im Gehirn an. Hohe Konzentrationen von Amyloiden, vor allem, wenn sie mit Gruppen von sterbenden und toten Nervenzellen auftreten, sind ein Symptom für die Alzheimer-Krankheit. Untersuchungen von einer Forschergruppe an der Universität von Toronto, darunter auch der Psychologe Norton Milgram, haben gezeigt, dass Hunde mit hoher Amyloid-Konzentration im Gehirn ein schlechteres Gedächtnis und Schwierigkeiten haben, komplexere Vorgänge zu durchdenken oder Probleme zu lösen.

Wenn die Freisetzung dieser Oxidantien verantwortlich ist für die schlechtere Gehirnfunktion und die Verhaltensänderungen von Hunden, wäre es zumindest theoretisch möglich, diesen Verfall mit Hilfe von Anti-Oxidantien zu stoppen bzw. zu verlangsamen. Futterzusätze mit Anti-Oxidantien könnten dem Körper die Grundlagen liefern, diese schädlichen freien Radikale zu neutralisieren.

Anti-Oxidantien sind relativ häufig, es gibt schätzungsweise 4.000 Substanzen, die diese Aufgabe im Futter übernehmen könnten. Die vermutlich bekannteste Substanz dieser Art ist das Vitamin C (Ascorbinsäure). Dieses wasserlösliche Vitamin ist in allen Körperflüssigkeiten enthalten und kann durch Nervenzellen transportiert werden. Allerdings lässt sich Vitamin C nicht im Körper speichern, daher braucht man tägliche Gaben. Gut bekannt ist auch das fettlösliche Vitamin E, das im Fett der Leber und anderer Gewebe gespeichert wird. Es schützt die Zellmembranen vor Oxidationsschäden. Unter den Karotinoiden gibt es rund 600 Anti-Oxidantien, das bekannteste ist das Beta-Karotin. Es scheint spezifisch auf die Mitochondrien zu wirken und deren „Lecks“ abzudichten. Bestimmte Mineralien, wie Selen und Fettsäuren (DHA, EPA, Carnitin und Alpha-Fettsäuren) helfen ebenfalls dabei, die Zellschädigungen durch Oxidationen zu bekämpfen.

Die Forschungsgruppe von Milgram fütterte für einen Test eine besondere, an Anti-Oxidantien reiche Diät. Die erste Untersuchung verglich junge Beagles (jünger als zwei Jahre) mit älteren Tieren (älter als neun Jahre). Jeweils die Hälfte der jungen und der alten Testgruppe bekam Anti-Oxidantien ins Futter gemischt, die andere wurde normal ernährt. Nach sechs Monaten untersuchte Milgram die geistigen Fähigkeiten der Hunde mit Hilfe eines Unterscheidungstestes. Dabei mussten sie Gegenstände herausfinden, die sich von anderen unterschieden.

In der Tat zeigte sich als wichtigstes Ergebnis dieser Studie, dass ältere Hunde länger zum Lernen brauchen. Je leichter der Test gestellt wurde, desto geringer waren die Unterschiede. Bei schwierigen Testaufgaben brauchten die älteren Hunde zunehmend länger. Es zeigte sich allerdings auch, dass die Anti-Oxidantien im Futter wie erhofft den Alterungsprozess verlangsamen konnten. Ältere Hunde, die mit Anti-Oxidantien gefüttert worden waren, hatten bessere Testergebnisse als die älteren Hunde mit normalem Futter. Die Unterschiede traten am deutlichsten bei den schwierigen Aufgaben hervor. Dabei machten Hunde mit Anti-Oxidantien im Futter nur etwa die Hälfte der Fehler ihrer Vergleichsgruppe. Bei jungen Hunden spielte die Ernährung demgegenüber keine Rolle.

In einer Folgeuntersuchung kombinierte das Team der Universität von Toronto ihre Ergebnisse zur Ernährung mit denen von Greenough, dass geistige Anregung die Alterungsprozesse verlangsamen können. Sie fütterten 24 Beagles mit normal ausgewogenem und 24 mit einem an Anti-Oxidantien reichen Futter. Jeweils die Hälfte einer Gruppe bekam zusätzlich verstärkte geistige Anregung, um das Gehirn zu trainieren. An fünf oder sechs Tagen pro Woche mussten die Hunde Aufgaben lösen wie versteckte Futterbelohnungen suchen usw. Nach einem Jahr wurden alle vier Gruppen erneut getestet. Die höchsten Punktzahlen bekamen die geistig angeregten Hunde mit der Anti-Oxidantien-Diät. Milgram fasste die Ergebnisse mit den Worten zusammen: „Tatsächlich ist es möglich, einem alten Hund neue Tricks beizubringen, denn wir können den Verfall des Gehirns verlangsamen und zum Teil sogar rückgängig machen. Einige der Hunde, die wir untersucht haben, wurden sogar klüger.“

Das Futter, das Milgram und seine Mitarbeiter verfütterten, wird inzwischen sogar als kommerzielles Hundefutter angeboten (Hills Pet Nutrition Inc.). Während ich dies schreibe, wird eine entsprechend komplexe Nahrung für Menschen noch nicht angeboten, aber wir können unsere Essgewohnheiten verändern, indem wir verstärkt Anti-Oxidantien aufnehmen. Das Gleiche geht auch für Hunde, ohne spezielle Futterzusätze zu erwerben: Mischen Sie dem normalen Futter Obst und Gemüse bei. Viel Vitamin C enthalten Zitrusfrüchte (die allerdings viele Hunde ablehnen), Paprika, Brokkoli, Erdbeeren, roher Kohl und Kartoffeln; die meisten Hunde mögen eines dieser Produkte. Es ist auch möglich, grünes Blattgemüse vorsichtig zu dünsten und das Wasser mit den darin gelösten Vitaminen dem Futter beizumischen. Hohe Konzentrationen von Vitamin E sind in Weizenkeimen, Nüssen, Samen, Getreidekörnern, grünem Blattgemüse (dünsten), Pflanzenöl und Lebertran enthalten. Beta-Karotin und andere Karotinoide sind in Möhren, Kürbis, Brokkoli, Süßkartoffeln, Tomaten, Grünkohl, Melonen, Pfirsichen und Aprikosen enthalten. Wenn Sie dem Futter zusätzlich Selen beigeben wollen, dann verwenden Sie Fische, Krustentiere, rotes Fleisch, Weizenkörner, Eier und Hühnchen.

Kognitive Fehlfunktionen bei Hunden

Der Grund, warum wir unsere Hunde mit Nahrungszusätzen und geistigem Training unterstützen, ist eine altersbedingte Schwächung der Geistesleistung, die so genannten „kognitiven Fehlfunktionen bei Hunden“. Bis vor 50 Jahren war das kein allgemeines Problem, denn damals lebten die Hunde nicht solange. Dank der Leistungen der Tiermedizin leben in den USA heute über 7,3 Millionen Hunde, die älter sind als 10 Jahre.
Ich bin zum ersten Mal auf die kognitiven Fehlfunktionen bei Hunden gestoßen, als sich mein geliebter Cavalier King Charles Spaniel Wizard bei der Begrüßung anders verhielt als üblich. Damals war er in der Mitte seines 12. Lebensjahres. Er begrüßte mich regelmäßig an der Tür, spätestens jedoch, wenn ich meine Aktentasche mit einem Bums auf dem Boden absetzte. Nun jedoch brauchte er ein bis zwei Minuten, selbst wenn die anderen Hunde mich schon wie üblich freudig umringten. Er wurde nicht etwa durch Schmerzen davon abgehalten, denn seine Arthritis war unter Kontrolle, noch

durch verminderte Hörfähigkeit (im Alter von 10 Jahren nahm seine Hörfähigkeit ab, doch er nahm laute Töne, wie das Schlagen von Türen, Vibrationen und den Trubel der anderen Hunde wahr, die aufstanden und zur Tür rannten).

Es gab auch andere Hinweise darauf, dass seine geistigen Fähigkeiten nachließen. Beim Training in der Hundeschule hatte ich ihm schon seit langem keine körperlich schwierigen Aufgaben, wie Sprünge, zugemutet, aber es gab andere Übungen, die er mochte. Eine seiner Lieblingsaufgaben war das Unterscheiden von Düften. Dazu warf ich eine Reihe gleicher Gegenstände auf den Boden und ließ ihn jenen herausfinden, der nach mir roch. Bei dieser Aufgabe hatte er sich stets freudig in den Haufen gestürzt und hörte nicht eher auf zu wühlen, bis er mir stolz das Objekt mit meinem Duft brachte. Jetzt ging er auf den Haufen zu und hielt verwirrt an, als hätte er völlig vergessen, worum es eigentlich ging. Erst wenn ich das Kommando „Such!“ wiederholte, schien ihm ein Licht aufzugehen, und er durchsuchte den Haufen.

Seine Erinnerungslücken und Denkfehler traten immer häufiger auf. So ließ ich ihn beispielsweise jeden Morgen durch die Hintertür nach draußen, damit er sich erleichtern konnte. Normalerweise rannte er mit den anderen Hunden die Stufen hinunter, kam zurück, wenn er fertig war und setzte sich neben die Tür. Jetzt blieb er neben der Tür sitzen, sah den anderen zu und kam mit ihnen ins Haus zurück. Ein paar Minuten darauf ging er wieder zur Tür und sah mich mit dem „Ich muss auf die Toilette“-Blick an. Offenbar hatte er beim ersten Mal völlig vergessen, was er dort draußen sollte. Zum Schluss musste ich ihn anleinen, die Treppe hinabgehen und ihm das Kommando „Mach schnell“ geben – damit hatte ich ihn als jungen Hund stubenrein gemacht –, um ihn an den Zweck des Ausflugs zu erinnern.

Wizard wurde auch ängstlicher als üblich. Er war stets ein ruhiger, aufgeweckter Hund gewesen. Jetzt schien er sich zu fürchten, insbesondere nachts, wenn er heftig atmend im Körbchen lag. Ein- oder zweimal pro Woche weckte er mich mit einem warnenden Bellen auf, doch als ich nachsah, gab es nichts Ungewöhnliches und die anderen Hunde blieben völlig ruhig.

Wizard war von seinen Altersproblemen eingeholt worden, er wies Anzeichen kognitiver Fehlfunktionen auf. Schätzungsweise 62% der Hunde über zehn Jahre zeigen zumindest einige Symptome dieses Syndroms. Das wichtigste ist Verwirrung oder Orientierungslosigkeit. Darunter litt Wizard ganz offensichtlich. Ich habe von Hunden gehört, die in ihren eigenen Gärten umherwanderten, die Orientierung verloren und nicht mehr den Weg zur Tür fanden. Andere Hunde gerieten in eine Ecke oder hinter Möbel und konnten sich nicht mehr daran erinnern, dass sie nur rückwärts gehen mussten, um sich zu befreien. Weitere Symptome sind abnehmende Aktivität und offenbarer Verlust von Aufmerksamkeit. In Wizards Fall zeigte sich das in Phasen von mehreren Minuten, in denen er einfach nur die Wand anstarrte. Veränderungen in den Schlafgewohnheiten, begleitet von Angstzuständen, Aktivitätsphasen oder langen Wachperioden in der Nacht sind ebenso Symptome wie der Verlust der üblichen Gewohnheiten. Für den Hundebesitzer äußert sich dieses Verhalten darin, dass sich der saubere Hund auf einmal wieder im Zimmer erleichtert. Besonders verwirrend ist jedoch, dass er gute Freunde oder, noch schlimmer, Familienmitglieder offensichtlich nicht mehr erkennt.

Wenn Sie alle anderen Faktoren ausschließen können (nachlassende Aktivität kann auch auf Krankheiten wie Arthritis hindeuten, während eine scheinbare Teilnahmslosigkeit durch Blindheit oder Taubheit begründet sein kann), wird es Zeit, den Tierarzt aufzusuchen. Als erste Reaktion können Sie die Menge der Anti-Oxidantien steigern und Ihren Hund geistig stärker fordern, doch bei einigen Fällen dieser Krankheit hilft ein neues Medikament. Es wurde gegen die menschliche Alzheimer- und Parkinson-Krankheit entwickelt. Die Substanz mit dem Namen Selegilin oder L-Deprenyl ist verschreibungspflichtig und in mehreren Präparaten enthalten. Wenn sie anschlägt, verbessert sich die körperliche und geistige Aktivität Ihres Hundes, außerdem scheint das Medikament die DNA-Schäden in den Zellen und weitere Zerstörungen durch Oxidation zu hemmen. Sofern der Hund positiv auf das Medikament reagiert, muss er es bis ans Lebensende bekommen. Immerhin haben Sie es mit einem alten Hund zu tun, dem Sie mit dieser

Hilfe die letzten Monate, vielleicht auch ein Jahr seines Lebens erleichtern – ein vertretbarer Aufwand für eine große Wirkung.

Können alte Hunde neue Tricks lernen?

Selbst gesunde ältere Hunde ohne kognitive Fehlfunktionen denken mit zunehmendem Alter langsamer. Studien an der Universität von Toronto ergaben, dass Lernprozesse langsamer ablaufen, insbesondere bei schwierigen Aufgaben und bei der Problemlösung. Bei einer einfachen Erinnerungsaufgabe, unter Psychologen als „gleichartige Proben auswählen" bekannt, zeigt man dem Hund einen Gegenstand, nimmt ihn wieder weg und zeigt ihm dann zwei neue – einer davon ist der ihm bereits bekannte. Nun muss der Hund herausfinden, welchen der beiden er vorher gesehen hat. Ältere Hunde lösen diese Aufgabe recht gut, brauchen aber etwas länger als junge Tiere, wenn die Pause zwischen dem ersten Gegenstand und den beiden neuen ausgedehnt wird. Offenbar verblasst bei ihnen die Erinnerung schneller. Man kann diesen Test auch komplizierter durchführen. Statt den Hund nach dem bekannten der beiden Gegenstände zu fragen, soll er jenen herausfinden, der ihm noch unbekannt ist – „nicht gleichartige Proben auswählen". Hier schneiden ältere Hunde deutlich schlechter ab. Wenn auch hier eine Zeitverzögerung eingebaut wird, brauchen ältere Hunde ziemlich lange, bis sie lernen, was sie tun sollen.
Der Psychologe Dwight Tapp, der heute an der Universität von Kalifornien in Irvine arbeitet, hat einen weiteren Test eingeführt. Er brachte den Hunden bei, große und kleine Objekte zu unterscheiden. So wurde ein Hund beispielsweise immer dann belohnt, wenn er den größeren von zwei Gegenständen herausfand. Dabei kam es nicht auf die Form an, nur die Größe zählte. In einem Durchgang musste ein Hund demnach entscheiden, welcher von zwei Bällen, dann welche von zwei Dosen größer war usw. Ältere Hunde lernen etwas langsamer als junge Hunde, machen aber dennoch gute Fortschritte und lernen es schließlich. Wenn sie die Aufgabe verlässlich lösen, wird die Situation umgekehrt: Jetzt ist das kleinere Objekt

richtig und wird belohnt. Zunächst macht der Hund zwar einige Fehler, doch junge Hunde begreifen rasch, worum es geht, und stellen sich um. Ältere Hunde haben bei diesem Test jedoch große Schwierigkeiten.

Wenn man verschiedene Erinnerungstests dieser Art analysiert, zeichnet sich ein allgemeines Prinzip ab. Ältere Hunde haben keine grundsätzlichen Schwierigkeiten, neue Fertigkeiten zu lernen; ihre Schwierigkeit besteht darin, bereits Gelerntes zu vergessen bzw. nicht zu berücksichtigen. Sie halten an der ursprünglichen Lösung fest, für die sie längere Zeit gebraucht haben. Psychologen beschreiben dieses Phänomen als „Beharren“, d.h. eine bestimmte Idee bleibt länger haften und ein einmal erlerntes Verhalten wird kontinuierlich wiederholt, selbst wenn sich die Regeln geändert haben und die alte Idee nicht mehr gilt. Bei alten Hunden scheint der alte Lernstoff mit dem neuen zu konkurrieren und blockiert die Aufnahme neuer Konzepte und Lösungswege.

Ein konkretes Beispiel für dieses Phänomen lieferte mein Cairn Terrier Flint, als er etwa 12 Jahre alt war. Bei einem unserer Morgenspaziergänge schoss eine Katze unter einem geparkten, weißen Kombi hervor. Als typischer Terrier raste Flint los, bis er durch die lange Leine gestoppt wurde. In den nächsten zwei Wochen bestand er darauf, unter jedem hellen Auto nach einer Katze zu suchen. Er hatte gelernt, dass eine Katze unter dem weißen Auto lag und diese Idee hatte sich ihm so tief eingeprägt, dass er trotz zahlreicher gegenteiliger Erfahrungen auf den täglichen Spaziergängen nicht davon lassen konnte. Ein jüngerer Hund (damals war Wizard gerade 5 Jahre alt) nahm die ersten paar Male an der Jagd teil. Schon bald jedoch wartete er ab und sah Flint offensichtlich verblüfft und möglicherweise mit Verachtung dabei zu, wie er vergeblich und aufgeregt unter den Autos nach Katzen suchte.

Frühe Erinnerungen bleiben besser haften als spätere, daher erinnern sich ältere Hunde oft sehr gut an das, was sie als junge Hunde gelernt haben. Alte Hunde behalten sogar die Vorlieben und Abneigungen gegenüber Menschen und Orten. Es gibt viele bewegende Geschichten über alte Hunde. Die folgende stammt von Stephen

Birch aus Norfolk (Virginia), der seinen Black and Tan Coonhound Flanell zurückließ, als er zu Beginn des 2. Weltkrieges eingezogen wurde. Damals war Flanell drei Jahre alt und als Stephen zurückkam beinahe 10. Stephen saß auf der Veranda, streichelte Flanells Urenkel und blickte in die Ferne, während er erzählte:
„Flanell war ein ordentlicher Hund. Seinen Namen erhielt er, weil sich die Ohren wie Flanell anfühlten. Er war mein erster Coonhound und wir verbrachten viel Zeit miteinander. Wenn er glaubte, es ginge auf einen Spaziergang oder zum Spielen oder in die Garage, wo ich arbeitete, führte er einen kleinen Tanz auf. Er drehte sich im Kreis, klopfte mit den Vorderbeinen auf den Boden und machte einen Ton, der wie „Wuu-Wuu" klang. Wenn ich eine Zeitlang weg gewesen war, führte er denselben Tanz auf, sobald ich in die Tür trat. Der Tanz war kein Zeichen von Erregung, denn er machte ihn nur für mich. Ich hielt ihn für einen Ausdruck seiner Zuneigung und seiner Erwartung, nun würde etwas Nettes folgen.
Das letzte Mal waren wir 1941 zusammen; danach kam ich in ein Ausbildungslager und kurz darauf nach Nordafrika und dann nach Italien. Nach Kriegsende schickte man die meisten Soldaten wieder nach Hause, doch ich war zum Leiter eines Gefangenenlagers ernannt worden und musste noch bleiben. Erst 1948 durfte ich wieder nach Hause.
Meine Eltern wussten zwar, dass ich auf dem Heimweg war, kannten aber nicht den genauen Ankunftstag. Als ich ankam und eine Mitfahrgelegenheit fand, wollte ich sie überraschen. Als ich die Tür öffnete, stand Flanell darin. Er war offensichtlich gealtert und hatte graue Haare auf der Schnauze, obwohl sich seine Ohren immer noch wie Flanell anfühlten. Er sah mich und es schien, als sei keine Zeit vergangen. Er führte seinen kleinen Tanz auf und sang sein „Wuu-Wuu" für mich.
Meine Mutter war in der Küche, sie hatte mich nicht gehört. Als Flanell mit seinem kleinen Lied anfing, meinte sie: „Was ist denn bloß in Flanell gefahren, Steve ist nicht hier und er führt sich auf, als sei er gerade zur Tür hereingekommen." Später erzählte sie mir, dass Flanell in all den Jahren niemals getanzt hatte. Aber er erinnerte sich an mich und führte ihn jeden Tag wieder auf, bis er starb.

Das kleine „Wuu-Wuu“ hatte mir gezeigt, dass ich wieder zu Hause war und dass sich jemand an mich erinnerte – mich vermisst hatte – und mich immer noch liebte.“

Alterserscheinungen

Obwohl ich mich bisher auf die Veränderungen des Verhaltens, bedingt durch Veränderungen des Nervensystems, konzentriert habe, dürfen wir nicht vergessen, dass auch der Körper altert. Die Schärfe der Sinne lässt nach und beeinflusst Verhalten, Denkweise und sogar die Persönlichkeit eines Hundes. Die Veränderungen in Muskeln, Knochen und Gelenken haben große Konsequenzen für die Reaktionsfähigkeit und seine Einstellung gegenüber der Welt. Mit dem Alter nehmen die Muskeln eines Hundes an Größe und Masse ab – wie das Gehirn. Viele ältere Hunde leiden unter schmerzhafter Arthritis. Die Symptome sind langsamere Bewegungen, Humpeln, angehobene Beine oder deutliche Hinweise darauf, dass die Berührung bestimmter Gelenke schmerzt. Wenn die Krankheit die Wirbelsäule befällt (sie wird dann Spondylitis genannt), weigern sich viele Hunde, Treppen zu steigen. Hunde, die gerne auf das Bett oder ein Sofa sprangen, hören damit auf und finden es sogar unbequem, zu sitzen oder zu rennen. Manche glatten oder rutschigen Oberflächen wie Holz, Kacheln oder Linoleum werden auf einmal zu unüberwindlichen Barrieren, die der Hund nur schwer begehen kann. Solche scheinbar einfachen Veränderungen haben einschneidende Konsequenzen. Hunde sind soziale Tiere, daher brauchen sie die Gemeinschaft mit ihrem Rudel oder der Familie. Ältere Hunde können Schwierigkeiten haben, den Menschen von Raum zu Raum zu folgen, und werden depressiv. Sie zeigen Anzeichen von sozialer Isolation, nur weil sie nicht mehr richtig gehen können. Hunde, die sich immer selbstsicher verhielten, leiden auf einmal unter Trennungsängsten, nur weil der Besitzer in einen anderen Raum geht.

Als mein Hund Wizard anfing, sich langsamer und eingeschränkter zu bewegen, begann er sich auch unsicherer zu fühlen. Um ihm die Situation zu erleichtern, führte ich mehrere Veränderungen ein. Zunächst baute ich ihm (sehr zur Verwunderung meiner Frau) eine Stufe ans Bett, damit er dort schlafen konnte – das tat er seit dem Alter von sechs Monaten. Als Zweites legte ich ihm ein Kissen an zentraler Stelle auf den Boden. Von dort konnte er uns auf unseren Wegen vom Wohnzimmer in die Küche beobachten, ohne sich zu bewegen. Auf diese Weise fühlte er sich integriert und nicht ausgeschlossen.

Manchmal büßen ältere Hunde ihr ruhiges, entspanntes Benehmen ein und werden feindlicher und aggressiv. Die Veränderung von Muskeln und Gelenken geht oft mit Schmerzen einher. Wie ich in einem der obigen Kapitel ausgeführt habe, zeigen Hunde nur selten, dass sie Schmerz empfinden. Wird der Schmerz allerdings chronisch, kann er den Hund reizbar machen und diese Reizbarkeit verändert seine Persönlichkeit. Der permanente Schmerz auf Grund von altersbedingten Prozessen kann Hunde zu untypischem, aggressivem Verhalten verleiten, das sich gegen Besucher, Familienmitglieder und andere Haustiere richtet, denn der Hund schreibt den Schmerz jeweils dem zu, der ihn als letzter berührt hat.

Viele ältere Hunde, die sich nicht mehr wie gewohnt bewegen können, scheinen streitsüchtig zu werden. Die meisten Hunde reagieren auf Stress, indem sie sich von Menschen, Tieren oder den auslösenden Situationen entfernen; Weglaufen ist eine gute Strategie des Selbstschutzes. Unglücklicherweise ist älteren Hunden diese Lösung nicht möglich. Vor Schmerz oder weil sie sich nicht mehr bewegen können, müssen sie die Konfrontation ertragen. Schätzt der Hund die Situation als gefährlich oder bedrohlich ein, schnappt er warnend zu oder wird sogar aggressiv, sobald er seinen Freiraum gefährdet sieht. Das geschieht besonders häufig, wenn ein neuer Welpe oder ein neugieriges Kleinkind im Haus herumläuft. Ein älterer Hund wird die Aufforderung zum Spielen als Eindringen interpretieren und sich gestresst fühlen. Da er nicht fliehen kann, bleibt ihm als Option nur möglich, den Eindringling zu vertreiben – er wird aggressiv. Es klingt merkwürdig, aber man muss ältere Hunde, die Kontakt zu Welpen oder Babys haben, viel sorgfältiger beobachten als junge, erwachsene Hunde. Wenn der ältere Hund eine schützende „Höhle“ besitzt, in die er sich zurückziehen kann, kann man diese Probleme häufig vermeiden. Stellen Sie ihm die vertraute Box hin, und wenn die Tür geschlossen ist, wird er sich sicher fühlen. Solange nicht kleine Finger neugierig durch die Gitterstäbe langen, wird das Leben für Welpen und Kleinkinder sicherer.

Alternde Augen

Zu Beginn des Buches habe ich ausgeführt, dass die Denkprozesse und Ansätze zur Problemlösung von den Sinnesreizen ausgehen, die der Hund empfängt. Wie gut wir unsere Welt einschätzen, hängt nicht zuletzt davon ab, welche sinnlichen Informationen uns zur Verfügung stehen. Unglücklicherweise beeinflussen einige der altersbedingten Veränderungen auch die Sinne des Hundes. Besonders empfindlich sind Augen und Ohren, was zu problematischen Situationen führen kann.

Mit zunehmendem Alter verändern sich die Proteine in der Augenlinse des Hundes; die Linse wird starrer. Hatte ein gesunder Hund bereits Schwierigkeiten, in der Nähe scharf zu sehen, wird die Weitsichtigkeit im Alter noch schlimmer. Das Auge fokussiert langsamer und der Hund braucht länger, bis er Menschen und Gegenstände erkennt (diese Langsamkeit beruht allerdings teilweise auch auf der eingeschränkten Gehirnaktivität). Auch die Pupille schließt und öffnet sich nicht mehr richtig. Gerade die Veränderung der Pupille bestimmt aber darüber, wie viel Licht ins Auge fällt; bei zu viel oder zu wenig Helligkeit nimmt die Qualität des Bildes noch weiter ab.

Bei älteren Hunden ist oft eine Linsentrübung zu sehen, die so genannte Sklerose. Solange diese Trübung nicht zu dicht wird (dann sieht das Auge fast weiß aus), scheint sie glücklicherweise die Sehkraft des Hundes kaum zu mindern. Manchmal wird diese Veränderung fälschlicherweise für Grauen Star gehalten, der Hauptgrund für die Blindheit älterer Hunde. Grauer Star entsteht, wenn die Zellen der Linse nach und nach dunkel und undurchsichtig werden. Einige Hunderassen neigen erbbedingt zum Grauen Star, insbesondere Cocker Spaniel, Pudel und Lhasa Apsos. Auch Diabetes, Verletzungen, Nahrungsdefizite und bestimmte Giftstoffe können Grauen Star zur Folge haben. Das UV-Licht, das bei längeren Aufenthalten im grellen Sonnenlicht in die Augen fällt, kann ebenfalls die Verdichtung der Linse fördern. Inzwischen ist die Tiermedizin glücklicherweise in der Lage, diese Krankheit zu heilen, und häufig werden dabei sogar dieselben Mittel angewandt wie beim Menschen, sodass ein großer Teil der Sehkraft wiederhergestellt werden kann.

Der zweite wichtige Grund für die Blindheit alternder Hunde sind Glaukome (Grüner Star). Dabei nimmt der Innendruck des Auges zu, bis die Netzhaut und der Sehnerv geschädigt werden. Im gesunden Auge wird die Augenflüssigkeit kontinuierlich erneuert und die alte abgeführt. Beim Grünen Star ist dieser Abfluss verengt oder verstopft. Auch hier gibt es genetische Dispositionen, d.h. manche Rassen (u.a. Cocker Spaniel, Siberian Huskys, Bassets und Beagles) sind besonders betroffen. Das Gleiche gilt für Hunde mit hohem Blutdruck. Solange der Defekt früh erkannt wird, können Medikamente und eine Operation den Sehkraftverlust eine Weile aufhalten, die langfristigen Erfolgschancen sind allerdings enttäuschend gering.

Obwohl viele Menschen glauben, dass ihre Hunde schlagartig erblindet seien, ist der Verlust der Sehkraft bei den meisten Hunden ein schleichender Prozess. Allerdings wird die Veränderung erst dann offenbar, wenn der Hund in der Tat gar nichts mehr sieht. Häufig sind es kleine Anzeichen, wie Veränderungen im Verhalten oder der Persönlichkeit, die auf den langsamen Sehkraftverlust hindeuten. Hunde, die nicht mehr so gut sehen, verhalten sich oft ängstlicher und schließen sich enger an ihren Halter an, sie werden lethargisch und manchmal auch aggressiver. Oftmals sind sie auch nicht mehr in der Lage, einen Ball zu apportieren, oder wollen ihm nicht mehr nachjagen. Sie steigen Treppen nur noch sehr vorsichtig, springen kaum noch auf Möbel und gehen nur noch mit großer Vorsicht oder großen Schritten über Bordsteine.

Es gibt einfache Tests, um die schwindende Sehkraft Ihres Hundes frühzeitig festzustellen. Besonders simpel ist der Pupillen-Lichtreflex: Benutzen Sie ein sehr helles Licht (etwa ein Blitzlicht), um das Auge des Hundes anzuleuchten. Dabei sollte sich seine Pupille verengen. Reagiert das Auge nicht, hat Ihr Hund Sehprobleme oder ist bereits blind. Es ist allerdings möglich, dass der Pupillenreflex noch funktioniert, Ihr Hund aber dennoch keine Gegenstände, Muster oder Bewegungen mehr sieht, denn der Reflex hängt ausschließlich von der Helligkeit ab.

Wenn Ihr Hund den Pupillentest besteht, Sie aber dennoch nicht sicher sind, sollten Sie weitere Tests anschließen. Der erste ist die Schreckreaktion, die immer einsetzt, wenn sich ein Objekt dem Auge nähert. Wie die Menschen reagieren auch Hunde mit einem Blinzeln: Bewegen Sie Ihre Hand rasch auf das Auge zu, dann sollte der Reflex eintreten. Allerdings erzeugen Sie dabei auch einen Luftstrom, der die Schnurrhaare reizt und die Augen indirekt zum Blinzeln bringt. Diesen Fehler können Sie umgehen, indem Sie dem Hund eine Scheibe vor die Augen halten und dann erst die Hand bewegen. Reagiert er nun immer noch mit Blinzeln, sieht er Ihre Hand und die Bewegung.

Etwas empfindlicher ist der so genannte „optische Stellreflex“. Das funktioniert allerdings nur mit kleinen bis mittelgroßen Hunden, denn Sie müssen den Hund dabei anheben. Tragen Sie ihn so, dass seine Vorderbeine frei herunterhängen. Nun bewegen Sie ihn auf einen Tisch oder eine Theke zu. Wenn der Hund sehen kann, wird er seine Beine anheben und sie automatisch auf die nahende Kante stellen. Da diese Reaktion über das Sehen gesteuert wird, muss Ihr Hund noch etwas sehen.

Ein letzter nützlicher Test ist der „Verfolgungstest“. Werfen Sie einen Gegenstand und beobachten Sie, ob der Hund ihm folgt. Damit er nicht hört, wie er auf dem Boden aufschlägt, können Sie beispielsweise ein Wollknäuel werfen. Bewegen Sie es vor den Augen des Hundes hin und her und schießen Sie es dann mit den Fingern durch den Raum. Der Hund muss allerdings die Flugbahn des Knäuels sehen und es mit Kopf und Augen verfolgen können. Solche häuslichen Tests sind zwar weniger präzise und nicht so ver-

lässlich wie tierärztliche Untersuchungen, geben aber Hinweise darauf, ob eine intensivere Untersuchung der Sehfähigkeit nötig ist. Auch ein blinder Hund kann noch eine gute Lebensqualität haben. Sie sollten allerdings mit Veränderung des Verhaltens und der Persönlichkeit rechnen. Im Wesentlichen wird er ängstlicher und vorsichtiger reagieren und sich stärker auf Sie verlassen. Die meisten Hunde fühlen sich dann an der Leine sicherer, weil sie spüren, wo Sie sind und ihre Bewegungen entsprechend anpassen können. Blinde Hunde rennen nicht mehr, sondern gehen lieber, viele werden auch lauter. Da sie nicht sehen, wo Sie gerade sind, bellen sie, um Ihre Aufmerksamkeit zu erregen. Da sich blinde Hunde in einer bekannten Umgebung am wohlsten fühlen, sollten Sie die Möbel besser nicht umstellen.
Hunde ersetzen ihre verlorene Sehkraft durch ihre anderen Sinne. Träufeln Sie ein preiswertes Parfüm oder Duftöl über markante Plätze, z.B. den Schlaf- oder Futterplatz, andererseits über bestimmte Stellen, die der Hund besser meiden sollte (z.B. die oberste Stufe einer hohen Treppe). Am besten funktionieren unterschiedliche Düfte. Sprühen Sie einen markanten Teppich vor seinem Schlafplatz an, so riecht der Hund, wenn er sich seinem Körbchen nähert. Eine Freundin von mir hat ihren beiden normalsichtigen Hunden, sich selbst und ihrer Tochter unterschiedlich große Glöckchen (mit unterschiedlichem Ton) umgehängt. Ihr blinder Cocker Spaniel lernte rasch, welcher Ton zu wem gehört und weiß nun genau, wo sich die Familienmitglieder aufhalten. Er ist nun viel ruhiger und gelöster als zuvor. Außerdem ist es wichtig, den Hund stets anzusprechen und ihn erst dann zu berühren, denn ein blinder Hund könnte zuschnappen, wenn er überraschend berührt wird.

Alternde Ohren

Wie ältere Menschen können auch Hunde unter schwächerem Gehör leiden. Einige Anzeichen für schlechtes Hören habe ich bereits im Kapitel über das Hören (Seite 60) vorgestellt. Achten Sie vor allem darauf, ob Ihr Hund nicht mehr auf Töne reagiert. Da Ihr Hund seit langem mit Ihnen zusammenlebt, sollten Sie wissen, wie er sich normalerweise verhält – eine Verhaltensänderung müsste Ihnen eigentlich auffallen. So könnte er beispielsweise nicht mehr wie üblich auf Kommandos reagieren, vor allem dann, wenn er gerade nicht in Ihre Richtung schaut. Ein weiterer Hinweis wäre, dass der Hund weiterschläft, obwohl ihn ein lautes Geräusch eigentlich wecken müsste. Auf der Straße hört er nicht mehr, wenn sich ein Auto nähert. Bei meinem alten Cairn Terrier Flint fiel mir als Erstes auf, dass er sich nicht mehr einstellte, wenn ich die Kühlschranktür öffnete oder schloss, bzw. dass er das Geräusch ignorierte, das Dosen auf dem Küchentisch machen. Einige der bei beginnender Blindheit besprochenen Verhaltensänderungen treffen auch hier zu: Der Hund wird ängstlicher, anhänglicher, lethargisch und manchmal auch aggressiv. Einige Hunde wachen auch grollend auf und schnappen zu, wenn sie im Schlaf berührt werden. Wenn Sie vermuten, dass Ihr Hund unter Hörproblemen leidet, sollten Sie die einfachen Tests aus dem Kapitel über das Hören (Seite 60) durchführen.

Die altersbedingte Schwerhörigkeit ist eine normale Verschleißerscheinung. Die kleinen Knochen des Innenohres, die die Schwingungen des Trommelfells ins innere Ohr übertragen, sind nicht mehr so gelenkig und verlieren ihre Beweglichkeit in einem der Arthritis ähnlichen Prozess. Die winzigen Haare des inneren Ohres (Cochlea), die sich bei jedem Ton hin und her bewegen, ermüden mit der Zeit und können schließlich brechen. Diese Haare werden nicht, wie normale Körperhaare, vollständig ersetzt, daher nimmt mit jedem Verlust die Hörfähigkeit ein wenig ab. Zunächst sind die Haare betroffen, die für die höheren Frequenzen verantwortlich sind; sie bewegen sich schneller und brechen daher leichter. Hunde, die Gewehrschüssen ausgesetzt waren oder in lauter städtischer Umgebung leben, leiden eher unter dem Verlust des Gehörs. Schließlich gibt es noch Hörschäden, die durch den Zellverlust im Gehörnerv und den Hörzentren verursacht werden. Dabei handelt es sich um normale Alterungsprozesse, die allerdings durch Umweltgifte (z.B. Lösungsmitteln aus Haushaltsreinigern, Verdünner und Kunststoffen) verstärkt werden. Ein Hund, der lebenslang geringem Stress durch laute Töne und Umweltchemikalien ausgesetzt war, wird wahrscheinlich erst als alter Hund sein Gehör verlieren. Die meisten Hunde zwischen 12 und 15 Jahren leiden unter Hörverlusten.

In vielen Fällen ließe sich ein scheinbar altersbedingter Hörverlust allerdings vermeiden. Der äußere Hörkanal eines Hundes ist viel länger als beim Menschen und knickt vor dem Trommelfell rechtwinklig ab. Damit sammeln sich im Ohr allerlei Ablagerungen an. Ohrenschmalz, Dreck und Haare verdichten sich zu einem Pfropf, der den Klang gar nicht bis zum Trommelfell vordringen lässt. In solchen Pfropfen siedeln sich gerne Milben an und führen zu Ohrinfektionen. Die daraus resultierende Schwellung und die Ansammlung von Flüssigkeit reduziert die Intensität der Schallwellen weiter. Hunde, die sich viel im Wasser aufhalten (vor allem in Teichwasser, das gewöhnlich nicht sehr sauber ist), leiden stärker unter solchen Problemen. Schließlich sind auch die gut aussehenden Schlappohren von Spürhunden und Spaniels bevorzugte Infektionsherde: In ihnen sammelt sich Feuchtigkeit an und die Luftzirkulation wird behindert.

Ohrprobleme machen sich durch eine Reihe von Hinweisen bemerkbar. Gewöhnlich schütteln betroffene Hunde häufiger den Kopf und versuchen, sich im Ohr zu kratzen. Heben Sie die Ohrmuschel an und schnuppern Sie. Schlechter Geruch weist auf Probleme hin. Gesunde Ohren sehen rosa aus; etwas bernsteinfarbenes Ohrenschmalz ist normal (es schützt sogar den Gehörkanal). Jede Form von Ausflüssen, blutige Wunden, starke Rötungen oder krümeliges Material deuten auf eine Infektion oder Ohrmilben hin, die sich negativ auf das Hörvermögen auswirken. Wenn Ihnen solche Veränderungen auffallen, ist ein Gang zum Tierarzt nötig.

Regelmäßige Säuberung der Ohren beugt solchen Infektionen vor bzw. heilt sie. Achten Sie vor allem auf sichtbare Probleme. Bei einigen Rassen, darunter die meisten Spaniel und Terrier, Pudel, Schnauzer, Lhasa Apsos, Bouvier des Flandres, Old English Sheepdogs und anderen, wachsen Haare in den Gehörkanal. Damit wird der Luftaustausch gehemmt und Feuchtigkeit sammelt sich an, was das Ohr wiederum anfällig für Infektionen macht. Schneiden Sie die Haare um die Außenseite des Gehörkanals mit einer Schere ab. Wenn Sie sich jeweils nur wenige Haare vornehmen, können Sie den Gehörgang bis 1 cm tief von Haaren befreien – allerdings nicht tiefer.

Um die Ohren zu reinigen und das Ohrenschmalz zu entfernen, brauchen Sie handelsübliche Ohrenreiniger oder etwas Olivenöl. Je nachdem, wie groß und agil Ihr Hund ist, brauchen Sie einen Helfer, um den Hund festzuhalten. Tunken Sie einen Wattebausch oder weiches Tuch in das Öl. Reiben Sie sichtbare Ablagerungen um die Ohröffnung weg. Fahren Sie niemals mit einem Ohrstäbchen tief ins Ohr. Das ist nicht nur gefährlich, sondern Sie drücken damit das Ohrschmalz nur tiefer hinein. Es verfestigt sich und kann nur noch vom Tierarzt entfernt werden. Stellen Sie das Öl in eine Schüssel mit heißem Wasser, bis es sich lauwarm anfühlt. Drehen Sie den Kopf des Hundes so, dass der Gehörkanal nach oben weist, und füllen Sie ihn mit Öl. Massieren Sie die Basis der Ohrmuschel vorsichtig zwischen Daumen und Zeigefinger, um die Ablagerungen zu lösen. Wischen Sie das Ohr mit Watte sauber. Da sich Hunde bei dieser Prozedur gewöhnlich heftig schütteln, arbeiten Sie dort, wo die Ölspritzer keinen Schaden anrichten können. Nachdem sich der Hund von dem Öl befreit hat, wischen Sie die sichtbaren Teile des Ohres sauber. Wenn Sie vermuten, dass der Gehörkanal blockiert ist, sollten Sie die Reinigung zweimal wöchentlich durchführen; routinemäßig reicht einmal pro Woche. Durch die Behandlung wird das Ohrenschmalz erweicht, bis es von alleine ausfließt. Wird das Schmalz regelmäßig entfernt, können sich keine Milben festsetzen und der Hund kann wieder normal hören.

Setzt die altersbedingte Taubheit schleichend ein, sind die Änderungen der Persönlichkeit weniger drastisch. Es ist besonders wichtig, dass sich der taube – ebenso wie der blinde – Hund nicht isoliert fühlt und Trennungsängste oder sogar Panik entwickelt. Abhilfe schaffen dieselben Tricks, die bereits beim blinden Hund vorgestellt wurden. Ältere, taube Hunde fühlen sich sicherer, wenn ihr Besitzer regelmäßig eine parfümierte Körperlotion oder ein duftendes Aftershave benutzt. Der Geruchssinn eines Hundes ist sehr stabil und nimmt erst bei sehr alten Tieren ab. Der Duft hilft ihm dabei, Sie aufzuspüren. Da sich Düfte niederschlagen, weiß der Hund, dass Sie vor kurzem hier waren, und fühlt sich auch dann geborgen, wenn er Sie nicht hört. Der Duft ist auch ein probates Mittel, um schreckhaftes Aufwachen zu unterbinden. Halten Sie ihm Ihre Hand einige Sekunden vor die Nase. Der Duft dringt bis ins Gehirn des schlafenden Hundes vor, und wenn er aufwacht, weiß er, dass Sie in der Nähe sind. Sobald er seine Augen öffnet, dürfen Sie nach ihm greifen und ihn streicheln.

Es klingt merkwürdig, aber taube Hunde bellen häufiger. Sie können ihr eigenes Bellen zwar nicht mehr hören, wissen aber noch, wie es sich anfühlt. Da sie sich nicht hören, bellen sie lauter, um sich selbst zu hören. Vielfach beginnen sie auch zu bellen, weil sie sich sozial isoliert und ängstlich fühlen. Es wäre jedoch die falsche Strategie, den Hund daraufhin mit einem Leckerbissen oder einem Streicheln zu trösten, denn dann wird er nur noch stärker bellen. Viel besser ist es, ihn in einem kleinen Raum zu isolieren, bis er mit dem Bellen aufhört. Warten Sie 30 Sekunden oder länger, dann lassen Sie ihn wieder heraus und belohnen sein Schweigen.

Die Glöckchen an Menschen und Haustieren, die einem blinden Hund dabei helfen, sich zu orientieren, machen bei einem tauben Tier natürlich keinen Sinn. Allerdings ist es hilfreich, dem Hund ein Glöckchen umzuhängen. Da er nicht mehr auf Zurufe reagiert, wissen Sie eher, wo Sie ihn zu suchen haben.

Machen Sie Ihren Hund fit fürs Alter

Ein weiteres ernstes Problem ist die Kommunikation mit alten, tauben Hunden. Ich benutze dazu eine Technik, die ich Alterssicherung nenne. Da es möglich ist, dass mein Hund im Alter sein Augenlicht oder Gehör verliert, sind alle meine Hunde darauf abgerichtet, sowohl auf gesprochene Kommandos als auch auf Handzeichen zu hören. Auf diese Weise kann ich immer noch kommunizieren, wenn sie einen ihrer Sinne einbüßen. Ich habe sogar ein

Zeichen für „Guter Hund!“, das als Belohnung aus der Entfernung dient. Das „Guter-Hund“-Signal ist meine offene Hand mit weit gespreizten Fingern, begleitet vom Kommando, „Guter Hund“ und gefolgt von einem Leckerbissen. Wie Sie sicher noch aus den Kapiteln über das Lernverhalten wissen, wird dieses Signal klassisch konditioniert und gibt dem Hund ein gutes Gefühl – damit dient es als Belohnung, wenn er etwas richtig macht.

Selbst wenn Sie Ihrem Hund bislang keine Handzeichen beigebracht haben, können Sie leicht wieder anfangen und ihn die Kommandos „Komm“, „Sitz“ oder „Bleib“ als Handzeichen lehren. Entscheiden Sie sich für eindeutige und gut erkennbare Zeichen. Eine weise Hundetrainerin hat mir vor einigen Jahren einen einfachen Trick gezeigt, um mit ihrem tauben Shetland Sheepdog zu kommunizieren. Sie trug eine kleine Leuchte an einer Schnur um den Hals. Um ihren Hund Minnie anzusprechen, schaltete sie die kleine Lampe ein und gab das Handzeichen mit der Lampe in der Hand. „Dadurch wird das Signal deutlicher und wenn auch noch Minnies Augen nachlassen, kann sie das helle Licht besser sehen als meine Hand. Wenn ich das Licht vor ihren Augen anschalte, weiß sie, dass ich etwas von ihr will, und sie blickt mich an.“

Es gibt weitere Tricks, um die Aufmerksamkeit eines tauben Hundes zu erregen. Stampfen Sie auf den Boden, damit er die Vibration verspürt und Acht gibt. Wenn er Sie dann ansieht, geben Sie ihm ein Handzeichen. Die gleiche Wirkung haben an- und ausgeschaltete Zimmerlampen. Wenn Sie einen Hund nachts aus dem Garten rufen wollen, lassen Sie die Türlampe an und benutzen Sie den An- und Ausschalter als Signal für die Rückkehr.

Solange ein alternder Hund noch Informationen über seine Umwelt empfängt, hat er Zugang zu allem, was er braucht, um sich korrekt zu verhalten, Probleme zu lösen, Bekanntschaften zu knüpfen und sich wohl zu fühlen. Wenn seine Sinne versagen, gibt es andere Möglichkeiten, um mit ihm zu kommunizieren. Blinde Menschen verlassen sich auf Blindenhunde, Taube haben Hunde, die für sie hören. Warum keine Hilfs-Hunde für alte Hunde? Ein junger Hund im Haus wird auf Ihre Kommandos reagieren. Da Hunde soziale Lebewesen sind, wird der ältere seinem jüngeren

Genossen zusehen und sich ihm anschließen. Sobald Sie den jungen Hund zu sich rufen, stehen die Chancen gut, dass sich auch der alte Hund einstellt.

Elaine Dowd aus Hull (Kanada) hat eine derartige Beziehung zwischen „blindem Hund und Blindenhund“ hergestellt. Als ihr Dobermann Emma blind wurde, besorgte Elaine ihr einen Blindenhund. Diese Helferin heißt Amy und ist ebenfalls ein Dobermann. Sie trägt ein Glöckchen am Halsband. Emma hat gelernt, dem Klang von Amys Glöckchen zu folgen. Von Amy geführt, kann Emma überall hingehen, wohin Elaine geht. Sie findet sich sehr gut zwischen (und auf) den Möbeln zurecht, stößt weder an Wände noch an Türen, hat an Wanderungen über felsige Hänge teilgenommen und ist geschwommen. Elaine nimmt sie sogar mit zum Einkaufen. „Von selbst kommt niemand auf die Idee“, sagte sie, „und wenn ich es erzähle, glaubt mir niemand.“

Das Bewusstsein von Hunden

Als mein verspielter schwarzer Hund Odin starb, trauerte der verbliebene Hund Dancer um ihn – so schien es mir zumindest. Als Dancer im Alter von acht Wochen ins Haus kam, brachte ihm Odin alles bei; er lernte Loki, die Katze meiner Frau, zu respektieren, wann er zu bellen hatte und viele weitere wichtige Lektionen. Sie spielten zusammen und rannten stundenlang miteinander herum. Jetzt war Odin gestorben und Dancer suchte sorgfältig die vier Plätze ab, wo der große Hund gewöhnlich geschlafen hatte. Dasselbe hatte er oft getan, praktisch jede Stunde, um nach seinem Freund und Mentor zu suchen. Jetzt stand er völlig untypisch mitten im Zimmer, sah mich und den leeren Platz unter dem Tisch an, wo der schwarze Hund gewöhnlich lag, und winselte klagend, um seinen Kummer auszudrücken.
Wenn der kleine rote Hund in diesem Augenblick wirklich Kummer verspürte, dann musste er nicht nur ein Bild von Odin im Kopf haben, sondern auch ein mentales Abbild von Odin in seiner Welt. Nun verglich er dieses Bild mit der Realität und sah, dass sein Freund fehlte. Er musste den Unterschied kennen. Vielleicht war ihm sogar klar, dass er nun alleine war, und stellte sich seine Zukunft ohne den Gefährten vor. Dazu wäre ein hohes Maß an geistigen Fähigkeiten erforderlich, ganz sicher auch ein Ich-Bewusstsein und Selbstbewusstsein.
Ich sehe Dancer an und frage mich, ob ich nicht den Fehler mache, den einer meiner alten Professoren „wissenschaftliche Sünde des Antropomorphismus“ nannte. Der Ausdruck kommt aus dem Griechischen und besteht aus *anthropos* (Mensch) und *morph* (Form, Gestalt). Er beschreibt die Neigung, einem nicht-menschlichen Wesen menschliche Eigenschaften (körperliche, geistige oder Verhalten) zuzuschreiben. In diesem Fall trauere ich über den Verlust meines Hundes und bin mir seiner Abwesenheit

bewusst. Demnach muss ich mich fragen, ob Dancer wirklich in der Lage ist, dieselben Gedanken, Gefühle und Erfahrungen wie ich zu erleben.

Das Ich-Bewusstsein

Der Anthropomorphismus scheint aus dem „reflexiven Bewusstsein“ – so der psychologische Ausdruck – der Menschen zu resultieren. Wir wissen, wie wir uns verhalten und was wir fühlen und versuchen, dies auch bei anderen zu verstehen. In der einfachsten Form sind wir Zeuge einer bestimmten Situation und stellen uns vor, was wir selbst unter ähnlichen Bedingungen fühlen und tun würden. Auf diese Weise können wir die Reaktion der anderen voraussagen. Erfolgreich das Verhalten anderer Menschen vorauszusagen, bietet große Vorteile, denn man kann häufig abschätzen, wie seine Gegner reagieren, und sie ausstechen. Außerdem kann man Konflikte vorausahnen und sie vermeiden. Ohne diese Fähigkeit wäre eine Zusammenarbeit in Gruppen unmöglich, wir könnten weder Häuser bauen, noch Landwirtschaft, Fabriken, Jagd oder Kriege betreiben.

Dass wir die Welt betrachten und die Reaktionen anderer bewerten – in der Annahme, dass sie handeln und denken wie wir –, ist keine ausschließlich menschliche Eigenschaft. Viele Menschen sagen: „Mein Hund denkt, er sei ein Mensch.“ Das ist nicht wahr. Der Hund hält uns vielmehr für Hunde. In seinen Augen sind wir merkwürdig aussehende Hunde, die auf zwei Beinen statt auf vier Pfoten gehen. Allerdings sind wir keine besonders cleveren Hunde, denn wir kennen nicht das ganze Spektrum hündischen Verhaltens. Immerhin kommen wir als Hunde so weit zurecht, dass sie mit uns kommunizieren können und wir uns verhalten und reagieren wie Hunde. Technisch gesehen denkt ein Hund „kynomorph“ (nach dem griechischen Wort *kynos* für Hund). Daher wedeln Hunde mit dem Schwanz, wie sie andere Hunde anwedeln würden, sie beschnuppern uns wie Hunde und sie beugen sich mit ausgestreckten Vorderbeinen zu Boden, um uns zum Spiel aufzufordern. Besonders wichtig in diesem Zusammenhang ist ihr Respekt uns gegenüber als Leithunden in der sozialen Hierarchie; sie reagieren und unterwerfen sich ebenso, wie sie sich einem Leithund im Rudel unterordnen würden.

Ohne Antropomorphismus auf unserer und Kynomorphismus auf der Hundeseite wären Hunde nicht derart erfolgreiche Gefährten geworden. Sie lebten nicht in unseren Häusern, wären nicht unsere Freunde und Helfer. Wenn wir unser reflexives Bewusstsein einsetzen, können wir meist relativ gut abschätzen, wie sich ein Hund in einer ganz bestimmten Situation verhalten wird. Wir wissen, dass er Situationen und Menschen meidet, die ihm Schmerzen zugefügt haben, während er sich jenen anschließt und ihnen gehorcht, die ihn versorgen, mit ihm spielen, ihm Sicherheit und Körperkontakt sowie soziale Interaktionen bieten. Andererseits scheint auch ein Hund unsere Absichten zu erkennen und darauf zu reagieren; er verhält sich so, dass er den größten Vorteil daraus zieht – als verfügte er ebenfalls über reflexives Bewusstsein.

Streng genommen habe ich in allen Kapiteln dieses Buches vermieden, die Frage zu beantworten, die einen Hundebesitzer am meisten interessiert: „Haben Hunde ein Bewusstsein und rationales Denken, das dem unseren ähnlich ist?“ Man könnte auch fragen: „Ist die anthropomorphe Sichtweise gerechtfertigt?“ Die einfache Antwort lautet in gewisser Weise „Ja“. Sonst hätten wir bereits vor langer Zeit diesen Gedanken als nutzlos abgetan. Im normalen Umgang mit unseren Hunden verhalten wir uns so, als hätten sie eine Form von Bewusstsein.

Die Psychologen sind sich noch nicht über die beste Definition von Bewusstsein einig. In der Umgangssprache benutzen wir den Begriff um auszudrücken, dass jemand sich seiner Umgebung bewusst ist und folgerichtig auf sie reagiert – Gegenteile wären Schlaf oder Koma. Diese Aussage bildet einen wichtigen Kern für die Definition, doch Psychologen verlangen nach weiteren Kriterien. So sollte das Individuum die Umwelt nicht nur wahrnehmen, sondern sie auch als mentales Bild verinnerlichen und sie als Basis für spätere Pläne benutzen. Ein Lebewesen mit Bewusstsein erinnert sich an Begebenheiten und Dinge und benutzt diese

Erinnerung als Leitfaden für Entscheidungen. Ein wichtiger Aspekt des Bewusstseins ist das Ich-Bewusstsein, d.h. das Wissen, dass man ein Individuum ist und einen Körper hat, der sich von den anderen unterscheidet. Schließlich sollte man Absichten und Pläne haben und sich dessen bewusst sein, dass andere Individuen ebenfalls Pläne und Absichten haben, die sich aber von den eigenen unterscheiden können. In den meisten Interaktionen mit Hunden setzen wir auch bei ihnen Bewusstsein voraus. Wir gehen davon aus, dass sie ähnlich wie Menschen, zumindest wie menschliche Kinder, mit der Welt umgehen. In einigen Fällen schätzen wir das Verhalten sicher falsch ein, das ein Hund als Reaktion auf eine bestimmte Situation zeigt, aber immerhin liegen wir so oft richtig, dass unsere anthropomorphe Sichtweise gerechtfertigt erscheint.

Manche unserer Vorhersagen liegen nur deswegen falsch, weil wir unseren Gegenübern Fähigkeiten zutrauen, die sie nicht besitzen. Wenn wir beispielsweise sagen, neugeborene Babys schreien, um unsere Aufmerksamkeit zu erregen, dann ist dies bei einigen Tagen oder Wochen alten Babys nur eine anthropomorphisierende Aussage. Babys diesen Alters haben noch nicht die intellektuelle Kapazität, um sich etwas auszudenken wie „Wenn ich schreie, dann kommt jemand und schenkt mir Aufmerksamkeit". Noch schlagender sind Anthropomorphismen, die sich auf Maschinen beziehen, etwa wenn meine Frau sagt: „Mein Wagen will heute nicht anspringen", oder ein Kollege: „Mein Computer versucht, mein Leben zu zerstören", oder: „Die Börse hasst mich". Der Unterschied besteht darin, dass diese Menschen – wenn sie befragt werden – zugeben, dass weder ein Auto, noch ein Computer, noch die Börse, eigentlich auch nicht das Baby, wissen, was wir ihnen zuschreiben. Wir setzen nur sprachliche Mittel ein, um bestimmte Ereignisse emotional zu kommentieren. Bei Hunden ist die Situation anders. Die meisten Menschen glauben daran, dass Hunde denken und Bewusstsein haben.

Bewusste Maschinen

Wenden wir uns also der Kernfrage zu. Was müsste Dancer oder jeder andere Hund tun, um einen Wissenschaftler von seinem Bewusstsein und rationalen Denken zu überzeugen? Um die gesamte Tragweite des Problems zu verstehen, möchte ich zunächst erklären, wie Sie Ihr Bewusstsein und rationales Denkvermögen beweisen müssten. Stellen Sie sich vor, Sie wachen auf und Ihr Partner beschuldigt Sie, Sie seien ein Hochstapler. Sie seien kein Mensch, sondern ein androider Roboter, der von Aliens oder als Spion von der Regierung beauftragt wurde. Es klingt verrückt, aber es gibt in der Tat eine Geisteskrankheit (Capgras-Wahn), die sich auf diese Weise äußert. Die Betroffenen sind davon überzeugt, dass ihre Partner oder enge Bekannte Hochstapler bzw. nicht menschlich seien. Zwar sehen sie so aus wie ihre Ehefrau oder Ehemann, verhalten sich auch so, aber die Capgras-Kranken sind fest davon überzeugt, dass sie lügen. In wenigen, tragischen Fällen geht der Wahn so weit, dass sie ihre Partner angreifen und sogar töten, weil sie darauf bestehen, es handele sich um Hochstapler oder androide Roboter.

Hier nun Ihr Problem: Wie können Sie einem Capgras-Kranken beweisen, dass Sie kein Roboter sind, sondern ein denkendes, bewusstes Individuum? Was könnten Sie sagen, um ihn zu überzeugen? Wenn Sie die Antworten auf persönliche Fragen wissen, beweisen Sie nur, wie gut Ihre Programmierung war. In der Tat könnten Sie mit nichts von dem, was Sie sagen oder tun, beweisen, dass Sie Bewusstsein besitzen. Natürlich könnten Sie ihm anbieten, Ihr Gehirn scannen zu lassen, doch damit würden Sie nur zeigen, dass etwas in Ihrem Kopf aussieht wie ein Gehirn und dieselben elektrischen Signale aussendet. Computer lassen sich in allen möglichen Formen bauen und auch in ihnen fließen elektrische Signale – ein Scan würde also nur beweisen, dass etwas in Ihrem Kopf abläuft, nicht dass Sie ein Bewusstsein haben.

Wenn wir diese Ausführungen über die Computer-Intelligenz mit dem Denken des Hundes verknüpfen, tut sich ein Weg auf, wie man das Dilemma um das Selbstbewusstsein eines Hundes auflösen könnte. Im frühen 20. Jh. sprach Alan Turing, einer der Pioniere der Computerforschung, dieses Problem an. Damals hatten sich Sciencefiction-Autoren und das Publikum an den Gedanken gewöhnt, es gäbe schon bald „denkende Maschinen“ in der Form eines riesigen Computers. Man wusste damals bereits, dass ein Gehirn aus Neuronen besteht, die zwar sehr komplex aufgebaut sind, im Prinzip aber wie ein Computer funktionieren. In unseren Köpfen sind Milliarden von Neuronen untergebracht, d.h. wir könnten den Geist auch als eine Art Maschine verstehen. Es wäre zwar eine sehr komplizierte Maschine, aber immer noch den Gesetzen der Natur unterworfen. Wenn wir in der Lage wären, immer kompliziertere Computer zu bauen und sie zusammenzuschließen, dann sollte zumindest theoretisch eine Maschine entstehen, die Informationen ähnlich wie ein Gehirn verarbeitet. Die Sciencefiction-Literatur der 1950er und 60er Jahre spielte bereits mit solchen sich ihrer selbst bewussten und denkenden Computern (meist wollten sie die Welt regieren). Obwohl die ersten Computeringenieure davon ausgingen, dass es niemals so weit käme, tauchte doch die Frage auf, ob wir in der Lage wären, einen Computer zu erkennen, der mit bewusstem Denken begänne.

Turing versuchte sich an einem Test, der nachweisen sollte, ob ein Computer denken kann. Da Bewusstsein subjektiv und damit nicht abfragbar ist, könnten wir die Intelligenz nur aus Antworten auf Fragen erschließen. Turin schlug vor, einen Menschen in einen und den Computer in einen anderen Raum zu setzen. Einer oder mehrere Menschen würden nun die beiden befragen. Die Experten sollten die Antworten analysieren und entscheiden, wer wer war. Er meinte, „wenn wir den Unterschied in der ‚Intelligenz‘ zwischen Mensch und Maschine nicht mehr wahrnehmen, dann darf man die Maschine guten Gewissens als menschlich bezeichnen“. In gewisser Weise benutzte Turin den alten Spruch „Was wie eine Ente aussieht, sich wie eine Ente verhält, schwimmt und fliegt wie eine Ente und quakt wie eine Ente, ist auch eine Ente“ – sofern wir „Ente“ durch „bewussten Geist“ ersetzen (und die Kriterien weniger entenartig formulieren).

Ein Test für Hunde

Turings Test war sicher kein allgemein akzeptiertes Mittel, um einen bewussten Geist als solchen zu identifizieren; allerdings hat niemand eine bessere Alternative formuliert. Ein großer Vorteil seines Ansatzes ist, dass man ihn auch auf Hunde übertragen kann – man vergleicht das Verhalten von Hunden mit menschlichen Verhaltensweisen, die selbstbewusstes Denken verlangen. Sind die Verhaltensweisen nicht zu unterscheiden, dann sollten wir zumindest die Möglichkeit in Betracht ziehen, dass Hunde bewusst und rational denken. Ein gutes Beispiel liefert die folgende Situation, auf die sich Turings Test anwenden lässt.

Dabei sitzen die Probanden nicht in getrennten Räumen und werden von Experten bewertet, sondern es handelt sich um eine häusliche Situation, die aber das Prinzip verdeutlicht. Ich war auf unserer kleinen Farm und meine jüngste Schwiegertochter Karri besuchte uns mit ihrer Tochter Centainne. Es war ein trüber, regnerischer Tag und nicht daran zu denken, draußen zu spielen. Also gingen Karri und meine Frau Joan zum Einkaufen, während ich zu Hause blieb, um auf meine Enkeltochter aufzupassen. Nach einer Weile verlor Centainne das Interesse an ihren Spielsachen und dem Fernsehen und suchte nach neuer Beschäftigung. Da sie gerade etwas älter war als zwei Jahre, kannte ich genau das richtige „Spiel" für sie.

Mein Beagle Darby half mir bei diesem Spiel. Er war damals etwa 9 oder 10 Monate alt und entwickelte bereits typische Beagle-Persönlichkeitsmerkmale, wie die Freude an sozialen Interaktionen und die Liebe zu gutem Futter (nicht notwendigerweise in dieser Reihenfolge). Bei dem Spiel saß Darby vor uns auf dem Boden mit einem Handtuch über dem Kopf. Dann fragte ich Centainne in singendem Ton: „Wo ist Darby?". Sie krabbelte zu dem Hund und zog ihm tapsig das Handtuch vom Kopf. Als Belohnung gab es den Singsang: „Das ist richtig, da ist Darby!" Dazu klatschte ich in die Hände. Darby bekam als Belohnung für diese Zumutung einen Leckerbissen von mir oder meiner Enkelin und wurde gestreichelt. Offenbar genoss er das Spiel, denn er wedelte mit dem Schwanz

und blieb sitzen, statt bei dem Lärm ein sicheres Versteck zu suchen.
Wie üblich bei Kindern in diesem Alter wiederholten wir das Spielchen gut ein Dutzend Mal, manchmal wandte sie sich dabei ab, damit sie nicht sah, wie ich den Hund zudeckte oder deckte den Hund selbst zu. Darby saß die ganze Zeit fröhlich dabei und genoss die Aufmerksamkeit und die Leckerbissen. Schließlich hörte Centainne auf, sah mich an und machte mit den Lippen ein „Mmm" Geräusch. Ich dachte sie wäre durstig und holte ein Glas Milch. Also tätschelte ich Darby zum letzten Mal, warf das Handtuch über einen Stuhl und ging zum Kühlschrank, um Centainne etwas Milch zu holen.
Nachdem das kleine Mädchen ihre Kindertasse mit der Milch in der Hand hielt, erregte der Fernseher (er war noch an) ihre Aufmerksamkeit und sie setzte sich davor. Darby saß noch immer ruhig auf dem Platz, an dem wir das Spiel gespielt hatten. Nachdem ich meiner Enkeltochter eine Weile zugeschaut hatte, sah ich, wie Darby aufstand und sich umsah. Er ging zum Stuhl mit dem Handtuch, stellte sich auf die Hinterbeine und packte es mit dem Maul. Dann zog er seine Frottee-Beute in die Mitte des Zimmers und setzte sich daneben. Als ich nicht reagierte, sah er das Handtuch an, dann mich und dann wieder das Hundtuch. Ich war fasziniert von dem Gedanken, er wolle mit mir kommunizieren und das Spiel fortsetzen (zumindest den Teil mit den reichlich fließenden Leckerbissen). Als ich mich immer noch nicht bewegte, packte der kleine Hund eine Ecke des Handtuches mit dem Maul. Dann rollte er sich auf die Seite, immer noch mit dem Handtuch im Maul. Er drehte sich vollständig um, bis er wieder auf den Füßen stand. Mit etwas Schwierigkeiten ging er in eine sitzende Position und schaffte es, das Handtuch halb über Kopf und Rücken zu legen. Darby sah aus wie ein Charakter aus einem schlechten Sciencefiction-Film, wie ein großnasiger Alien-Priester, der sein Gesicht unter einer Kapuze der Robe versteckt.
Ich musste lachen und Darby begann jaulend zu bellen, um meine Aufmerksamkeit zu erregen. Dadurch wurde Centainne wieder neugierig, sie ließ die Tasse fallen, wackelte zu dem Hund mit der

Kapuze, zog ihm das Handtuch vom Kopf und klatschte in die Hände. Also ging das Spiel für einige Minuten lang weiter, Darby bekam seine Leckerbissen und sein Schwanzwedeln zeugte von seiner offenbaren Zufriedenheit.

Während ich noch über Darbys scheinbar kindischen Versuch lächelte, mir mitzuteilen, dass er gerne weiterspielen wollte, wurde mir klar, dass so etwas gar nicht geschehen dürfte – zumindest hätte manch kluger Wissenschaftler dies bestritten. Als Psychologe weiß ich, dass viele meiner Kollegen sich nicht so einfach davon würden überzeugen lassen, dass Darby bewusst überlegt, logisch gedacht und intelligent gehandelt hatte. Sie würden argumentieren, dass Hunde dies einfach nicht können. Selbstbewusstsein, Planen und die Vorhersage von künftigen Ereignissen spielten hier keine Rolle. Sie hätten mir vorgeworfen, ich dächte anthropomorph.

Nur um den Gedanken weiterzuspinnen, möchte ich das Spiel mit vertauschten Rollen im Geiste nochmals spielen. Diesmal heißt es: „Wo ist Centainne?" und meine Enkelin sitzt unter dem Handtuch. In der Tat ist auch dieses Spiel bei Zweijährigen sehr beliebt, denn sie können damit zeigen, wie clever sie sind: Auf die in dramatischem Ton gestellte Frage, reißen sie sich das Handtuch vom Kopf. Stellen Sie sich nun vor, das Kind hätte das Handtuch vom Stuhl genommen und sich damit den Kopf bedeckt. Wenn es nun genügend Krach macht, würde es mich ins unterbrochene Spiel zurückholen. Damit hätten dieselben sorgfältigen Psychologen vermutlich kein Problem: „Sie möchte das Spiel weiterspielen und da sie sich nicht verbal ausdrücken kann, benutzt sie das Handtuch und macht Lärm, damit man auf sie aufmerksam wird." Offenbar verfügt das Kind über planerische Fähigkeiten, kann die Zukunft voraussehen, ist logisch und hat ein Ich-Bewusstsein – alles, was man Darby abspricht. Dennoch haben beide in einer vergleichbaren Situation dasselbe getan!

Um Turings Test auf diese Situation anzuwenden, müsste ein Beobachter die Situation und die Verhaltensweisen von Kind und Hund beschreiben. Allerdings dürften die Gutachter nicht erfahren, wer jeweils das handelnde Individuum ist. Die Beschreibung müsste demnach etwa so lauten: „Das Individuum geht zum Stuhl mit dem Handtuch; es legt sich das Handtuch über den Kopf, sieht Sie an und macht sich durch Lärm bemerkbar." Nun wäre es sehr schwierig zu entscheiden, ob Hund oder Kleinkind gemeint sind. Entweder gestehen wir Darby zu, gezielt und planend gehandelt zu haben, oder meine Enkelin hätte unbewusst, ohne zu denken und automatisch gehandelt. Da wir nur allzu bereit sind, einem Kind logisches Denken und Bewusstsein zuzuschreiben (selbst wenn wir bedenken, dass Kleinkinder nicht so präzise argumentieren wie Erwachsene und ihr Bewusstsein noch begrenzt ist), müssten wir im Sinne Turings dem Hund dasselbe zugestehen.

Natürlich könnte man immer noch spitzfindig argumentieren, der Hund hätte zwar gedacht und planvoll gehandelt, aber das bewiese nicht sein Selbstbewusstsein. Wenn man Turing akzeptiert, wäre dieses Argument falsch. Manchmal fallen mir dann die Worte von Sigmund Freud aus seinem Buch über die Traumdeutung ein: „Es kommt wesentlich darauf an, das Bewusstsein nicht überzubewerten; erst dann ist es möglich, nach dem Ursprung des Denkens zu fragen." Wie schon oben erwähnt, ist es unmöglich, einem anderen zu beweisen, dass wir ein Bewusstsein haben und nicht nur gut programmierte Maschinen sind.

Träumende Hunde

Da ich Freuds berühmtes Buch über die Traumdeutung bereits erwähnt habe, könnte ich die darin aufgeführten Erfahrungen auch zur Klärung der Frage nutzen, ob Hunde ein Bewusstsein haben. Ganz sicher akzeptiert jeder Mensch, dass Träume nur in unserem Bewusstsein ablaufen. Man kann sie zwar an bestimmten Gehirnaktivitäten erkennen, aber sie haben keine äußerliche Realität. Im Kern sind es „Filme in unserem Geist", die uns nur im Schlaf zugänglich sind. Wenn Träume nur Abbilder von mentalen Bildern sind, möglicherweise durch ein Tagesereignis ausgelöst, oder Ausdruck von Phantasien eines Menschen, der ansonsten auf seine

Sinne und deren Abbild der Umwelt vertraut, dann sind Träume ein Hinweis auf Bewusstsein.

Die meisten Menschen haben ihre schlafenden Hunde schon einmal beobachtet und waren fest davon überzeugt, dass sie träumen. Hunde zittern, zucken mit den Beinen oder knurren und schnappen nach einem Phantom, das ihnen im Schlaf zu begegnen scheint – sie scheinen einen Traum zu erleben. In der Tat ist die Gehirnaktivität von Hunden dem Menschen ähnlich, und die Gehirnwellen durchlaufen im Schlaf dieselben Phasen wie bei einem träumenden Menschen.

Es wäre sogar eine große Überraschung, wenn Hunde nicht träumten, denn jüngst fand man heraus, dass selbst einfachere und weniger intelligente Tiere träumen. Matthew Wilson und Kenway Louie vom *Massachusetts Institute of Technology* untersuchten schlafende Ratten. Deren Gehirne wiesen Muster auf, die eindeutig auf Träume hindeuten. Die Träume eines schlafenden Menschen stehen vielfach mit Ereignissen des vorherigen Tages in Verbindung. Das Gleiche scheint auch für Ratten zu gelten – insbesondere träumen sie von dem komplizierten Labyrinth, das sie am Vortag gelernt hatten. Elektrische Messungen am Hippocampus (in dieser Hirnregion wird die Erinnerung verarbeitet und gespeichert) glichen sehr genau den Mustern, die man am Tage gemessen hatte, als die Ratten sich im Labyrinth bewegten. Als die Ratten später schliefen und ihre Gehirnwellen den Traumschlaf anzeigten, wiederholte das Gehirn diese Muster. Tatsächlich konnten die Forscher an den Wellenmustern eindeutig erkennen, an welcher Stelle des Labyrinths die Ratten standen oder ob sie sich bewegten. Wilson interpretierte die Ergebnisse vorsichtig: „Offenbar wiederholt das Tier im Schlaf die Erfahrungen des Tages; das Ganze geschieht während des Traumschlafes, und genau das machen auch träumende Menschen."

Da das Gehirn eines Hundes viel komplexer als ein Rattengehirn ist und ähnliche elektrische Signale aufweist, dürften wohl auch Hunde träumen. Es gibt sogar Hinweise, dass sie nicht nur träumen, sondern sich im Traum mit typischen Hundeaktivitäten beschäftigen. In jedem Gehirn gibt es einen Bereich, der uns davon abhält, während eines Traumes zu handeln. Wenn Menschen altern, nimmt diese im Pons (ein Teil des Hirnstammes) lokalisierte Hemmung ab. Daher kommt es vor, dass ältere Menschen im Schlaf aufspringen, sich bewegen und manchmal sogar bizarre oder gar gefährliche Dinge tun. Wurde dieser Teil des Gehirns bei Hunden entfernt, standen sie auf und liefen herum, obwohl sie laut ihrer Gehirnwellen noch schliefen. Allerdings bewegten sich die Hunde nur dann, wenn ihr Gehirn in die Traumphase eintrat. Während sie den Traum erlebten, führten sie in der Realität die Bewegungen aus, von denen sie gerade träumten. Ein träumender Vorstehhund ging auf die Suche nach Wild und zeigte es sogar an, ein schlafender Springer Spaniel jagte imaginäre Vögel und ein Dobermann begann im Traum einen Kampf mit einem Einbrecher. Sie können auch ohne Gehirnchirurgie oder Messelektroden sehen, wenn Ihr Hund träumt. Beobachten Sie ihn von Zeit zu Zeit, wenn er einzuschlafen beginnt. Schon bald wird sein Schlaf tiefer, er atmet regelmäßiger. Bei durchschnittlichen Hunden beginnt der erste Traum nach etwa 20 Minuten. Nun atmet der Hund flacher und unregelmäßig. Die Muskeln beginnen zu zucken und vielleicht sehen Sie sogar, wie er seine Augen bewegt. In dieser Phase blickt er um sich wie in der Realität. Tatsächlich sind diese schnellen Augenbewegungen (REM) so charakteristisch, dass man sie als Kennzeichen für Traumschlaf wertet.

Die einzelnen Hunde träumen unterschiedliche Träume. Kleine Hunde träumen häufiger als große. Kleine Pudel können alle 10 Minuten in eine Traumphase verfallen, während bei großen Mastiffs oder einem Irish Wolfhound 90 Minuten zwischen den einzelnen Träumen verstreichen können.

Es gibt eine weitere Ähnlichkeit zwischen unseren und den Träumen von Hunden. Wie ältere Menschen, verbringen auch ältere Hunde weniger Zeit im Traum als junge Hunde. Wie auch immer, Träume sind Ereignisse, die nur in bestimmten Zuständen unseres Bewusstseins ablaufen und sich durch Hirnstrommessungen nachweisen lassen. Wenn Hunde demnach träumen – das belegen die Hirnwellenmuster – müssen wir ihnen auch ein gewisses Maß an Bewusstsein zugestehen.

Wissen ist mehr als ahnen

Ein forschender Psychologe hätte allerdings gerne mehr Beweise als Traumphasen, um Hunden ein Bewusstsein zuzugestehen. Allerdings muss ich sehr ins Detail gehen, um unsere Vorstellung von Bewusstsein zu erläutern. Im täglichen Leben gestehen wir Bewusstsein jemandem zu, der wach und aufmerksam ist – Gegensätze wären Schlaf oder Koma. Unter Philosophen und Psychologen gibt es eine nie endende Diskussion darüber, was wir eigentlich unter „bewusst“ verstehen wollen. In der einfachsten Definition heißt Bewusstsein, die Welt wahrzunehmen, die Informationen zu verarbeiten und in Form von Erinnerungen abzulegen. Michael Lockwood, ein Philosoph aus Oxford, drückt es so aus: „Bewusstsein ist die Front der erinnerten Wahrnehmungen.“ Zu den strengeren Kriterien für Bewusstsein gehört z.B., ein Bild der Welt zu haben, das über die direkte Wahrnehmung hinausgeht: Man sollte etwa wissen, dass die Existenz der Dinge nicht davon abhängig ist, dass wir sie unmittelbar wahrnehmen. Neuere Ansätze fordern sogar, dass wir uns selbst bewusst sein und ein Konzept unseres Seins entwickeln müssen, möglicherweise sogar eine Vorstellung unserer eigenen Existenz. Die höchste Form der Definition verlangt, dass wir uns unseres Bewusstseins bewusst sein müssen und anerkennen, dass neben uns andere Individuen existieren, die über gleiche oder andere Vorstellungen von Selbstbewusstsein verfügen.

Ich möchte nun die Hunde unter den Gesichtspunkten der strengeren Forderungen betrachten. Demnach sollten Hunde also in der Lage sein, die Welt jenseits dessen zu erkennen, was die augenblickliche Sinneswahrnehmung anzeigt. Einfach ausgedrückt weiß ich, dass meine Frau auch dann noch existiert, wenn sie den Raum verlassen hat und ich sie nicht mehr sehe; ich weiß auch, dass mein Cavalier King Charles Spaniel Banshee noch existiert, obwohl er unsichtbar für mich ein Nickerchen unter dem Tisch macht. Zu wissen, dass ein Gegenstand existiert, auch wenn wir ihn nicht wahrnehmen, wurde von dem Schweizer Psychologen Jean Piaget als Objektpermanenz bezeichnet. Mit dieser Fähigkeit werden wir aber nicht geboren. Zeigt man einem etwa einjährigen Kind ein Lieblingsspielzeug, wird es danach greifen. Deckt man die Sicht durch ein Blatt Papier ab, sucht das Kleinkind nicht danach, sondern verhält sich so, als sei das Spielzeug weg – es blickt verwundert oder beginnt zu weinen. In der sehr frühen Kindheit sind auch die Eltern nichts weiter als Objekte, die nur in Form direkter Kontakte existieren, dann verschwinden sie wieder. Das könnte einer der Gründe dafür sein, dass Kleinkinder so gerne Verstecken spielen.

Im Alter zwischen anderthalb und zwei Jahren bildet sich die Vorstellung der Objektpermanenz heraus. Nun begreifen die Kinder, dass ihr Spielzeug immer noch da ist, sie es nur nicht mehr sehen: Sie werden hinter das Papier greifen, um zu dem Spielzeug zu kommen. Piaget meinte, die Kinder hätten nun eine „mentale Vorstellung“ oder eine „kognitive Karte“ der Welt entwickelt. Dieses Bild der Welt wird im Bewusstsein verankert und sagt dem Kind, dass ein Objekt existiert und wo es zu suchen ist. Zu der Entwicklung des Bewusstseins gehört auch, dass Kinder das Bild eines Gegenstandes im Geiste variieren, zunächst ganz konkret, später auch abstrakter. Piaget will sicher nicht abstreiten, dass Babys bereits vor der Objektpermanenz ein Bewusstsein besitzen. Vielmehr hebt sich dieser Aspekt des kindlichen Bewusstseins auf eine höhere Stufe und kann von nun an eingesetzt werden, um kompliziertere Probleme zu durchdenken und zu lösen.

Dass auch Hunde eine Objektpermanenz benutzen, kann man bereits ohne Laboruntersuchungen behaupten. Hätten die Vorfahren der Hunde damit aufgehört ein Kaninchen zu jagen, nur weil es gerade nicht sichtbar war (hinter einem Felsen, in einer Bodenwelle), wären sie verhungert. Wir alle kennen den Hund, der einen nicht mehr sichtbaren Ball hinterm Sofa oder unter einem Möbel sucht. Ein guter Retriever sieht, wie zwei abgeschossene Vögel vom Himmel fallen und verschwinden; dennoch weiß er, dass sie im Gras liegen, rennt auf gerader Linie dorthin und apportiert sie.

Die Psychologen Sylvain Gagnon und François Doré von der Laval Universität in Quebec (Kanada) haben die Objektpermanenz von Hunden untersucht. Hunde entwickeln diese Fähigkeit schneller als Menschen. Bereist 5 Wochen alte Welpen durchschauen das Prinzip und mit acht Wochen stehen sie auf dem Stand eines 18 Monate alten Kindes.

Vielleicht konnte ich bereits einige Leser davon überzeugen, dass Hunde in der Tat ein bewusstes Bild von der Welt haben. Einige werden jedoch nach Belegen für eine höhere Ebene des Bewusstseins verlangen. Man kann bei der Arbeit mit Kindern die Objektpermanenz auch komplexer anlegen und testen, ob sie wirklich über eine bewusste Vorstellung von der Welt verfügen. Einer dieser Test benutzt das Prinzip der „nicht sichtbaren Verlagerung“. Der Experimentator legt einen Gegenstand in eine Kiste; er ist zwar nicht mehr sichtbar, aber in der Vorstellung des Kindes noch vorhanden. Nun stellt der Experimentator die Kiste hinter einen Sichtschirm, holt – unsichtbar für das Kind – den Gegenstand aus der Kiste heraus und legt ihn ab (das Kind sah nur, wie die Kiste, nicht der Gegenstand selbst, hinter dem Schirm verschwand). Als nächstes holt er die Kiste hinter dem Schirm hervor und zeigt dem Kind, dass sie leer ist. Daraus muss das Kind schließen, dass der Gegenstand entnommen wurde. Wenn das Kind über eine bewusste Karte der Welt verfügt, sollte es ableiten können, dass dieses Objekt dennoch vorhanden ist. Da es sich aber nicht in der Kiste befindet, muss es hinter dem Schirm liegen; das Kind macht sich auf die Suche und findet das Objekt. Diese Argumentationskette ist nur möglich, wenn das Kind eine gewisse geistige Reife besitzt und bereits komplizierte Aufgaben lösen kann; das ist komplizierter als einfache Objektpermanenz. Kinder ab zwei Jahren lösen derartige Aufgaben bereits problemlos. Gagnon und Doré führten denselben Test auch mit Hunden durch; bereits einjährige Hunde konnte die Aufgabe lösen. Wurde der Schwierigkeitsgrad gesteigert – auf bis zu fünf verschiedene Orte, an denen das gesuchte Objekt sein konnte – und eine Zeitverzögerung von bis zu 5 Minuten eingeführt, waren die Hunde immer noch in der Lage, die Aufgabe zu lösen. Allerdings brauchten sie länger als mit weniger Schirmen und kürzeren Verzögerungen. Nach diesen Ergebnissen ist es kaum noch möglich, den Hunden eine Art von bewusster Erinnerung und rationaler Verarbeitung abzusprechen.

Erinnerung und Bewusstsein

Vor einigen Jahren meinte der Philosoph Daniel Dennett von der Tufts University unmissverständlich, Hunde verfügten über keine episodischen Erinnerungen. Daher könne er nicht akzeptieren, dass Hunde so etwas wie Bewusstsein besäßen. Später erfuhr ich, dass diese Überzeugung von vielen Philosophen und einigen Behavioristen geteilt wird. Um das Argument zu verstehen, muss ich zunächst auf die Formen der Erinnerung eingehen. Psychologen unterschieden häufig zwischen der „expliziten" und der „impliziten" Erinnerung. Eine explizite Erinnerung kann nach Belieben und bewusst wachgerufen werden, während die impliziten Erinnerungen eher automatisch und unbewusst sind (z.B. erlernte, körperliche Fähigkeiten). Während Sie sich problemlos daran erinnern, wie man Fahrrad fährt (Sie können es noch), wird es Ihnen vermutlich schwer fallen, genau zu beschreiben, warum Sie nicht umkippen. Sie wissen, was zu tun ist, aber Sie können sich diese Handlung nicht bewusst ins Gedächtnis rufen und sie anderen mitteilen.

In der expliziten Erinnerung unterscheiden wir die „episodischen" und „semantischen" Erinnerungen. Die episodischen Erinnerungen basieren auf persönlicher Erfahrung. Wenn ich Sie danach frage, was Sie gestern Abend gegessen haben, welche Kleidung Sie anhatten, oder wie Ihr erster Kuss war, dann rufen Sie episodische Erinnerungen ab. Die semantische Erinnerung bezieht sich auf gelernte Fakten. Fragen wie „Wer war George Washington?" oder „Welches Klima herrscht auf dem Mond?" lassen sich nur über die semantische Erinnerung beantworten. Da Sie George Washington nicht kennen lernen und das Wetter auf dem Mond nicht erleben durften, handelt es sich nicht um episodische Erinnerungen. In gewisser Weise ähnelt das episodische Gedächtnis einer kurzen Zeitreise, in der man vergangene Ereignisse aufs Neue ins Bewusstsein ruft. Das episodische Gedächtnis ist nicht auf Übung oder Wiederholungen angewiesen, denn viele der erinnerten Ereignisse passieren nur einmal und bleiben dennoch in der Erinnerung haften. Typisch für eine episodische Erinnerung ist die Verknüpfung von „was", „wann" und „wo".

Dennetts Behauptung verblüffte mich, weil sie alltäglicher Erfahrung zu widersprechen schien. Die meisten Hundebesitzer lassen ihre Hunde mit den unterschiedlichsten Kommandos nach Gegenständen suchen und die Hunde wissen, was zu tun ist. Wenn ich meine Hunde frage: „Wo ist der Ball?", laufen sie los, suchen ihn und bringen ihn zu mir. Können sie den Ball nicht erreichen, stellen sie sich in die Nähe und bellen. Meine Hunde reagieren auch auf „Wo ist Joannie?" – auf diese Weise finde ich meine Frau. Wenn der Hund das Kommando hört, geht er in den Raum, wo er meine Frau zuletzt gesehen hat. Wenn sie nach oben gegangen ist, geht der Hund zur Treppe und wartet. Ist sie außer Haus, stellt sich der Hund gewöhnlich an die Tür, die sie benutzt hat. Wenn mein Hund nicht weiß, wo sie ist, oder sie inzwischen weggegangen ist, beginnt er sie zu suchen. Jedes Mal geht es dabei um eine episodische Erinnerung, denn der Hund erinnert sich noch genau daran, „wann", „was" und „wo" er gesehen hat.

Als ich Dennett die „Wo ist Joannie?"-Geschichte erzählte, schien er nicht besonders beeindruckt. Immerhin gab er zu, dass es sich dabei um ein der episodischen Erinnerung ähnliches Verhalten handele. Dann meinte er, er würde noch etwas darüber nachdenken und sich wieder mit mir in Verbindung setzen, wenn er den Fehler in meiner Argumentation gefunden hätte. Er meldete sich nie wieder.

Immerhin ist die episodische Erinnerung der Hunde so gut, dass sie eines Tages nicht nur als Blindenhunde sondern auch als Gedächtnishunde arbeiten könnten. Vielleicht hört sich das bizarr an, aber es gibt bereits einen Hund, der genau diese Aufgabe erfüllt. John Dignard aus Wetaskiwin (Alberta, Kanada) wurde als fünfjähriges Kind von einem Auto überfahren und erlitt einen Gehirnschaden. Er behielt Lernschwierigkeiten und ein sehr unzuverlässiges Kurzzeitgedächtnis. Ehe sich etwas dauerhaft in sein Langzeitgedächtnis einprägt, muss er es viele Male wiederholen. Frühe Erinnerungen haben sich erhalten, d.h. er erinnert sich an die Telefonnummern seiner Eltern als er vier war, kann sich aber keine neuen merken. So brauchte er nach seiner Hochzeit fast ein Jahr, bis er sich den Namen seiner Frau merken konnte. Er erzählte mir: „Es ist sehr frustrierend, hundert Mal den Namen eines Menschen nachzufragen, nur weil man ihn sich nicht merken kann.“ Leider wird er sich auch nicht mehr an unser Gespräch erinnern, wenn dieses Buch erscheint.

Auf einer praktischen Ebene kann das Fehlen des Kurzzeitgedächtnisses fatale Folgen haben. Wenn Dignard zum Einkaufen geht und mit den Tüten auf den Parkplatz geht, hat er gewöhnlich vergessen, wo sein Wagen steht. An diesem Punkt kann das episodische Gedächtnis eines Hundes wichtig werden. Dignard kann in Ruhe einkaufen gehen, weil er sich auf seinen Deutschen Schäferhund Goliath verlässt. Goliath ist bereits der dritte „Gedächtnis-Hund“, auf den sich Dignard verlässt. Goliath ist zwar keine Hilfe bei Namen, Telefonnummern oder Einkaufszetteln, aber dieser Hund ist für Dignard dasselbe wie das Wollknäuel für Theseus. Nur weil er der Schnur folgen konnte, fand er den Weg aus dem Labyrinth, nachdem er den Minotaurus erschlagen hatte. Auch Goliath führt seinen Halter an die Orte zurück, an die er sich nicht erinnern kann oder hilft ihm dabei, den Ausgang aus einem Gebäude zu finden, das er nicht kennt.

Dignard sagt: „Ohne ihn wäre ich verloren. Jetzt kann ich ihm sagen: ‘Bring mich zum Ausgang’ oder ‘Bring mich zum Auto’ und er zeigt mir den Weg.“ Auf diese Weise ersetzt Goliaths episodisches Gedächtnis das Kurzzeitgedächtnis, mit dem sein Halter so enorme Schwierigkeiten hat. Ich frage mich, was Dr. Dennett wohl dazu sagen würde.

Das Selbstbewusstsein der Hunde

Einige der Theoretiker verlangen weitere Kriterien für Bewusstsein. Dazu gehört das Selbstbewusstsein, d.h. der Betreffende muss seine eigene Individualität und Identität erkennen. Das bedeutet, dass wir uns selbst als Außenstehende betrachten können. Obwohl es fast ausgeschlossen erscheint, Tiere daraufhin zu untersuchen, gibt es zumindest bei den Primaten die Möglichkeit, dies auch ohne Sprache, nur mit einem Lippenstift und einem Spiegel, zu testen.

Wie so oft gehen die Experimente auf Charles Darwin zurück, der sich für die emotionalen Zustände von Menschen und Tieren interessierte. Er besuchte einen Zoo und stellte einen Spiegel vor dem Orang-Utan-Käfig auf. Darwin beobachtete und schrieb auf, was er sah. Die Orang-Utans betrachteten den Spiegel, dann suchten sie dahinter nach dem Affen, den sie darin sahen. Als Nächstes beobachteten sie genau, was geschah, wenn sie bestimmte Bewegungen machten. Dann schnitten sie Grimassen und sahen sich dabei im Spiegel an. Darwin hielt die Ergebnisse für nicht ganz eindeutig. Immerhin hätten die Grimassen auch eine Drohung für andere Orang-Utans sein können. Allerdings sah Darwin auch die Möglichkeit, dass sich die großen Affen selbst im Spiegel erkannten und die Grimassen zogen, um zu sehen, wie sie aussahen. Auch viele Kinder schneiden spielerisch Grimassen vor einem Spiegel.

Gordon Gallup, ein Psychologe an der State University von New York in Albany, nahm Darwins Beobachtungen wieder auf, ging allerdings einen Schritt weiter. Er stellte einen Spiegel in den Käfig eines Schimpansen. Der Affe ging zunächst genauso vor wie die Orang-Utans. Gallup wusste, dass Menschen, die seit der Geburt blind waren und ihre Sehkraft wiedererlangten, genauso reagieren wie sehr kleine Kinder: Wenn sie zum ersten Mal in den Spiegel sehen, glauben sie, einen Fremden zu sehen. Allerdings lernen sie sehr schnell, dass sie ihr eigenes Bild im Spiegel sehen. Gallup ließ den Spiegel für einige Zeit im Käfig stehen, dann betäubte er den Schimpansen und malte ihm einen roten Fleck auf die Augenbraue und einen zweiten ans Ohr. Als die Betäubung nachließ, interessierte sich der Schimpanse erst für die Flecken, als er sie im Spiegel sah. Sofort begann er damit, sich die Flecken mit dem Finger aus dem Gesicht und vom Ohr zu reiben; dabei beobachtete er sich im Spiegel. Daraus schloss Gallup, dass der Schimpanse ein Ich-Bewusstsein haben müsse. Das Tier hatte verstanden, dass es ein Selbst besitzt und dass das Spiegelbild nur ein Abbild davon darstellte. Als sich das Spiegelbild veränderte, erkannte er, dass sich auch etwas an ihm selbst verändert hatte. Orang-Utans, Gorillas und Delfine zeigen dasselbe Selbstbewusstsein, wenn man sie mit ihrem eigenen Spiegelbild konfrontiert.

Hunde und andere Arten verhalten sich so, als zeige das Spiegelbild ein fremdes Tier, und ignorieren es völlig. Daraus leiteten die Forscher ab, Hunde besäßen kein Ich- und damit kein Selbstbewusstsein. Natürlich wäre es auch möglich, dass Hunde ihr Spiegelbild zwar erkennen, aber davon nicht so angetan sind wie die höheren Primaten.

Der Biologe Marc Bekoff von der Universität von Colorado interpretierte diese negativen Ergebnisse anders. Er geht davon aus, dass Hunde weniger intensiv auf visuelle Reize reagieren als Menschen und die meisten Affen. Möglicherweise gab es beim Test auf Selbstbewusstsein nur deshalb Probleme, weil die falschen Sinne angesprochen wurden. Hunde nehmen ihre Umwelt vor allem über den Geruchssinn wahr. Sie erkennen ihnen bekannte Hunde und Menschen am Duft. Wenn sie ihr eigenes Spiegelbild nicht erkannten, dann sollten wir besser danach fragen, ob sie ihren eigenen Duft erkennen. Statt eines „Roter-Punkt-Tests" entwickelte Bekoff einen „Gelber-Schnee-Test". Als Studienobjekt diente ihm sein eigener Hund Jethro, eine Kreuzung zwischen Rottweiler und Deutschem Schäferhund. Bekoff beschreibt das raffinierte aber nicht besonders elegante Experiment so: „Fünf Winter lang bin ich hinter Jethro hergelaufen und habe den von ihm hinterlassenen, gelben Schnee eingesammelt. Dann habe ich den Schnee an anderer Stelle deponiert, zusammen mit Schneeproben anderer Hunde. Schnee ist besonders gut geeignet, da er den Urin festhält und transportabel macht. Da mich diese Untersuchungen fünf Winter gekostet haben, wissen Sie, dass es sich um eine Arbeit aus Liebe gehandelt hat."

Bekoff transportierte den Schnee ausschließlich dann, wenn Jethro nicht in der Nähe war. Der eigentliche Test war relativ einfach. Bekoff beobachtete, wie lange sein Hund an dem Urin schnupperte und beobachtete, was er tat. Alle Hundebesitzer kennen das Grundmuster: Der Hund blieb an jedem Urinfleck stehen, um daran zu schnuppern, dann urinierte er darüber. Sobald er jedoch

auf einen seiner eigenen Schneeflecken traf, schien er ihn zu erkennen. Er schnupperte nur kurz daran, urinierte nicht darüber und wandte sich dem nächsten Fleck zu.
Bekoff schloss daraus, dass auch Hunde über ein gewisses Ich-Bewusstsein verfügen; er nennt es Körpergefühl. Hunde fühlen, was zu ihrem Körper gehört, und kennen ihre Körperteile, wie „meine Pfote", „mein Gesicht", d.h. sie wissen was ihnen und was anderen gehört. Dazu gehören auch solche Informationen wie „mein Revier", „mein Schlafplatz" und „mein Knochen". Allerdings können Versuche dieser Art nicht nachweisen, ob Hunde ihr „Ich-Sein" kennen – am besten lässt sich dieses Gefühl mit dem Tarzanspruch „Ich Tarzan, du Jane" umschreiben. Bislang gibt es aber noch kein geeignetes Experiment, um bei Hunden dieses Ich-Bewusstsein nachzuweisen.

Eine Theorie des Denkens

Der vermutlich schlüssigste Test, um Bewusstsein nachzuweisen, stammt von David Premack (Universität von Pennsylvania) und könnte „Theorie des Denkens" genannt werden. Hierbei geht es nicht um eine Theorie im Sinne einer Forschungshypothese von Psychologen, sondern um das, was wir alle über den Verstand anderer Menschen wissen. Einfach ausgedrückt besagt diese Theorie oder Vorstellung, dass wir ein Selbstbewusstsein besitzen und wissen, dass dies auch für andere Menschen und Tiere gilt. Allerdings ist uns völlig klar, dass andere Lebewesen unterschiedliche Sichtweisen und Denkprozesse haben, die sich von unseren eigenen unterscheiden könnten. Wir alle brauchen diese Theorie des Denkens für soziale Interaktionen, denn nur so können wir Entscheidungen abwägen: „Wenn ich auf diese Weise handele, dann wird er so denken und so handeln." Nur so sind Verhandlungen möglich und können Konflikte vermieden werden, nur so sind aber auch Lüge und Betrug möglich. Gewöhnlich gehen wir davon aus, dass nur sehr hoch entwickelte Tiere über eine derartige Theorie des Denkens verfügen. Eine Theorie des Denkens beinhaltet auch alle anderen Aspekte des Bewusstseins – aktive Bewertung einer Situation, eine mentale Repräsentation der Welt und Selbstbewusstsein. Nur mit Selbstbewusstsein können Sie sich mit Hilfe der eigenen Erfahrung in die geistigen Prozesse und das Verhalten eines anderen hineinversetzen.

Kleine Kinder unter vier Jahren haben noch keine gut entwickelte Theorie des Denkens. Sie glauben, dass alle anderen genau dasselbe sehen wie sie selbst. Andere Standpunkte als den eigenen können sie sich nicht vorstellen. Dies lässt sich mit einem relativ einfachen Experiment nachweisen. Dazu braucht man ein Kind, zwei Handpuppen und führt folgende Szene auf: „Das ist Bert. Bert hat einen Korb. Das ist Ernie. Ernie hat einen Kasten. Bert hat eine Dose mit Stiften. Er legt sie in den Korb. Bert verlässt den Raum und geht spazieren. Ernie nimmt die Stifte aus dem Korb und legt sie in den Kasten. Bert kommt vom Spaziergang zurück und möchte mit den Stiften malen. Wo wird Bert nachsehen?"

Das Kind hat die gesamte Spielszene verfolgt und gesehen, wie die Stifte aus dem Korb in den Kasten gelegt wurden; es weiß also, wo die Stifte sind. Die Puppe Bert kann das jedoch nicht wissen. Kinder bis zum Alter von drei Jahren zeigen jedoch regelmäßig auf den Kasten, denn sie sind nicht in der Lage, zwischen dem zu unterscheiden, was sie selbst und was andere (in diesem Fall die Puppe) wissen. Ihre Theorie des Denkens – andere Menschen haben eine Sichtweise, die von meiner eigenen abweicht und denken in anderen Bahnen – ist noch nicht entwickelt. Erst im Alter von vier Jahren können Kinder korrekt bewerten, was Bert erwarten muss: Sie wissen, Bert konnte nicht sehen, was Ernie mit den Stiften gemacht hat. Also zeigen sie auf den Korb, denn sie besitzen nun eine Theorie des Denkens und verstehen, dass Bert einen anderen Standpunkt einnehmen muss als sie selbst.

Aus diesem Grund decken sich Kinder die Augen zu, wenn sie sich verstecken wollen. Ohne ausgebildete Theorie des Denkens glauben sie, nicht gesehen zu werden, wenn sie selbst nichts sehen.

Das Gleiche passierte mir auch bei einem lustigen (aber frustrierenden) Gespräch mit meinem Enkel Ravi. Ravi war damals etwa drei Jahre alt und wir hatten ihm drei oder vier kleine Bilderbücher geschenkt. Es waren unterschiedliche Bücher, eines zeigt nur Tiere, eines Lastwagen und Autos usw. Meine Tochter Rebecca hatte mich angerufen und gesagt, dass Ravi eines der Bücher besonders gefallen habe; er wolle sich bedanken.

„Also", sagte ich, „welches Buch hat dir am besten gefallen?"

„Das hier", antwortete er.

„Aber welches meinst du denn?", fragte ich.

„Dieses hier. Das hier gefiel mir nicht so gut", antwortete er.

Offenbar lagen die Bücher vor ihm und wahrscheinlich hatte er auf jeweils eines davon gezeigt. Am anderen Ende der Telefonleitung konnte ich natürlich nicht sehen, was er meinte. Für ihn war es dagegen völlig unverständlich, dass jemand nicht sah, was er sah. Er war noch nicht alt genug für eine Theorie des Denkens.

Hunde scheinen dagegen sehr wohl zu wissen, dass andere Lebewesen auch andere Sichtweisen und Denkprozesse haben. Hunde haben eine Theorie des Denkens entwickelt, weil sie in der Evolution von Vorteil war. Wilde Hunde wie die Wölfe, die „in die Haut eines Beutetieres" schlüpfen konnten, hatten eindeutig bessere Chancen auf einen Jagderfolg. Eine Theorie des Denkens sagte dem Wolf, dass er sich außer Hör- und Sichtweite des Beutetieres halten musste – also schlich er sich leise an. Sobald die eigentliche Hetzjagd begonnen hatte, war er in der Lage, den Fluchtweg einer Beute vorherzusagen. War das ganze Rudel auf der Jagd, teilten sich die Wölfe auf; eines oder mehrere Tiere wurden zu einem Hinterhalt gesandt. Dort legten sie sich nieder und warteten auf die vorbeikommenden Tiere. War der Hinterhalt gelegt, trieben die übrigen Rudelmitglieder die Beutetiere an den lauernden Wölfen vorbei. Solche Jagdstrategien sind nur durchführbar, wenn die Wölfe vorausschauend agieren, abschätzen, wie die Beute auf die Situation reagieren wird, und entsprechend handeln. Für Rudeljäger war daher eine Theorie des Denkens äußerst vorteilhaft.

Hunde sind sich wohl bewusst, dass andere Individuen eine besondere Sichtweise haben, die sie berücksichtigen müssen. Ein einfacher Beleg kann ein Apportierspiel mit Ihrem Hund sein. Werfen Sie den Ball ein paar Mal und lassen Sie den Hund apportieren. Dann wenden Sie dem Hund den Rücken zu. Ganz sicher wird der

Hund Sie umrunden und den Ball vor Ihnen ablegen. Er hat verstanden, dass Sie den Ball sehen müssen, um ihn aufzunehmen und erneut zu werfen – und das geht nur, wenn er den Ball vor Ihnen ablegt.

Stephen Budiansky hat mehrere schöne Bücher über Tierverhalten und den Umgang zwischen Mensch und Tier geschrieben. Er führt darin ein weiteres Beispiel an, wie Hunde eine Theorie des Denkens zu eigenem Vorteil einsetzen. Seine Katzen wurden im Sattelraum der Scheune gefüttert. Gewöhnlich war die Tür verschlossen, d.h. die Hunde kamen nicht an das Katzenfutter heran. Manchmal, wenn er etwas aus dem Raum holen musste, schlich sich sein Border Collie hinein und fraß das Futter auf. Wurde er erwischt und angebrüllt, hörte er damit auf. In diesem Raum gab es ein Telefon. Wenn Budiansky zum Telefonieren in diesen Raum ging, war er natürlich abgelenkt, seine Augen wanderten umher, daher konnte der Collie zum Katzenfutter laufen und sich bedienen – meistens erfolgreich. Obwohl Budiansky Hunden eine Theorie des Denkens abspricht, wusste sein Collie sehr genau, wann er am Telefon abgelenkt war und er Futter stehlen konnte. Da der Collie über eine Theorie des Denkens verfügte, sah er genau die Gelegenheit, wann er durch rasches Zugreifen an das verbotene Futter gelangen konnte. Wenn er vorsichtig genug vorging, blieb er sogar unentdeckt.

Dass Hunde den Standpunkt anderer Lebewesen einnehmen können, wurde sogar experimentell bewiesen. Josep Call und seine Forschungsgruppe am Max Planck Institut für Evolutionäre Anthropologie konnten zeigen, dass Hunde erkennen, was Menschen gerade beschäftigt. Sie beobachten die Blickrichtung der Menschen und wissen, worauf sie gerade achten. Bei ihren Untersuchungen legten die Forscher ein Futterstück auf den Boden und verbaten dem Hund, es zu nehmen. Wenn der Experimentator den Raum verließ, nahmen die Hunde jedoch das Futter. So lange der Experimentator im Raum blieb und den Hund ansah, akzeptierte er das Verbot. Wenn er sich dennoch entschied, das Futter zu stehlen, schlich er zunächst im Raum herum und versuchte sich zu verstecken, ehe er das Futter fraß. Besonders interessant wurde es, wenn der Experimentator im Raum blieb, dem Hund aber bewusst den Rücken zudrehte, sich beschäftigt gab oder die Augen schloss (damit herrschte eine ähnliche Situation wie bei dem telefonierenden Budiansky). Jedes Mal erkannte der Hund, dass der Experimentator abgelenkt war, und sah seine Chance, unbemerkt an das Futter zu kommen. Die Hunde waren sich dessen vollauf bewusst, wann die Menschen das Futter ansahen. Sie machten sich ein Bild von der Situation und nutzten ihre Theorie des Denkens, um zu entscheiden, wie der Mensch reagieren würde. Nach dieser Beurteilung bestimmten sie ihr Handeln.

Lügen, Betrügen und Wissen

Die bisher besprochenen Verhaltensweisen weisen nicht nur darauf hin, dass Hunde eine Theorie des Denkens haben, sondern diese auch gezielt einsetzen, um etwas zu erreichen – gelegentlich sogar mit List. Um es deutlich auszudrücken: Entgegen der allgemeinen Vorstellung, Hunde seien moralische und ehrliche Lebewesen, erreichen sie ihre Ziele durchaus auch mit Lug und Trug. Jemanden zu betrügen, setzt aber voraus, dass man ihn als denkendes Gegenüber mit einem Standpunkt akzeptiert, dessen Gedanken und Glauben sich manipulieren lassen. Einen Betrug durchzuführen, erfordert ein hohes Maß an Bewusstsein, würde allerdings einem sozialen Lebewesen einen Überlebensvorteil verschaffen.

Ein gutes Beispiel für bewusste List lieferten mir Tessa und Bishop, die beiden Hunde meiner Tochter Karri. Wir hatten die beiden für ein Wochenende mit auf unsere Farm genommen, wo sie mit meinen Hunden spielen konnten. Tessa war bereits alt und hatte keine Lust mehr, mit den anderen Hunden herumzutollen wie früher. Allerdings hielt sie sich gerne in ihrer Nähe auf und liebte es, mit der Nase im Laub zu stöbern – eine Freizeitbeschäftigung, der sie in der Stadt nicht nachgehen konnte. Am meisten liebte Tessa jedoch getrocknete Schweineohren; wenn die Hunde auf der Farm waren, bekamen sie täglich eins. Ich hatte die Ohren gerade verteilt und Tessa legte sich nieder, um den Leckerbissen in Ruhe zu verspeisen. Bishop hatte das Ohr im Maul, aber noch nicht begonnen

es zu fressen. Gerade in diesem Augenblick kam meine Frau vom Einkaufen zurück und parkte den Wagen neben dem Haus. Entweder erkannte Bishop den Klang des Wagens oder er fühlte sich als Wächter der Familie. Auf jeden Fall ließ er das Ohr fallen und rannte bellend zur Tür. Tessa sah ihm zu und als er durch den Flur zur Tür verschwand, ließ sie ihr eigenes Ohr in Ruhe, lief langsam auf Bishops Ohr zu und schnappte danach. Dann ging sie zu ihrem alten Platz zurück, legte sich auf ihr eigenes Ohr und fraß Bishops Schweineohr. Bishop begrüßte meine Frau und lief zurück zu seinem Futter. Er suchte zuerst an dem Ort, wo er das Ohr abgelegt hatte, fand es nicht und begann den Raum abzusuchen. Für Bishop hatte sich Tessa nicht von der Stelle gerührt – sie knabberte aber genüsslich an Bishops Ohr. Als sie fertig war, stand sie nicht auf. Sie streckte Pfoten und Kopf nach vorn und betrachtete die Umgebung durch halbgeschlossene Lider. Nach einigen Minuten gab Bishop seine Suche auf und verließ den Raum (vielleicht wollte er auch im Flur nach dem Ohr suchen). Sobald er außer Sicht war, rückte Tessa beiseite, schnappte sich ihr eigenes Schweineohr und knabberte daran. Bishop bekam niemals heraus, dass er beraubt und betrogen worden war – Tessa hatte das Ohr zu raffiniert mit ihrem eigenen Körper verborgen.
Es gibt viele Berichte über Hunde, die versucht haben zu schwindeln. In einigen von diesen Berichten haben die betrügerischen Hunde sogar mehrere Schritte unternommen. Eine dieser Geschichten stammt von Brenda Edwards aus Chicago und ihren Dobermännnern Rolf und Fanny: „Es gibt zwei Dinge, die mich davon überzeugt haben, dass Fanny ein echter Täuschungs-Spezialist ist. Zunächst lieben meine Hunde Knochen über alles. Alle paar Tage bekommen sie einen großen Rinder-Schienbeinknochen. Wenn der zu klein oder schäbig geworden ist, nehme ich sie weg und jeder bekommt einen neuen. Manchmal verlieren sie den Knochen auch. Wenn die beiden nur einen Knochen haben, gibt es keinen Streit zwischen Rolf und Fanny. Offenbar haben sie sich entschieden, dass der Knochen jeweils dem gehört, der ihn gerade hat. Noch mehr als die Knochen lieben die Hunde aber meinen Mann. Das liegt einerseits daran, dass er sie streichelt, sobald er das Haus

betritt, und daran, dass er ihnen jedes Mal einen besonderen Leckerbissen gibt, die wir in einer Tonne neben der Hintertür aufheben. Da Steve den Wagen in der Garage hinter dem Haus parkt und durch die Hintertür eintritt, gibt es bei seiner Ankunft jedes Mal einen Leckerbissen.

Eines Nachmittags knabberte Rolf an einem Knochen, während Fanny ihren nicht finden konnte. Sie blieb stehen, sah Rolf an, lief durch den Raum und starrte den Knochen nicht weiter an. Ich ging in die Küche, als Fanny plötzlich an mir vorbei zur Hintertür rannte. Sie stieg hoch und legte die Vorderbeine gegen die Tür. Die Tür ist alt und hat etwas Spiel. Wenn man kräftig dagegenstößt, hört es sich an, als ob sie zugeschlagen wird. Dann lief sie wieder in die Küche und stellte sich dicht neben der Theke auf. In dieser Position ist sie nahe bei der Tür, kann aber selbst nicht gesehen werden. Kurz nachdem die Tür schlug, tauchte Rolf auf. Er hatte die Tür gehört und glaubte wohl, mein Mann käme zurück. Als Rolf die Küche betrat, raste Fanny hinaus und schnappte sich den Knochen. Ich bin fest davon überzeugt, dass Fanny den Lärm an der Tür bewusst veranstaltet hatte, um Rolf zu täuschen. Er sollte denken, dass Steve das Haus betreten hätte, und loslaufen, um sich seine Belohnung abzuholen – dann konnte Fanny den Knochen stehlen. Was mich aber völlig überzeugte, war Fannys Plan, sich neben der Tür aufzubauen, Rolf vorbeizulassen und dann auf den Knochen loszugehen. Was für eine raffinierte Betrügerin!“

Das Problem von solchen und ähnlichen Geschichten ist ihre Spontaneität. Das macht es fast unmöglich, sie wissenschaftlich zu überprüfen. Allerdings fanden die beiden Psychologen Robert Mitchell von der *Eastern Kentucky University* und Nicholas Thompson von der *Clark University* eine charakteristische Situation, in der Hunde durch Betrug beweisen, dass sie über eine Theorie des Denkens verfügen. Diese Situation ergibt sich beim Spielen. Die Forscher nahmen 24 Hunde beim Spiel mit ihren Haltern oder mit Fremden mit der Videokamera auf. Danach werteten sie die Filme Sekunde für Sekunde aus. Sowohl Menschen wie Hunde schwindeln beim Spiel. Die beiden wichtigsten Formen sind das „Entziehen“ und „Falscher Hinweis“. Wenn die Menschen das Spiel bestimmen, läuft der Schwindel etwa so: Sie zeigen dem Hund z.B. einen Ball, locken ihn herbei und lassen den Ball dann vor seinen Augen hinter dem Rücken verschwinden oder werfen ihn weg, wenn der Hund danach schnappt. Alternativ täuschen sie vor, den Ball wegzuwerfen, behalten ihn aber zurück.

Auch die Hunde kennen dieses Spiel: Beim Entziehen laufen sie mit einem Gegenstand im Maul auf den Menschen zu – nahe genug, um den Mensch locken zu können, aber weit genug, um rechtzeitig zu entwischen. Manchmal bleiben die Hunde stehen und legen den Gegenstand sogar ab, stellen sich darüber oder wenden sich sogar ab, als ob sie ihn anböten. Lässt sich der Mensch verleiten und versucht, den Gegenstand zu ergreifen, schnappt der Hund zu oder schiebt ihn weg, bis er außer Reichweite ist. Hunde können den Menschen aber auch durch falsche Hinweise täuschen und sich selbst entziehen. Sie laufen auf den Menschen zu, ziehen sich aber sofort zurück, wenn der reagiert.

Zu dem Spaß bei diesem Spiel gehören nicht nur die Bewegung und das Werfen und Holen von Gegenständen, sondern auch die Abschätzung des Gegenübers. Dass sie die Theorie des Denkens einsetzen, um Mensch bzw. Hund zu beschwindeln, scheint ein vergnügliches Spiel auszumachen. Dafür spricht, dass 78% der Menschen und 92% der Hunde zu schwindeln versuchten. Daraus lässt sich auch schließen, dass Hunde eher betrügen als Menschen. Ein weiteres interessantes statistisches Ergebnis ist die Erfolgschance: Wenn Menschen versuchen, den Hund zu beschwindeln, sind sie in 47% aller Fälle erfolgreich. Versuchen Hunde einen Betrug, sind sie in 41% der Fälle erfolgreich. Wenn ein erfolgreicher Betrugsversuch davon abhängt, die Theorie des Denkens seines Gegenübers so genau wie möglich zu kennen, dann ist unsere Vorstellung vom Denken des Hundes genauer als die seine von unserem Denken. Allerdings ist der statistische Unterschied von nur 6% viel kleiner, als die meisten Menschen erwartet hätten.

Es ist interessant, über eine Ausweitung dieser Untersuchung nachzudenken. Stellen Sie sich vor, man würde die Videos in einem Studio für Spezialeffekte bearbeiten. Die Menschen und Hunde darin würden von gleich großen und nicht zu identifizierenden

Kunstfiguren gespielt. Dann würde man einige Probanden nach der Rolle der Figuren befragen und sie auffordern, Menschen und Hunde zu identifizieren. Ich vermute, dass wir wohl kaum dazu in der Lage wären. Ist das Verhalten von Mensch und Hund aber nicht zu unterscheiden, wäre der Test von Turing bestanden: Wir müssten als Arbeitshypothese akzeptieren, dass Hunde und Menschen die gleiche Form der Analyse, Theorie des Denkens und ein ähnliches Bewusstsein besitzen – zumindest in dieser Situation.

Wie weit dürfen wir diese Interpretation treiben? Ich will ganz sicher nicht vorschlagen, dass Hunde eine vierbeinige, Fell tragende Form von Menschen sind. Aber sie verfügen über eine Intelligenz, die zwei- bis vierjährigen Kinder besitzen (je nachdem, welche Probleme sie lösen müssen), und sie haben ein gewisses Maß an Selbstbewusstsein, eine Theorie des Denkens – ebenfalls wie ein vierjähriges Kind. Daraus folgt, dass sie keineswegs das Bewusstsein eines erwachsenen Menschen besitzen, aber wir sollten ihnen, bis es gegenteilige Fakten gibt, Bewusstsein und Denken eines vierjährigen Kindes zugestehen.

Es kommt immer wieder vor, dass Menschen und Hunde in derselben Situation dasselbe Verhalten zeigen, wenn auch mit Hilfe unterschiedlicher Denkweisen. Das wurde mir klar, als mir ein befreundeter Psychologe erklärte, wie er seinem Golden Retriever Hojo das Lesen beigebracht hatte. „In der Tat“, erklärte mir Jim, „kann er nur zwei Worte lesen, die Namen meiner Töchter, aber wir benutzen das für ein Spiel.“ Jim schrieb die Namen seiner Töchter (Stephanie und Pat) auf je eine Karte. Dann rief er Hojo, hielt ihm die Karten hin und sagte, „Hojo, liefere die Post aus.“

Der Hund sah die beiden Karten an, entschied sich für die „Stephanie“-Karte und brachte sie zu einem der beiden kichernden Mädchen. Dann kam er zurück, holte die zweite Karte und brachte sie dem anderen Mädchen. Als Belohnung wurde er umarmt.

„Ich möchte es auch versuchen“, bat ich, denn ich wusste, dass Hunde oft auf andere Hinweise reagieren. Ich nahm zwei neue Karten, schrieb die Namen der Mädchen darauf und hielt sie dem großen blonden Hund hin. Wieder sah er sie sorgfältig an, entschied sich für „Stephanie“ und brachte sie dem richtigen

Mädchen. Dann kam er zurück und lieferte die zweite Karte aus. Ich war beeindruckt, doch als Jim die Karten einsammelte, schien er verblüfft.

„Das ist merkwürdig“, sagte er, „ich schreibe die Namen immer in großen Druckbuchstaben, denn mir schien, so kann sie der Hund am leichtesten lernen. Du hast die Namen aber bis auf den ersten Buchstaben klein geschrieben. Ich habe ihm nicht beigebracht, kleine Buchstaben zu lesen.“

Ich griff mir sofort zwei neue Karten und schrieb die Namen diesmal in Schreibschrift. Hojo war überhaupt nicht beeindruckt, sondern schien die Namen zu lesen und lieferte die Karten korrekt aus. Jim war allerdings völlig begeistert, denn das hatte er Hojo nicht beigebracht. Als ich die Karten ansah, kam mir eine Idee.

Diesmal schrieb ich auf die Karten neun große X und auf die andere drei große X. Hojo sah sich die Karten an, wählte die neun X und brachte die Karte zu Stephanie; die Karte mit den drei X ging an Pat. Jetzt war klar, was Hojo gelernt hatte. Jim hatte gedacht, er hätte ihm beigebracht, zwischen zwei Worten zu unterscheiden – zwei Worte zu lesen –, weil Menschen so denken. Der Hund dagegen war nicht an den Buchstaben interessiert: Er unterschied einfach zwischen einem langen Schriftzug (Stephanie) und einem kurzen (Pat).

Die Warnung ist klar: Hunde haben zwar durchaus geistige Qualitäten und können auch denken, aber wenn Mensch und Hund zum selben Ergebnis kommen, geschieht das nicht unbedingt aufgrund derselben Denkprozesse.

Nachwort

Während ich am letzten Kapitel dieses Buches arbeitete, hörte ich ein aufgeregtes Winseln. Mein Beagle Darby rannte aufgeregt zwischen Küche und Arbeitszimmer hin und her. Weil ich neugierig war, ließ ich den Computer stehen und folgte ihm. Darby ist von Loki, der Katze meiner Frau, fasziniert. Offenbar begeistert ihn Lokis Fähigkeit, auf hohe Tische und Regale zu springen, die für den Beagle mit seinen kurzen Beinen unerreichbar sind. Wie alle meine Hunde liebt er auch das Katzenfutter und versucht, es aus Lokis Napf zu stehlen. Daher steht Lokis Napf außer Reichweite für die Hunde auf der Küchentheke. Tatsächlich hatte ich Loki erst vor 20 Minuten gefüttert. Da die Theke recht hoch ist, stellen wir Loki einen kleinen Plastikstuhl hin, damit sie nicht so hoch springen muss. Für die gierigen Hunde ist die Theke aber selbst von diesem Hocker aus noch zu hoch. Wie üblich hatte Darby beobachtet, wie ich das Futter austeilte, hatte gesehen, wie ich es in den Napf schüttete, und wie üblich hatte er mit hoffnungsfrohem Lärm auf sich aufmerksam gemacht. Als wir in die Küche kamen, sprang Loki gerade von der Theke herunter. Darby sah hoch, sah die Katze an, dann mich und dann machte er etwas äußerst Merkwürdiges. Er sah auf den Boden und begann, unten an der Theke zu scharren. Ich sah nichts.

„Was möchtest du mir sagen, Darby?", fragte ich, als ob ich eine Antwort erwartete. Er sah mich wieder an und grub weiter. Obwohl ich noch genauer hinschaute, sah ich nichts. Darby hörte auf und scharrte dann noch intensiver. Also ging ich auf die Knie, um den Boden zu untersuchen. Plötzlich spürte ich etwas auf meinem Rücken und als ich aufsah, stand Darby auf der Theke und fraß das Futter, das Lokis übrig gelassen hatte.

Diese Geschichte kann man vielfältig interpretieren. Besonders vorteilhaft wäre es, wenn man annähme, dass Darby gesehen hätte, wie Loki den Hocker benutzte. Ihm war klar, dass er einen höheren Tritt brauchte. Er wusste auch, dass ich normalerweise genau untersuche, wofür er sich interessiert. Also hätte er gezielt planen können: Er musste mich dazu bringen, an die Theke zu treten, mich zu bücken und dann über meinen Rücken auf die Theke klettern. Diese Abfolge von Handlungen wäre allerdings reine Spekulation von meiner Seite, denn dafür hätte der kleine Hund ein hohes Maß an Bewusstsein und Planung zeigen müssen. Als Wissenschaftler weiß ich genau, dass sich diese Spekulationen weder verifizieren noch falsifizieren lassen. Von außen betrachtet hatte der kleine Hund immerhin einen promovierten Psychologen aufs Kreuz gelegt – es hört sich also besser an, wenn ich behaupte, dass Hunde intelligent sind und denken können.

Service

Zum Weiterlesen

Empfehlenswerte Bücher aus dem Kosmos-Verlag über Hundeerziehung und -verhalten.

Abrantes, Roger: **Hundeverhalten von A–Z.** Mimik und Körpersprache, Verhalten und Verständigung, Lautäußerungen und Kommunikation.

Beck, Peter: **Das Beste für meinen Hund.** Profitips für Hundefreunde.

Blenski, Christiane: **Hunde erziehen, ganz entspannt.**

Bloch, Günther: **Der Wolf im Hundepelz.** Hundeerziehung aus unterschiedlichen Perspektiven.

Coren, Stanley: **Die Geheimnisse der Hundesprache.** So lernen Sie Ihren Hund verstehen und mit ihm zu kommunizieren.

Donaldson, Jean: **Hunde sind anders ...** Menschen auch – so gelingt die Verständigung zwischen Mensch und Hund.

Durst-Benning, Petra und Carola Kusch: **Der große Spiele-Spaß für Hunde.** 60 Spiele für drinnen und draußen.

Feddersen-Petersen, Dr. Dorit: **Hunde und ihre Menschen.** Sozialverhalten, Verhaltensentwicklung und Hund-Mensch-Beziehung als Grundlage von Wesenstests.

Feddersen-Petersen, Dr. Dorit: **Hundepsychologie.** Sozialverhalten und Wesen, Emotionen und Individualität.

Feltmann-von Schroeder, Gudrun: **Die Kunst, mit dem Hund zu reden.** Ein erfolgreicher Weg für Erziehung und Beschäftigung.

Führmann, Petra und Iris Franzke: **Zwei Hunde – doppelte Freude.** Haltung und Erziehung von zwei und mehr Hunden.

Führmann, Petra und Nicole Hoefs: **Erziehungsspiele für Hunde.**

Harries, Brigitte: **Ein Welpe kommt ins Haus.**
Harries, Brigitte: **Hundesprache verstehen.**
Harries, Brigitte: **Kenne ich meinen Hund?**
Harries, Brigitte: **Warum lässt mein Hund mich nicht aufs Sofa?** Kompetente Antworten für ratlose Hundebesitzer.
Hertrich, Hans-Günter: **Hundespaß Agility.**
Hoefs, Nicole und Petra Führmann: **Das Kosmos-Erziehungsprogramm für Hunde.**
Jones, Renate: **Aggressionsverhalten bei Hunden.**
Jones, Renate: **Aggressiver Hund – was tun?** Schritt für Schritt zum braven Hund.
Jones, Renate: **Welpenschule leichtgemacht.**
Kusch, Carola: **Die Hündin.** Wesen, Verhalten, Pflege, Gesundheit.
Nijboer, Jan: **Hunde verstehen mit Jan Nijboer.**
Pietralla, Martin und Barbara Schöning: **ClickerTraining für Welpen.**
Pietralla, Martin: **Clickertraining für Hunde.**
Pryor, Karen: **Positiv bestärken, sanft erziehen.** Die verblüffende Methode, nicht nur für Hunde.
Rauth-Widmann, Brigitte: **Mit Hunden spielen.**
Schneider, Dorothee: **Fährtentraining für Hunde.**
Schöning, Barbara: **Hundeprobleme erkennen und lösen.**
Schöning, Dr. Barbara, Nadja Steffen und Kerstin Röhrs: **Hundesprache.**
Schöning, Dr. Barbara: **Hundeverhalten.** Verhalten und Körpersprache verstehen; Welpenentwicklung optimal fördern; Probleme vermeiden.
Tellington-Jones, Linda und Sybil Taylor: **Der neue Weg im Umgang mit Tieren.** Die Tellington TTouch Methode. Gemeinsam zu Gesundheit, Wohlbefinden und Vertrauen.
Tellington-Jones, Linda: **Tellington-Training für Hunde.** Das Praxisbuch zu TTouch und TTeam.
Theby, Viviane und Michaela Hares: **Agility.**
Theby, Viviane: **Das Kosmos-Welpenbuch.** Entwicklung und Auswahl, Eingewöhnung und Welpenschule.
Theby, Viviane: **Hundeschule.** Hundgerecht lernen ohne Stress,

Motivation und Belohnung statt Strafe, Erfolgreich erziehen Schritt für Schritt.
Toll, Claudia: **Tierheimhund und Streuner.** Hunde aus zweiter Hand auswählen und eingewöhnen, erziehen und beschäftigen.
Weber, Nicole: **Dog Dancing.**
Whitehead, Sarah: **Das Hundebuch für Kids.**
Winkler, Sabine: **Hundeerziehung.** Sanfte Erziehung von Anfang an; Hundesprache verstehen; Probleme effektiv lösen.
Winkler, Sabine: **Hundeschule leicht gemacht.**
Winkler, Sabine: **So lernt mein Hund.**
Wright, John C. und Judi Wright Lashnits: **Wenn Hunde machen was sie wollen** ... und wie man sie davon abbringt. Die besten Ratschläge aus der Praxis eines erfahrenen Hundepsychologen.
Zvolsky, Norma: **Die Kosmos-Retrieverschule.** Grunderziehung und Dummytraining.

Register